物业碳盘查与节能管理

中海物业管理有限公司　张贵清　李振喜　金水勇　刘华伟　主编

中国建筑工业出版社

图书在版编目（CIP）数据

物业碳盘查与节能管理/张贵清等主编 . —— 北京：
中国建筑工业出版社，2024.12. —— ISBN 978-7-112
-30847-7

Ⅰ . F299.233.47

中国国家版本馆 CIP 数据核字第 2025165G8Q 号

本书的主要内容包括：全球气候变化与应对措施；我国碳排放现状与应对措施；物业服务企业碳盘查依据和边界；物业服务企业碳盘查与报告编制；新能源在物业建筑的应用；建筑运行电气节能管理；给水排水节水节能管理；暖通空调节能管理。

通过本书，可以系统地学习我国碳排放管理相关法律法规和政策，了解我国有关碳达峰碳中和行动方案，熟悉并掌握物业服务及相关行业碳排放监测与盘查方法，熟悉并掌握建筑物运行中建筑电气、采暖通风和给水排水等系统的节能降碳方法，提升其建筑运行碳排放管理和节能降碳能力。

本书供物业、管理、节能、新能源、双碳人员使用，并可供大中专院校师生参考使用。

责任编辑：郭　栋
责任校对：赵　力

物业碳盘查与节能管理

中海物业管理有限公司　张贵清　李振喜　金水勇　刘华伟　主编
*
中国建筑工业出版社出版、发行（北京海淀三里河路 9 号）
各地新华书店、建筑书店经销
北京雅盈中佳图文设计公司制版
建工社（河北）印刷有限公司印刷
*
开本：787 毫米 × 1092 毫米　1/16　印张：21　字数：406 千字
2025 年 1 月第一版　2025 年 1 月第一次印刷
定价：69.00 元
ISBN 978-7-112-30847-7
（44104）

编委会

前言
PREFACE

2020 年 9 月 22 日，习近平主席在第七十五届联合国大会一般性辩论上发表重要讲话："应对气候变化《巴黎协定》代表了全球绿色低碳转型的大方向，是保护地球家园需要采取的最低限度行动，各国必须迈出决定性步伐。中国将提高国家自主贡献力度，采取更加有力的政策和措施，二氧化碳排放力争于 2030 年前达到峰值，努力争取 2060 年前实现碳中和。"这是我国首次提出的碳达峰碳中和目标和承诺。实现碳达峰碳中和目标，是以习近平同志为核心的党中央统筹国内国际两个大局作出的重大战略决策，是着力解决资源环境约束突出问题、实现中华民族永续发展的必然选择，是构建人类命运共同体的庄严承诺。

建筑行业（直接和间接）温室气体排放在全球和我国温室气体整体排放中占据着显著的份额。在我国，近二十年来随着城市化进程的快速推进和人民生活水平的不断提高，建筑及相关行业的资源消耗、能源消耗和废弃物排放持续增长，碳排放压力日益增大。根据中国建筑节能协会发布的《2023 年中国建筑与城市基础设施碳排放研究报告》，2021 年我国建筑全过程碳排放总量为 50.1 亿 t，占全国能源相关碳排放的比重为 47.1%。其中：建筑运行阶段碳排放 23.0 亿 t，占比为 21.6%。因此，如何在建筑规模持续增长、发展经济、改善民生、消除贫困等情况下实现建筑运行碳达峰目标，是我国面临的一个挑战。制定并实施有效的措施以实现建筑及相关行业的碳达峰碳中和，对于我国履行国际气候承诺、推进生态文明建设以及实现经济社会的可持续发展具有至关重要的意义。因此，全面开展城镇建筑运行碳排放摸底调查，重点开展年排放 400 万 t 二氧化碳（占全部建筑运行碳排放约 70%）以上城市的建筑运行碳盘查和碳核查，逐步建立健全建筑运行碳排放数据库，准确核算建筑运行碳排放，摸清自身家底，是有效开展建筑节能工作、实现建筑运行碳达峰碳中和目标的基础。

同时"双碳"人才是实现碳达峰碳中和目标的重要基石。建筑企业和物业服务企业要和学校合作联合培养"双碳"人才，联合制定培养方案，探索各具特色本专科生、研究生和非学历教育等不同层次人才培养模式。在非学历教育方面，建筑企业和物业服务企业要紧密结合《中华人民共和国职业分类大典（2022年版）》发布的碳排放管理员、建筑节能减排咨询师等职业，鼓励相关人员参加培训和认证。通过本书，物业服务及相关行业的碳排放管理员、建筑节能减排咨询师和相关人员可以系统地学习我国碳排放管理相关法律法规和政策，了解我国有关碳达峰碳中和行动方案，熟悉并掌握物业服务及相关行业碳排放监测与盘查方法，熟悉并掌握建筑物运行中建筑电气、采暖通风和给水排水等系统的节能降碳方法，提升其建筑运行碳排放管理和节能降碳能力，我们组织长期从事本领域研究和实践的专家进行本书的编写工作。

全书分为九章。第1章是全球气候变化与应对措施，意在通过分析人类活动和气候变化的关系，让读者了解全球气候变化趋势和应对措施。第2章是我国碳排放现状与应对措施，详细阐述了我国主要领域及建筑领域碳排放现状、应对措施和取得的成就。第3章是物业服务企业碳盘查依据和边界，详细阐述了物业服务企业碳盘查组织边界、报告边界、基准年的设定、碳盘查保证等级和依据。第4章是物业服务企业碳盘查与报告编制，详细阐述了物业服务企业碳盘查中碳排放源的识别、选择碳排放因子法、直接碳排放计算、消耗净外购电力和热力碳排放计算、碳盘查报告的编制、数据质量管理和报告应用。第5章是新能源在物业建筑的应用，介绍了光储直柔建筑、虚拟电厂和小型风力发电在建筑运营中的应用。第6章是建筑运行电气节能管理，论述了供配电系统、照明系统、电梯系统、信息化系统、机房和物业自用电节能。第7章是给水排水节水节能管理，论述了节水节能技术要求和节水节能管理要求。第8章是暖通空调节能管理（上），论述了通风系统、空调冷热源系统和空调水系统节能。第9章是暖通空调节能管理（下），论述了空调风系统和供暖系统节能。

本书的编写得到了中国海外集团有限公司、中海物业集团有限公司、深圳市中宏低碳建筑科技有限公司、深圳市兴海机电工程有限公司、陕西省建筑设计研究院（集团）有限公司、中国启源工程设计研究院有限公司、深圳市郑中设计股份有限公司西安分公司、陕西智库城市建设有限公司、西安电子科技大学、中国建筑科学研究院有限公司深圳分公司和深圳市建筑电气与智能化协会的大力支持与鼓励，同时在编写过程中，参考了众多国内外建筑碳排放、碳盘查、碳核查和建筑节能等相关文献资料，在此向原作者表示衷心感谢。再次对上述单位的领导、专家及所有相关人员表示衷心的感谢。

本书的编写得到了2023年中国海外集团科技研发计划项目（编号：COHL-2023-Z-11）专项经费的支持。

由于时间仓促，本书难免存在疏漏之处，恳请广大读者和业界同行批评指正！

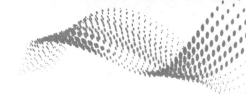

目录
CONTENTS

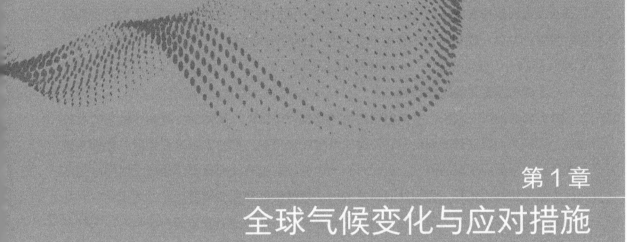

第 1 章

全球气候变化与应对措施

1.1 人类活动与全球气候变化

1.1.1 气候变化和影响

1820年前，人类没有研究地球如何获取热量这一问题。在那一年，法国数学家、物理学家约瑟夫·博里叶，研究了热传递和地球是如何获取热量这一问题。他得出的结论是：尽管地球确实将大量的热量反射回太空，但大气层还是拦下了其中的一部分并将其重新反射回地球表面。他将此比作一个巨大的钟形容器，顶端由云和气体构成，能够保留足够的热量，使得生命的存在成为可能。他的论文《地球及其表层空间温度概述》发表于1824年，这篇论文在19世纪末引起关注。

1. 全球气候变化的严峻趋势

（1）现在的研究表明，宇宙中任何物体都辐射电磁波。物体温度越高，辐射的波长越短。太阳表面温度约6000K，它发射的电磁波长很短，称为太阳短波辐射。地面在接受太阳短波辐射而增温的同时，也时时刻刻向外辐射电磁波而冷却。地球发射的电磁波长因为温度较低而较长，称为地面长波辐射。短波辐射和长波辐射在经过地球大气时的遭遇是不同的：大气对太阳短波辐射几乎是透明的，却强烈吸收地面长波辐射。大气在吸收地面长波辐射的同时，它自己也向外辐射波长更长的长波辐射（因为大气的温度比地面更低）。其中，向下到达地面的部分称为逆辐射。地面接收逆辐射后就会升温，或者说大气对地面起到了保温作用，这就是大气温室效应的原理。

（2）进一步的研究发现，大气中每种气体并不是都能强烈吸收地面长波辐射。地球大气中起温室作用的气体称为温室气体（Green House Gas，简称GHG），主要有二氧化碳（CO_2）甲烷（CH_4）、氢氟碳化物（HFCs）、全氟化碳（PFCs）、六氟化硫（SF_6）、氧化亚氮（N_2O）以及水汽等。它们几乎吸收地面发出的所有的长波辐射，其中只有一个很窄的区段吸收很少，因此称为"窗区"。地球主要正是通过这个窗区把从太阳获得的热量中的70%又以长波辐射形式返还宇宙空间，从而维持地面温度不变，温室效应主要是因为人类活动增加了温室气体的数量和品种，使这个70%的数值下降，留下的余热使地球变暖的。由此，《京都议定书》明确规定了需要管控的温室气体包括除水汽外的6种上述气体。在工业革命之前，水汽和大气中早已存在的CO_2是天然的温室气体。正是在它们的作用下，才使地球温度维持在15℃左右，形成了对地球生物最适宜的环境温度，从而使得生命能够在地球上生存和繁衍。假如没有大气层和这些天然的温室气体，地球的表面温度将比现在低33℃，人类和大多数动植物将面临生存危机。我们所熟知的月球，由于没有大气层及温室效应，白天在阳光垂直照射的地方温度可达127℃，而夜晚温度却能降到 –183℃。根据对南极和格陵兰大陆冰盖中密封的气泡中空气的 CO_2 浓度测定，过去工业革命之前长期以来大气中 CO_2 含量一直比较稳定，大体是280ppm（ppm 为 0.0001%）左右。如果把压力为一个大气压、温度为 0℃的大气状态称为标准状态，那么把地球整个大气层压缩到这个标准状态，它的厚度是 8000m。大气中 CO_2 的含量按万分之 2.8 计，把它换算成标准状态，将为 2.24m 厚，即在 8000m 厚的大气中就占这 2.24m 厚。甲烷含量是 1.7ppm，相应为 1.4cm 厚。由此可见，大气中温室气体之少。也正因为如此，所以人为释放如不加限制，便很容易引起全球迅速变暖。

（3）在 1938 年，英国气象学家卡林达在分析了 19 世纪末世界各地零星的 CO_2 观测资料后，就指出当时 CO_2 浓度已比世纪初上升了 6%。1958 年，大气中 CO_2 含量达到315ppm 左右，而 1991 年已经达到了 355ppm。而最近，世界气象组织全球大气监测网的多个监测站测得的大气中 CO_2 浓度均已超过了 400ppm 这一阈值。这一变化标志着大气 CO_2 浓度达到了很长时间以来的最高值，且其飙升的速度也前所未有。2023 年，大气中 CO_2 的平均浓度达到 419.3ppm，为工业革命前的 1.5 倍。

2. 温室气体排放对地球的影响

温室气体排放对地球的影响是深远和多方面的。根据联合国的资料，以下是一些主要的影响：

（1）全球气温上升：2022 年，CO_2、CH_4 和 N_2O 这三种主要温室气体的浓度达到了创纪录的水平，且 2023 年的浓度继续上升。由于温室气体浓度增加，导致热量被吸收并保留，使得全球变暖。

（2）极端天气事件：随着全球变暖，极端天气事件如热浪、干旱、洪水和飓风变得更加频繁和强烈。

（3）生态系统变化：气候变化导致生态系统和生物多样性的变化，一些物种可能无法适应快速变化的环境而面临灭绝的风险。

（4）海平面上升：全球变暖导致极地冰川和冰架融化，海水膨胀，引起海平面上升，威胁沿海城市和低洼地区。

（5）粮食和水安全：气候变化影响降水模式和土壤质量，可能导致水资源短缺和农作物产量下降，影响全球粮食和水的安全。

（6）人类健康风险：气候变化可能增加由高温引起的健康问题，如中暑、心脏病等，并可能改变疾病传播的模式。

（7）经济损失：极端天气和气候变化可能导致巨大的经济损失，包括农作物损失、

基础设施损坏和保险成本上升。

（8）社会和政治影响：气候变化可能导致资源争夺、人口迁移和社会不稳定，影响社会结构和国际关系。

（9）不可逆转的变化：有证据表明，气候变化可能导致生态系统和地球气候系统达到或超过重要的临界点，这可能导致不可逆转的变化。

（10）适应和减缓需求：为了减少气候变化的负面影响，需要加强适应气候变化的措施和减少温室气体排放的努力。

联合国指出，尽管对控制温室气体排放取得了一些进展，但是目前的预测显示，至2030年的温室气体排放量仍将比预定目标所需的排放量高出数倍。这表明了立即采取更有效措施减少温室气体排放的紧迫性和必要性。

1.1.2　人类活动与温室气体排放

人类活动是指人类为了生存发展和提升生活水平，不断进行了一系列不同规模不同类型的活动，包括农、林、渔、牧、矿、工、商、交通、观光和各种工程建设等。人类加以开垦、搬运和堆积的速度已经逐渐相等于自然地质作用的速度，对生物圈和生态系改造有时也会超过了自然生物作用规模。人类活动已成为地球上一项巨大的地质营力，迅速而剧烈地改变着自然界，反过来又影响到自身的福祉。

1. 世界人口的爆发式增长

在人类漫长的发展过程中，工业革命之前世界人口增长相对缓慢。据估计，公元1500年左右，世界人口大约为4.25亿；公元1700年，世界人口约为6.1亿。但是从18世纪中叶第一次工业革命开始，其带来了技术进步和医疗条件的改善，促进了婴儿死亡率下降和人均寿命延长，从而使得世界人口的快速增长。在1800年左右，世界人口约为9亿；1900年左右，世界人口达到16亿，在400年间，人类人口增加了3倍。公元2000年，世界人口达到了约61亿，在短短1个世纪，人口也增加了3倍，据统计，2022年世界人口达到了80亿。根据联合国的预测，世界人口预计将在21世纪末超过100亿。人口增长与城市化进程直接推动了温室气体排放的增长，特别是在发展中国家。在过去的多数时间内，全球人口的增长自然伴随着能源需求的增长，而能源供应主要依赖化石燃料，这导致温室气体排放量增加。因此，人口增长是导致温室气体排放增加的一个主要因素。

2. 全球城镇化率的快速扩大

根据实时统计数据，目前世界人口80亿。其中，约有一半以上，即40亿人口居住在城镇地区。发达国家已基本完成城镇化，如美国和欧盟等国家城镇化率在 80% 左右，日本更是高达 90% 以上。根据国家统计局的数据，我国的城镇化率从 1978 年的 17% 增长到 2022 年的 65%，显示了我国城镇化的快速发展；而印度等发展中国家城镇化率和城镇人口也在快速提高。预计到 2050 年，世界城镇人口将再增加 25 亿，主要增长集中在亚洲和非洲。随着城镇化的快速发展，在住房、基础设施、交通、能源等方面导致直接和间接的温室气体排放。如城市建筑的建材生产和运行，就需要大量的化石能源和电力等。

3. 工业革命与温室气体排放

工业革命是 1760 年开始的一场经济和技术变革，它标志着人类从手工劳动向机械化生产的转变。这场革命对全球社会、经济和文化产生了深远的影响，同时也对温室气体排放产生了深远的影响。温室气体排放量的指数式增长：工业革命期间，人类开始大规模使用化石燃料，如煤炭、石油和天然气，这些燃料的燃烧是 CO_2 和其他温室气体的主要来源。数据表明，从 1750 年的年排放不到 1000 万 t 到 2023 年的年排放超 400 亿 t，增长了 4000 倍，其中绝大多数排放量是在 20 世纪以来的工业化过程中产生的。20 世纪全球排放量一直由欧洲和美国等发达国家主导，但近几十年来，亚洲和其他发展中地区的排放量显著上升。目前，世界上人均 CO_2 排放量最大的国家是主要的石油生产国和发达国家，如中东各国、俄罗斯和美国等，而许多发展中国家的人均 CO_2 排放量仍然很低，如印度等。

在工业革命之前，全球碳排放非常低。然而，随着越来越多地使用化石燃料为机器提供动力和人口的增长。到 1950 年，全球排放量上升到 60 亿 tCO_2 / 年。到 1990 年，这一数量翻了两番，达到超过 220 亿 tCO_2 / 年。2023 年，世界排放超过 400 亿 tCO_2 / 年。自工业革命以来，世界累计排放了超过 1.5 万亿 tCO_2。

1.2　全球应对气候变化机构和公约

20 世纪以来，人们已经认识到人类活动引起的气候变化问题并认识到了气候变化问题的严重性，并设定了一个具体的目标，即稳定大气中温室气体的浓度，以防止气候系统受到危险的人为干扰。还开始正式考虑适应气候变化的问题，并承认所有国家都容易受到气候变化的影响，呼吁特别努力以减轻影响，尤其是在缺乏独自应对资源的发展中国家。同时以联合国为纽带，成立了一系列相关组织，在联合国气候变化公约框架

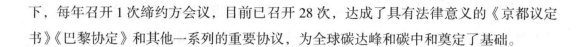

下，每年召开 1 次缔约方会议，目前已召开 28 次，达成了具有法律意义的《京都议定书》《巴黎协定》和其他一系列的重要协议，为全球碳达峰和碳中和奠定了基础。

1.2.1 全球应对气候变化机构

1. 世界气象组织（WMO）

世界气象组织（World Meteorological Organization，简称 WMO）是联合国的专门机构之一，专注于地球大气层的状态和行为、大气层与陆地和海洋的相互作用，以及由此产生的天气和气候现象，还有水资源的分布。WMO 成立于 1950 年 3 月 23 日，其前身是 1878 年成立的非官方性机构国际气象组织（International Meteorological Organization，简称 IMO）。1947 年，在华盛顿召开的各国气象局长会议上通过了世界气象公约草案，并于 1950 年 3 月 23 日公约生效，IMO 正式更名为 WMO。WMO 于 1951 年成为联合国的专门机构，其主要任务包括：

（1）促进全球气象观测和预报的标准化。

（2）协调国际气象活动。

（3）组织全球气象服务。

（4）推动气象科学和技术的发展。

（5）支持气候服务和水文服务。

（6）通过世界天气监视网（World Weather Watch）等项目加强全球气象观测和预报能力。

WMO 还发起并参与了多个重要的国际项目和倡议，如国际地球物理年、全球臭氧观测系统等。WMO 通过其广泛的活动和项目，对全球气象和气候研究、服务和政策制定发挥着关键作用，同时也为国际社会提供了关于气候变化、极端天气事件和其他气象相关现象的权威信息和科学依据。

2. 联合国环境规划署（UNEP）

1972 年成立的联合国环境规划署（United Nations Environment Programme，简称 UNEP）是联合国系统内负责全球环境事务的牵头部门和权威机构。它致力于激发、提倡、教育和促进全球资源的合理利用，并推动全球环境的可持续发展。UNEP 在多个方面发挥着重要作用，包括提供关于三重地球危机（气候变化、生物多样性丧失、污染和浪费）的重要科学依据与解决方案，召集并支持重要谈判，主持至关重要的多边环境协定，与私营及金融部门合作，提供资金与全球进程相匹配，并为会员国履行承诺提供支持。在其成立时，地球已经显示出在人类的重压下不堪重负的迹象。UNEP 及其合作伙伴与成员国合作，共同防治空气污染、恢复臭氧层、保护世界海洋、促进绿色和包容性经济，并对生物多样性丧失和气候变化发出警报。UNEP 还特别关注空气污染问题，据其数据，空气污染每年造成约 700 万人死亡，强调全世界必须团结一致抗击空气污染。此外，UNEP 还聚焦于世界环境日（6 月 5 日），强调恢复土地、遏制荒漠化和增强抗旱能力的重要性。

UNEP 还发布了《全球环境展望》报告。该报告基于可靠的科学知识，为政府、企业和个人提供关键信息，帮助全球在 2050 年前向真正可持续的发展模式转型。报告指出，如果不立即采取紧急措施，到 2050 年，污染物质将影响人类的生育能力和神经发育，在亚洲、中东和非洲地区造成数百万人过早死亡。联合国秘书长古特雷斯在纪念联合国环境规划署成立 50 周年特别会议上强调，UNEP 表明多边主义是有效的，可以为人类和地球提供解决方案。UNEP 还参与了联合国气候变化大会，强调气候行动刻不容缓，随着全球气温屡创新高，极端天气事件影响着全球各地的人们。UNEP 在应对气候变化方面发挥着关键作用，推动国际社会采取行动以减少温室气体排放，适应气候变化的影响，并促进可持续发展。

3. 政府间气候变化专门委员会（IPCC）

政府间气候变化专门委员会（Intergovernmental Panel on Climate Change，简称 IPCC）成立于 1988 年，由 WMO 和 UNEP 共同建立。其主要任务是为决策者提供关于气候变化的科学基础、影响、未来风险的评估以及适应和减缓的可选方案。

IPCC 的评估报告是联合国气候变化框架公约（United Nations Framework Convention on Climate Change，简称 UNFCCC）谈判的基础，并且对全球气候政策的制定具有重要影响。评估报告具有政策相关性，但并不具有政策指示性，它们提供了不同情景下未来气候变化的预测，并讨论了可选响应方案的意义，但并不告诉决策者应采取什么具体行动。IPCC 的评估报告由数百名首席科学家撰写，这些科学家是志愿献出自己的时间和专长的"主要作者协调人"和"主要作者"，并且还有数百名专家作为"撰写作者"提供特定领域的专门知识。报告经过数轮起草和评审，以确保全面、客观，并以开放、透明的方式编写。

IPCC 的运作方式是评估已发表的文献，并不自行开展科学研究。报告中的结论使用明确界定的语言来描述研究结果的确定性。IPCC 的评估报告通常分为三个工作组：第一工作组关注物理学基础，第二工作组关注影响、适应和脆弱性，第三工作组关注减缓气候变化，以及国家温室气体清单专题组（TFI）。

IPCC 的第六次评估报告（AR6）的第一部分《气候变化 2021：自然科学基础》于

2021 年 8 月发布，报告指出许多观测到的气候变化是几千年甚至几十万年来前所未有，一些变化如海平面上升在数百年到数千年内不可逆转。报告强调，除非立即、迅速和大规模地减少温室气体排放，否则将升温限制在接近 1.5℃或是 2℃将是无法实现的。IPCC 的报告汇集了全球最新的气候变化科学研究成果，反映了当前国际科学界在气候变化问题上的认识水平，是国际社会对气候变化科学认识方面权威和主流的共识性文件，在国际社会应对气候变化的进程中发挥了不可替代的作用。

4. 联合国气候变化框架公约（UNFCCC）

联合国气候变化框架公约（United Nations Framework Convention on Climate Change，简称 UNFCCC）是一项旨在全球范围内应对气候变化的国际公约，于 1992 年 5 月 9 日在联合国总部通过，并在 1994 年 3 月 21 日生效。目前，有近 200 个国家，这些国家被称为公约的缔约方。其主要工作包括：

（1）最终目标：是防止人类活动对气候系统造成"危险"的干扰，将温室气体浓度稳定在一个水平上，以防止气候系统受到危险的人为干扰，并允许生态系统自然适应、确保粮食安全和经济发展的可持续性。

（2）共同但有区别的责任：公约确立了"共同但有区别的责任"原则，意味着所有国家都应对气候变化采取行动，但发达国家由于历史上对温室气体排放的贡献较大，应承担更大的责任。

（3）国家温室气体清单：公约要求所有缔约方编制国家温室气体排放源和汇的清单，并定期更新。

（4）国家战略：缔约方被鼓励制定和实施国家战略，以适应和缓解气候变化的影响。

（5）资金机制：公约设立了资金机制，旨在帮助发展中国家履行公约义务并应对气候变化，全球环境基金（GEF）被指定为 UNFCCC 的资金机制。

（6）技术转让：公约鼓励发达国家向发展中国家转让技术，以支持减排和适应气候变化的行动。

（7）适应和韧性：公约认识到适应气候变化的重要性，并推动相关措施以增强社会和环境的韧性。

（8）可持续发展：公约将气候变化应对措施与可持续发展目标相结合，鼓励在经济发展中考虑气候变化因素。

（9）缔约方会议（Conference of the Parties，简称 COP）：COP 定期审查国家信息通报和排放清单，评估各缔约方采取的措施的效果。COP 作为最高决策机构，自 1995 年首次在德国柏林举行以来，每年举行一次会议，目前已举办 28 次会议。COP28 于 2023 年 11 月 30 日至 12 月 12 日在阿拉伯联合酋长国迪拜成功举办。

公约作为全球气候治理的基础框架，为后续的气候变化国际协议（如《京都议定书》和《巴黎协定》）奠定了基础。

5. 世界可持续发展工商理事会（WBCSD）

世界可持续发展工商理事会（World Business Council for Sustainable Development，简称 WBCSD）是一个全球性的商业领导组织，由 200 多家领先的国际企业组成，成立于 1995 年。这些企业致力于加快实现可持续发展。WBCSD 的会员企业来自不同的行业和经济体，该组织的宗旨是促进可持续商业的成功，以推动全球可持续发展。WBCSD 的愿景是到 2050 年，为全球 90 亿人创造更加美好的生活。它专注于可持续城市与交通、循环经济、气候变化及能源、食品及自然、领导力建设、企业社会责任和 ESG 风险管控等领域。WBCSD 的成员企业可以通过参与政策发展、分享最佳实践、建立网络和与社会各部门合作来获益。如今，WBCSD 已经成为推动全球可持续发展的重要力量，通过其成员企业的行动和倡议，为应对气候变化、恢复自然、解决不平等问题做出贡献。

1.2.2　全球应对气候变化公约

1. 柏林授权

柏林授权是在 1995 年 COP1 会议上通过的一份重要文件。它的核心目的是为 2000 年之后全球应对气候变化的行动提供一个谈判框架，特别是为了制定一个具有法律约束力的文件，即后来的《京都议定书》。柏林授权书的通过标志着国际社会对于气候变化问题采取更为积极和具体的行动的开始。柏林授权书的主要内容包括：

（1）同意立即开始谈判，就 2000 年后应该采取何种适当的行动来保护气候进行磋商。

（2）以期最迟于 1997 年签订一项议定书，议定书应明确规定在一定期限内发达国家所应限制和减少的温室气体排放量。

柏林授权书的通过为后续的气候变化国际谈判奠定了基础，尤其是在确定发达国家在减少温室气体排放方面的责任方面发挥了重要作用。通过这一授权，国际社会开始朝着制定具有法律约束力的减排目标迈进，最终促成了《京都议定书》的签署。

2.《京都议定书》

《京都议定书》是第一份具有法律约束力的国际协议，于 1997 年在日本京都举行的 COP3 会议上通过，并在 2005 年生效。它是在 UNFCCC 的基础上，为了应对全球

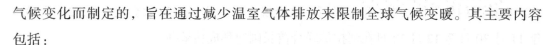

气候变化而制定的，旨在通过减少温室气体排放来限制全球气候变暖。其主要内容包括：

（1）规定了工业化国家的温室气体减排义务，要求从 2008—2012 年期间，主要工业发达国家的温室气体排放量要在 1990 年的基础上平均减少 5.2%。

（2）遵循"共同但有区别的责任"原则，区分了发达国家和发展中国家的责任，发展中国家不承担有法律约束力的温室气体限控义务。

（3）建立了三个灵活合作机制：国际排放贸易机制、联合履行机制和清洁发展机制，允许发达国家通过碳交易市场等灵活完成减排任务，同时帮助发展中国家获得相关技术和资金。

（4）规定了六种主要的温室气体，包括 CO_2、CH_4、N_2O、SF_6、HFCs 和 PFCs。

《京都议定书》的通过是国际社会应对气候变化的重要里程碑，为全球减排行动提供了法律基础和具体目标，对推动全球气候治理具有重要意义。目前，已有 170 多个国家批准了这份协议，我国于 1998 年 5 月签署并于 2002 年 8 月核准了该议定书。

3.《巴黎协定》

《巴黎协定》是第二项具有法律约束力的国际条约，于 2015 年 12 月 12 日在巴黎举行的 COP21 次会议上获得 196 个缔约方通过，并在 2016 年 11 月 4 日生效。其主要内容包括：

（1）温度目标：协定旨在大幅减少全球温室气体排放，将 21 世纪全球气温升幅限制在远低于工业化前水平 2℃以内，并努力将气温升幅进一步限制在 1.5℃以内。

（2）国家自主贡献（Nationally Determined Contributions，简称 NDCs）：协定包括所有国家对减排和共同努力适应气候变化的承诺，并呼吁各国逐步加强承诺。每五年，每个国家都要提交一份最新的国家气候行动计划，即国家自主贡献。

（3）全球盘点：协定设立了全球盘点机制，每五年审查一次各国对减少排放的贡献，以评估进展并鼓励加强行动。

（4）长期战略：协定邀请各国制定并提交长期低温室气体排放发展战略，虽然这不是强制性的，但有助于确定实现长期目标的努力。

（5）透明度和报告：协定要求建立一个透明框架，确保所有国家对其气候行动进行报告，并为发展中国家提供必要的支持以增强其透明度。

《巴黎协定》的实施对于实现可持续发展目标也至关重要，它为推动减排和建设气候适应能力的气候行动提供了路线图，标志着全球向净零排放转变的开始。历年国际社会气候谈判成果见表 1.2.2-1。

历年国际社会气候谈判成果 表1.2.2-1

序号	年份	公约缔约方会议（COP）	会议地点	谈判成果
1	1995	COP1	德国柏林	通过《柏林授权》
2	1996	COP2	瑞士日内瓦	通过《日内瓦宣言》
3	1997	COP3	日本东京	通过《京都议定书》
4	1998	COP4	阿根廷布宜诺斯艾利斯	通过《布宜诺斯艾利斯行动计划》
5	1999	COP5	德国波恩	通过《共同履行公约决定》附件，细化《公约》内容
6	2000	COP6	荷兰海牙	谈判形成欧盟、美国、发展中大国（中、印）鼎立之势
7	2001	COP7	摩洛哥马拉喀什	达成《马拉喀什协定》
8	2002	COP8	印度新德里	通过《德里宣言》
9	2003	COP9	意大利米兰	通过造林再造林模式和程序
10	2004	COP10	阿根廷布宜诺斯艾利斯	未取得实质性进展
11	2005	COP11	加拿大蒙特利尔	《京都议定书》正式生效，"蒙特利尔路线图"生效
12	2006	COP12	肯尼亚内罗毕	"内罗毕工作计划"
13	2007	COP13	印度巴厘岛	"巴厘岛路线图"
14	2008	COP14	波兰波兹南	八国集团就温室气体长期减排目标达成一致意见
15	2009	COP15	丹麦哥本哈根	《哥本哈根协议》
16	2010	COP16	墨西哥坎昆	《坎昆协议》
17	2011	COP17	南非德班	美国、日本、加拿大以及新西兰不签署《京都议定书》
18	2012	COP18	卡塔尔多哈	达成2013年起执行《京都议定书》
19	2013	COP19	波兰华沙	发达国家再次承诺出资支持发展中国家应对气候变化
20	2014	COP20	秘鲁利马	就2015年巴黎气候大会协议草案的要素基本达成一致意见
21	2015	COP21	法国巴黎	签署《巴黎协定》
22	2016	COP22	摩洛哥马拉喀什	通过《巴黎协定》第一次缔约方大会决定
23	2017	COP23	德国波恩	为2018年完成《巴黎协定》实施细则的谈判奠定基础
24	2018	COP24	波兰卡托维兹	"卡托维兹气候一揽子计划"
25	2019	COP25	西班牙马德里	"智利—马德里行动时刻"
26	2021	COP26	英国格拉斯哥	达成《巴黎协定》实施细则
27	2022	COP27	埃及沙姆沙伊赫	达成了一项全面的气候协议
28	2023	COP28	阿联酋迪拜	盘点《巴黎协定》的进展情况、签署《气候与健康宣言》

资料来源：皮书数据库

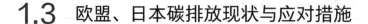

1.3 欧盟、日本碳排放现状与应对措施

IPCC 提出的全球"碳预算"是指为了避免气候变化的危险影响，全球仍能排放的 CO_2 量。然而，按照目前的状况，全球将很快消耗掉这一预算。根据《2023 年全球碳预算》报告，2023 年，全球 CO_2 排放量（包括化石燃料和土地利用变化）将超过 409 亿 t，其中，土地利用变化造成的碳排放量预计略有下降，但总体水平仍然很高，而全球化石燃料的碳排放量再次上升，达到 368 亿 t。与 2022 年相比，总排放量增长了 1.1%，达到创纪录的水平。2023 年，欧盟和美国等部分区域的化石燃料 CO_2 排放呈现下降趋势。其中，欧盟下降 7.4%，美国下降 3.0%。总体而言，占世界排放量 28% 的 26 个国家目前处于下降趋势，其中大多数都在欧洲。全球实现碳达峰的国家数量已经达到了 57 个。其中，排名前十五位的碳排放国家中，美国、俄罗斯、日本、巴西、印度尼西亚、德国、加拿大、韩国、英国和法国已经实现碳排放达峰。中国和印度呈现上升趋势，中国增加 4%，印度增加 4%。全球化石燃料 CO_2 排放整体仍呈现上升趋势。研究显示，全球削减化石燃料的行动还不够快，无法阻止气候变化危机。

2023 年，全球排放的 CO_2 约有一半继续通过碳循环过程被陆地和海洋吸收，其余的将留在大气中，导致气候变化。专家表示"最新的碳排放数据显示，目前全球的努力还不够深入和广泛，不足以使全球走上净零排放的排放减少轨道，但一些排放趋势已经开始出现变化，这表明气候政策是有效的。"同时，专家指出"目前的全球排放水平正在迅速增加大气中的 CO_2 浓度，造成更多的气候变化以及日益严重和不断增长的影响。所有国家都需要比现在更快地实现经济去碳化，以避免气候变化带来更严重的影响。"

中国、美国、欧盟、印度、俄罗斯和日本 2023 年碳排放为 237 亿 t，占全球碳排放的 66%，达到三分之二。因此，上述国家和地区的碳达峰碳中和的实现对全球双碳目标的达成至关重要。在 COP26 世界领导人峰会上，美国、日本和欧洲发达国家均以 2050 年前实现碳中和为目标。印度总理莫迪在 11 月 1 日的会议上发表演说，宣布印度将在 2070 年前实现碳中和，这是印度首次提出完成零排放的具体时间。中国和俄罗斯均计划在 2060 年实现碳中和。下面，就欧盟和日本的碳排放历史、现状及应对措施进行分析和介绍（我国相关内容将在 1.3.3 节单独分析和介绍）。

1.3.1 欧盟碳排放历史、现状及应对措施

欧盟及英国 2023 年碳排放量为 29.1 亿 t，总和位于世界第三，但相比 1990 年减少约 27%，人均年碳排放 6.4t，略高于世界人均年碳排放值。在能源结构调整的作用下，

欧盟于 1990 年实现碳达峰，碳排放与经济增长开始脱钩，碳排放量呈现缓慢下降趋势，特别是在 2008—2014 年。在这一阶段内，水能、风能与生物质能的使用快速增加，电力与供热部门碳排放快速降低。欧盟长久以来一直积极推动全球应对气候变化，在应对气候变化问题上走在前列。随着欧盟持续推进减碳政策的发展完善，其减碳政策呈现出以能源政策、创新减排技术为主线，以财政政策、碳交易为手段推动各部门节能减排的发展趋势。其中，碳排放权交易体系与体现"污染者付费"原则的财政手段体系是较为重要的举措，其充分利用市场机制与财政手段推进碳减排。

欧盟是全球应对气候变化问题的积极推进者，其自身很早就开始以环境治理为出发点着手解决气候变化问题。欧盟在解决能源依赖问题、建立技术优势、引领全球经济发展、加强欧盟内部一体化、获取国际政治利益等方面都取得一定成效，并持续积极推动内部以及国际上的碳减排进程。

1.《巴黎协定》前的碳减排和碳达峰措施

欧共体早期举措主要集中在环境污染防治方面，减碳政策由环境保护运动发展而来，主要政策有《环境行动计划》《能源政策》《单一欧洲法令》《能源内部市场》报告和"欧共体减排要求"等。在实现初步减排目标之后和碳达峰之后，欧盟主要从调整能源结构、发展新能源角度出发进行减碳政策的制定与实施。在 1992 年《马斯特里赫特条约》条约签署，宣告欧盟正式成立后，先后制定发布了《欧盟能源政策白皮书》《未来能源：可再生能源 – 共同体战略与行动计划》《能源行动框架计划》、"第一个欧洲气候变化计划""欧盟碳排放交易体系"、《可持续、竞争和安全的欧洲能源战略的绿皮书》《2020 年气候和能源一揽子计划》这些计划表明欧盟在环境污染治理取得一定效果之后，更加重视气候变化问题，同时为解决能源依赖问题，其减碳政策重心转移至发展新能源方面，并利用碳交易促进节能减排。具体如下：

（1）《环境行动计划》：20 世纪 70 年代，环境污染日益严重，公众和政府对环保问题越发重视。1972 年，欧共体成员国召开巴黎首脑会议，首次提出欧共体应当建立共同的环境保护政策框架，标志着环境保护事务开始成为欧共体的重要议题。应此要求，欧共体委员会在 1973 年推出了欧共体第一个环境行动规划（1973—1976）。该行动计划规定了 5 年内欧共体环境政策的目标、内容，并对环境政策内容进行了具体阐释。这一计划的实施，为欧盟后续环境政策的发展奠定了基础，此后欧盟又陆续通过了多个环境行动计划，不断完善其环境政策体系，以应对日益严峻的环境挑战，推动共同体内环境保护水平的提高。

（2）《能源政策》：1986 年欧共体出台的能源政策将开发利用可再生能源视为改善欧

共体能源结构的发展方向。这一时期，欧共体开始重视可再生能源的发展。比如，瑞典自 1975 年开始每年补贴生物质燃烧与转换技术的研发，德国在 1985 年之前就开始推行可再生能源发电，并在 1989 年提出风电计划。在 1988 年发表的《能源内部市场》报告中，提出要对天然气与电力部门进行一体化发展，推动天然气对煤炭以及石油的替代，提高欧共体内部能源利用效率，以成员国合力推动欧共体整体能源产业转型，实现欧共体能源结构调整、能源使用效率提高以及维护能源安全的目标。这一政策的出台背景主要是：一方面，经历了两次石油危机（1973 年和 1979 年），到过度依赖石油等化石能源的风险，希望减少对传统能源的依赖；另一方面，随着对环境问题的关注度不断提高，欧共体也意识到需要发展更加清洁、可持续的能源。1986 年能源政策的影响主要体现在以下几个方面：

1）推动了可再生能源的发展：为后续欧共体在可再生能源领域的研发投入、产业发展等奠定了基础，促进了太阳能、风能、水能等可再生能源技术的进步和应用规模的扩大。

2）引导了能源结构调整：促使欧共体成员国逐步减少对化石能源的依赖，增加可再生能源在能源消费结构中的比重，有助于降低碳排放，应对气候变化。

3）促进了相关产业发展：带动了可再生能源设备制造、安装、维护等产业的发展，创造了就业机会，推动了经济增长。

4）提升了能源安全：通过发展多元化的能源供应，降低了因外部能源供应不稳定对欧共体经济和社会的冲击，增强了欧共体的能源安全保障。

（3）《单一欧洲法令》：该法令于 1987 年 7 月 1 日生效，对欧洲环境问题产生了多方面的重要影响。

1）提升了环境保护的地位：该法令第一次将环境保护问题写入欧共体基本法，确立了欧共体环境决策的法律地位，使环境保护在欧共体事务中的重要性得到极大提升，为后续更全面、深入地开展环境政策制定和实施奠定了坚实基础。

2）推动了环境政策的一体化进程：《单一欧洲法令》致力于建立欧洲单一市场，这也促使环境政策在欧共体层面更加统一和协调。在此之前，各成员国的环境政策存在差异，法令的实施有助于减少这种差异，推动形成共同的环境目标和标准，促进了环境政策的一体化发展，例如在废弃物处理、大气污染防治等方面，能够制定适用于整个欧盟的统一政策和标准。

3）加强了环境监管与执法力度：随着欧共体环境决策法律地位的确立，其在环境监管和执法方面的能力与权力也得到增强。这使得欧共体能够更有效地监督成员国对环境政策的执行情况，确保各项环境法规和标准得到切实落实。对于违反环境规定的行为，能够采取更有力的制裁措施，从而提高了环境政策的执行力和有效性。

4）引导了经济发展与环境保护的协同：法令的实施促使欧盟成员国在经济发展过程中更加注重环境保护，鼓励企业采用环保技术和生产方式，推动了经济发展与环境保护的协同共进。例如，在一些产业领域，通过制定严格的环境标准，促使企业进行技术创新和升级，既减少了对环境的污染和破坏，又提高了企业的竞争力和可持续发展能力，有利于实现经济、社会和环境的多赢局面。

（4）《马斯特里赫特条约》：该条约使高水平环境保护成为欧盟制定各项政策必须考虑的一条重要原则。这意味着在欧盟的政策制定过程中，环境因素被置于重要地位，各项政策都需要充分考虑对环境的影响，以实现经济、社会与环境的协调发展。例如，在产业政策方面，会注重引导产业向绿色、低碳方向发展，减少对环境的破坏；在交通政策方面，会大力推动绿色交通方式的发展，降低交通运输对环境的污染等。

（5）《欧盟能源政策白皮书》：1995 年白皮书的出台，标志着欧盟共同能源政策的形成，为欧盟后续的能源发展战略和具体政策措施奠定了基础，在推动欧盟能源结构调整、可再生能源发展以及应对气候变化等方面发挥了重要作用。其主要内容为：保护人类生存环境、促进能源安全、增强欧盟能源总体竞争性、强调可再生能源的重要性并提出未来能源行动计划。

（6）《能源行动框架计划》：该计划于 1998 通过，对欧盟整体的能源政策的实施进行了规划，要求大力支持可再生能源技术的研发和利用，提出可再生能源发展的具体目标。以提高能源效率、促进可再生能源发展、保障能源供应安全为目的。通过政策支持、技术研发、国际合作、公众参与等措施来实现。

（7）"第一个欧洲气候变化计划"：2000 年 6 月，欧盟提出该计划，旨在具体落实《京都议定书》的减排目标，其中欧盟委员会、工业团体和环保方面的非政府组织等利益相关方提出了 30 多项政策措施。该计划最具标志性的举措是建立了欧盟碳排放交易体系（The European Union Emissions Trading System，简称 EU ETS）。这一计划体现了欧盟在应对气候变化方面的积极态度和行动，为后续欧盟在气候变化领域的政策制定和行动奠定了基础，推动了欧盟成员国在减排措施、能源结构调整、可再生能源发展等方面的努力，对欧盟乃至全球的气候变化应对产生了重要影响。

（8）EU ETS：开启全球碳减排新征程

2005 年，EU ETS 正式启动，这一具有里程碑意义的举措标志着欧盟在应对气候变化问题上迈出了坚实而关键的一步。欧盟碳排放交易体系的建立，旨在通过市场机制来控制温室气体排放，推动企业采取更加环保和可持续的生产方式。该体系涵盖了众多高耗能行业，如电力、钢铁、水泥等，为这些行业设定了碳排放配额。企业需要在规定的时间内，确保其碳排放不超过所分配的配额。如果企业的排放量低于配额，可以将剩余的配额出售；反之，如果排放量超过配额，则需要购买额外的配额。自 EU ETS 实施以来，取得了显著的减排成效。数据显示，在该体系运行的初期阶段，参与企业的碳排放量就有了明显下降。以电力行业为例，2005—2010 年间，欧盟电力行业的碳排放强度下降了约 20%。钢铁和水泥等行业的减排成果也颇为可观，在同一时期内，钢铁行业的碳排放强度下降了约 15%，水泥行业下降了约 10%。这一体系的实施带来了多方面的积极影响。首先，它为企业提供了明确的减排目标和经济激励。企业为了避免购买昂贵的碳排放配额，纷纷加大对节能减排技术的研发和投入，从而提高了能源利用效率，降低了生产成本。其次，EU ETS 促进了清洁能源的发展。在市场机制的作用下，清洁能源企业获得了更多的发展机会，推动了可再生能源的广泛应用。再者，该体系也为全球应对气候变化提供了宝贵的经验和借鉴。欧盟作为全球气候行动的领导者之一，其 EU ETS 的成功实践，激励了其他国家和地区积极探索适合自身的碳减排机制。

然而，欧盟碳排放交易体系在实施过程中也面临着一些挑战。例如，配额分配的合理性一直是一个备受关注的问题。如果配额分配过于宽松，可能会导致减排效果不明显；而如果分配过于严格，则可能会对企业的生产经营造成过大压力。此外，碳排放交易市场的价格波动也给企业带来了一定的不确定性。尽管存在挑战，但不可否认的是，EU ETS 的启动为全球应对气候变化事业注入了强大的动力。在当今全球气候变化形势日益严峻的背景下，EU ETS 仍在不断完善和发展，为实现全球可持续发展的目标继续发挥着重要作用。

（9）《2020 年气候和能源一揽子计划》

2007 年，欧盟发布了该计划，旨在通过一系列目标和措施，推动欧盟向低碳经济转型，减少温室气体排放，提高能源效率，并确保能源供应安全。主要目标有：温室气体减排目标，到 2020 年，欧盟将温室气体排放量在 1990 年的基础上至少减少 20%。可再生能源目标，欧盟设定了到 2020 年可再生能源在最终能源消费中的占比达到 20% 的目标，这将促进可再生能源的发展，减少对化石能源的依赖，降低能源供应风险。能源效率目标，提高能源效率是该计划的重要组成部分，欧盟计划到 2020 年将能源效率提高 20%，通过推广节能技术和产品，优化能源消费结构，实现可持续发展。

2.《巴黎协定》后的碳减排和碳中和措施

在此期间，欧盟制定实施了一系列法律法规和条约，以实现 2050 年碳中和目标。

其制定发布了《2050 年迈向具有竞争力的低碳经济路线图》《2050 年能源路线图》、"第七个环境行动计划"、《2030 年气候与能源政策框架》《强化欧盟地区创新战略》《欧盟2050 战略性长期愿景》《欧洲绿色新政》《欧洲气候法》《欧洲新工业战略》《欧洲氢能战略》《生物多样性战略 2030》《欧盟森林战略 2030》《欧盟适应气候变化战略》《Fit for 55》等，这些计划表明欧盟从法律保障和具体实施措施都为 2050 年实现碳中和做好了准备，值得其他国家学习和借鉴。

（1）《2050 年迈向具有竞争力的低碳经济路线图》和《2050 年能源路线图》

2011 年，欧盟委员会通过了这两项路线图，目标是到 2050 年实现温室气体排放量在 1990 年水平上减少 80%~95%，实现碳中和，以阻止危险的气候变化，并使欧盟在低碳经济中保持竞争力。

（2）《欧盟 2050 战略性长期愿景》

2018 年，欧盟发布了该计划。这是一份旨在为欧盟未来几十年的发展提供方向和目标的文件，提出到 2050 年建成现代化、有竞争力、繁荣且气候中性的经济体这一目标。这份愿景文件通常被视为《欧洲绿色新政》的前身，它强调了可持续发展的重要性，并提出了一些关键的长期目标。要求欧盟从能源、建筑、交通、土地利用与农业、工业、循环经济等多方面入手，推动欧盟的全面低碳化发展。

（3）《欧洲绿色新政》

2019 年 12 月，欧盟委员会发布该文件，这是欧盟针对气候变化、经济增长和可持续发展制定的纲领性政策文件，主要内容包括：设置 2030 年减排目标和 2050 年气候中和目标，以调整能源结构等方面为主线，要求从能源、工业、金融等领域提出政策，构建欧盟可持续发展模式。

（4）《欧洲气候法》

1）发展过程：2020 年 3 月，欧盟公布该法律草案。2021 年 5 月 10 日，欧洲议会环境委员会投票通过草案。当地时间 2021 年 6 月 28 日，欧洲理事会发表公报称，欧盟国家最终通过了该法律，为欧盟各国在 2050 年实现碳中和的目标铺平了道路。

2）法案内容：到 2030 年，将欧盟温室气体净排放量与 1990 年的水平相比，至少减少 55%。2050 年前，欧盟各成员国将实现气候中和，即温室气体零排放。欧盟建议设定 2030—2050 年欧盟范围内的温室气体减排轨迹，以衡量减排进展。

3）重要意义：该法律将政治承诺付诸立法，为欧盟的减排目标和气候政策提供了法律保障，使其具有更强的约束力和执行力。为投资者提供了可预测性和透明度，有利于引导资金和技术向低碳领域投入，推动绿色产业的发展，为欧盟的绿色增长战略指明了方向。作为具有影响力的地区性立法，该法案在全球气候治理中起到示范作用，可能推动其他国家和地区加强应对气候变化的行动和立法，有助于促进全球减排目标的实现。《欧洲气候法》从法律层面推动欧盟实现碳中和，其出台旨在确保欧盟的所有政策，都能围绕着减排、绿色技术投资和保护自然环境开展，以确保欧盟国家整体实现温室气体净零排放这一目标。

（5）《Fit for 55》

欧盟在 2021 年通过该计划，旨在确保到 2030 年，欧盟温室气体排放量至少减少 55%（与 1990 年相比），同时要求欧盟推进产业转型、碳定价、发展可再生能源、能源税等。该计划对欧盟碳中和路径进行了阶段性规划，并将能源税作为主要政策举措。以下是该计划的一些主要组成部分：

1）更新的排放交易系统：扩大 EU ETS 的范围，包括航运和道路运输，并逐步减少免费配额，以促进减排。

2）碳边境调节机制（Carbon Border Adjustment Mechanism，简称 CBAM）：对进口商品征收碳税，以防止碳泄漏并确保欧盟内外的公平竞争。

3）减少非排放交易行业的排放：为不包括在欧盟排放交易体系中的行业设定新的排放限制，如建筑、农业和交通。

4）可再生能源：提高可再生能源在欧盟能源消费中的比重，目标是到 2030 年至少达到 40%。

5）交通部门的减排：通过推广电动和氢燃料汽车、改善公共交通和鼓励使用低碳交通工具来减少交通领域的排放。

6）努力分担：为成员国设定国家减排目标，以确保整个欧盟的减排努力是公平、均衡的。

7）建筑能效：提高建筑物的能效标准，推广节能改造和使用可再生能源。

8）支持创新和投资：通过研究、开发和创新以及投资来支持新技术和解决方案的发展。

3. 欧盟建筑行业脱碳计划

建筑行业是欧盟能源消耗和温室气体排放的重要领域之一。据统计，欧盟建筑行业的能源消耗约占总能源消耗的 40%，温室气体排放约占总排放的 36%。其中，住宅建筑与商业建筑的能耗和排放分别占建筑行业总能耗和总排放的 70% 及 30% 左右。建筑行业的高能耗和高排放主要源于建筑的供暖、制冷、照明和电器设备等方面的能源需求。

（1）总体目标和分项目标

1）欧盟建筑行业脱碳计划的总体目标是到 2050 年实现建筑行业的气候中和，即建筑行业的温室气体净排放量为零。为实现这一目标，欧盟制定了一系列具体的中期和长期目标，到 2030 年将建筑行业的温室气体排放比 2015 年减少 60%，到 2040 年减少80% 等。

2）提高建筑能效

欧盟计划通过提高新建建筑和既有建筑的能效标准，推广被动式建筑技术和智能建筑能源管理系统等措施。到 2030 年，将建筑的能源需求比 2015 年减少 50%。

3）推广可再生能源应用

欧盟鼓励建筑行业广泛应用太阳能、地热能、生物质能等可再生能源，到 2030 年将可再生能源在建筑能源供应中的占比提高到 50% 以上。

4）加强建筑能源管理

欧盟要求成员国建立健全建筑能源管理体系，加强对建筑能源消耗的监测、分析和评估，提高建筑能源利用效率。

5）促进建筑行业创新

欧盟通过支持建筑行业的技术研发和创新，推动新型建筑材料、节能设备和智能建筑技术的应用，提高建筑行业的可持续发展水平。

（2）政策驱动

欧盟一直高度重视建筑行业的可持续发展，通过制定一系列政策法规，推动建筑行业的节能减排和脱碳行动。2024 年 4 月，欧盟正式通过修订后的《建筑能源性能指令》（Energy Performance of Buildings Directive，简称 EPBD），修订后的指令对住宅建筑和非住宅建筑提出了不同的要求，要求对性能最差的建筑进行翻新，引入"建筑翻新护照"。自 2028 年 1 月 1 日起，所有新建住宅和非住宅的化石燃料现场排放必须为零。2030 年1 月 1 日起，所有其他建筑物的化石燃料达到零排放（豁免情形除外）。

1）EPBD 修订背景与目标

欧洲有 85% 的建筑建于 2000 年前，其中 75% 的建筑能源性能较差，约 80% 的住户使用能源用于供暖制冷。为实现 2050 年零排放和建筑领域完全脱碳的目标，提高建筑物的能源性能，针对成员国性能最差的建筑，EPBD 将提高翻新率，鼓励建立数字化的建筑能源系统，推动建立可持续基础设施。由于欧盟各成员国的现有建筑数量，地理与气候等因素方面存在差异，因此，欧盟允许各国选择最适合本国国情的改造措施，历史建筑和度假屋不纳入改造范围内。

2）EPBD 主要措施

逐步引入非住宅建筑的最低能源性能标准，允许最低能源性能的建筑物进行翻新；减少住宅建筑能源使用，制定国家路线图；提高新建筑物能源性能，设立建筑零排放愿景；实行国家建筑翻新计划，实施高质量的数字化建筑能源性能证书；建筑物中逐步淘汰使用化石燃料的锅炉，2025 年 1 月 1 日起结束对此类锅炉的补贴；为业主、中小企业和其他利益相关者提供建筑能源翻新一站式服务；增加建筑物中可再生能源的使用，所有新建筑物楼顶安装太阳能或光伏设备；优化建筑物能源（供暖、制冷、通风、电动车充电、可再生能源）。

3）建筑翻新护照

翻新护照是一份文件，为特定建筑的翻新提供了量身定制的路线图，可显著提高建筑性能。文本要求翻新护照必须由有资质的认证专家在实地考察后签发；翻新护照必须制定翻新路线图，说明翻新步骤，最迟在 2050 年将建筑改造为零排放建筑（ZEB）。成员国需要在 2024 年 12 月 31 日前引入自愿翻新护照计划。

4）能源性能证书

能源性能证书（EPC）是评估建筑物性能的重要工具，修订后的 EPC 有 A~G 七级。A 级对应建筑零排放，G 级对应每个国家、地区性能最差的 15% 建筑。当然，成员国还可以制定 A+ 级证书，A+ 级证书表明建筑物性能远超过零排放建筑物性能。新法案将要求所有住宅建筑要在 2030 年前达到 E 级、2033 年达到 D 级。

5）影响力

EPBD 的正式通过对全球建筑材料、设备供应链和相关技术产生重大影响，对节能建筑材料和技术的需求显著增长。新规定鼓励考虑建筑的全生命周期温室气体排放。这可能会促使供应商改进产品设计，使其更环保，减少在生产、运输、使用和废弃处理过程中的能源消耗和排放。企业若要在欧盟市场竞争，必须遵守其严格的建筑法规和标准。这可能需要对生产流程、产品设计和材料选择进行适应性改变，以确保符合新的能效指令和减排目标。

（3）资金支持

1）欧盟基金

欧盟通过各种基金，如欧洲区域发展基金、欧洲社会基金和欧洲农业农村发展基金等，为建筑行业的脱碳项目提供财政支持。在 Horizon2020 研发计划中，欧盟为建筑行业的脱碳技术研发提供了超过 10 亿欧元的资金支持。这些基金主要用于支持新建建筑和既有建筑的能效改造、可再生能源应用、智能建筑技术研发和示范项目等。

2）国家财政支持

欧盟成员国也通过国家财政预算，为建筑行业的脱碳项目提供资金支持。德国设立了建筑能效改造补贴计划，为建筑业主提供高达 30% 的补贴；法国设立了绿色建筑认证奖励计划，为获得认证的建筑提供财政奖励。

（4）技术研发与创新

1）欧盟研发计划

欧盟通过第七框架计划、地平线 2020 和地平线欧洲等研发计划，为建筑行业的脱碳技术研发提供资金支持。这些研发计划主要涵盖新型建筑材料、节能设备、智能建筑技术和可再生能源应用等领域。

2）创新平台与合作

欧盟建立了多个建筑行业的创新平台和合作机制，如欧洲建筑技术平台（European Construction Technology Platform，简称 ECTP）和欧洲可持续建筑联盟（European Alliance for Sustainable Buildings，简称 EASB）等。这些平台和机制旨在促进建筑行业的技术创新和合作，推动建筑行业的可持续发展。

1.3.2　日本碳排放历史、现状及应对措施

2023 年日本碳排放量 10.9 亿 t，位居全球第五位，人均年碳排放 8.86t。日本在 2005 年达到碳排放峰值 13.3 亿 t，2005—2008 年稳定在 13.1 亿 ~13.3 亿 t 之间，2009 年降低至 11.5 亿 t。福岛第一核电站事故后的 2012 年碳排放量再次跳升至 13.2 亿 t，之后呈现降低的趋势。按照世界银行的统计数据，2022 年日本 GDP 约为 4.2 万亿美元，其单位 GDP 能耗为 1.43t 标准煤 / 万美元，单位 GDP 碳排放量为 2.18tCO_2/ 万美元。日本的减碳政策经过不断的发展完善，在内容上以开发利用新能源、创新减排技术、发展绿色产业为主线，在形式上利用税收、财政补贴等手段引导地方政府积极参与碳减排工作，调动社会整体力量发展低碳经济，取得了一定的碳减排效果。对我国的启示是利用政策引导绿色产业发展，以获取技术优势，同时推动城市、企业与个人层面的碳减排。日本减碳政策的演变与其资源禀赋和发展路径息息相关，有限的自然资源与逐渐变化的发展模式使日本减碳政策确立向绿色低碳社会转型的目标。减碳发展历程包括了碳达峰之前和全面碳中和两个时间段。

1. 2005 年实现碳达峰之前的应对措施

在 2005 年之前，日本通过制定并严格实施《公害对策基本法》《自然环境保全法》《公害被害健康补偿法》《石油紧急对策纲要》《节约能源法》《再生资源利用促进法》

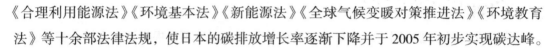

《合理利用能源法》《环境基本法》《新能源法》《全球气候变暖对策推进法》《环境教育法》等十余部法律法规，使日本的碳排放增长率逐渐下降并于 2005 年初步实现碳达峰。

（1）《公害对策基本法》

该基本法是日本公害（环境污染）防治的基本法律，又称公害母法。1967 年制订，1970 年、1971 年、1973 年、1974 年四次修改。对日本公害防治的基本制度、对策、费用负担、财政措施、组织机构与职责，作了简明而严格的规定。这些内容被各国环境立法所借鉴，对各国早期环境法的产生、发展产生过一定影响。该基本法的主要特点与内容是：在全世界首次以基本法确立公害防治的具体内容；明确规定保护国民健康和维护生活环境质量是国家基本责任；明确规定内阁总理大臣必须兼任环境保护最高机关——公害对策会议之会长，并直接负责委任其成员；确立公害防治之中央与地方政府财政援助制度。

（2）《自然环境保全法》

《自然环境保全法》是日本 1972 年制订、1993 年修订的自然环境保护基本法。与《公害对策基本法》共同构成日本的环境保护基本法。

（3）《节约能源法》《合理利用能源法》和《再生资源利用促进法》

1973 年第一次石油危机和 1979 第二次石油危机，凸显了能源安全的重要性，并促使各国和国际组织采取措施，以确保能源供应的稳定性和可持续性。日本在 1973 年制定实施了《石油紧急对策纲要》，在 1979 年制定实施了《节约能源法》《合理利用能源法》和《再生资源利用促进法》来应对石油危机。此时，日本的环境政策开始向发展新能源倾斜，期望通过产业结构与能源结构的调整来摆脱对进口能源的依赖。

（4）《环境基本法》

《公害对策基本法》和《自然环境保全法》属于被动式的法制框架，在经济高速发展及城镇化的深入过程中，已经不能完全满足环保需要。因此，1993 年日本制定《环境基本法》，形成更全面、系统的法律框架，并废止《公害对策基本法》。

（5）《循环型社会促进法》

2000 年，日本把建立循环型社会提升为基本国策，并将该年定为"循环型社会元年"。因此，日本制定该法。这部法律是推动改进日本生产、生活模式的重要法律框架，结合日本国家的资源匮乏的实际情况，节能、资源利用是日本国家发展的重中之重。通过有计划和综合性的实施建立循环性社会的政策，抛弃"大量生产、大量消费、大量废弃的社会模式"，使得日本逐渐成为高质量发展的可持续性社会。

（6）《全球气候变暖对策推进法》

1998 年，日本颁布了该法。这部法律具有多方面的重要意义。该法将应对气候变暖作为国家基本对策，对中央、地方政府、企业以及市民各自的相应责任都进行了规定，使得各主体在应对全球气候变暖问题上职责清晰。比如，规定了企业在生产经营过程中需要采取一定的节能减排措施，承担起减少温室气体排放的责任；市民在日常生活中也有义务践行低碳环保的生活方式等。该法为日本应对全球气候变暖问题提供了全面且坚实的法律保障与指导。在法律框架下，政府能够更有依据地制定相关政策和措施，推动各项应对工作的有序开展。例如，依据该法，政府可以制定具体的温室气体减排目标和计划，并监督其实施；可以出台鼓励企业进行技术创新、使用清洁能源的政策等。

（7）《地球温室化对策推进大纲》

2002 年 3 月，日本重新修订了《地球温室化对策推进大纲》。其主要内容包括以下方面：将温室气体的排放总量由增加尽快转为减少，努力达到在《京都议定书》中所承诺的减排目标，即在 2008—2010 年温室气体排放量比 1990 年排放量削减 6%，进而结合日本的社会、经济发展状况，长期持续减排。为此划分了三个阶段开展工作，2002—2004 年全面实施减缓气候变化对策，2005—2007 年对第一阶段工作进行总结、评估、修订和完善，2008—2010 年对第二阶段工作进行总结、评估、修订和完善，最终努力实现承诺的减排目标。

2. 2005 年后全面碳中和的应对措施

在 2005 年实现碳达峰之后，日本计划 2050 年实现碳中和，目前先后制定实施了"资源排放交易计划"、《新国家能源战略报告》、"核证减排计划"、《气候变暖对策基本法案》《2010 新成长战略》《低碳城市法》《绿色增长战略》《战略能源计划》、第五期《能源基本计划》《氢能及燃料电池战略发展路线图》《革新环境技术创新战略》《2050年碳中和绿色增长战略》等法律法规和计划等，确保 2050 年实现碳中和。

（1）《新国家能源战略报告》

日本于 2006 年发布该报告，具有多方面重要内容和目标，对日本的能源发展产生了深远影响。报告强调发展多种能源，包括促进电动汽车和燃料电池汽车的应用，推进生物质燃料的应用等。这有利于分散能源风险，避免过度依赖某一种能源。例如，电动汽车的发展可以减少对传统燃油的需求；燃料电池汽车以氢气为燃料，能为交通领域提供新的能源选择；生物质燃料的利用则可以充分发挥日本的资源优势，减少对进口能源的依赖。同时，日本还注重核能、太阳能、风能等其他可再生能源的开发和利用，逐步构建多元化的能源供应体系。

（2）《低碳城市法》

日本于 2012 年出台该法。该法要求各地方政府从能源角度入手，积极推动交通、建筑、工业等领域的节能减排工作。在建筑领域，推广绿色建筑标准，提高建筑的能源利用效率等。

同时，要求地方政府要逐步培育地方绿色产业，促进经济的可持续发展，增加城市碳汇。

（3）《战略能源计划》

2016 年，日本政府发布了该计划。这是一份综合性的能源政策文件，旨在指导日本在面对国内外能源挑战时的长期能源战略。该计划涵盖了多个方面，包括能源安全、环境可持续性、经济效益和技术创新。规定了温室气体的减少和消除目标，企业和市民、国家和地方义务与责任等。

（4）第五期《能源基本计划》

该计划于 2018 年 7 月批准执行。这是一份面向 2030 年及 2050 年日本能源中长期发展规划的政策指南和行动纲领。按照计划，2030 年温室气体排放要比 2013 年削减26%，到 2050 年削减 80%。到 2030 年，零排放电力占比达 44%，二氧化碳排放量削减至 9.3 亿 t，电力成本降至约 9.2 万亿~9.5 万亿日元，能源自给率达到 24%。面向 2050年主要是通过人才培养、基础设施更新和新技术开发，实现从"低碳化"迈向"脱碳化"的能源转型目标。

（5）《2050 年碳中和绿色增长战略》

2020 年 12 月，日本经济产业省发布了该战略，业内称为《绿色增长战略》。旨在到 2050 年实现净零碳排放、每年创造近 2 万亿美元的绿色经济增长。该战略涉及能源和运输等 14 个重点领域，并设立了一系列目标。日本经济产业省将通过监管、补贴和税收优惠等激励措施，动员超过 240 万亿日元（约合 2.33 万亿美元）的私营领域绿色投资。针对包括海上风电、核能产业、氢能等在内的 14 个产业，提出具体的发展目标和重点发展任务。

3. 东京都的建筑运行碳排放管理

日本东京都总量控制体系是 2010 年 4 月在日本启动的基于强制减排目标的碳交易体系，也是第一个以城市为单位将建筑领域作为碳排放总量控制对象的交易体系。东京都总量控制交易体系的控制对象包括：每年至少需要消耗 150 万 L 标准油的大型建筑、设施、工厂等，共有 1400 个场所。其中，建筑设施 1100 个，工厂有 300 个。这个交易体系几乎包含了东京所有的建筑。2010—2014 年为其第一规划期，按历史法分配配额，基准年设定为 2002—2007 年中任选连续三年的平均值，2010—2014 年每年配额分配量相比基准年减少 6%。2015—2019 年为其第二规划期，按历史法分配配额，配额分配量相比基准年减排 17%。对东京碳交易体系的评估研究表明，第一规划期控制排放企业排放总量下降 25%，远超 6% 的减排目标。

本章小结

本章详细阐述了全球气候变化趋势和应对措施，分析了人类活动和气候变化的关系。同时本章介绍和分析了欧盟和日本的碳排放历史、现状、目标及应对措施。可以看到，欧盟、日本和美国为发达地区和国家，俄罗斯和印度为发展中国家，虽然欧盟、美国、日本、俄罗斯已先后实现碳达峰并为实现碳中和而努力，但美国、俄罗斯和日本人均碳排放均远超世界人均碳排放，欧盟人均碳排放接近世界人均碳排放，而印度人均碳排放远低于世界人均碳排放。由此可见，在碳排放大国或地区中欧盟有望最早实现碳中和，美国、日本和俄罗斯减碳潜力大。印度由于人口和 GDP 的双重增长，要实现碳达峰和碳中和目标任务艰巨。

本章参考文献

[1]　中国建筑节能协会，重庆大学城乡建设与发展研究会 . 2023 年中国建筑与城市基础设施碳排放研究报告 [R]. 建筑，2024，2：46-59.

[2]　夏颖哲，王侃宏，刘伟，等 . 碳排放管理员培训教材 [M]. 北京：中国环境出版社，2023.

[3]　中华人民共和国住房和城乡建设部 . 建筑碳排放计算标准：GB/T 5136—2019[S]. 北京：中国建筑工业出版社，2019.

[4]　中华人民共和国住房和城乡建设部 . 建筑节能与可再生能源利用通用规范：GB 55015—2021[S]. 北京：中国建筑工业出版社，2021.

[5]　中华人民共和国住房和城乡建设部 . 民用建筑节水设计标准：GB 50555—2010[S]. 北京：中国建筑工业出版社，2010.

[6]　吴刚，欧晓星，李德智 . 建筑碳排放计算 [M]. 北京：中国建筑工业出版社，2022.

[7]　杜焱，张琦 . 碳资产管理理论与实务 [M]. 北京：清华大学出版社，2023.

[8]　中国建筑节能协会 . 中国建筑能耗研究报告 2020[J]. 建筑节能（中英文），2021，49（2）：1-6.

[9]　蔡伟光 . 2021 中国建筑能耗与碳排放研究报告：省级建筑碳达峰形势评估 [R]. 重庆：中国建筑节能协会能耗统计专委会，2021.

[10]　国务院 . 国务院关于加快建立健全绿色低碳循环发展经济体系的指导意见 . 国发〔2021〕4 号 .

[11]　潘家华 . 碳排放交易体系的构建、挑战与市场拓展 [J]. 中国人口·资源与环境，2016，26（8）：1-5.

第 2 章

我国碳排放现状与应对措施

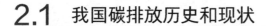

2.1 我国碳排放历史和现状

2020年9月22日，国家主席习近平在第七十五届联合国大会一般性辩论上发表重要讲话："应对气候变化《巴黎协定》代表了全球绿色低碳转型的大方向，是保护地球家园需要采取的最低限度行动，各国必须迈出决定性步伐。中国将提高国家自主贡献力度，采取更加有力的政策和措施，二氧化碳排放力争于2030年前达到峰值，努力争取2060年前实现碳中和。"这是我国首次提出的碳达峰碳中和目标和承诺。实现"双碳"目标，是以习近平同志为核心的党中央统筹国内国际两个大局作出的重大战略决策，是着力解决资源环境约束突出问题、实现中华民族永续发展的必然选择，是构建人类命运共同体的庄严承诺。

根据《公约》COP16大会通过的决定及《公约》COP17大会通过的第2/CP.17号决定，从2014年我国开始提交两年更新报告。此前，我国政府已提交三次国家信息通报和两次两年更新报告。2023年12月提交的《中华人民共和国气候变化第三次两年更新报告》遵循了《公约》更新报告编制指南的要求，同时参考了《巴黎协定》强化透明度框架模式、程序和指南的最新要求。其中国家温室气体清单为2018年数据，尽可能多地参考了《2006年IPCC国家温室气体清单编制指南》，并对国家自主贡献目标基准年进行了回算，定期向《巴黎协定》双年透明度报告过渡。该报告在广泛征求意见的基础上，经过多次反复修改，经由国务院授权后，与《中华人民共和国气候变化第四次国家信息通报》一道，由中国应对气候变化主管部门生态环境部正式作为《公约》履约报告提交。主要碳排放数据如下。

2.1.1 2018年我国温室气体排放

2018年，我国温室气体清单编制和报告范围包括能源活动，工业生产过程，农业活动，土地利用、土地利用变化和林业，废弃物处理五个领域中温室气体的排放和吸收。2018年，我国温室气体排放总量约为117.79亿tCO_2当量，其中CO_2、CH_4、N_2O、HFCs、PFCs和SF_6所占比重分别为81.1%、11.4%、5.0%、1.6%、0.2%和0.6%。土地利用、土地利用变化（LULUCF）和林业的温室气体吸收汇为12.57亿tCO_2当量；如不考虑土地利用、土地利用变化和林业，温室气体排放总量为130.35亿tCO_2当量。

能源活动是中国温室气体的主要排放源。2018年，中国能源活动排放量占温室气体总排放量（不包括LULUCF）的77.9%，工业生产过程、农业活动和废弃物处理的温室气体排放量所占比重分别为14.5%、6.1%和1.5%，如图2.1.1-1所示。

1. 能源活动

2018 年，我国能源活动温室气体清单报告内容包括燃料燃烧和逃逸排放。燃料燃烧覆盖能源工业、制造业和建筑业、交通运输及其他部门。其中，其他部门细分为服务业、农业和居民生活。逃逸排放覆盖固体燃料和油气系统的甲烷排放。2018 年，我国化石燃料燃烧的活动水平数据主要来自国家统计局以及其他政府部门相关统计资料。2018 年，我国能源活动的温室气体排放量为 101.55 亿 tCO_2 当量。其中，燃料燃烧排放 95.88 亿 tCO_2 当量，占 94.4%；逃逸排放 5.67 亿 tCO_2 当量，占 5.6%。

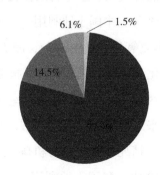

■ 能源活动 ■ 工业生产过程 ■ 农业活动 ■ 废弃物处理

图 2.1.1-1　2018 年中国温室气体排放领域构成（不包括 LULUCF）

资料来源：《中华人民共和国气候变化第三次两年更新报告》

2. 工业生产过程

2018 年，中国工业生产过程的温室气体排放总量为 18.87 亿 tCO_2 当量。2018 年，中国工业生产过程温室气体清单报告内容包括非金属矿物制品生产、化学工业生产、金属制品生产、源于燃料和溶剂的非能源产品使用以及卤烃和六氟化硫消费的温室气体排放。2018 年，我国水泥熟料产量来源于国家统计局的统计资料，合成、硝酸、钢铁、铝、镁、铅和锌产量主要来源于《中国工业统计年鉴》，甲醇和乙烯产量主要来自《中国化学工业统计年鉴》。水泥熟料、合成氨、己二酸、电石、甲醇、乙烯、氟化工和钢铁生产等排放源的排放因子相关参数采用典型企业调研方法所获取的本国数据，铝冶炼、冶炼、铅冶炼生产等排放因子沿用国家温室气体清单的数据。其余则借鉴《2006 年 IPCC 清单指南》缺省排放因子。

3. 农业活动

2018 年，中国农业活动温室气体排放总量为 7.93 亿 tCO_2 当量。2018 年，我国农业温室气体清单报告内容包括动物肠道发酵甲烷排放、动物粪便管理甲烷和氧化亚氮排放、水稻种植甲烷排放、农用地氧化亚氮排放以及秸秆田间焚烧甲烷和氧化亚氮排放。2018 年，我国农业活动水平数据主要来源于《中国统计年鉴 2019》《中国农村统计年鉴 2019》《中国畜牧兽医年鉴 2019》、中国农业科学院农业信息研究所、各省市 2019 年统计年鉴以及第三次农业普查等，其他排放因子则采用《2006 年 IPCC 清单指南》提供的缺省值。

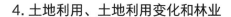

4. 土地利用、土地利用变化和林业

2018 年，中国土地利用、土地利用变化和林业吸收 213.40 亿 tCO_2，排放甲烷 398.1 万 t，排放氧化亚氮 0.1 万 t，净吸收 12.57 亿 tCO_2 当量。2018 年，我国土地利用、土地利用变化和林业温室气体清单报告范围包括林地、农地、草地、湿地、建设用地和其他土地等六种土地利用类型的温室气体排放和吸收。每一种土地划分为保持不变的土地和转化而来的土地利用变化类型，都根据实际情况分别估算其地上生物量、地下生物量、枯落物、枯死木和土壤有机碳五大碳库的碳储量变化和火烧引起的非 CO_2 温室气体排放。2018 年，我国土地利用、土地利用变化和林业清单的编制采用了全国第 6~9 次森林资源连续清查和 2021 年全国林草生态综合监测的资料数据。林地清单的排放因子和农地土壤碳的排放因子采用当年的本国特征数据。

5. 废弃物处理

2018 年，中国废弃物处理温室气体排放总量为 2.00 亿 tCO_2 当量。2018 年，我国废弃物处理温室气体清单报告内容包括填埋处理、生物处理、废水处理以及焚烧处理中危险废弃物、医疗废弃物和污泥焚烧排放，而城市生活垃圾焚烧作为能源利用报告在能源活动领域。2018 年我国废弃物处理的活动水平数据来源于《中国城市建设统计年鉴 2018》和《中国环境统计年鉴 2019》等。填埋处理和废水处理的部分排放因子采用本国数据，其他排放因子参考《2006 年 IPCC 清单指南》提供的缺省值。

2.1.2 我国温室气体排放分析

根据提报数据可知，1994 年、2010 年、2012 年、2014 年和 2018 年我国温室气体排放总量分别为 36.5 亿、95.5 亿、113.2 亿、111.9 亿和 117.8 亿 tCO_2 当量。由此可见，从 1994—2014 年 20 年间我国碳排放翻了 3 倍多；同时，也超越美国，跃升世界第一，全球占比近三分之一。

双碳，即碳达峰与碳中和的简称。碳达峰是指温室气体排放从增加到降低的拐点。采用两条标准来判定具体国家达峰情况：一是温室气体排放最大值出现在 5 年前（距离最近一次清单数据年），以判断排放量降低是短期波动还是长期趋势；二是无条件承诺未来排放低于历史排放最大值（世界资源研究所报告）。碳达峰通常见于中国学者的研究，尤指能源消费的 CO_2 排放达到峰值。碳中和是指企业、团体或个人测算在一定时间内直接或间接产生的温室气体排放总量，然后通过植树造林、节能减排等形式，抵消自身产生的 CO_2 排放量，实现 CO_2 的"零排放"。

2.2　我国碳排放应对措施

2.2.1　提出"双碳"目标前，碳减排措施和成效

2020 年 9 月，我国提出碳达峰、碳中和目标之前，相关的碳排放和环境政策的应对措施和成效如下。

1. 1992 年联合国环境与发展大会以后碳减排措施和成效

自 1992 年联合国环境与发展大会以后，我国率先组织制定了《中国二十一世纪议程—中国 21 世纪人口、环境与发展白皮书》，并从国情出发采取了一系列政策措施。为应对气候变化，促进可持续发展，中国政府通过实施调整经济结构、提高能源效率、开发利用水电和其他可再生能源、加强生态建设等政策和措施，为减缓气候变化做出了一定贡献。

（1）取得的成效

1991—2005 年的 15 年间，通过经济结构调整和提高能源利用效率，中国累计节约和少用能源约 8 亿 t 标准煤，相当于减少约 18 亿 t 的 CO_2。通过发展低碳能源和可再生能源，改善了能源结构。到 2005 年底，中国的水电装机容量已经达到 1.17 亿 kW，占全国发电装机容量的 23%。到 2005 年，中国可再生能源利用量已经达到 1.66 亿 t 标准煤（包括大水电），占能源消费总量的 7.5% 左右，相当于减排 3.8 亿 tCO_2。通过大力开展植树造林，加强了生态建设和保护。中国森林覆盖率从 20 世纪 90 年代初期的 13.92% 增加到 2005 年的 18.21%。据专家估算，1980—2005 年，中国造林活动累计净吸收约 30.6 亿 tCO_2。

（2）相关法律、法规和政策措施

我国在应对气候变化相关法律、法规和政策措施的制定，相关体制和机构建设，气候变化的科学研究和提高公众意识等方面也开展了一系列工作，取得了较好的效果。2006 年 3 月，十届全国人大第四次会议通过的《中华人民共和国国民经济和社会发展第十一个五年规划纲要》提出，发展必须是科学发展，要把节约资源作为基本国策，发展循环经济，保护生态环境，加快建设资源节约型、环境友好型社会，促进经济发展与人口、资源、环境相协调。推进国民经济和社会信息化，切实走新型工业化道路，坚持节约发展、清洁发展、安全发展，实现可持续发展。《规划纲要》中，建设社会主义新农村、发展现代农业、推进工业结构优化升级、优化发展能源工业、调整原材料工业结构和布局、建设资源节约型环境友好型社会、发展循环经济、保护修复自然生态、加大

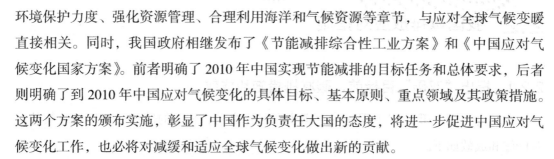

环境保护力度、强化资源管理、合理利用海洋和气候资源等章节，与应对全球气候变暖直接相关。同时，我国政府相继发布了《节能减排综合性工业方案》和《中国应对气候变化国家方案》。前者明确了 2010 年中国实现节能减排的目标任务和总体要求，后者则明确了到 2010 年中国应对气候变化的具体目标、基本原则、重点领域及其政策措施。这两个方案的颁布实施，彰显了中国作为负责任大国的态度，将进一步促进中国应对气候变化工作，也必将对减缓和适应全球气候变化做出新的贡献。

2.《中国应对气候变化国家方案》

2007 年 6 月，根据 UNFCCC 的规定，以及中国国情和落实科学发展观的内在要求，按照国务院部署，国家发展改革委组织有关部门和几十名专家，历时两年，编制了《中国应对气候变化国家方案》并发布。《国家方案》回顾了我国气候变化的状况和应对气候变化的不懈努力，分析了气候变化对我国的影响与挑战，提出了应对气候变化的指导思想、原则、目标以及相关政策和措施，阐明了我国对气候变化若干问题的基本立场及国际合作需求。我国的《国家方案》是发展中国家颁布的第一部应对气候变化国家方案。根据公约缔约方会议相关决定，在此提出中国应对气候变化的强化行动和措施，作为中国为实现公约第二条所确定目标做出的、反映中国应对气候变化最大努力的国家自主贡献，同时提出中国对 2015 年协议谈判的意见，以推动巴黎会议取得圆满成功。

（1）我国强化应对气候变化行动目标

我国高度重视气候变化问题，把积极应对气候变化作为国家经济社会发展的重大战略，把绿色低碳发展作为生态文明建设的重要内容，采取了一系列行动，为应对全球气候变化作出了重要贡献。2009 年，向国际社会宣布：到 2020 年单位国内生产总值二氧化碳排放比 2005 年下降 40%~45%，非化石能源占一次能源消费比重达到 15% 左右，森林面积比 2005 年增加 4000 万 hm^2，森林蓄积量比 2005 年增加 13 亿 m^3。积极实施《中国应对气候变化国家方案》《"十二五"控制温室气体排放工作方案》《"十二五"节能减排综合性工作方案》《节能减排"十二五"规划》《2014—2015 年节能减排低碳发展行动方案》《国家应对气候变化规划（2014—2020 年）》。加快推进产业结构和能源结构调整，大力开展节能减碳和生态建设，在 7 个省（市）开展碳排放权交易试点，在 42 个省（市）开展低碳试点，探索符合中国国情的低碳发展新模式。2014 年，中国单位国内生产总值二氧化碳排放比 2005 年下降 33.8%，非化石能源占一次能源消费比重达到 11.2%，森林面积比 2005 年增加 2160 万 hm^2，森林蓄积量比 2005 年增加 21.88 亿 m^3，水电装机达到 3 亿 kW（是 2005 年的 2.57 倍），并网风电装机达到 9581 万 kW（是 2005 年的 90 倍），光伏装机达到 2805 万 kW（是 2005 年的 400 倍），核电装机达到

1988 万 kW（是 2005 年的 2.9 倍）。加快实施《国家适应气候变化战略》，着力提升应对极端气候事件能力，重点领域适应气候变化取得积极进展。应对气候变化能力建设进一步加强，实施《中国应对气候变化科技专项行动》，科技支撑能力得到增强。

根据自身国情、发展阶段、可持续发展战略和国际责任担当，中国确定了到 2030 年的自主行动目标：二氧化碳排放 2030 年左右达到峰值并争取尽早达峰；单位国内生产总值二氧化碳排放比 2005 年下降 60%~65%，非化石能源占一次能源消费比重达到 20% 左右，森林蓄积量比 2005 年增加 45 亿 m^3 左右。中国还将继续主动适应气候变化，在农业、林业、水资源等重点领域和城市、沿海、生态脆弱地区形成有效抵御气候变化风险的机制和能力，逐步完善预测预警和防灾减灾体系。

（2）我国强化应对气候变化行动政策和措施

为实现到 2030 年的应对气候变化自主行动目标，需要在已采取行动的基础上，持续不断地做出努力，在体制机制、生产方式、消费模式、经济政策、科技创新、国际合作等方面进一步采取强化政策和措施。具体内容有：实施积极应对气候变化国家战略。完善应对气候变化区域战略。构建低碳能源体系。形成节能低碳的产业体系。控制建筑和交通领域排放。努力增加碳汇。倡导低碳生活方式。全面提高适应气候变化能力。创新低碳发展模式。强化科技支撑。加大资金和政策支持。推进碳排放权交易市场建设。健全温室气体排放统计核算体系。完善社会参与机制。积极推进国际合作。

3."十一五"期间（2006—2010 年）

提出了单位国内生产总值能耗降低 20% 左右、主要污染物排放总量减少 10% 的约束性指标。这是我国首次将节能减排作为重要的政策目标，推动了各行业在提高能源利用效率、减少污染物排放方面的工作。开始大力推进产业结构调整，限制高耗能、高污染产业的发展，鼓励发展节能环保产业和服务业。

4"十二五"期间（2011—2015 年）

进一步强化了节能减排目标，要求单位国内生产总值能耗降低 16%、单位国内生产总值二氧化碳排放降低 17%，化学需氧量、二氧化硫、氨氮、氮氧化物等主要污染物排放总量分别减少 8%、8%、10%、10%。加强了对重点耗能企业的监管，推行了能源管理体系认证和合同能源管理等模式，促进企业提高能源利用效率。加大了对可再生能源的支持力度，推动太阳能、风能、水能等可再生能源的开发和利用，提高可再生能源在能源消费中的比重。开展了碳排放权交易试点工作，在北京、上海、天津、重庆、湖北、广东和深圳 7 个省市启动了碳排放权交易试点，为建立全国统一的碳排放权交易市场积累了经验。

5."十三五"期间（2016—2020 年）

将生态文明建设提升到了新的高度，提出了"绿色发展"的理念，强调经济发展与环境保护的协同共进。明确了到 2020 年，单位国内生产总值二氧化碳排放比 2015 年下降 18%、非化石能源占一次能源消费比重达到 15% 等目标。继续推进能源结构调整，加快煤炭消费的减量替代，提高天然气、电力等清洁能源的消费比重。加强了对大气、水、土壤等环境的综合整治，实施了大气污染防治行动计划、水污染防治行动计划、土壤污染防治行动计划等一系列专项行动，取得了显著的环境治理成效。

此外，在 2018 年 3 月的国务院机构改革中，应对气候变化职能划转至生态环境部，这为应对气候变化与生态环境协同治理提供了重要的机制保障。这些政策举措为我国在 2020 年 9 月提出碳达峰、碳中和目标奠定了坚实的基础。

6.《中华人民共和国环境保护法》

《环境保护法》于 1989 年 12 月通过，历经 2014 年修订，2015 年 1 月 1 日正式实行。新《环境保护法》的颁布实施，是我国环境保护领域的一个重要里程碑。它为我国环境保护工作提供了更加完善的法律制度保障，对于推动生态文明建设、提升环境质量、促进经济可持续发展和增强公众环保意识具有重大而深远的意义，推动全社会共同参与环境保护。其主要内容为：

（1）明确了生态文明建设和可持续发展理念

修订后的《环境保护法》调整了环境保护和经济发展的关系，将"使环境保护工作同经济建设和社会发展相协调"修改为"使经济社会发展与环境保护相协调"，彻底改变了环境保护在两者关系中的次要地位，这与将生态文明建设融入"五位一体"总布局的精神相一致。

（2）明确了保护环境的基本国策和基本原则

新法增加了环境保护是国家的基本国策的规定，彰显了国家对环境与发展相协调一致的清醒认识和战略考虑。明确了环境保护坚持"保护优先、预防为主、综合治理、公众参与、损害担责"的原则。

（3）完善了环境管理基本制度

一是建立环境监测制度；二是严格实施环境影响评价制度，未依法进行环境影响评价的建设项目，不得开工建设；三是建立跨行政区域联合防治协调机制；四是实行防治污染设备"三同时"制度；防治污染的设施不符合要求的，不能发放排污许可证，不能投入生产；五是实行重点污染物排放总量控制制度和区域限批制度；六是实行排污许可管理制度，未取得排污许可证的，不得排放污染物；七是增加了生态保护红线的规定。

（4）强化了政府的环境保护责任

修订后的《环境保护法》规定各级政府应承担九项责任：一是对本行政区域的环境质量负责；二是改善环境质量；三是加大财政投入；四是加强环境保护宣传和普及工作；五是对生活废弃物进行分类处置；六是推广清洁能源的生产和使用；七是做好突发环境事件的应急准备；八是统筹城乡污染设施建设；九是接受同级人大及其常委会的监督。同时明确了政府不依法履行职责应承担相应的法律责任。

7.《中华人民共和国气候变化初始国家信息通报研究通报》《中华人民共和国气候变化第二次信息通报研究通报》《中华人民共和国气候变化第三次信息通报研究通报》

我国分别于 2004 年、2012 年和 2018 年完成上述三个国家信息通报，通报分别报告了 1994 年、2005 年和 2010 年我国温室气体清单并全面阐述了我国应对气候变化的各项政策和行动，是我国在应对气候变化领域的重要文件。它为了解我国气候变化状况、温室气体排放情况以及应对措施提供了关键依据。

（1）主要内容

1）温室气体排放清单

详细列出了我国主要的温室气体排放源，包括能源活动、工业生产过程、农业活动、土地利用变化和林业、废弃物处理等领域的排放情况。

2）气候变化的影响

分析了气候变化对我国自然生态系统、水资源、农业、海岸带等方面的影响。

3）应对措施

介绍了我国在减缓气候变化方面采取的政策和措施，如提高能源效率、发展可再生能源、加强森林资源管理等；同时，也阐述了在适应气候变化方面的行动，如加强水资源管理、提高农业适应能力等。

（2）意义和作用

该信息通报为我国制定应对气候变化政策提供了科学依据，也展示了我国在应对气候变化方面的积极态度和努力。同时，它也为国际社会了解中国的气候变化行动提供了重要窗口。国家信息通报对于我国及全球应对气候变化的应对都具有重要意义。我国将继续加强应对气候变化的工作，为实现可持续发展的目标而努力。

2.2.2　提出"双碳"目标后，碳减排措施和成效

（1）国务院于 2021 年 2 月 22 日，印发了《关于加快建立健全绿色低碳循环发展经济体系的指导意见》（国发〔2021〕4 号）。这份指导意见旨在推动经济社会发展全面绿

色转型，解决我国资源环境生态问题，是实现双碳目标的重要措施。

1）《指导意见》提出了到 2025 年和 2035 年的分阶段目标，包括产业结构、能源结构、运输结构的明显优化，绿色产业比重的显著提升，基础设施绿色化水平的不断提高，清洁生产水平的持续提高，生产生活方式绿色转型的显著成效，能源资源配置的更加合理和利用效率的大幅提高，主要污染物排放总量的持续减少，碳排放强度的明显降低，以及生态环境的持续改善等。

2）《指导意见》还从生产体系、流通体系、消费体系、基础设施绿色升级、绿色技术创新体系、法律法规政策体系等多方面部署了重点工作任务，要求各地区各有关部门加强组织领导，确保政策措施落到实处。

（2）十三届人大四次会议于 2021 年 3 月 11 日通过了《中华人民共和国国民经济和社会发展第十四个五年规划和 2035 年远景目标纲要》。在该规划中，特别强调了节能减排和绿色发展的重要性，其中包括了单位 GDP 能耗降低和 CO_2 排放降低的目标。在"十四五"时期，中国将实施 CO_2 排放达峰行动计划，通过深入推进能源、工业、建筑、交通等领域的低碳清洁化转型，严格控制化石能源特别是煤炭消费，大力发展非化石能源，以实现单位 GDP 碳排放降低的目标。同时，规划还提出了"单位 GDP 能源消耗降低 13.5%"作为经济社会发展的主要约束性指标之一。这一指标的设定，旨在引导提高能源利用效率，推动产业结构的转型和发展动能的转换。通过这样的目标设定，中国展现了其在新发展阶段对绿色、低碳、可持续发展的坚定承诺。这些目标的实现将有助于中国在推动经济增长的同时，有效控制和减少温室气体排放，为实现双碳目标奠定基础。

（3）碳达峰碳中和工作领导小组第一次全体会议于 2021 年 5 月 26 日在北京召开。会议指出要紧扣目标分解任务，加强顶层设计，指导和督促地方及重点领域、行业、企业科学设置目标、制定行动方案；要加强国际交流合作，寻求全球气候治理的最大公约数；提出要坚持问题导向，深入研究重大问题。当前要围绕推动产业结构优化、推进能源结构调整、支持绿色低碳技术研发推广、完善绿色低碳政策体系、健全法律法规和标准体系等，研究提出有针对性和可操作性的政策举措。

（4）《中共中央 国务院关于完整准确全面贯彻新发展理念做好碳达峰碳中和工作的意见》于 2021 年 10 月 24 日发布。作为实现双碳目标"1+N"政策体系中的"1"，《意见》是党中央对双碳工作进行的系统谋划和总体部署，覆盖碳达峰、碳中和两个阶段，是管总管长远的顶层设计。意见在碳达峰碳中和政策体系中发挥统领作用，描绘了双碳目标实现的蓝图和目标路径。

1)《意见》要求把碳达峰、碳中和纳入经济社会发展全局，以经济社会发展全面绿色转型为引领，以能源绿色低碳发展为关键，加快形成节约资源和保护环境的产业结构、生产方式、生活方式、空间格局，坚定不移走生态优先、绿色低碳的高质量发展道路。

2)《意见》明确实现碳达峰、碳中和目标，要坚持"全国统筹、节约优先、双轮驱动、内外畅通、防范风险"的工作原则；提出了构建绿色低碳循环发展经济体系、提升能源利用效率、提高非化石能源消费比重、降低 CO_2 排放水平、提升生态系统碳汇能力等五方面主要目标，确保如期实现碳达峰、碳中和。

3)《意见》明确了碳达峰、碳中和工作重点任务：一是推进经济社会发展全面绿色转型，二是深度调整产业结构，三是加快构建清洁低碳安全高效能源体系，四是加快推进低碳交通运输体系建设，五是提升城乡建设绿色低碳发展质量，六是加强绿色低碳重大科技攻关和推广应用，七是持续巩固提升碳汇能力，八是提高对外开放绿色低碳发展水平，九是健全法律法规标准和统计监测体系，十是完善政策机制。

4)《意见》中主要目标为：到 2025 年，绿色低碳循环发展的经济体系初步形成，重点行业能源利用效率大幅提升。单位国内生产总值能耗比 2020 年下降 13.5%；单位国内生产总值碳排放比 2020 年下降 18%；非化石能源消费比重达到 20% 左右；森林覆盖率达到 24.1%，森林蓄积量达到 180 亿 m^3，为实现碳达峰、碳中和奠定坚实基础。

5)《意见》指出，到 2030 年，经济社会发展全面绿色转型取得显著成效，重点耗能行业能源利用效率达到国际先进水平。单位国内生产总值能耗大幅下降；单位国内生产总值 CO_2 排放比 2005 年下降 65% 以上；非化石能源消费比重达到 25% 左右，风电、太阳能发电总装机容量达到 12 亿 kW 以上；森林覆盖率达到 25% 左右，森林蓄积量达到 190 亿 m^3，CO_2 排放量达到峰值并实现稳中有降。

6)《意见》同时提出，到 2060 年，绿色低碳循环发展的经济体系和清洁低碳安全高效的能源体系全面建立，能源利用效率达到国际先进水平，非化石能源消费比重达到 80% 以上，碳中和目标顺利实现，生态文明建设取得丰硕成果，开创人与自然和谐共生新境界。

（5）《国务院关于印发 2030 年前碳达峰行动方案的通知》于 2021 年 10 月 26 日发布，方案是碳达峰阶段的总体部署，在目标、原则、方向等方面与意见保持有机衔接的同时，更加聚焦 2030 年前碳达峰目标，相关指标和任务更加细化、实化、具体化。方案是 "N" 中为首的政策文件，有关部门和单位将根据方案部署制定能源、工业、城

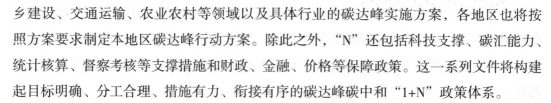

乡建设、交通运输、农业农村等领域以及具体行业的碳达峰实施方案，各地区也将按照方案要求制定本地区碳达峰行动方案。除此之外，"N"还包括科技支撑、碳汇能力、统计核算、督察考核等支撑措施和财政、金融、价格等保障政策。这一系列文件将构建起目标明确、分工合理、措施有力、衔接有序的碳达峰碳中和"1+N"政策体系。

1）《方案》聚焦"十四五"和"十五五"两个碳达峰关键期，提出了提高非化石能源消费比重、提升能源利用效率、降低 CO_2 排放水平等方面主要目标。比如，到2025年，非化石能源消费比重达到20%左右，单位国内生产总值能源消耗比2020年下降13.5%，单位国内生产总值 CO_2 排放比2020年下降18%，为实现碳达峰奠定坚实基础。到2030年，非化石能源消费比重达到25%左右，单位国内生产总值 CO_2 排放比2005年下降65%以上，顺利实现2030碳达峰目标。

2）《方案》明确了"碳达峰十大行动"，包括能源绿色低碳转型行动、节能降碳增效行动、工业领域碳达峰行动、城乡建设碳达峰行动、交通运输绿色低碳行动、循环经济助力降碳行动、绿色低碳科技创新行动、碳汇能力巩固提升行动、绿色低碳全民行动、各地区梯次有序碳达峰行动等，并就开展国际合作和加强政策保障作出相应部署。

3）《方案》提出在政策保障方面，建立统一规范的碳排放统计核算体系；健全法律法规标准，构建有利于绿色低碳发展的法律体系；完善经济政策，构建有利于绿色低碳发展的税收政策体系，完善绿色电价政策，建立健全绿色金融标准体系，设立碳减排支持工具，研究设立国家低碳转型基金；建立健全市场化机制，进一步完善全国碳排放权交易市场配套制度，建设全国用能权交易市场等。在国际合作方面，深度参与全球气候治理，开展绿色经贸、技术与金融合作，推进绿色"一带一路"建设。

4）《方案》的贯彻落实方面要求，加强双碳工作的集中统一领导，双碳工作领导小组对相关工作进行整体部署和系统推进，领导小组办公室加强统筹协调、定期调度，科学提出碳达峰分步骤的时间表、路线图，督促各项目标任务落实落细。强化责任落实，严格监督考核。

（6）科技部联合国家发展改革委、生态环境部、住房和城乡建设部等9部门于2022年8月18日印发了《科技支撑碳达峰碳中和实施方案（2022—2030年）》。

1）《实施方案》统筹提出支撑2030年前实现碳达峰目标的科技创新行动和保障举措，并为2060年前实现碳中和目标做好技术研发储备，为全国科技界以及相关行业、领域、地方和企业开展碳达峰碳中和科技创新工作的开展起到指导作用。

2）《实施方案》涵盖了10项具体行动，包括能源绿色低碳转型科技支撑行动、低碳与零碳工业流程再造技术突破行动、建筑交通低碳零碳技术攻关行动、负碳及非 CO_2 温室气体减排技术能力提升行动、前沿颠覆性低碳技术创新行动、低碳零碳技术示范行动、碳达峰碳中和管理决策支撑行动、碳达峰碳中和创新项目（基地、人才）协同增效行动、绿色低碳科技企业培育与服务行动和碳达峰碳中和科技创新国际合作行动。

（7）市场监管总局、国家发展改革委、生态环境部、住房城乡建设部等部门于 2022 年 10 月联合印发《关于印发建立健全碳达峰碳中和标准计量体系实施方案的通知》（国市监计量发〔2022〕92 号）。主要目标如下：

1）到 2025 年，碳达峰碳中和标准计量体系基本建立。碳相关计量基准、计量标准能力稳步提升，关键领域碳计量技术取得重要突破，重点排放单位碳排放测量能力基本具备，计量服务体系不断完善。碳排放技术和管理标准基本健全，主要行业碳核算核查标准实现全覆盖，重点行业和产品能耗能效标准指标稳步提升，CCUS 等关键技术标准与科技研发、示范推广协同推进。新建或改造不少于 200 项计量基准、计量标准制修订不少于 200 项计量技术规范，筹建一批碳计量中心，研制不少于 200 种标准物质 / 样品，完成不少于 1000 项国家标准和行业标准（包括外文版本），实质性参与不少于 30 项相关国际标准制修订，市场自主制定标准供给数量和质量大幅提升。

2）到 2030 年，碳达峰碳中和标准计量体系更加健全。碳相关计量技术和管理水平得到明显提升，碳计量服务市场健康有序发展，计量基础支撑和引领作用更加凸显。重点行业和产品能耗能效标准关键技术指标达到国际领先水平，非化石能源标准体系全面升级，碳捕集利用与封存及生态碳汇标准逐步健全，标准约束和引领作用更加显著，标准化工作重点实现从支撑碳达峰向碳中和目标转变。

3）到 2060 年，技术水平更加先进、管理效能更加突出、服务能力更加高效、引领国际的碳中和标准计量体系全面建成，服务经济社会发展全面绿色转型，有力支撑碳中和目标实现。

（8）国务院于 2024 年 5 月 23 日发布关于印发《2024—2025 年节能降碳行动方案》的通知。通知要求：2024 年，单位国内生产总值能源消耗和 CO_2 排放分别降低 2.5% 左右、3.9% 左右，规模以上工业单位增加值能源消耗降低 3.5% 左右，非化石能源消费占比达到 18.9% 左右，重点领域和行业节能降碳改造形成节能量约 5000 万 t 标准煤、减排 CO_2 约 1.3 亿 t。2025 年，非化石能源消费占比达到 20% 左右，尽最大努力完成"十四五"节能降碳约束性指标。具体如下：

1）《行动方案》围绕能源、工业、建筑、交通、公共机构、用能设备等重点领域和重点行业，部署了节能降碳十大行动。分别是化石能源消费减量替代行动、非化石能源消费提升行动、钢铁行业节能降碳行动、石化化工行业节能降碳行动、有色金属行业节能降碳行动、建材行业节能降碳行动、建筑节能降碳行动、交通运输节能降碳行动、公共机构节能降碳行动和用能产品设备节能降碳行动。

2)《行动方案》围绕评价考核、节能审查、重点用能单位节能降碳管理、节能监察、统计核算等5个方面，提出了完善节能降碳管理机制的具体要求。

3)《行动方案》提出了健全制度标准、完善价格政策、加强资金支持、强化科技引领、健全市场化机制、实施全民行动等6方面工作举措，为落实节能降碳目标任务提供支撑。

（9）国务院办公厅于2024年7月30日发布关于印发国办发〔2024〕39号《加快构建碳排放双控制度体系工作方案》的通知。通知要求，建立能耗双控向碳排放双控全面转型新机制，加快构建碳排放总量和强度双控（以下简称碳排放双控）制度体系，积极稳妥推进碳达峰碳中和、加快发展方式绿色转型。具体要求如下：

1）实现碳达峰、碳中和目标总体要求的3个阶段

A. 到2025年：碳排放统计核算体系进一步完善，一批行业企业碳排放核算相关标准和产品碳足迹标准出台实施，国家温室气体排放因子数据库基本建成并定期更新，相关计量、统计、监测能力得到提升，为"十五五"时期在全国范围实施碳排放双控奠定基础。

B. "十五五"时期：实施以强度控制为主、总量控制为辅的碳排放双控制度，建立碳达峰碳中和综合评价考核制度，加强重点领域和行业碳排放核算能力，健全重点用能和碳排放单位管理制度，开展固定资产投资项目碳排放评价，构建符合中国国情的产品碳足迹管理体系和产品碳标识认证制度，确保如期实现碳达峰目标。

C. 碳达峰后：实施以总量控制为主、强度控制为辅的碳排放双控制度，建立碳中和目标评价考核制度，进一步强化对各地区及重点领域、行业、企业的碳排放管控要求，健全产品碳足迹管理体系，推行产品碳标识认证制度，推动碳排放总量稳中有降。

2）国家层面将碳排放指标及相关要求纳入国家规划

A. 推动将碳排放指标纳入规划：将碳排放指标纳入国民经济和社会发展规划，充分考虑经济发展、能源安全、群众正常生产生活以及国家自主贡献目标等因素，合理确定五年规划期碳排放目标，并对重点任务和重大工程进行统筹部署。"十五五"时期，将碳排放强度降低作为国民经济和社会发展约束性指标，开展碳排放总量核算工作，不再将能耗强度作为约束性指标。

B. 制定碳达峰碳中和有关行动方案：围绕国民经济和社会发展五年规划纲要有关部

署，研究制定碳达峰碳中和有关行动方案，细化碳排放目标控制的工作举措、重点任务和保障措施。"十五五"时期，细化落实《2030 年前碳达峰行动方案》部署，确保 2030 年前实现碳达峰。

C. 完善碳排放双控相关法规制度：全面清理现行法规政策中与碳排放双控要求不相适应的内容。加快修订固定资产投资项目节能审查办法、重点用能单位节能管理办法等制度，纳入碳排放双控有关要求。

3）地方层面建立地方碳排放目标评价考核制度，包括

A. 合理分解碳排放双控指标：五年规划初期，综合考虑经济社会发展水平、区域和功能定位、产业和能源结构等因素，将碳排放双控指标合理分解至各省份。各省份可进一步细化分解碳排放双控指标，压实地市及重点企业控排减排责任。

B. 建立碳达峰碳中和综合评价考核制度：制定出台碳达峰碳中和综合评价考核办法，明确评价考核工作程序及结果运用方式，对各省份开展评价考核。统筹建立评价考核指标体系，以碳排放总量和强度指标为重点，纳入能源结构、能耗强度、资源利用效率、生态系统碳汇、重点领域绿色转型等指标。

C. 推动省市两级建立碳排放预算管理制度：推动各地区结合实际开展碳排放核算，指导省市两级建立碳排放预算管理制度，按年度开展碳排放情况分析和目标预测，并加强与全国碳排放权交易市场的工作协同。2025 年底前，指导各地区开展碳排放预算试编制工作。"十五五"时期，指导各地区根据碳排放强度降低目标编制碳排放预算并动态调整。"十六五"时期及以后，推动各地区建立碳排放总量控制刚性约束机制，实行五年规划期和年度碳排放预算全流程管理。

D. 重点行业需探索碳排放预警管控机制，包括完善重点行业领域碳排放核算机制和建立行业领域碳排放监测预警机制。

E. 企业需完善企业节能降碳管理制度，包括健全重点用能和碳排放单位管理制度和发挥市场机制调控作用。在发挥市场机制调控作用中要完善全国碳排放权交易市场调控机制，逐步扩大行业覆盖范围，探索配额有偿分配机制，提升报告与核查水平，推动履约企业减少碳排放。健全全国温室气体自愿减排交易市场，逐步扩大支持领域，推动更大范围减排。加快健全完善绿证交易市场，促进绿色电力消费。

F. 项目方面需开展固定资产投资项目碳排放评价，包括完善固定资产投资项目节能审查制度和完善建设项目环境影响评价制度。

G. 产品方面要加快建立产品碳足迹管理体系，包括制定产品碳足迹核算规则标准、加强碳足迹背景数据库建设和建立产品碳标识认证制度。

（10）国家发展改革委、市场监管总局、生态环境部于 2024 年 7 月联合印发《关于进一步强化碳达峰碳中和标准计量体系建设行动方案（2024—2025 年）》（发改环资〔2024〕1046 号，以下简称《方案》）。其目的是落实细化《建立健全碳达峰碳中和标准计量体系实施方案》各项任务部署，充分发挥计量、标准作用，有效支撑我国碳排放双控和碳定价政策体系建设。主要内容如下：

1）《方案》总体目标

A. 按照系统推进、急用先行、开放协同的原则，围绕重点领域研制一批国家标准、采信一批团体标准、突破一批国际标准、启动一批标准化试点。2024 年，发布 70 项碳核算、碳足迹、碳减排、能效能耗、碳捕集利用与封存等国家标准，基本实现重点行业企业碳排放核算标准全覆盖。2025 年，面向企业、项目和产品的三位一体碳排放核算和评价标准体系基本形成，重点行业和产品能耗能效技术指标基本达到国际先进水平，建设 100 家企业和园区碳排放管理标准化试点。

B. 按照统筹发展、需求牵引、创新突破的原则，加强碳计量基础能力建设，完善碳计量体系，提升碳计量服务支撑水平。2025 年底前，研制 20 项计量标准和标准物质，开展 25 项关键计量技术研究，制定 50 项"双碳"领域国家计量技术规范，关键领域碳计量技术取得重要突破，重点用能和碳排放单位碳计量能力基本具备，碳排放计量器具配备和相关仪器设备检定校准工作稳步推进。

2）《方案》重点任务

"双碳"标准、计量工作是一个有机整体，两者密不可分，互为协同，共同支撑我国碳排放双控实施和碳定价政策体系建设。《方案》聚焦当前标准计量工作的短板弱项和薄弱环节，有针对性地部署实施 16 项重点任务。其中，"双碳"标准重点任务 8 项、"双碳"计量重点任务 8 项。

A. "双碳"标准方面。一是加快企业碳排放核算标准研制。二是加强产品碳足迹碳标识标准建设。三是加大项目碳减排标准供给。四是推动碳减排和碳清除技术标准攻关。五是提高工业领域能耗标准要求。六是加快产品能效标准更新升级。七是加强重点产品和设备循环利用标准研制。八是扩大绿色产品评价标准供给。

B. "双碳"计量方面。一是加强碳计量基础能力建设。二是加强"双碳"相关计量仪器研制和应用。三是加强计量对碳排放核算的支撑保障。四是开展共性关键碳计量技术研究。五是加强重点领域计量技术研究。六是加强碳计量中心建设。七是完善"双碳"相关计量技术规范。八是加强能源计量监督管理。

（11）国务院新闻办公室于 2024 年 8 月 29 日举行新闻发布会，国家能源局发布《中国的能源转型》白皮书。白皮书全面介绍、展示了中国在推动形成能源绿色消费新模式、构建新型能源体系、持续深化绿色能源国际合作等方面取得的积极成效。白皮书显示，党的十八大以来，我国始终坚持人民至上、绿色低碳，坚持立足国情、先立后破、有序转型，坚持创新引领、合作开放，走出了一条符合国情、适应时代要求的能源转型之路。清洁能源发展实现新跨越。截至 2023 年底，风电、光伏发电装机规模较十年前增长了 10 倍，清洁能源发电装机占总装机的 58.2%，新增清洁能源发电量占全社会用电增量一半以上，全社会每消费 3 度电中就有 1 度电是绿电。能源清洁高效利用取得新成效。十年来，中国累计淘汰煤电落后产能超过 1 亿 kW，电力行业污染物排放量减少超过 90%。与 2012 年相比，单位国内生产总值能耗累计下降超过 26%。与此同时，我国绿色能源技术实现新突破，能源体制改革取得新进展。截至 2024 年 7 月底，全国充电设施总量超过 1000 万台，全国已经有超过三分之一的省份将充电设施布局到了所有乡镇。具体如下：

1）中国的能源转型推动清洁能源发展进入快车道。截至 2023 年底，非化石能源发电装机超过 15 亿 kW，历史性超过火电。清洁能源发电量约 3.8 万亿 kW·h，占总发电量将近 40%，比 2013 年提高了约 15%。十年来，中国全社会用电增量中，有一半以上是新增清洁能源发电，中国能源的绿色含量不断提升。

2）中国能源转型支撑了经济社会的高质量发展。十年来，能源领域固定资产投资累计大约 39 万亿元，大概每年平均将近 4 万亿，一次能源的生产能力增长了 35%，有力地支撑了中国经济社会的平稳、健康发展。中国建立起了完备的能源装备制造业产业链，从新能源、水电、核电、输变电、新型储能等领域技术创新不断加快，推动清洁能源产业成长为现代化产业体系的新支柱。

3）中国能源转型保障了人民生活需要。十年来，中国的能源供需保持平衡，能源价格总体平稳，14 亿人口的能源安全得到了有效保障。农村电网改造升级中央预算内总投资超过了 1000 亿元，2015 年历史性地解决了全国无电人口的用电问题，全国人均生活用电量从 500kW·h 增长到了将近 1000kW·h，翻了一番。农村地区户用光伏规模达到了 1.2 亿 kW，每年可以为农户增收 110 亿元，增加就业岗位约 200 万个。

4）中国的能源转型与生态环境的高水平保护是协同推进的。与 2012 年相比，中国单位 GDP 能耗累计下降超过 26%，能源资源实现了绿色集约化开发。成品油质量达到世界先进水平，煤电平均供电煤耗降到了 303g 标准煤 /（kW·h），先进煤电机组的二氧化硫、氮氧化物排放水平与天然气发电机组限值是相当的。中国能源转型有效地促进了生态环境的明显改善和美丽中国建设。

5）中国的能源转型为全球能源转型、共建清洁美丽世界作出了重要贡献。2023年中国能源转型投资达到6760亿美元，是全球能源转型投资最多的国家。中国持续扩大开放合作，向全球提供优质的清洁能源产品和服务，2023年出口的风电光伏产品助力其他国家减排二氧化碳约8.1亿t。中国的新能源产业不仅丰富了全球供给，推动降低了全球能源转型成本，也为全球绿色转型和应对气候变化作出了重要贡献。

（12）2020年9月22日，习近平主席在第75届联合国大会一般性辩论上作出我国二氧化碳排放力争于2030年前达到峰值、努力争取2060年前实现碳中和的重大宣示。四年来，国家发展改革委和各地区、各部门强化系统观念、加强统筹协调、狠抓工作落实，扎实推进"碳达峰十大行动"，取得积极进展。

1）能源绿色低碳转型行动成效显著

A.非化石能源加快发展。截至2024年7月底，风电、太阳能发电总装机容量已达12.06亿kW，是2020年底的2.25倍，提前6年多实现向国际社会承诺的装机容量目标；水电、核电装机容量比2020年底分别增长了5819万kW、819万kW。2020—2023年，非化石能源消费占比由15.9%提升至17.9%。

B.化石能源清洁高效利用持续深化。"十四五"以来，完成煤电节能降碳改造、灵活性改造、供热改造超7亿kW。与2020年相比，2023年全国煤炭消费比重下降了1.6%，北方地区清洁取暖率提高了约15%。2023年煤电平均供电煤耗降至303g标准煤/（kW·h）。

C.新型电力系统建设稳步推进。跨省跨区电力资源配置能力持续提升，截至2023年底，全国西电东送输电能力达到3亿kW，比2020年底提高4000万kW。电力系统灵活调节能力不断增强。截至2023年底，具备灵活调节能力的火电装机容量近7亿kW。截至今年6月底，抽水蓄能装机容量5439万kW，新型储能规模达到4444万kW/9906万kW·h、平均储能时长2.2h。

2）节能降碳增效行动全面推进

A.节能管理能力持续提升。优化完善能耗双控制度，实施原料用能和非化石能源不纳入能源消耗总量和强度控制，加强绿证与节能降碳政策衔接。完善固定资产投资项目节能审查制度，严把新上项目准入关口，有力有效管控高耗能高排放项目。初步测算，扣除原料用能和非化石能源消费后，"十四五"前三年全国能耗强度累计降低约7.3%。

B.重点领域节能降碳改造深入推进。实施重点行业和领域节能降碳改造和用能设备更新，"十四五"前三年规模以上工业单位增加值能耗累计下降6.5%、完成城镇既有建筑节能改造超 3 亿 m^2。推进公共机构能源资源节约，2023 年全国公共机构单位建筑面积能耗与 2020 年相比下降约 3%。截至 2023 年底，90% 县级及以上机关单位建成节约型机关。

C. 加力实施新一轮节能降碳行动。2024 年 5 月，国务院印发《2024—2025 年节能降碳行动方案》，分领域、分行业细化分解"十四五"后两年目标任务，部署推进重点领域节能降碳十大行动。实施钢铁、炼油、合成氨、水泥、电解铝、数据中心等行业节能降碳专项行动，推进煤电低碳化改造和建设。

3）工业领域碳达峰行动进展顺利

A. 产业结构持续优化。引导传统行业转型升级，推动电解铝、水泥等行业落后产能基本出清。因地制宜地发展新质生产力，建成全球最大、最完整的新能源产业链。2024 年上半年，全国规模以上高技术制造业占规模以上工业增加值比重达到 15.8%，较 2020 年增加 0.7%。

B. 绿色制造体系持续完善。充分发挥绿色制造标杆示范带动作用，截至目前，国家层面累计培育绿色工厂近 5100 家、绿色供应链管理企业超 600 家。大力推行产品绿色设计，累计遴选 451 家工业产品绿色设计示范企业，推广绿色产品约 3.5 万种。

C. 工业绿色低碳转型基础能力不断夯实。标准体系持续完善，更新工业重点领域能效标杆水平和基准水平，更新发布《重点用能产品设备能效先进水平、节能水平和准入水平（2024 年版）》。组织建设重点装备制造业、重点原材料行业等"双碳"公共服务平台，加快建设重点产品碳足迹基础数据库。

4）城乡建设碳达峰行动稳步推进

A. 城乡建设绿色低碳转型持续深化。大力推广绿色建造方式，2023 年新开工的保障房中应用装配式建筑的比例已达到 80%。积极应用绿色低碳建材，建立绿色建材产品认证制度，完善产品绿色建材评价标准，目前绿色建材认证企业超过 4000 家、认证产品突破 10000 个。推行绿色低碳设计理念，全国 90 个海绵城市建设试点示范工作成效显著，气候韧性增强。

B. 建筑能效水平不断提升。实施建筑领域节能降碳行动，进一步提升建筑节能标准，推动既有建筑和市政基础设施节能降碳改造，优化新建建筑节能降碳设计，大力推广超低能耗建筑。2023 年全年，城镇新建绿色建筑面积约 20.7 亿 m^2，占城镇新建建筑面积的 94%。截至 2023 年底，节能建筑占城市既有建筑面积比例超过 64%，累计建成超低能耗、近零能耗建筑超过 4370 万 m^2。

C. 建筑用能结构持续优化。积极推进北方地区清洁取暖。中央财政累计投入资金

1209 亿元，带动地方各类投入超过 4000 亿元，有力支持各地因地制宜地推进清洁取暖。2023 年，北方地区清洁取暖率近 80%。持续提高建筑终端电气化水平，推广太阳能热水器、电炊事等。

5）交通运输绿色低碳行动取得实效

A. 运输工具装备低碳转型加速推进。新能源汽车产销量已经连续九年稳居全球第一。截至今年 6 月底，全国新能源汽车保有量达 2472 万辆，是 2020 年底的近 5 倍。据汽车流通协会统计，今年 8 月新能源汽车渗透率达到 53.9%，连续两个月突破 50%。截至 2023 年底，在城市公交车中，纯电动车、混合动力车、天然气车、氢能源车占比分别达到 69.4%、11.1%、10.8%、0.7%；全国铁路电气化比例达到 73.8%。

B. 绿色高效交通运输体系加快构建。"公转铁""公转水"成效显著。2024 年 1—8 月，全国铁路累计完成货运量 33.8 亿 t，同比增长 1.7%；2024 年 1—7 月，水路累计完成货运量 54.9 亿 t，同比增长 5.4%。多式联运高质量发展，2023 年全国港口集装箱铁水联运量达 1018 万标箱，同比增长 15.9%。组织 109 个城市开展绿色出行创建行动。截至 2023 年底，共有 55 个城市开通城市轨道交通线路 306 条。

C. 绿色交通基础设施持续完善。充电基础设施网络加快构建，截至今年 7 月底，全国累计建成充电桩 1060.4 万台，高速公路服务区（含停车区）累计建成充电桩 2.72 万台，基本实现服务区全覆盖。绿色公路建设加快实施，目前高速公路废旧路面材料循环利用率达到 95% 以上。

6）循环经济助力降碳行动步伐加快

A. 废弃物回收管理体系不断健全。持续推进工业、农业、社会源回收管理体系建设。2024 年 1—8 月，全国新增 5900 余个智能化社区废旧物资回收设施。在大规模设备更新和消费品以旧换新工作中，注重加强回收循环利用，加快"换新 + 回收"物流体系和新模式发展。2024 年 1—8 月，全国报废汽车回收量同比增长 42.4%。

B. 废弃物资源化利用水平稳步提升。强化大宗固废综合利用，加快再生资源高效利用，引导二手商品交易便利化、规范化，推进汽车零部件等再制造。2023 年，农作物秸秆综合利用率超过 88%，畜禽粪污综合利用率超过 78%，农膜回收率稳定在 80% 以上；废钢铁、废纸回收利用量分别达到 2.6 亿 t、6750 万 t，为生产环节提供原料占比分别约 21%、70%。

C. 支持政策和保障机制持续完善。实施资源回收企业向自然人报废产品出售者"反向开票"政策，落实资源综合利用税收优惠政策。强化用地保障，指导各地将循环经济发展用地纳入市县国土空间规划。加强标准引领，组织开展国家循环经济标准化试点示范项目建设。

7）绿色低碳科技创新行动不断深化

A. 绿色低碳技术创新机制持续完善。出台科技支撑碳达峰碳中和实施方案。充分发挥国家绿色技术交易中心等平台作用，推进绿色技术成果转化。建设"双碳"领域国家重点实验室。在国家重点研发计划有关专项中持续强化低碳零碳领域基础研究和前沿技术布局。强化人才培养，目前全国共设有 31 个"双碳"相关一级学科、38 个"双碳"相关本科专业。

B. 强化先进适用技术研发推广应用。组织实施绿色低碳先进技术示范工程，公布首批 47 个绿色低碳先进技术示范项目清单，正式启动第二批示范项目申报工作。发布《国家绿色低碳先进技术成果目录》。建立"十四五"能源科技规划实施监测项目库，第一批入库项目超过 700 项。

8）碳汇能力巩固提升行动有序推进

A. 生态系统固碳作用持续巩固。坚持以绿色低碳为导向优化各类空间布局。严守自然生态安全边界，加强生态保护红线审查监管和保护成效评估，持续推进落实草原禁牧休牧和草畜平衡制度，着力稳定现有森林、草原、湿地、海洋、土壤、冻土、岩溶等固碳作用。据测算，目前我国林草年碳汇量超过 12 亿 tCO_2 当量，居世界首位。

B. 生态系统碳汇能力稳步提升。大力实施"三北"等生态保护修复重大工程，统筹推进大规模国土绿化行动、防沙治沙和湿地保护修复，整体推进海洋生态保护修复。在世界范围内率先实现土地退化"零增长"、荒漠化土地和沙化土地面积"双减少"。我国森林覆盖率达 24.02%，森林蓄积量约 195 亿 m^3，成为同期全球森林资源增长最多最快的国家。

C. 生态系统碳汇基础不断夯实。建立健全林草碳汇计量监测评估体系，积极推进海洋碳汇标准体系建设。国务院出台《生态保护补偿条例》，推动生态保护补偿工作进入法治化新阶段。不断健全生态产品价值实现机制。深入开展碳汇能力和潜力调查研究。以巩固提升林草碳汇能力为目标，在 18 个市（县）和 21 个国有林场开展森林碳汇试点。

9）绿色低碳全民行动成效积极

A. 宣传教育培训持续深化。利用全国生态日、全国节能宣传周、全国低碳日等活动，通过多种渠道和方式深化习近平生态文明思想的大众化传播，大力推进节能降碳宣传教育。将生态文明教育纳入国民教育体系，开展多种形式的资源环境国情教育。加强领导干部教育培训，出版《碳达峰碳中和干部读本》等，举办推动绿色低碳发展专题研讨班。

B. 绿色低碳生活方式更加普及。国家节水行动扎实推进，累计遴选发布国家成熟适用节水技术推广目录四批 194 项，2023 年全国人均综合用水量为 419m³、同比下降 1.4%。反食品浪费工作深入开展，将反食品浪费纳入各类文明创建、村规民约等，持续推进移风易俗。生活垃圾分类有序推进，截至目前，全国地级及以上城市居民小区生活垃圾分类覆盖率超过 90%，城市生活垃圾无害化处理率超过 99.9%。绿色生活创建行动深入推进。

10）各地区梯次有序碳达峰行动有序实施

A. 31 个省（区、市）结合本地区资源环境禀赋、产业布局、发展阶段等，出台了本地区碳达峰实施方案，科学、合理地确定有序达峰目标，扎实推进本地区的绿色、低碳发展。国家发展改革委组织开展国家碳达峰试点建设，确定首批 35 个试点城市和园区，在政策、资金、技术等方面给予支持，为全国提供了一批可操作、可复制、可推广的经验做法。

B. 此外，今年以来实施的新一轮大规模设备更新和消费品以旧换新行动正在加快释放政策效能，有力拉动了投资增长、释放了消费潜力。2024 年 1—8 月，设备工器具购置投资同比增长 16.8%，对全部投资增长的贡献率为 64.2%，家用电器和音像器材类商品零售额同比增长 2.5%。这项政策也是推进"双碳"工作的有力举措，有效促进先进节能高效设备推广应用，使更多绿色低碳高质量消费品进入居民生活，将推动全社会能耗和碳排放强度降低。

今后，我国将坚持以我为主、保持战略定力，会同各地区各有关部门实施好"碳达峰十大行动"，以碳达峰碳中和工作为引领，协同推进降碳、减污、扩绿、增长，加快经济社会发展全面绿色转型，确保如期实现碳达峰碳中和目标，加快推进人与自然和谐共生的现代化。

2.3 我国建筑领域碳排放现状与应对措施

2.3.1 我国建筑领域碳排放历史、现状

从国际上来看，建筑行业的碳排放占比超过三分之一。根据《2022 年全球建筑和建造业状况报告》，2021 年建筑物运营所产生的 CO_2 排放量达到了历史最高水平，约 100 亿 tCO_2，占全球排放量的 27% 左右。如果包括生产建筑材料所产生的约 36 亿

tCO_2，2021 年全球建筑物碳排放量占全球碳排放量的 37% 左右。我国 2021 年建筑全过程碳排放总量约为 50 亿 tCO_2，占全球建筑物碳排量约 36%，占全球总碳排量约 13.6%。

1. 我国建筑全过程碳排放总量及占比情况

从国内来看，2021 年建筑行业的碳排放为全国排放量 47% 左右，占比近一半。根据《2023 年中国建筑与城市基础设施碳排放研究报告》，2021 年全国碳排放 106.4 亿 tCO_2，建筑物运行产生碳排放为 23.0 亿 tCO_2，占比 21.6%。建材生产阶段碳排放 26.0 亿 tCO_2，占比 24.4%。建筑施工阶段碳排放 1.1 亿 tCO_2，占全国的比重为 1%。由此可见，建筑领域是能源消耗和 CO_2 的排放大户。加快推动建筑领域节能降碳，对于我国实现碳达峰与碳中和、推动绿色低碳高质量发展具有重要意义。

准确核算建筑领域碳排放，摸清自身家底，是有效开展建筑节能工作、促进建筑碳达峰碳中和目标实现的基础。总体来看，我国建筑能源结构不断优化，建筑运行碳排放年均增速逐年下降，体现出我国建筑节能工作成效良好。但是，由于近年来我国建筑数量和面积的增长导致多数省市建筑运行碳排放总量大且呈现上升态势，因此碳达峰有一定压力。

2. 我国建筑运行碳排放构成和趋势

根据《二氧化碳排放核算和报告要求　服务业》DB11/T 1785—2020，建筑运行碳排放中，主要由化石能源直接碳排放、热力间接碳排放和电力间接碳排放三部分组成。我国建筑运行化石能源直接碳排放已在 2016 年前后实现碳达峰，在当年达到约 7 亿 tCO_2 后，呈现下降趋势，2021 年降至约 5 亿 tCO_2，意味着建筑运行化石能源直接碳排放目前向碳中和方向发展。建筑运行热力间接碳排放 2021 年约为 5 亿 tCO_2，增长趋缓，预计 2030 年前也可以实现碳达峰。建筑运行电力间接碳排放 2021 年约为 14 亿 tCO_2，目前还呈现增长趋势，因此建筑运行碳达峰和碳中和的关键在于其电力间接碳排放达峰。

2.3.2　我国建筑领域碳减排措施

（1）城乡建设及更新是推动绿色发展、建设低碳中国的重要载体。我国人居环境持续改善，住房水平显著提高，同时仍存在整体性缺乏、系统性不足、宜居性不高、包容性不够等问题，大量建设、大量消耗、大量排放的建设方式尚未根本扭转。为推动城乡建设绿色发展，中共中央办公厅、国务院办公厅于 2021 年 10 月 21 日，印发了《关于推动城乡建设绿色发展的意见》。这份文件是为实现城乡建设的绿色转型，推动经济社会发展全面绿色转型，落实碳达峰、碳中和目标任务，加快转变城乡建设方式，促进人

与自然和谐共生，构建人与自然生命共同体的重要指导性文件。

1）《意见》明确了城乡建设绿色发展的总体要求、工作原则和目标，提出到 2025 年，城乡建设绿色发展体制机制和政策体系基本建立，建设方式绿色转型成效显著，碳减排扎实推进，城市整体性、系统性、生长性增强，"城市病"问题缓解，城乡生态环境质量整体改善，城乡发展质量和资源环境承载能力明显提升，综合治理能力显著提高，绿色生活方式普遍推广。到 2035 年，城乡建设全面实现绿色发展，碳减排水平快速提升，城市和乡村品质全面提升，人居环境更加美好，城乡建设领域治理体系和治理能力基本实现现代化，美丽中国建设目标基本实现。

2）《意见》强调了转变城乡建设发展方式。具体如下：

A. 建设高品质绿色建筑。

实施建筑领域双碳行动。规范绿色建筑设计、施工、运行、管理，鼓励建设绿色农房。推进既有建筑绿色化改造，鼓励与城镇老旧小区改造。开展绿色建筑、节约型机关、绿色学校、绿色医院创建行动。加强财政、金融、规划、建设等政策支持，推动高质量绿色建筑规模化发展，大力推广超低能耗、近零能耗建筑，发展零碳建筑。实施绿色建筑统一标识制度。建立城市建筑用水、用电、用气、用热等数据共享机制，提升建筑能耗监测能力。推动区域建筑能效提升，推广合同能源管理、合同节水管理服务模式，降低建筑运行能耗、水耗，大力推动可再生能源应用，鼓励智能光伏与绿色建筑融合创新发展。

B. 提高城乡基础设施体系化水平。

提高基础设施绿色、智能、协同、安全水平，加强公交优先、绿色出行的城市街区建设，合理布局和建设城市公交专用道、公交场站、车船用加气加注站、电动汽车充换电站，加快发展智能网联汽车、新能源汽车、智慧停车及无障碍基础设施，强化城市轨道交通与其他交通方式衔接。推动城镇污水处理提质增效，完善再生水、集蓄雨水等非常规水源利用系统，推进城镇污水管网全覆盖，建立污水处理系统运营管理长效机制。统筹推进煤改电、煤改气及集中供热替代等，加快农村电网、天然气管网、热力管网等建设改造。

C. 加强城乡历史文化保护传承。

推动历史建筑绿色化更新改造、合理利用。建立保护项目维护修缮机制，保护和培养传统工匠队伍，传承传统建筑绿色营造方式。

D. 实现工程建设全过程绿色建造。

开展绿色建造示范工程创建行动，推广绿色化、工业化、信息化、集约化、产业化建造方式，加强技术创新和集成，利用新技术实现精细化设计和施工。大力发展装配式建筑，重点推动钢结构装配式住宅建设，不断提升构件标准化水平，推动形成完整产业链，推动智能建造和建筑工业化协同发展。完善绿色建材产品认证制度，开展绿色建材应用示范工程建设，鼓励使用综合利用产品。加强建筑材料循环利用，促进建筑垃圾减量化。

E. 推动形成绿色生活方式。

推广节能低碳节水用品，推动太阳能、再生水等应用，鼓励使用环保再生产品和绿色设计产品，减少一次性消费品和包装用材消耗。倡导绿色装修，鼓励选用绿色建材、家具、家电。持续推进垃圾分类和减量化、资源化，推动生活垃圾源头减量，建立健全生活垃圾分类投放、分类收集、分类转运、分类处理系统。加强危险废物、医疗废物收集处理，建立完善应急处置机制。科学制定城市慢行系统规划，因地制宜地建设自行车专用道和绿道，全面开展人行道净化行动，改造提升重点城市步行街。深入开展绿色出行创建行动，优化交通出行结构，鼓励公众选择公共交通、自行车和步行等出行方式。

3)《意见》提出要创新工作方法，具体包括建立城市体检评估制度、加大科技创新力度、推动城市智慧化建设、推动美好环境和共建共治共享。

（2）《中共中央　国务院关于完整准确全面贯彻新发展理念做好碳达峰碳中和工作的意见》中明确提出提升城乡建设绿色低碳发展质量。具体如下：

1）推进城乡建设和管理模式低碳转型。

在城乡规划建设管理各环节全面落实绿色低碳要求。推动城市组团式发展，建设城市生态和通风廊道，提升城市绿化水平。合理规划城镇建筑面积发展目标，严格管控高能耗公共建筑建设。实施工程建设全过程绿色建造，健全建筑拆除管理制度，杜绝大拆大建。加快推进绿色社区建设。结合实施乡村建设行动，推进县城和农村绿色低碳发展。

2）大力发展节能低碳建筑。

持续提高新建建筑节能标准，加快推进超低能耗、近零能耗、低碳建筑规模化发展。大力推进城镇既有建筑和市政基础设施节能改造，提升建筑节能低碳水平。逐步开展建筑能耗限额管理，推行建筑能效测评标识，开展建筑领域低碳发展绩效评估。全面推广绿色低碳建材，推动建筑材料循环利用。发展绿色农房。

3）加快优化建筑用能结构。

深化可再生能源建筑应用，加快推动建筑用能电气化和低碳化。开展建筑屋顶光伏行动，大幅提高建筑采暖、生活热水、炊事等电气化普及率。在北方城镇加快推进热电联产集中供暖，加快工业余热供暖规模化发展，积极稳妥推进核电余热供暖，因地制宜推进热泵、燃气、生物质能、地热能等清洁低碳供暖。

（3）《国务院关于印发2030年前碳达峰行动方案的通知》进一步提出城乡建设和更新碳达峰行动要求，确定加快推进城乡建设绿色低碳发展，城市更新和乡村振兴都要落实绿色低碳要求。

1）推进城乡建设绿色低碳转型。

推动城市组团式发展，科学确定建设规模，控制新增建设用地过快增长。倡导绿色低碳规划设计理念，增强城乡气候韧性，建设海绵城市。推广绿色低碳建材和绿色建造方式，加快推进新型建筑工业化，大力发展装配式建筑，推广钢结构住宅，推动建材循环利用，强化绿色设计和绿色施工管理。加强县城绿色低碳建设。推动建立以绿色低碳为导向的城乡规划建设管理机制，制定建筑拆除管理办法，杜绝大拆大建。建设绿色城镇、绿色社区。

2）加快提升建筑能效水平。

加快更新建筑节能、市政基础设施等标准，提高节能降碳要求。加强适用于不同气候区、不同建筑类型的节能低碳技术研发和推广，推动超低能耗建筑、低碳建筑规模化发展。加快推进居住建筑和公共建筑节能改造，持续推动老旧供热管网等市政基础设施节能降碳改造。提升城镇建筑和基础设施运行管理智能化水平，加快推广供热计量收费和合同能源管理，逐步开展公共建筑能耗限额管理。到2025年，城镇新建建筑全面执行绿色建筑标准。

3）加快优化建筑用能结构。

深化可再生能源建筑应用，推广光伏发电与建筑一体化应用。积极推动严寒、寒冷地区清洁取暖，推进热电联产集中供暖，加快工业余热供暖规模化应用，积极稳妥开展核能供热示范，因地制宜推行热泵、生物质能、地热能、太阳能等清洁低碳供暖。引导夏热冬冷地区科学取暖，因地制宜采用清洁高效取暖方式。提高建筑终端电气化水平，建设集光伏发电、储能、直流配电、柔性用电于一体的"光储直柔"建筑。到2025年，城镇建筑可再生能源替代率达到8%，新建公共机构建筑、新建厂房屋顶光伏覆盖率力争达到50%。

4）推进农村建设和用能低碳转型。

推进绿色农房建设，加快农房节能改造。持续推进农村地区清洁取暖，因地制宜选择适宜取暖方式。发展节能低碳农业大棚。推广节能环保灶具、电动农用车辆、节能环保农机和渔船。加快生物质能、太阳能等可再生能源在农业生产和农村生活中的应用。

加强农村电网建设，提升农村用能电气化水平。

（4）《2024—2025 年节能降碳行动方案》细化了建材行业节能降碳行动和建筑节能降碳行动措施。具体如下：

1）在建材行业节能降碳行动方面：

A. 加强建材行业产能产量调控。严格落实水泥、平板玻璃产能置换。加强建材行业产量监测预警，推动水泥错峰生产常态化。鼓励尾矿、废石、废渣、工业副产石膏等综合利用。到 2025 年底，全国水泥熟料产能控制在 18 亿 t 左右。

B. 严格新增建材项目准入。新建和改扩建水泥、陶瓷、平板玻璃项目须达到能效标杆水平和环保绩效 A 级水平。大力发展绿色建材，推动基础原材料制品化、墙体保温材料轻型化和装饰装修材料装配化。到 2025 年底，水泥、陶瓷行业能效标杆水平以上产能占比达到 30%，平板玻璃行业能效标杆水平以上产能占比达到 20%，建材行业能效基准水平以下产能完成技术改造或淘汰退出。

C. 推进建材行业节能降碳改造。优化建材行业用能结构，推进用煤电气化。加快水泥原料替代，提升工业固体废弃物资源化利用水平。推广浮法玻璃一窑多线、陶瓷干法制粉、低阻旋风预热器、高效篦冷机等节能工艺和设备。到 2025 年底，大气污染防治重点区域 50% 左右水泥熟料产能完成超低排放改造。2024—2025 年，建材行业节能降碳改造形成节能量约 1000 万 t 标准煤、减排 CO_2 约 2600 万 t。

2）在建筑节能降碳行动方面：

A. 加快建造方式转型。严格执行建筑节能降碳强制性标准，强化绿色设计和施工管理，研发推广新型建材及先进技术。大力发展装配式建筑，积极推动智能建造，加快建筑光伏一体化建设。因地制宜推进北方地区清洁取暖，推动余热供暖规模化发展。到 2025 年底，城镇新建建筑全面执行绿色建筑标准，新建公共机构建筑、新建厂房屋顶光伏覆盖率力争达到 50%，城镇建筑可再生能源替代率达到 8%，新建超低能耗建筑、近零能耗建筑面积较 2023 年增长 2000 万 m^2 以上。

B. 推进存量建筑改造。落实大规模设备更新有关政策，结合城市更新行动、老旧小区改造等工作，推进热泵机组、散热器、冷水机组、外窗（幕墙）、外墙（屋顶）保温、照明设备、电梯、老旧供热管网等更新升级，加快建筑节能改造。加快供热计量改造和按热量收费，各地区要结合实际明确量化目标和改造时限。实施节能门窗推广行动。到 2025 年底，完成既有建筑节能改造面积较 2023 年增长 2 亿 m^2 以上，城市供热管网热损失较 2020 年降低 2% 左右，改造后的居住建筑、公共建筑节能率分别提高 30%、20%。

C.加强建筑运行管理。分批次开展公共建筑和居住建筑节能督查检查。建立公共建筑运行调适制度，严格公共建筑室内温度控制。在大型公共建筑中探索推广用电设备智能群控技术，合理调配用电负荷。

（5）《科技支撑碳达峰碳中和实施方案（2022—2030年）》提出开展建筑低碳零碳技术攻关行动。具体如下：

1）光储直柔供配电。

研究光储直柔供配电关键设备与柔性化技术，建筑光伏一体化技术体系，区域–建筑能源系统源网荷储用技术及装备。

2）建筑高效电气化。

研究面向不同类型建筑需求的蒸汽、生活热水和炊事高效电气化替代技术和设备，研发夏热冬冷地区新型高效分布式供暖制冷技术和设备，以及建筑环境零碳控制系统，不断扩大新能源在建筑电气化中的使用。

3）热电协同。

研究利用新能源、火电与工业余热区域联网、长距离集中供热技术发展针对北方沿海核电余热利用的水热同产、水热同供和跨季节水热同储新技术。

4）低碳建筑材料与规划设计。

研发天然固碳建材和竹木、高性能建筑用钢、纤维复材、气凝胶等新型建筑材料与结构体系，研发与建筑同寿命的外围护结构高效保温体系，研发建材循环利用技术及装备，研究各种新建零碳建筑规划、设计、运行技术和既有建筑的低碳改造成套技术。

（6）国务院办公厅于2024年3月12日转发了国家发展改革委、住房城乡建设部《加快推动建筑领域节能降碳工作方案》（国办函〔2024〕20号）。《工作方案》聚焦提高建筑领域能源利用效率、降低碳排放水平，系统部署了12项重点任务，针对性强、有操作性，是今后一段时期提升建筑领域绿色低碳发展质量的重要指导性文件。具体如下：

1）总体要求

加快推动建筑领域节能降碳，着力推动高质量发展，坚持节约优先、问题导向、系统观念，以碳达峰碳中和工作为引领，持续提高建筑领域能源利用效率、降低碳排放水平，加快提升建筑领域绿色低碳发展质量，不断满足人民群众对美好生活的需要。

到2025年，建筑领域节能降碳制度体系更加健全，城镇新建建筑全面执行绿色建筑标准，新建超低能耗、近零能耗建筑面积比2023年增长0.2亿 m^2 以上，完成既有建筑节能改造面积比 2023 年增长 2 亿 m² 以上，建筑用能中电力消费占比超过 55%，城镇建筑可再生能源替代率达到 8%，建筑领域节能降碳取得积极进展。

到 2027 年，超低能耗建筑实现规模化发展，既有建筑节能改造进一步推进，建筑用能结构更加优化，建成一批绿色低碳高品质建筑，建筑领域节能降碳取得显著成效。

2）重点任务

提出了提升城镇新建建筑节能降碳水平、推进城镇既有建筑改造升级、强化建筑运行节能降碳管理、推动建筑用能低碳转型、推进供热计量、严格建筑拆除管理、加快节能降碳先进技术研发推广、完善建筑领域能耗碳排放统计核算制度、强化法规标准支撑和加大政策资金支持力度 12 项重点任务。

3）工作要求

各地要认识加快推动建筑领域节能降碳的重要意义，完善工作机制，细化工作举措，不断提高能源利用效率，促进建筑领域高质量发展。各地要结合本地区实际，将方案各项重点任务落实落细，明确目标任务，压实各方责任，加强统筹协调和政策资金支持，形成工作合力。各地要坚持系统观念，统筹兼顾各方利益，有效解决可能出现的问题和矛盾。要广泛开展节能降碳宣传教育，引导全社会自觉践行简约适度、绿色低碳的生活方式。

2.3.3　我国建筑运行碳达峰的实现路径

1. 强化政策法规与标准体系

制定并完善建筑节能与碳排放相关法律法规，明确建筑运行碳达峰的目标、责任和监管机制。修订和提高建筑节能设计标准，加强对建筑能效的强制性要求，推动建筑向超低能耗、近零能耗方向发展。完善建筑运行碳排放统计、核算、核查制度和指标体系，构建跨部门建筑运行碳排放数据共享机制，统一核算口径。

2. 各省牵头，制定各省城市建筑运行碳达峰路线图

对于山东、江苏、浙江、广东、河南和安徽、福建、江西、新疆等上升趋势明显、面临较大达峰压力的省份，建议借鉴北京市的管理办法，将年碳排放量较大的企业和建筑物纳入重点管理范畴，制定量化的建筑运行碳达峰路线图。北京、天津、河北、黑龙江、吉林、辽宁、上海、重庆、四川 9 省市，因地制宜地制定建筑运行碳中和路线图。目前，各地制定发布的建筑运行碳达峰实施方案中，定性指标多、定量指标少，会导致碳达峰的不确定性变多，建议实施方案中，在建筑运行碳排放数据库的基础上尽可能的量化和细化各项指标，按年分解，增强方案的可操作性和落地性。

3. 全面开展城镇既有建筑摸底调查，结合能效诊断情况建立建筑物碳排放数据库

重点开展年排放 400 万 tCO_2 以上城市的建筑运行碳核查，逐步建立健全建筑运行碳排放数据库。准确核算建筑运行碳排放，摸清自身家底，是有效开展建筑节能工作、实现建筑运行碳达峰碳中和目标的基础。2021 年，我国 321 个城市（地级市及以上）的建筑运行碳排放总量为 23.0 亿 tCO_2。其中，42% 的城市的排放在 400 万 ~1200 万 tCO_2 之间，10% 的大城市的排放超过 1200 万 tCO_2（注：城市核算范围按行政区划进行划分，包括辖区内的农村），两者的碳排放超过 15 亿 tCO_2，占比超 70%。因此，重点开展年排放 400 万 tCO_2 以上城市的建筑运行碳核查，建立碳排放数据库是实现建筑运行碳达峰的前提条件。

4. 加快老旧建筑节能改造

我国存量建筑中，非节能建筑占比较大，降碳潜力高我国存量建筑中仍有近 40%（约 300 亿 m^2）为非节能建筑，既有公共建筑中使用寿命超 20 年建筑占比超 30%（45 亿 m^2），大量老旧建筑围护结构差、设备老旧效率低、运行维护管理缺失，导致我国建筑运行碳排放在全国碳排放总量中的占比居高不下，如能进行节能改造，则降碳潜力高；否则，将面临较大的达峰压力。

5. 加快建筑物用能电气化、低碳化

"十五五"中加快建筑用能电气化，低碳化。其中，对于电力碳排放因子极低的四川、云南、贵州，须极力推进建筑用能电气化；对于较低的上海、广东、海南、重庆、福建、甘肃和湖北 7 省市，须大力推进建筑用能电气化；而对其他电力碳排放因子较高的省市，重点在于建筑节能和用能低碳化。加快推进城镇既有建筑改造升级，分级分类推进节能降碳改造工程；推进城乡建设和管理模式低碳，在城乡规划建设和管理各环节全面落实绿色低碳要求；合理规划城镇建筑发展目标，严格管控高耗能公共建筑；加快绿色社会建设，结合实施建设行动，推进县城和农村的绿色、低碳发展。

6. 推进技术创新与应用

研发和推广新型节能建筑材料，如高性能保温隔热材料、节能门窗等，提高建筑围护结构的保温隔热性能；发展建筑能源管理系统和智能化控制技术，实现对建筑设备运行的精准调控，提高能源利用效率；加大对太阳能、风能等可再生能源在建筑运行中的应用推广力度，提高电力在建筑终端能源消费中的比重；积极推进分布式能源系统在建筑中的应用，实现能源的就地生产和消纳，减少能源传输损耗；推动氢能等新型清洁能源在建筑领域的研发和应用试点，为未来能源结构转型奠定基础；因地制宜地推进热泵、生物质能、地热能等清洁低碳供热。

7. 加强建筑运行管理

建立健全建筑能耗监测与统计体系，实现对建筑能耗和碳排放的实时监测、分析和评估；开展建筑能源审计，对高能耗建筑进行诊断和改造，提高建筑能源利用效率；加强对建筑物业管理和运营人员的节能培训，提高其节能意识和管理水平。

8. 完善市场机制与激励政策

引导建筑业主和企业进入碳排放交易市场，通过市场机制促进建筑业主和运营方采取碳减排措施；实施财政补贴和税收优惠政策，对节能建筑、可再生能源应用项目等给予资金支持和税收减免；发展绿色金融，为建筑节能和碳减排项目提供融资渠道和金融支持。

9. 实施保障与挑战应对

（1）加强组织协调，强化技术支撑

建立跨部门的协调机制，整合发展和改革委、住房和城乡建设、环保、电力、能源等相关部门的资源和力量，共同推进建筑运行碳达峰工作；加大对建筑节能与碳减排领域的科研投入，支持高校、科研机构和企业开展联合攻关，突破关键技术瓶颈。

（2）加快建筑领域"双碳"人才培养

"双碳"人才是实现"双碳"目标的重要基石。总体来说，建筑领域"双碳"人才可分为技术类人才和管理类人才两大类。技术类人才主要指为实现"双碳"而需要的各类减碳技术人才，管理类人才是指从事建筑领域碳核算、核查、碳资产开发及管理、碳交易、碳金融活动的人才。对于碳管理类人才，尤其是建筑领域，目前我国并无成体系的人才培养机制，既有的人才数量少，缺口大。建筑企业要和学校合作联合培养"双碳"人才，相关学校与国内建筑行业的大中型和专精特新企业要深化产学合作，针对建筑企业"双碳"人才需求，联合制定培养方案，探索各具特色本专科生、研究生和非学历教育等不同层次人才培养模式。在非学历教育方面，建筑企业要紧密结合《中华人民共和国职业分类大典（2022年版）》发布的碳排放管理员、建筑节能减排咨询师等职业，鼓励相关人员参加培训和认证。加快"双碳"领域国际化人才培养，加大海外高层次人才引进力度，尤其是碳经济与政策研究等优秀人才。

（3）提高公众意识

通过宣传教育、示范项目等方式，普及建筑节能和碳减排知识，提高公众对建筑运行碳达峰重要性的认识，引导形成绿色低碳的生活方式和消费模式。

（4）应对挑战

解决既有建筑节能改造的资金和技术难题，探索多元化的融资渠道和创新的改造模式：应对可再生能源在建筑应用中的间歇性和稳定性问题，加强储能技术研发和应用；协调不同地区在建筑运行碳达峰工作中的差异，避免一刀切的政策措施，确保政策的针对性和有效性。

本章小结

本章介绍了我国碳达峰、碳中和目标的提出，同时详细阐述了我国主要领域碳排放历史、现状、应对措施和我国建筑运行 2030 年碳达峰的实现路径。我国作为最大的发展中国家和二氧化碳排放国，由于人口众多，因此人均碳排放较低，但单位 GDP 碳排放较高，同时面临着发展经济、改善民生、消除贫困、治理污染等一系列艰巨任务。因此，随着经济发展和 GDP 的增长，要实现"双碳"目标任重而道远。

本章参考文献

[1] 赵荣钦，黄贤金，钟太洋. 中国不同产业空间的碳排放强度与碳足迹分析 [J]. 地理学报，2010，9：1048-1057.

[2] 罗智星. 建筑生命周期二氧化碳排放计算方法与减排策略研究 [D]. 西安：西安建筑科技大学，2016.

[3] 李蕊. 面向设计阶段的建筑生命周期碳排放计算方法研究及工具开发 [D]. 南京：东南大学，2013.

[4] 张孝存. 建筑碳排放量化分析计算与低碳建筑结构评价方法研究 [D]. 哈尔滨：哈尔滨工业大学，2018.

[5] 张铮燕. 考虑碳排的我国建筑业全生命周期能源效率研究 [D]. 天津：天津大学，2016.

[6] ISO. ISO 14040：2006 Environmental management：life cycle assessment；principles and framework [S/OL].2nded.Switzerland：ISO，2006：20[2022-04-27]. https：//www.iso.org/standard/37456.html.

[7] ISO. ISO 14064-1：2006 Greenhouse gases-Part 1：Specification with guidance at the organization level for guantification and reporting of greenhouse gas emissions and removals [S/OL].1*ed.Switzerland：ISo，2018206202022-04-27]. https：//www.iso.org/standard/38381.html.

[8] ISO. ISO 14064-1：2018Greenhouse gases-Part 1：Specification with guidance at the organization level for quantification and réporting of greenhouse gas emissions and removals [S/OL].2ed.Switzerland：ISO，2018.472022-04-27]. https：//www.iso.org/standard/66453.html.

[9] ISO. ISO 14064-2：2019 Greenhouse gases-Part 2：Specification with guidance at the project level for quantification，monitoring and reporting of greenhouse gas emission reductions or removal enhancements [S/

OL]. 2ed. Switzerland：ISO，2019a：26[2022-04-27]. https：//www.iso.org/standard/66454.html.

[10] ISO. ISO 14064-3：2019 Greenhouse gases-Part 3：Specification with guidance for the verification and validation of greenhouse gas statements [S/OL]. 2ed. Switzerland：ISO，2019b：54[2022-04-27]. https：// www.iso.org/standard/66455.html.

[11] World Resources Institute and World Business Council for Sustainable Development（WRI & WBCSD）. The greenhouse gas protocol：a corporate accounting and reporting standard [S/OLJ. Reviseded. The United States of America：WRI & WBCSD，2013[2022-04-27]. https：//files.wri.org/d8/s3fs-public/pdf/ghg_protocol_2004.pdf.

[12] BSI. PAS 2050：2011Specification for the assessment of the life cycle greenhouse gas emissions of goods and services [S].The United Kingdom：BS1，2011：45.

[13] BSI. PAS 2060：2014 Specification for the demonstration of carbon neutrality [S]. The United Kingdom：BSI，2014：40.

[14] DAKWALE V A，RALEGAONKAR R V. Review of carbon emission through buildings：threats，causes and solution[J]. International Joural of Low-Carbon Technologies，2012.7（2）：143-148.

[15] 中华人民共和国住房和城乡建设部. 建筑碳排放计算标准：GB/T 51366—2019[S] 北京：中国建筑工业出版社，2019.

[16] 王霞. 住宅建筑生命周期碳排放研究 [D]. 天津：天津大学，2012.

[17] YOU F，HU D，ZHANG H，GUO Z，ZHAO Y. WANG B. Carbon emissions in the life cyele of urbanbuilding system in China-A case study of residential buildings[J]. Ecological Complexity，2011，8（2）：201-212.

[18] 中国建筑节能协会，中国建筑能耗研究报告 2020[J]. 建筑节能（中英文），2021，49（2）：1-6.

[19] 罗平滢. 建筑施工碳排放因子研究 [D]. 广州：广东工业大学，2016.

[20] 朱成章. 能源排放系数（EF）：化石能源利用与 CO_2 排放量的关系 [J]. 大众用电，2008，4：15.

[21] ZHANG X，SHEN L，ZHANG L. Life cycle assessment of the air emissions during building construction process：a case study in Hong Kong[J]. Renewable Sustainable Energy Reviews，2013，17：160-169.

[22] 刘松玉，李晨. 氧化镁活性对碳化固化效果影响研究 [J]. 岩土工程学报，2015，37（1）：148-155.

[23] 王亮，刘松玉，蔡光华，等. 活性 MgO 碳化固化土的渗透特性研究 [J]. 岩土工程学报，2018，40（5）：953-959.

[24] 盛冈实，张友海，横関康祐，等. "CO_2-SUICOM"--CO_2 负排放新型环保混凝土 [J]. 混凝土世界，2014.05：35-39.

[25] 王维兴. 钢铁工业各工序 CO_2 排放分析，如何科学计算排放量？ [N/OL]. 2018[2022-10-25].https：//www.sohu.com/a/244902909_754864.

[26] PENG C.Calculation of a building's life cycle carbon emissions based on Ecotect and building information modeling[J]. Joumal of Cleaner Production，2016，112：453-465.

[27] 中国汽车技术研究中心. 中国汽车低碳行动计划报告（2021）[R]. 中国：中国汽车技术研究中心，

2021.

[28] 天龙中国卡车燃油消耗及二氧化碳排放研究 [D]. 北京：清华大学，2013.

[29] 李林涛，陈昭文，曹越，等 . 大型办公建筑运行能耗特点统计分析 [J]. 建设科技，2022，Z1：31–35+9.

[30] BASBAGILLJ，FLAGER F，LEPECH M，et al. Application of life-cyele assessment to early stage building design for reduced embodied environmental impacts[J]. Building and Environment，2013，60：81–92.

[31] 李怀，于震，吴剑林，等 . 某近零能耗办公建筑 4 年运行能耗数据分析 [J]. 建筑科学，2021，37（4）：1–8.415.

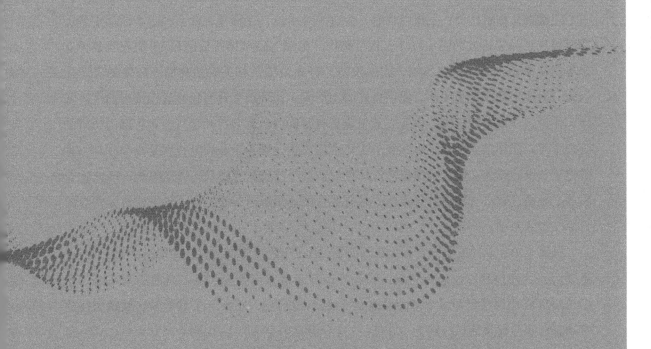

第 3 章
物业服务企业碳盘查依据和边界

碳盘查又称碳核算，是指以政府、企业等为单位，计算其在社会和生产活动中各环节直接或者间接排放的温室气体，也可称作"编制温室气体排放清单"。物业服务企业是专门从事地上永久性建筑物、附属设备、各项设施及相关场地和周围环境的专业化管理，为业主和非业主使用人提供良好的生活或工作环境，具有独立法人资格的经济实体。作为独立的企业法人，物业服务企业具有明确的经营宗旨和经行业主管部门认可的管理章程，能够独立承担民事和经济法律责任。物业服务企业碳盘查就是指编制其管理的建筑及设施设备在运行阶段温室气体排放清单，准确核算建筑运营碳排放，因此物业服务企业通过碳盘查摸清自身家底，是有效开展建筑运营节能工作、促进建筑运营双碳目标实现的基础。

根据《2021 年物业管理行业发展报告》，2021 年物业管理行业管理规模达 351 亿 m^2，主要为公共建筑和城镇居住建筑，物业管理行业覆盖率约为 72%，目前约为 80%。根据《2023 年中国建筑与城市基础设施碳排放研究报告》，2021 年公共建筑、城镇居住建筑和农村居住建筑面积分别为 150 亿、334 亿和 230 亿 m^2，占比约为"2：5：3"，建筑物运营产生碳排放比重为"4：4：2"。由此可见公共建筑、城镇居住建筑运营碳排放占比为 80%，物业管理行业管理涉及的建筑物运营碳排放约 15 亿 tCO_2，占全国能源相关碳排放的比重约为 15%。其中，建筑物运营碳排放由物业服务企业运行碳排放和建筑物内业主（非业主等）碳排放组成。因此，物业服务企业碳盘查和核查是建筑领域碳盘查的重要组成部分，也是建筑领域实现双碳目标不可缺少的重要组成部分。

3.1 物业服务企业碳盘查依据

近年来，国际组织、各国政府和专家学者对建筑碳排放已形成相关计算方法、计算工具和标准规范。同时，国内关于建筑碳排放计算的研究也取得了很多成果，并发布了相关政策和标准。上述资料对我国的建筑碳排放计算、物业服务企业碳盘查具有参考价值和指导意义。本节将介绍国内外建筑碳排放计算的标准、相关研究成果和相关政策。

3.1.1 国内建筑碳排放计算标准和指南

1. 国家标准《建筑碳排放计算标准》

《建筑碳排放计算标准》GB/T 51366—2019 是由中国住房和城乡建设部发布的国家

标准，旨在规范建筑领域碳排放的计算方法。该标准自 2019 年 12 月 1 日起正式实施。该标准的主要内容包括：

（1）建筑碳排放的定义：明确了建筑碳排放的基本概念和涵盖范围。

（2）计算方法：提供了建筑全生命周期内各个阶段（如建材生产、施工、运行、拆除等）碳排放的计算方法。

（3）数据收集：指导如何收集和使用相关的活动水平数据和排放因子。

（4）报告要求：规定了建筑碳排放报告的格式和内容。《建筑碳排放计算标准》的发布，有助于推动建筑行业实现碳排放的量化管理，为建筑节能降碳提供标准依据，同时也支持国家实现碳达峰和碳中和目标。

物业服务企业温室气体排放就是其管理的建筑在运行阶段碳排放，是建筑全生命周期过程中的主要碳排放来源之一，是我国建筑"双碳"领域的重要抓手。根据建筑是否已经建成，建筑运行碳排放可分为设计阶段的建筑运行碳排放与运维阶段的建筑运行碳排放，国家标准《建筑碳排放计算标准》GB/T 51366—2019 主要适用于建筑设计阶段的建筑运行碳排放计算，或在建筑物建造后对碳排放量进行核算。

2.《二氧化碳排放核算和报告要求 服务业》

《二氧化碳排放核算和报告要求 服务业》是由北京市市场监督管理局发布的一个地方标准，标准编号为 DB11/T 1785—2020，于 2020 年 12 月 24 日发布，并于 2021 年 1 月 1 日开始实施。该标准的主要内容包括：

（1）规定了物业服务企业二氧化碳排放核算和报告的范围、步骤与方法、数据质量管理以及报告要求等内容，适用于物业服务企业二氧化碳排放量的核算和报告。

（2）核算和报告的主要内容包括化石燃料燃烧排放、消耗外购电力产生的排放和消耗外购热力产生的排放。物业服务企业需要确定核算边界和排放源，收集活动数据，选择适当的排放量计算方法，并获取排放因子数据。物业服务企业还需加强二氧化碳数据质量管理，建立相关规章制度，制定监测计划，并建立数据记录管理体系和内部审核制度。

（3）报告要求包括报告物业服务企业基本信息、二氧化碳排放量、活动数据及其来源、排放因子及其来源、生产经营服务信息以及真实性声明。物业服务企业需按照标准中提供的格式模板填写相关信息，并由法人代表对报告的真实性进行声明。

物业服务企业温室气体排放是运维阶段建筑运行碳排放实际发生的，其碳排放的核算方法主要通过能耗监测或采用能耗分解方法获取的建筑用能与相应的能源碳排放因子相乘获得。而《二氧化碳排放核算和报告要求 服务业》首次以标准方式明确了物业服务企业二氧化碳排放核算报告的范围、核算步骤与方法、数据质量管理、报告要求等，并提出具有可操作性、统一的、标准化的要求和数据收集与监测方法。该标准填补了我国建筑物运营碳排放管理标准的空白，非常适合物业服务企业碳盘查和核算报告，为构建完整的双碳标准体系打下了良好的基础，起到了引领和示范作用。该标准对位于北京市的物业服务企业具有强制性，对于其他省市也极具参考意义。标准支撑了北京市碳排放权交易市场工作，进一步规范了碳市场的管理工作，同时也为其他省市提供了借鉴。

3.《公共建筑运营企业温室气体排放核算方法与报告指南（试行）》

该指南是 2015 年由国家发展和改革委员会发布，是为了帮助公共建筑运营企业科学核算和规范报告自身的温室气体排放而制定的一套方法和指南。该指南适用于我国境内从事公共建筑运营的具有法人资格的企业和视同法人的独立核算单位。指南中公共建筑包括办公建筑（写字楼、政府部门办公楼等），商业建筑（商场、金融建筑等），旅游建筑（旅馆酒店、娱乐场所等），科教文卫建筑（包括文化、教育、科研、医疗、卫生、体育建筑等），通信建筑（邮电、通信、广播用房）以及交通运输用房（机场、车站建筑等）等建筑。指南中主要内容包括：

（1）核算边界：明确了公共建筑运营过程中的温室气体排放，包括直接排放和间接排放。直接排放指化石燃料燃烧产生的 CO_2 排放，间接排放指外购电力和热力等引起的排放。

（2）核算方法：提供了计算公共建筑运营温室气体排放量的步骤，包括确定核算边界、识别排放源、收集活动水平数据、获取排放因子数据、计算化石燃料燃烧排放、购入使用的电力和热力对应的排放，以及汇总企业温室气体排放量。

（3）质量保证和文件存档：要求运营单位建立温室气体年度核算和报告的质量保证体系，包括建立规章制度、温室气体排放源一览表、监测计划、内部审核制度等。

（4）报告内容：包括运营单位基本信息、温室气体排放量、活动水平数据及来源说明、排放因子及来源说明。

（5）附件和附录：提供了企业温室气体排放报告表式和核算所需的相关参数的推荐值。

（6）指南强调了公共建筑运营单位在核算和报告温室气体排放时的科学性、规范性和可操作性，旨在为企业参与碳排放交易、制定温室气体排放控制计划提供数据支持，同时为主管部门掌握企业温室气体排放情况提供依据。

4.《工业其他行业企业温室气体排放核算方法与报告指南（试行）》

该指南是 2015 年由国家发展和改革委员会发布，适用于国民经济行业中那些尚未有特定温室气体核算方法与报告指南的工业企业，旨在协助这些企业更好地制定温室气体排放控制计划或参与碳排放权交易策略。指南的主要内容包括：

（1）核算边界的确定：企业应以法人企业或视同法人的独立核算单位为企业边界，核算其运营控制权下的所有生产场所和生产设施产生的温室气体排放。

（2）排放源和气体种类识别：包括化石燃料燃烧的 CO_2 排放、碳酸盐使用过程的 CO_2 排放、工业废水厌氧处理的 CH_4 排放等。

（3）温室气体排放总量的计算：提供了计算公式，包括对化石燃料燃烧、碳酸盐使用、废水处理等不同排放源的量化方法。

（4）质量保证和文件存档：要求企业建立温室气体量化和报告的质量控制与质量保证制度。

（5）报告内容：包括企业基本情况、温室气体排放量、活动水平数据及来源说明、排放因子数据及来源说明等。

此外，指南还提供了报告格式模板和相关参数的缺省值，以方便企业使用和参考。

5.《中国分省份道路交通二氧化碳排放因子研究》

（1）在我国，分省份道路交通二氧化碳排放因子的研究显示了一些关键的发现和趋势。根据 WRI China 的研究，中国的交通领域碳排放在全领域碳排放中占比较低，但多数省份交通碳排放在能源活动排放中的比例，比国家层面更高，且省份间差异较大。例如，在经济发达或第三产业占比较大的省份，如北京市、上海市和海南省，交通领域碳排放在能源活动产生的碳排放中的占比超过 20%。此外，2019 年，中国交通化石燃料消费主要依赖汽油、柴油、航空煤油、天然气和燃料油，其中汽油消费量最高，产生的碳排放占交通领域碳排放的 39%，柴油次之，占 35%。从变化趋势上看，航空煤油碳排放是主要交通化石燃料中增长最快的，2019 年航空煤油碳排放为 2012 年的两倍以上，这表明航空需求正呈现出高速增长的态势。

（2）在不同省份，交通化石燃料消费结构差异显著。例如，上海市、北京市与海南省的 2019 年交通碳排放以航空煤油为主，而其他省份的交通碳排放则分别以汽油或柴油为主。这表明在制定减排措施时，需要考虑地区特定的能源消费结构和发展趋势。

（3）人均排放量比较：车辆满载时，柴油公交车和电动公交车的人均 CO_2 排放量比汽油小客车分别降低了 63% 和 73%，电动小客车的人均 CO_2 排放量较汽油和柴油小客车分别下降了 46% 和 51%。研究提出，倡导公共交通、提高客座率、降低私家车使用频率、推广纯电动汽车并通过减少道路拥堵提高车速是降低道路交通 CO_2 排放量的有效途径。

3.1.2 国际建筑碳排放计算标准和指南

1.《组织层次上对温室气体排放和清除的量化和报告的规范及指南》ISO 14064-1: 2018

ISO 14000 环境管理系列标准由 ISO 组织编制和发布。其中，ISO 14064-（1~3）标准是以生命周期评价 ISO 14040 标准为基础形成的碳足迹相关量化标准。该指南为组织提供了一套标准化的方法来评估和报告其温室气体排放，包括直接排放和间接排放。以下是其一些关键点：

（1）目的和范围：ISO 14064-1 旨在帮助组织确定其温室气体排放的边界，量化排放量，并报告这些信息。

（2）组织边界：标准定义了如何确定组织边界，包括控制权法和股权持分法两种方法。

（3）运营边界：组织需要确定其运营边界，包括直接排放（范围 1）、能源间接排放（范围 2）和其他间接排放（范围 3）。

（4）温室气体种类：标准涵盖了多种温室气体，如二氧化碳、甲烷、氧化亚氮等，并使用全球变暖潜能（GWP）来比较不同气体的影响。

（5）量化方法：提供了量化温室气体排放的方法，包括直接测量、质量平衡法、排放因子法等。

（6）数据质量管理：强调了数据质量的重要性，并提供了数据收集、验证和记录的指导。

（7）报告要求：组织应按照标准要求报告其温室气体排放信息，包括排放量、数据来源、计算方法等。

（8）内外部验证：标准鼓励组织进行内部审核，并可能需要第三方验证来提高报告的可信度。

（9）持续改进：鼓励组织基于碳盘查结果，制定和实施减排策略，以实现持续的环境绩效改进。

ISO 14064-1: 2018 是物业服务企业碳盘查和报告编制的主要依据之一，该文件详细说明了设计、开发、管理和报告物业服务企业温室气体清单的原则和要求。它包括确定温室气体排放和清除边界、量化组织的温室气体排放和清除量，以及确定旨在改善温室气体管理的具体公司行动或活动的要求。它还包括关于数据质量管理、报告、内部审计和组织在盘查活动中的责任的要求和指导。它的实施有助于组织更好地理解和管理其温室气体排放，提高透明度，满足监管要求，并支持我国和全球应对气候变化的努力。

全球和我国温室气体减排举措依赖于温室气体排放量（清除量）的量化、监测、报告和核查。ISO 14060 系列为量化、监测、报告、验证温室气体排放量和清除量提供了标准和要求，以实现低碳经济的可持续发展。具体而言，ISO 14064-2 详细说明了确定基线、监测、量化和报告项目排放的原则和要求。它侧重于温室气体项目或专门为减少温室气体排放和 / 或提高温室气体清除量而设计的基于项目的活动。它为温室气体项目的验证提供了依据。ISO 14065 定义了验证和验证温室气体声明的机构的要求。其要求包括公正性、能力、沟通、验证和验证过程、申诉、投诉以及验证和验证机构的管理体系。它可以作为认证和其他形式的认可的基础，与验证和核查机构的公正性、能力和一致性有关。ISO 14066 规定了验证团队和验证团队的能力要求。它包括原则，并根据验证团队或验证团队必须能够执行的任务规定了能力要求。ISO 14067 定义了产品碳足迹量化的原则、要求和指南。ISO 14067 的目的是量化与产品生命周期阶段相关的 GHG 排放，从资源提取和原材料采购开始，一直延伸到产品的生产、使用和生命终结阶段。

2.《对温室气体声明进行审定与核查的指南性规范》ISO 14064-3: 2019

ISO 14064-3: 2019 是 ISO 制定的一系列标准之一，专注于 GHG 声明的审定和核查。这一标准提供了一套详细的规范和指南，确保温室气体声明的准确性和可靠性。以下是其一些关键点：

（1）目的：为第三方核查机构提供一个标准化的框架，以验证和验证组织、项目和产品的温室气体声明。

（2）适用范围：此规范适用于所有类型的组织，包括企业、政府机构和其他实体，以及它们所开展的项目和产品。

（3）关键概念：规范中定义了多个关键术语，如温室气体源、汇、排放、清除、排放因子、活动数据等，以确保在温室气体声明中使用一致的术语和概念。

（4）审定和核查过程：规范详细描述了审定和核查的过程，包括计划、抽样、数据和信息评价、准则遵循性评价以及声明的最终评估。

（5）保证等级：规范提出了两种保证等级——合理保证和有限保证，这取决于核查的深入程度和目标用户的需求。

（6）准则和要求：核查机构在进行温室气体声明的核查时，需要与委托方共同商定核查的准则和要求，这可能包括遵循特定的国家或国际标准。

（7）信息披露：核查完成后，核查员或核查机构需要向责任方提供一份核查陈述，该陈述应清晰地表达核查结果，并指出温室气体声明是否存在重大偏差。

（8）独立性：核查过程要求核查员或核查机构保持独立性，以确保核查结果的客观性和公正性。

（9）透明性：核查过程和结果应具有透明性，确保所有相关方能够理解核查的基础、方法和结论。

（10）持续改进：规范鼓励组织基于核查结果进行持续改进，优化温室气体管理和减排策略。规范的实施有助于提高温室气体数据的质量和可信度，增强利益相关者对组织温室气体管理实践的信心，并支持全球应对气候变化的努力。

该规范提供了对温室气体声明进行审定和盘查的指南性规范，旨在确保温室气体声明的准确性、完整性、一致性和透明度。ISO 14064-3 详细说明了验证与温室气体清单、温室气体项目和产品碳足迹相关的温室气体报表的要求。它描述了验证或确认的过程，包括验证或确认规划、评估程序，以及对组织、项目和产品温室气体报表的评估。

3.《温室气体议定书：企业核算与报告准则》

WRI 和 WBCSD 共同发起的国际标准，旨在提供一套标准化的温室气体核算方法。首个版本的温室气体议定书发布于 1995 年，主要针对企业层面的温室气体核算与报告。此后，该议定书经过多次更新和修订，以适应不断变化的国际标准和实践需求，该议定书为企业提供了一套全面的温室气体排放核算和报告的框架，包括直接和间接排放，以及价值链上下游的排放。它被广泛认为是企业温室气体核算的基石。温室气体议定书包括三个主要的范围：

（1）范围 1：直接温室气体排放，指企业拥有或控制的排放源产生的排放。

（2）范围 2：能源间接排放，指企业因使用外购能源而产生的间接排放，如电力、热力等。

（3）范围 3：其他间接排放，包括企业价值链上的所有其他间接排放，如供应链中的排放、员工通勤等。

该议定书为企业提供了一套方法论，帮助它们识别、量化和管理温室气体排放，从而支持减排策略的制定和实施。通过使用温室气体议定书，企业可以提高其气候信息披露的透明度和可靠性，满足利益相关者的需求，并响应监管要求。此外，温室气体议定书的标准也与其他国际标准和框架相互衔接，如 ISO 14064-1，这有助于企业在全球范围内进行温室气体排放的一致性报告。随着全球对气候变化问题的关注不断增加，越来越多的企业正在采用温室气体议定书作为其温室气体管理和报告的基础。

4.《温室气体议定书：企业价值链核算与报告标准》

温室气体议定书的企业价值链核算与报告标准（通常称为"范围 3"标准）提供了

一种框架和方法，帮助企业核算和报告其整个价值链的温室气体排放。该标准也由 WRI 和 WBCSD 共同开发，旨在补充企业直接控制的排放（范围 1）和购买能源产生的间接排放（范围 2）的核算。范围 3 排放包括但不限于以下几个方面：

（1）购买商品和服务的生命周期中的排放。

（2）企业售出产品的使用过程中的排放。

（3）企业售出产品的处置和废弃过程中的排放。

（4）企业运营中使用的资本货物的制造和处置过程中的排放。

（5）员工通勤和商务旅行产生的排放。

标准中企业被鼓励识别和报告所有 15 个类别的范围 3 排放，但实际操作中，许多企业可能会选择只披露那些具有重大影响或数据可获得性较好的排放环节。企业在核算范围 3 排放时面临的挑战包括数据的可获得性、质量和一致性问题，以及如何影响和整合供应链中的减排措施。因此，企业可能需要与供应商合作，建立数据共享机制，或采用市场平均数据作为代理，以估算范围 3 排放。国际可持续准则理事会（ISSB）也在推动气候相关披露准则，包括范围 3 排放的报告要求。随着全球对气候行动的关注和要求的提高，企业将越来越需要透明和一致地报告其整个价值链的温室气体排放，以满足监管机构、投资者和其他利益相关者的需求。

5.《2006 年 IPCC 国家温室气体清单指南》

指南由 IPCC 编写，是一套详尽的指导文件，旨在帮助各国估算和报告国家温室气体的人为源排放和汇清除。这套指南是对先前《1996 年 IPCC 指南修订本》及其后的优良作法报告的更新，反映了科学技术知识的进步下开展工作的成果。

指南分为五卷，内容涵盖了从能源、工业过程和产品使用、农业、林业和其他土地利用，到废弃物处理等多个部门的温室气体排放和清除的估算方法。具体包括：

（1）第 1 卷：一般指导及报告，提供了编制清单的基本步骤和一般性指导。

（2）第 2 卷：能源，涉及固定源燃烧、移动源燃烧、逸散排放等的估算方法。

（3）第 3 卷：工业过程和产品使用，包括采矿、化学、金属工业排放等。

（4）第 4 卷：农业、林业和其他土地利用，合并了农业部门和土地利用变化及林业，以促进数据的一致使用。

（5）第 5 卷：废弃物，介绍了固体废弃物处理、生物处理、焚化和露天燃烧、废水处理等的估算方法。

指南还强调了优良作法的重要性，包括确保估算的准确性和减少不确定性。它提供了不同详细程度的三级方法，以便各国根据自身资源和能力选择合适的方法。此外，还包含了关键类别分析、不确定性评估、质量保证/质量控制程序以及报告和归档的建议。指南还特别关注了数据收集、时间序列的一致性，以及清单的透明度和可审核性。通过这些指南，各国能够制作出既符合科学标准又操作性强的温室气体清单，为全球气候变化应对措施提供数据支持。

6.《IPCC2006年国家温室气体清单指南2019修订版》

修订版是在原有《2006年IPCC国家温室气体清单指南》的基础上进行的更新和完善。该修订版由IPCC国家温室气体清单专题组（TFI）编写，并在2019年5月的第49届IPCC全会上被采纳和接受。

2019年的修订版旨在反映自2006年以来科学技术的发展和新的技术进步，同时考虑到新的生产工艺和技术的出现，以及对温室气体排放认知能力的提升和科学研究的进展。这些更新包括对原有指南的某些方法学进行修订、补充和完善，但并没有取代《2006年IPCC指南》，而是作为其补充。修订版的主要变化包括：

（1）完善了活动水平数据获取方法，强调了企业级数据对于国家清单的重要作用。

（2）首次完整提出基于大气浓度反演温室气体排放量的方法，用于验证传统自下而上的清单结果。

（3）更新了油气系统排放因子，包括非常规油气开采技术和新生产工艺的排放因子。

（4）增补了煤炭生产逃逸排放源及排放因子。

（5）更新了废弃物处理相关参数和方法，包括固体废弃物产生量、成分和管理程度相关参数，以及工业废水处理氧化亚氮排放计算方法等。

此外，2019年的修订版还强化了对清单编制透明度的要求，鼓励使用更精细化的排放因子和科学文献支持的数据，以提高国家温室气体清单的准确性和可靠性。

7. AR6，即IPCC第六次评估报告（IPCC Sixth Assessment Report）

报告是IPCC的重要科学评估周期，它包括三个工作组的报告、三份特别报告以及一份综合报告。这些报告提供了关于气候变化的事实、影响与风险，以及减缓和适应气候变化的路径的全面评估。

（1）工作组报告:《气候变化2021：自然科学基础》（Climate Change 2021: The Physical Science Basis），于2021年8月9日发布，主要梳理和分析了关于气候变化的科学事实，包括全球变暖的程度、气候变化的趋势和预测等。

（2）第二工作组报告:《气候变化2022：影响、适应和脆弱性》（Climate Change 2022: Impacts, Adaptation and Vulnerability），于2022年2月28日发布，关注气候变化对人类社会和自然生态系统的影响，以及适应气候变化的策略和措施。

（3）第三工作组报告：《气候变化 2022：减缓气候变化》（Climate Change 2022: Mitigation of Climate Change），于 2022 年 4 月 4 日发布，探讨了减少温室气体排放的技术和政策选项，以及实现全球气候目标的经济和社会转型路径。

（4）综合报告：《气候变化 2023（Climate Change 2023: Synthesis Report）》，于 2023 年 3 月 20 日发布，汇集了上述工作组报告和特别报告的结论，为 2023 年联合国气候变化框架公约下的全球盘点提供信息。

AR6 强调了人类活动对气候变化的显著影响，指出全球气温已上升 1.1℃，这一变化是过去 2000 年中前所未有的。报告还指出，如果不采取紧急行动，全球气温可能会超过《巴黎协定》中设定的 1.5℃ 和 2℃ 的温升目标。AR6 呼吁全球采取更加雄心勃勃的减排措施，以避免气候变化带来的最坏影响，并强调了资金、技术和国际合作在实现气候目标中的关键作用。AR6 对于全球气候政策的制定和实践具有重大影响，为国际社会提供了关于气候变化的权威科学依据，并指明了应对气候变化的紧迫性和方向。

8. PAS 2050

PAS 2050 是由英国标准协会（BSI）制定的一项标准，全称为《商品和服务在生命周期内的温室气体排放评价规范》（Specification for the assessment of the life cycle greenhouse gas emissions of goods and services）。它首次发布于 2008 年 10 月，旨在提供一种评估产品和服务生命周期内温室气体（GHG）排放的一致和公认的方法。PAS 2050 标准的制定目的在于让组织、商业和利益相关方，可以清晰、一致地评估商品和服务有关的生命周期 GHG 排放，从而促进碳排放的评估和管理。

（1）PAS 2050 标准在 2011 年进行了更新，这次更新反映了理论知识的进步以及广泛的国际用户社区的实践经验。修订版在与国际利益相关方广泛协商后推出，提供了一个全面、一致的框架，适用于任何类型的企业（无论其所处地理位置）的任何产品。修订版的审查流程涉及与多个组织的合作，如 WRI、WBCSD、ISO 和欧盟委员会等。

（2）PAS 2050 在全球被企业广泛用来评价其商品和服务的温室气体排放，也是人们咨询最多的评价产品碳足迹的标准。目前全球约有 80 个国家和地区在使用 PAS 2050 标准。此外，PAS 2050 标准在概念上简单明确，方法上指导具体细致，参数上有具体值和指标，使其成为一个实用且易于执行的标准。它规定了两种评价方法：企业到企业（B2B）和企业到消费者（B2C）。

（3）与 ISO 14067 比较：

1）适用范围不同：ISO 14067 适用于所有商品和服务活动，而 PAS 2050 适用范围相对较窄。

2）气候变化考虑角度不同：PAS 2050 强调产品生命周期对气候变化的影响，而 ISO 14067 更加侧重于全球变暖潜势。

3）数据源要求不同：PAS 2050 更加强调使用科学可信的数据源，以提高评估结果的准确性和可靠性。

9. ISO 14068-1

（1）ISO 14068-1 是一项由国际标准化组织（ISO）制定的国际标准，全称为《气候变化管理－向净零过渡－第 1 部分：碳中和》（Climate change management-Transition to net zero –Part 1: Carbon neutrality）。该标准于 2023 年 11 月 30 日发布。ISO 14068-1 标准明确了碳中和的实现路径和要求，为企业和组织提供了实用的指导，并将全面取代 PAS 2060，为全球范围内的碳中和工作提供更加科学、规范和统一的标准支持。

（2）ISO 14068-1 标准规定了组织和产品实现碳中和的一系列原则和要求，包括温室气体排放的量化、减少和抵消，以及碳中和承诺、声明和报告的要求。标准强调了减排优先，建立了一个碳中和的层次结构，其中温室气体排放的减少和温室气体清除的增强在价值链内优先于抵消。

（3）ISO 14068-1 标准要求企业的最高管理层参与碳中和管理，强化碳中和的实施与组织的运行密切结合，并要求制订碳中和路线图，以确定组织碳中和雄心，其中应包括短期和长期目标。标准还强调了声明主体的实际减碳行动，要求在使用碳抵消的主体必须在主体边界内先有减排行为，并且要说明无法继续减排的理由，然后通过有约束的碳信用进行抵消。

总而言之，ISO 14068-1 标准为组织和产品实现碳中和目标提供了清晰的框架与指南，帮助量化和减少自身的碳足迹，并通过抵消剩余排放来达到碳中和。

3.2 物业建筑运行碳盘查原则

根据国际标准 ISO 14064-1 和《温室气体议定书：企业核算与报告准则》，物业服务企业在碳盘查中为了得到普遍认可的可靠、真实、清楚地反映企业的温室气体排放量信息，需要遵守相关性、完整性、一致性、准确性和透明性原则，这些原则旨在巩固温室气体核算与报告的各个方面。采用这些原则将确保温室气体盘查清册真实、清楚地反映物业服务企业的温室气体排放量。它们的主要作用是指导碳盘查的实施，尤其适用于具体问题或情形的准则不明确的情况。具体如下。

3.2.1　相关性原则

确保温室气体盘查清册适当反映物业服务企业的温室气体排放量，服务于企业内部和外部采用者的决策需要。一个组织的温室气体报告具备相关性，意味着它包含公司内部和外部的使用人进行决策所需要的信息。相关性的一个重要方面是选择适当的盘查清册边界，这个边界应反映公司商业关系的实质和经济现实，而不只反映它的法律形式。盘查清册边界的选择取决于公司的特点、采用的信息及使用者的需要。选择盘查清册边界时，应考虑多种因素，例如：

1）组织边界（组织结构）：控制权（运营与财务）、所有权、法律协议、合资等；

2）报告边界（运营边界）：现场与非现场活动、工艺、服务和影响；

3）业务内容：活动性质、地理位置、行业部门、信息用途和信息使用者。

组织边界和报告边界等具体见 3.3。

3.2.2　完整性原则

计入并报告选定盘查清册边界内的所有温室气体排放源和活动。披露任何没有计入的排放量并说明理由。

（1）应当计入选定的盘查清册边界内的所有相关排放源从而编制全面和有意义的盘查清册。实践中，缺乏数据或数据收集费用可能成为限制因素。有时，核算人员倾向于确定一个最低排放核算限度（通常称作重大限度），指明盘查清册中可以忽略不超过某一规模的排放源。从技术上讲，这种限度只是预先设定和认可的估算负偏值（即低估值）。虽然它在理论上似乎有用处但在实践中采用这种限度背离了《温室气体议定书企业准则》的完整性原则。要采用重大限度，就必须确定具体排放源或者活动的排放量，以确保它们在该限度以下。但是，一旦确定排放数量，也就失去了采用最低限度的主要意义。

（2）最低限度地往往用于确定误差或遗漏是否构成重大偏差这不同于确定完整盘查清册的最低允许值；相反，公司应当诚实地对其温室气体排放量进行全面、准确和一致的核算。在没有估算排放量或估算质量不够高的情况下，一定要明确指出这一点并说明理由。核验人能够确定除除或低质估算对总体核算报告的潜在影响及其相关性。

3.2.3　一致性原则

采用一致的方法，可以对不同时间的排放量进行有意义的比较。明确记录数据、盘查清册边界、方法或任何其他有关因素在时间序列中的变化。温室气体信息使用者希望跟踪和比较不同时期的温室气体排放信息，以确认趋势并评价报告公司的业绩。采用的核算方法、盘查清册边界和计算方法的一致性，是制作可以比较的长期温室气体排放数据必不可少的。制作组织盘查清册边界内所有业务的温室气体排放信息时，应作为一个整体的信息内部是一致的，在不同时间具有可比性。对于盘查清册边界、方法、数据或影响排放估算的其他因素的变化，应明确指出并说明理由。

3.2.4 准确性原则

按照明确的审计线索以实际和连贯的方式处理所有问题。披露任何有关的假定，并适当指明核算与计算方法以及采用的数据来源。数据应足够准确，使希望使用的人对报告信息的可信度有合理把握。在能够判断的范围内，温室气体测量、估算或计算不应当系统性地高于或低于实际排放值，并尽量减少不确定性。确定数量的过程应当尽量减少不确定性。报告为确保排放核算的准确性而采取的措施，有助于在增加透明度的同时增强可信度。

3.2.5 透明性原则

在能够判断的范围内，保证确定的温室气体排放数量不会系统性地高于或低于实际排放量，并且尽可能地减少不确定性。达到足够的准确性，使采用者在决策时对报告信息的完整性有合理的确信。

透明性指关于温室气体核算方法、程序、假定和限制因素的信息，在多大程度上是根据明确的文件和档案（即审计线索）以清楚、实际、中立和易懂的方式披露的。信息的记录、整理和分析，应当使内部审查人员和外部核验人员能够证明其可信度。要明确指出具体的排除或计入事项并说明理由，披露假定情形，并指出采用的方法和数据来源的相应参考资料。信息应当充分，使第三方能够运用同样的原始数据推导出同样的结论。"透明"的报告使人清楚地了解报告公司背景下的问题并对其业绩做出有意义的评价。独立的外部核验是保证透明性的好办法，能够证明公司已经建立了适当的审计线索并提供了适当的文件记录。

3.3 物业服务企业碳盘查的组织边界和报告边界

依据《组织层次上对温室气体排放和消除的量化和报告的规范及指南》ISO 14064-1：

2018、《温室气体议定书：企业核算与报告准则》《二氧化碳排放核算和报告要求 服务业》DB11/T 1785—2020 的规定，根据实际情况，物业服务企业碳盘查需确定其组织边界和报告边界，同时在碳盘查报告中予以说明。

根据《统计上大中小微型企业划分办法（2017）》（国统字〔2017〕213 号）规定，对于物业服务企业，从业人员 1000 人及以上且营业收入 5000 万元及以上的为大型企业，从业人员 1000 人以下或营业收入 5000 万元以下的为中小微型企业。其中，从业人员 300 人及以上，且营业收入 1000 万元及以上的为中型企业；从业人员 100 人及以上，且营业收入 500 万元及以上的为小型企业；从业人员 100 人以下或营业收入 500 万元以下的为微型企业。具体见以下的物业服务企业大中小微型企业划分标准（2017）。

物业服务企业大中小微型企业划分标准（2017）

行业名称	指标名称	计量单位	大型	中型	小型	微型
物业管理	从业人员（X）	人	$X \geqslant 1000$	$300 \leqslant X < 1000$	$100 \leqslant X < 300$	$X < 100$
	营业收入（Y）	万元	$Y \geqslant 5000$	$1000 \leqslant Y < 5000$	$500 \leqslant Y < 1000$	$Y < 500$

注：1. 大型、中型和小型企业须同时满足所列指标的下限，否则下划一档；微型企业只须满足所列指标中的一项即可。

　　2. 企业划分指标以现行统计制度为准。

（1）从业人员，是指期末从业人数，没有期末从业人员数的，采用全年平均人员数代替。

（2）营业收入，其他未设置主营业务收入的行业，采用营业收入指标。

3.3.1　组织边界

所谓物业服务企业的组织边界，是指其在碳盘查时拥有或控制的业务单元的边界，应以恰当的方式展现。例如，组织架构图、平面图或文字说明。对于中小微型物业服务企业其组织结构一般较为简单，但对于大型物业服务企业，其组织结构较为复杂，可能与其他企业有着各种关系。在这种情况下，为了避免企业间在进行碳盘查时重复计算或者漏算，需要界定企业作为一个组织核算碳排放的边界。对于大型物业服务企业，其形式往往包括全资、子公司、法人与非法人合资及其他形式。为了进行财务核算，要根据组织结构及各方之间的关系，按照既定的规则设定企业的组织边界。在设定企业的组织边界时，首先选择一种合并下属组织温室气体排放量的办法，然后采用选择的办法一致地设定构成这家企业的业务和运营单位，从而核算并报告碳排放。物业服务企业可以采取两种不同的方法来设定自己的组织边界：控制权法和股权比例法。根据确定控制权的角度不同，又可将控制权法分为财务控制权法和运行控制权法，碳排放企业应根据目标

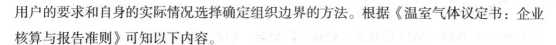

用户的要求和自身的实际情况选择确定组织边界的方法。根据《温室气体议定书：企业核算与报告准则》可知以下内容。

1. 控制权法：基于控制的合并

（1）根据控制方法，物业服务企业对其控制的运营中的项目温室气体排放量或清除量占 100%。它不考虑其拥有权益但没有控制权的业务的温室气体排放量或清除量。控制可以用财务或运营术语来定义。在使用控制方法来合并温室气体排放量或清除量时，各组织可以在运营控制或财务控制标准之间进行选择。如果一个物业服务企业有能力指导该业务的财务和运营政策，以期从其活动中获得经济利益，则该物业服务企业对该业务具有财务控制权。如果一个物业服务企业或其子公司有权在运营层面上引入和实施其运营政策，则该物业服务企业对运营具有运营控制权。在采用控制权法的情况下，物业服务企业只计算受其控制的业务的全部碳排放量，并不计算其持有股权但不享有控制权业务的碳排放量。对于物业服务企业的碳管理及对外披露的碳排放报告来说，采用运行控制权法要比采用股权比例法更适合，因此本书采用运行控制权法。

（2）在使用控制权法确定组织边界时，碳排放企业只核算其拥有控制权业务所产生的温室气体排放。那些拥有所有权但不控制的业务，不应出现在碳排放企业确定的组织边界中。选择控制权法作为确定组织边界的原因是对于某些业务，碳排放企业可对其财务或运行策略作出决策，并从中获得收益，则应对这些业务带来的排放风险承担责任。一般来说，碳排放企业的财务控制和运行控制是一致的，采用运行控制权法和财务控制权法确定的组织边界不会有太大的变化，但少数情况下两者会出现不一致的情形，如对于一些业务单元，碳排放企业享有部分财务控制权但不享有运行控制权。不同类型的碳排放企业在使用股权比例法或控制权法确定组织边界时会获得不同的结果例如，集团公司旗下的母公司和子公司，如按照股权比例法确定组织边界，则其母公司和子公司的温室气体排放需按照股权比例进行分割。如按照控制权法确定组织边界，因母公司能够直接对子公司的财务与运行策略作出决定，并从中获得经济利益，则子公司的排放量应全部纳入母公司的组织边界内。

2. 股权比例法：基于股权的合并

（1）在采用股权比例法确定组织边界时，碳排放企业应根据其在具体业务中所占的股权比例确定其在该业务中所占的排放量。选择股权比例作为确定组织边界的依据是因为股权比例反映了经济利益的实质，与碳排放企业在盈利和风险分担上的权利和义务相一致。通常情况下，碳排放企业的股权比例和所有权比例是一致的，但也有相背离的情形。碳排放企业应根据目标用户的要求，结合自身实际进行选择。股权比例法是指根据企业在其组织或排放设施中的股权比例核算碳排放。股权比例反映经济利益，代表企业对业务风险与回报享有多大的权利。这种方法的特点是与企业财务信息高度一致，所以股权比例法更有利于企业的负债与风险管理。

（2）权益份额是指设施的经济利益或收益的百分比。这种整合方法提高了温室气体信息对不同用户的可用性，旨在尽可能反映财务会计和报告准则所采用的方法。对于在多个不同司法管辖区开展业务、旨在确定其温室气体库存的跨国公司而言，股权分享法尤其有用。根据股权份额整合到组织层面，需要确定每个设施的所有权百分比，并说明各个设施温室气体排放量或清除量的百分比，包括使用生产份额协议。但在我国，由于很少有物业服务企业跨国运行，因此几乎没有物业服务企业采用股权比例法来核算碳排放。一方面，这种方法只适用于股权关系复杂的物业服务企业，而且计算股权比例对应的碳排放量需要对所有股权相关物业服务企业的碳排放量全部进行计算，工作范围大，另一方面，基于按照股权比例计算出的碳排放量并不能制定有效的减排措施，因为股权不代表控制权，如果物业服务企业无权介入排放设施的实际运营，那么也就无法减排。

根据我国物业服务企业特点，企业一般选择运行运营控制权法合并温室气体排放量和温室气体清除量，并且采用运行运营控制权法界定构成物业服务企业的业务和运营单位，从而核算并报告温室气体排放量和温室气体清除量，形成碳盘查报告，因此在本书中，采用运行运营控制权法。

3.3.2　报告边界

物业服务企业在采用运行运营控制权法确定组织边界后，根据国际标准 ISO 14064-1 和《温室气体议定书：企业核算与报告准则》，还需要确定企业的碳盘查报告边界，即确定属物业服务企业运行运营产生的碳排放部分的排放源。这样，就可以更加准确地进行碳盘查。通俗地讲，就是在指定组织边界范围内，物业服务企业运行运营产生的碳排放部分的排放源哪些需要报告，哪些不需要报告。这要求确认其业务的排放量，将其分类为直接与间接排放，并选择直接排放的核算与报告范围。

物业服务企业需建立并记录其报告边界，包括确定与企业业务有关的直接和间接温室气体排放量和清除量。根据国际标准 ISO 14064-1 和《温室气体议定书：企业核算与报告准则》可知，在物业服务企业本次盘查中，所识别的报告边界范围为该物业服务企业在其公司办公场所和物业项目所产生的温室气体排放，包含范围 1、范围 2 和部分范围 3 内的温室气体排放量和清除量。其中，报告边界的定义是企业运营产生的碳排放，运营边界的设定根据企业对温室气体排放的控制能力划分为范围 1 排放（直接排放）、范围 2 排放（能源间接排放、外购电力和热力等的排放）和范围 3 排放（其他间接排放）。物业服务企业的报告边界示意图如图 3.3.2-1 所示。

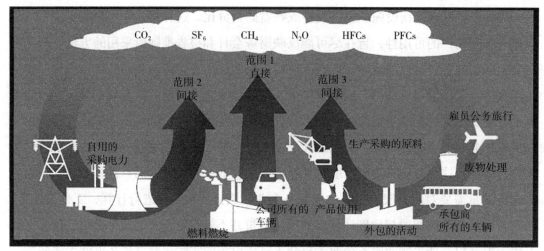

图 3.3.2-1　企业报告边界示意图

（资料来源：《温室气体议定书：企业核算与报告准则》）

1. 物业服务企业范围 1 排放

即直接温室气体排放，是指物业服务企业的组织边界内因企业运营直接向大气中排放的温室气体。如公司公务用车、项目柴油发电机、项目货车等在消耗燃料时排放的二氧化碳，还有空调制冷剂、二氧化碳灭火器和六氟化硫断路器等设施设备的逸散排放。通常，根据排放特点将排放源分为固定燃烧排放源、移动燃烧排放源、逸散排放源和工业过程排放源。具体如下：

（1）固定燃烧排放源，如燃气（燃煤）锅炉、燃气灶具、燃气直燃机、柴油发电机、割草机、射流机、扫雪机和疏通机等燃烧排放温室气体排放，具体见表 3.3.2-1。

直接温室气体排放 - 固定燃烧排放源　　　　　　　表 3.3.2-1

名称	设备类型	设备用途	适用性	碳盘查报告是否计算
项目 1	柴油发电机	公务	是	是
	员工食堂燃气灶具	公务	是	是
	燃气壁挂炉	公务	是	是
	燃气锅炉	公务	是	是
	燃气直燃机	公务	是	是
	割草机	公务	是	是

续表

名称	设备类型	设备用途	适用性	碳盘查报告是否计算
项目 1	射流机	公务	是	是
	扫雪机	公务	是	是
	疏通机	公务	是	是
	……	公务	是	是
项目 N	……	……	……	……

（2）移动燃烧排放源，如公务车辆和货车等，具体见表 3.3.2-2。

直接温室气体排放 - 移动燃烧排放源 表 3.3.2-2

名称	设备类型	设备用途	适用性	碳盘查报告是否计算
物业服务企业总部	公务汽车	公务	是	是
项目 1	公务汽车	公务	是	是
	货车	公务	是	是
……	公务汽车	公务	是	是
项目 N	公务汽车	公务	是	是
	货车	公务	是	是
备注				

（3）逸散排放源，如指有意或无意的排放，物业服务企业一般包括二氧化碳灭火器泄漏、设备接合处的泄漏和制冷设备冷媒的逸散等排放。具体见表 3.3.2-3。

直接温室气体排放 - 逸散排放源 表 3.3.2-3

名称	设备类型	设备用途	适用性	碳盘查报告是否计算
项目 1	二氧化碳灭火器	公务	是	是
	制冷设备	公务	是	是
	六氟化硫断路器	公务	是	是
……	……	……	……	……
项目 N	二氧化碳灭火器	公务	是	是
	制冷设备	公务	是	是
	六氟化硫断路器	公务	是	是
备注				

（4）工业过程排放源，指生产过程中由于生物、物理或化学过程产生的温室气体排放，如二氧化碳保护焊排放量等，物业服务企业一般不涉及。具体见表 3.3.2-4。

直接温室气体排放 - 工业过程排放源　　　　　　　　　　表 3.3.2-4

名称	设备名称	工艺环节	适用性	碳盘查报告是否计算
项目 N	—	—	否	否
备注				

2. 物业服务企业范围 2 排放

即间接温室气体排放，包括净外购电力和净外购热力。

在我国非采暖地区，物业服务企业能耗和碳排放中净外购电力产生的二氧化碳排放量一般占比达到 90% 以上；在我国采暖地区，其能耗和碳排放中净外购电力产生的二氧化碳排放量一般占比达到 80% 以上。对于物业服务企业净外购电力和净外购热力产生的二氧化碳排放量一般占比达到 95% 左右，由此可见物业服务企业范围 2 的碳盘查直接决定了整个报告的准确性和完整性，务必引起我们的高度重视并提高范围 2 的数据质量。

（1）净外购电力，主要用于物业服务企业总部和项目的电梯、制冷、照明、水泵、安防等用电。具体见表 3.3.2-5。

《温室气体核算体系企业核算和报告标准》在碳盘查过程中考虑到绿色电力使用对碳排放的影响，给出了一个关于范围 2 排放核算的补充指南。在该指南中，将用电产生的碳排放分成了两类：基于供应商的碳排放和基于区域的碳排放。其中，基于供应商的碳排放允许企业溯源其电力供商为其提供电力的特定排放，基于区域的碳排放算方法与传统的核算方法相同。目前大部分国外企业在披露其碳排放时，都会同时披露基于区域的碳排放和基于供应商的碳排放。我国目前各行业披露的基本上是基于区域的碳排放，所以物业服务企业碳盘查也是基于区域的碳排放。

间接温室气体排放 - 净外购电力　　　　　　　　　　表 3.3.2-5

名称	排放类型	类型	适用性	碳盘查报告是否计算
物业服务企业总部	净外购电力	办公用电	是	是
项目 1	净外购电力	生产用电和办公用电	是	是
……	……	……	……	……
项目 N	净外购电力	生产用电和办公用电	是	是

（2）净外购热力，主要包括物业服务企业外购的蒸汽、热力和冷力。具体见表 3.3.2-6。

间接温室气体排放－净外购热力　　　　　表 3.3.2-6

名称	排放类型	类型	适用性	碳盘查报告是否计算
物业服务企业总部	净外购热力	采暖用热或蒸汽	是	是
	净外购冷力	制冷用冷源	是	是
项目 1	净外购热力	采暖用热或蒸汽	是	是
	净外购冷力	制冷用冷源	是	是
……	……	……	……	……
项目 N	净外购热力	采暖用热或蒸汽	是	是
	净外购冷力	制冷用冷源	是	是

3. 物业服务企业范围 3 排放

即购入原材料隐含排放，ISO 14064-1：2018、CHG Protocol、PAS 2050 等标准对范围 3 排放进行了具体的描述，规范范围 3 排放的报告范围，实现碳盘查中的相关性、完整性和一致性原则。主要包括以下几方面的内容：

（1）物业服务企业在产品使用产生的碳排放

产品使用产生的排放是指物业服务企业在使用外购产品生产过程中的排放。这里所指的外购产品包括外购的原材料（如工程维修用的灯具、电缆和油漆等），还包括物业服务企业购置的固定资产（如办公场所），而且这些排放要根据 PAS 2050 进行核算。具体见表 3.3.2-7。

其他间接温室气体排放－产品使用隐含排放　　　　　表 3.3.2-7

名称	外购原料、资产、服务等	类型	适用性	碳盘查报告是否计算
物业服务企业总部	企业总部大楼	外购资产	是	否
	发布会	外购服务	是	否
项目 1	灯具	外购原料	是	否
	电缆	外购原料	是	否
	油漆	外购原料	是	否
	……	外购原料	是	是
……	……	……	……	……

续表

名称	外购原料、资产、服务等	类型	适用性	碳盘查报告是否计算
项目 N	灯具	外购原料	是	否
	电缆	外购原料	是	否
	油漆	外购原料	是	否
	……	外购原料	是	是

注：范围 3 排放从生命周期角度考虑。

（2）物业服务企业生产的产品在使用过程中产生的排放

物业服务企业所生产的产品在使用过程中产生的排放是指企业对外销售的产品在使用过程中产生的碳排放，如游戏公司开发的游戏等，物业服务企业一般不涉及。

（3）组织边界外的运输排放

组织边界外的运输排放是指物业服务企业供应链上下游企业因为运输产生的排放，这里的排放包括运输过程中燃料燃烧产生的排放和燃料生产过程中产生的排放，即燃料全生命周期碳排放。同时，包括员工通勤、员工出差（如乘坐飞机和高铁等）的交通排放。具体见表 3.3.2-8。

其他间接温室气体排放 - 员工等隐含排放　　　　　　表 3.3.2-8

名称	员工通勤、出差等	类型	适用性	碳盘查报告是否计算
物业服务企业总部	员工通勤	员工通勤	是	否
	乘坐飞机	员工出差	是	否
	乘坐高铁或轮船等	员工出差	是	否
项目 1	员工通勤	员工通勤	是	否
	乘坐飞机	员工出差	是	否
	乘坐高铁或轮船等	员工出差	是	否
……	……	……	……	……
项目 N	员工通勤	员工通勤	是	否
	乘坐飞机	员工出差	是	否
	乘坐高铁或轮船等	员工出差	是	否

注：范围 3 排放从生命周期角度考虑。

（4）物业服务企业还需要识别是否温室气体清除量表。见表 3.3.2-9。

温室气体清除量 表 3.3.2-9

项目名称	清除类型	常见类型	适用性	碳盘查报告是否计算
项目 1~N	额外种植树木	—	否	否

注：物业服务企业暂无林权的相关林地面积。

对于物业服务企业，采用 ISO 14064-1、CHG Protocol、PAS 2050 和《二氧化碳排放核算和报告要求 服务业》DB11/T 1785—2020 进行碳盘查。以其是否控制排放源为原则，温室气体排放量包括直接排放（范围 1）和间接排放（范围 2 和范围 3）。间接排放中，排放源的碳排放若小于全部碳盘查的 1% 时，不计入碳排放的计算。因此，对于物业服务企业其范围 3 排放在碳盘查时一般不计入，同时对于范围 1 中的逸散排放源排放也不计入。

3.4　物业服务企业碳盘查基准年设定

基准年是为比较温室气体排放量或温室气体清除量或其他温室气体相关信息而确定的特定历史时期，基准年可以是历史上任何一个可以获得量化数据的年份或数年历史平均值。

3.4.1　国际和我国碳排放基准年的设定

因温室气体的排放量绩效经常为相对一个过去的参考年来度量，此参考年即为基准年，所以温室气体排放盘查议定书建议我们建立一个历史性绩效数据，作为排放量来比较，而此绩效数据即为基准年排放量。如果没有特定基准年，则基准年可选择京都议定书中所选定的 1990 年作为参考。

1. 在京都议定书中所规定的减排"基准年"为 1990 年

规定了工业化国家的温室气体减排义务，要求 2008—2012 年期间，主要工业发达国家的温室气体排放量要在 1990 年的基础上平均减少 5.2%。之所以将"基准年"为 1990 年，主要在于欧盟 1990 年就实现碳达峰，碳排放与经济增长开始脱钩，碳排放量呈现缓慢下降趋势，特别是在 2008—2014 年，在这一阶段内水能、风能与生物质能的

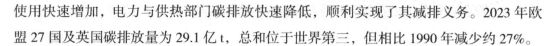

使用快速增加，电力与供热部门碳排放快速降低，顺利实现了其减排义务。2023年欧盟27国及英国碳排放量为29.1亿t，总和位于世界第三，但相比1990年减少约27%。

2. 在2009年哥本哈根会议中美国将"基准年"设置为2005年

主要原因在于美国于2007年实现碳达峰，当年温室气体排放总量为74.16亿tCO_2当量，之后逐年下降。到2023年，全年碳排放量为48.5亿tCO_2当量，占全球碳排放的14%。美国目前提出2050年实现碳中和的目标。

3. 我国同样将2005年设置为"基准年"

我国提交至联合国的国家自主贡献减排目标是，到2030年，单位GDP碳排放量相比2005年下降65%以上。因此在《中共中央 国务院关于完整准确全面贯彻新发展理念做好碳达峰碳中和工作的意见》中，明确提出"到2030年，经济社会发展全面绿色转型取得显著成效，重点耗能行业能源利用效率达到国际先进水平。单位国内生产总值能耗大幅下降，单位国内生产总值CO_2排放比2005年下降65%以上。"在《国务院关于印发2030年前碳达峰行动方案的通知》中，也明确提出"到2030年，非化石能源消费比重达到25%左右，单位国内生产总值CO_2排放比2005年下降65%以上，顺利实现2030碳达峰目标。"

3.4.2 企业碳盘查基准年的设定

对于企业，基准年的选定也是一件重要的事情，它将直接影响企业减排目标的制定及实现难度。企业基准年的选定首先要按照当地的法律法规和标准要求来选取，比如北京市将物业服务企业历史基准年排放量规定为企业2016年、2017年和2018年排放量的算术平均值。同时基准年的选定一般还要满足下列条件：

1. 数据可用性

选择一个年份，该年份的数据完整、准确，并且容易获取。确保有足够的历史数据来支持基准年的选择。

2. 代表性

基准年应代表一个稳定的运营状态，避免选择在重大变化（如并购、业务扩展或关闭等）发生时的年份。

3. 相关性

基准年应与组织或项目的特定环境和运营条件相关。例如，避免在经济衰退或行业衰退期间选择基准年。组织变化：考虑组织结构或运营方式的变化，选择一个能够反映当前运营模式的年份。

4. 行业标准

参考同行业内其他组织选择的基准年，特别是行业内公认的或广泛使用的基准年。

5. 目标设定

考虑设定的减排目标和时间框架，选择一个有助于实现这些目标的基准年。

6. 透明度和公正性

确保基准年的选择是透明的，并且可以向利益相关方解释其合理性。

7. 灵活性

选择的基准年应具有一定的灵活性，以适应未来可能发生的变化。

8. 专业性

在确定基准年的过程中，可能需要咨询环境专家或使用专业的环境管理工具和方法。

通过综合考虑上述因素，可以确定一个科学、合理且具有代表性和可比性的基准年，为环境管理和温室气体排放报告提供坚实的基础。

3.4.3　物业服务企业碳盘查基准年的应用

一般物业服务企业碳盘查覆盖时间段为需要盘查的年度的 1 月 1 日至当年的 12 月 31 日。根据 GHG Protocol，当碳盘查报告中碳排放量与基准年排放量的差异大于 10% 时，需进行说明。对于物业服务企业碳排放量变动往往是由于在碳盘查覆盖时间段在管物业项目的变化，即运营边界及报告边界发生变化，在报告中需要加以识别、量化和说明。

3.5　物业服务企业碳盘查保证等级

在温室气体排放报告和碳盘查的背景下，保证等级是指对报告的温室气体排放数据的准确性和完整性的信心或确信程度。根据 ISO 14064，保证等级分为两类，即合理保证等级和有限保证等级。保证等级的选择取决于多种因素，包括报告的目的、资源的可用性、预期的使用者需求以及相关的政策和法规要求。在某些情况下，如参与碳交易市场或响应政府的温室气体报告要求，可能需要达到特定的保证等级。

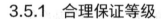

3.5.1 合理保证等级

提供较高程度的信心，温室气体排放数据被认为是准确和完整的。通常需要通过系统的程序和方法来验证数据，可能包括现场访问、文件审查、技术测试等。合理保证等级，是盘查员提供一个合理但不是绝对的保证等级，它表示责任方的核查报告声明是实质性的正确。盘查员在盘查过程中获取了系统全面的证据并不断修正，这是一种比较积极的、高水平的保证，比如盘查报告陈述中可以对一个合理保证这样措辞："根据所实施的核查程序，认为该声明系根据有关盘查报告量化、监测和报告的国际标准，或有关国家标准或通行做法编制的。"

3.5.2 有限保证等级

提供较低程度的信心，温室气体排放数据被认为是基本准确和完整的。验证过程相对简化，可能不包括现场访问，但会进行文件审查和某些方面的技术评估。有限保证等级是相对消极的保证，不像前者那样强调对支持盘查报告声明的盘查报告数据和信息进行具体、全面的收集验证。因此，有限保证是较低等级的保证等级。

在碳盘查中数据质量管理以符合 ISO 14064 标准的相关性、完整性、一致性、准确性、透明性、保守性等原则为目标，具体要求如下：

1. 质量管理人员

核算小组成员负有协调相关部门及外部相关机构、单位或项目间良好互动的责任。

2. 质量管理作业

拟定作业流程，为确保精确度的要求，数据管理重点集中于一般与特定排放的质量校验作业。

3. 一般性质量校验

针对数据收集与处理、数据建模及排放量化过程中，易疏忽而导致误差产生的一般性错误，进行严谨、适中的质量校验。

本章小结

本章主要介绍了物业服务企业碳盘查的主要依据，《组织层次上对温室气体排放和消除的量化和报告的规范及指南》ISO 14064-1：2018、《温室气体议定书：企业核算与报告准则》和《二氧化碳排放核算和报告要求 服务业》DB11/T 1785—2020，以及需要遵守的相关性、完整性、一致性、准确性和透明性原则。同时，详细阐述了物业服务企业碳盘查组织边界、报告边界、基准年的设定和碳盘查保证等级的选取。

本章参考文献

[1]　中华人民共和国发展和改革委员会. 公共建筑运营单位（企业）温室气体排放核算方法和报告指南（试行）[Z]. 2015.

[2]　中华人民共和国发展和改革委员会. 工业其他行业企业温室气体排放核算方法与报告指南（试行）[Z]. 2015.

[3]　北京市市场监督管理局. 二氧化碳排放核算和报告要求 服务业：DB11/T 1785—2020[S]. 北京，2020.

[4]　国家统计局. 统计上大中小微型企业划分办法（2017）[Z]. 北京，2017.

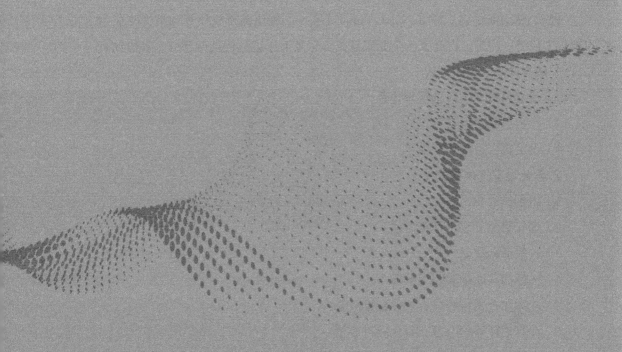

第 4 章

物业服务企业碳盘查与报告编制

根据 ISO 14064-1：2018、GHG Protocol 和《二氧化碳排放核算和报告要求 服务业》DB11/T 1785—2020，物业服务企业碳盘查步骤及工作流程包括四部分，具体如下：

1. 建立体系及设定边界

1）建立温室气体信息管理体系

2）设定组织边界

3）设定报告边界和基准年

2. 量化温室气体排放

1）识别排放源

2）选择量化方法（计算方法）

3）收集活动数据

4）选择和获取排放因子数据

5）计算化石燃料燃烧二氧化碳排放量

6）计算消耗外购电力二氧化碳排放量

7）计算消耗外购热力产生的二氧化碳排放量

8）汇总二氧化碳排放量

3. 编写温室气体报告

4. 数据质量管理和碳盘查报告应用

第 1 部分的建立体系及设定边界内容已在第 3 章加以叙述，本章不再赘述。

4.1 识别碳排放源和排放设施

4.1.1 物业服务企业运营场景

1. 办公场所场景

物业服务企业办公场所，主要为公司办公场所等，纳入物业服务企业碳盘查温室气体计算的场所典型排放活动包括：

（1）范围 1：固定源为厨房灶具和锅炉等使用排放，移动源为公务车辆使用排放。

（2）范围 2：办公使用的净外购电力及热力等排放。

（3）范围 3：无大宗建材采购排放。

2. 物业项目场景

物业服务企业所有运营控制权的物业项目，涵盖居民住宅小、商用写字楼、公寓、工业园区等业态，是物业服务企业主要排放源。

（1）范围 1：固定源化石燃料消耗，主要为厨房灶具、壁挂炉、锅炉、发电机、扫雪机、除草机及管道疏通机等使用排放，移动源化石燃料消耗，主要为公务车辆和货车等使用排放。

（2）范围 2：物业项目运营使用的净外购电力及热力排放。

（3）范围 3：无大宗建材采购排放。

3. 物业服务企业运营一般不涉及工业生产项目施工等场景

对于范围 1 中的逸散排放源，如二氧化碳灭火器泄漏、设备接合处的泄漏和制冷设备冷媒的逸散等，由于占比小于 1%，根据相关标准规范在碳盘查中不计入。对于范围 3 中的员工通勤和差旅等产生的碳排放，根据我国目前法规和标准不予计入。

4.1.2　物业服务企业的排放源和排放设施

依据 ISO 14064-1：2018、GHG Protocol 和《二氧化碳排放核算和报告要求 服务业》DB11/T 1785—2020，经现场审核、远程审核和文件审核，结合物业服务企业数据收集及管理情况，确认纳入物业服务企业的年度温室气体盘查边界内范围 1、范围 2、范围 3 核算范围内的 GHG 排放源和排放设施识别，如表 4.1.2-1 所示。

排放源及排放设施识别　　　　　　　　　表 4.1.2-1

范围 1：直接　GHG 排放				
类型	排放源	排放设施	燃料 / 物料	GHG 类型
固定燃烧源	锅炉 / 壁挂炉 / 灶具 / 备用发电机 / 管道疏通机 / 除草机 / 扫雪机等产生温室气体排放	锅炉 / 壁挂炉 / 灶具、备用发电机 / 管道疏通机 / 除草机 / 扫雪机等	天然气、液化石油气、燃料油（甲醇）、柴油、汽油、煤炭等	CO_2、CH_4、N_2O
移动燃烧源	公务车、货车	公务车、货车	柴油、汽油	CO_2、CH_4、N_2O
工业过程排放源	—	—	—	—
逸散排放源	—	—	—	—
范围 2：间接　GHG 排放				
类型	排放源	排放设施	能源种类	GHG 类型
净外购电力	生产设备及生产辅助 / 生活设备用电产生的间接排放	生产设备、办公设备、空调、照明等	电力	CO_2、CH_4、N_2O
净外购热力	采暖用热产生的间接排放	采暖	热力	CO_2、CH_4、N_2O

范围3：其他间接　GHG 排放		
类型	具体类别	GHG 类型
外购商品	—	—

注：1. 对于范围1中的逸散排放源，如二氧化碳灭火器泄漏、设备接合处的泄漏和制冷设备冷媒的逸
散等，由于占比小于1%，根据相关标准规范在碳盘查中不计入。

2. 对于范围3中的员工通勤和差旅等产生的碳排放，根据我国目前法规和标准不予计入。

4.2　选择碳排放因子法

温室气体排放常用的量化方法包括测量法、计算法以及测量和计算相结合法三种方法。测量法是指通过相关仪器设备对排放设施中温室气体的浓度及体积等进行测量获得温室气体排放量的方法，计算法是指通过活动数据和相关排放因子之间的计算、物料平衡、使用模型或设备特定的关联等方式获得温室气体排放量的方法，测量和计算相结合法是指计算排放量的某些因子时，通过采用测量数据来计算获得排放量的方法。

温室气体排放的量化方法优先级依次递减的排序是测量法、测量和计算相结合法、计算法。在选取量化方法时，宜考虑经济性的原则，即选择核算方法时应使精确度的提高与其额外费用的增加相平衡。在技术可行且成本合理的情况下，应提高量化和报告的准确度。对计量系统较为健全的碳盘查企业，应采用优先级较高的量化方法对排放量进行计算，除非目标用户对于量化方法有特殊要求。对于计量方式不健全的碳盘查企业，也可通过多种方式获得所需的数据。目前，我国大部分控排企业碳排放量核算方法普遍使用的是基于排放因子的计算法。

4.2.1　测量法

对温室气体排放进行监测的测量可分为间歇测量（Intermittent Measurement）和连续测量（Continuous Measurement）。以下是测量法的一些关键特点和实施步骤：

1. 特点

（1）直接性：直接测量排放源的气体排放，不需要通过计算或估算。

（2）准确性：通常提供较高的准确度，因为它避免了间接测量方法可能引入的误差。

（3）实时性：能够提供实时数据，有助于即时监控和快速响应。

（4）技术要求：需要专业的监测设备和技术，可能涉及较高的成本。

2. 实施步骤

（1）确定测量点：根据排放源的特性和分布，确定合适的测量点。

（2）选择测量设备：根据需要测量的气体种类和浓度范围，选择合适的传感器和监测设备。

（3）安装和校准：安装测量设备并进行必要的校准，以确保准确性。

（4）数据收集：实时收集排放数据，可能需要连续监测或定期采样。

（5）数据处理和分析：对收集到的数据进行处理和分析，以确定排放量和模式。

（6）报告：将测量结果整理成报告，可能包括排放量、时间序列数据、趋势分析等。

3. 应用场景

（1）固定源排放：如工厂烟囱、燃烧设备的排放口。

（2）移动源排放：如车辆尾气排放，可能使用便携式监测设备。

（3）环境监测：如大气中温室气体的背景浓度监测。

测量法也面临着一定挑战：一是高质量的监测设备可能成本较高；二是需要定期维护和校准以保持测量精度；三是某些情况下可能难以部署监测设备，如难以接触的排放源或高风险环境。但是，测量法是评估温室气体排放量的有效手段，尤其适用于需要高准确度数据的场景。因此，测量法更适用于有能力获取一手监测数据的企业和区域，尤其是那些对碳排放数据准确性要求较高的场合。随着技术的进步和成本的降低，预计实测法将在更多行业和领域得到应用。测量法通常在国内外电力、石化、造纸、行业和金属矿产等行业应用。具体如下：

4. 国内应用

（1）我国政府已经开始探索将 CEMS（Continuous Emission Monitoring System，简称连续排放监测系统）应用于碳排放监测的政策制定和实施。例如，2020 年中国电力企业联合会发布的《发电企业碳排放权交易技术指南》中提到了，将 CEMS 应用于发电厂碳排放监测。

（2）技术应用：我国的高耗能企业，尤其是大型火电厂，根据中华人民共和国国家环境保护标准《固定污染源烟气（SO_2、NO_x、颗粒物）排放连续监测技术规范》HJ 75—2017 已经相对成熟地应用 CEMS 进行 SO_2、NO_x 和颗粒物等污染物的在线监测。在此基础上，现有 CEMS 系统通过增加 CO_2 监测单元，可以扩展其监测能力，实现 CO_2 排放的连续在线监测。例如，河北省在 2019 年 1 月启动了发电行业碳排放在线监测试点工作，以探索和验证 CEMS 技术在碳排放监测中的应用效果。2021 年，国内首个电力

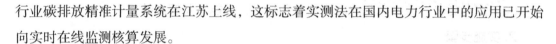

行业碳排放精准计量系统在江苏上线，这标志着实测法在国内电力行业中的应用已开始向实时在线监测核算发展。

（3）数据质量和完整性：尽管CEMS技术在我国的应用日趋成熟，但在线监测数据的质量和完整性仍然是一个挑战。在线监测法在碳排放监测中的应用面临一些技术挑战，包括数据缺失值的处理、烟气流量数据的测量误差等。这些挑战需要通过技术改进和标准化流程来克服。例如，北京市部分工业企业的在线监测数据显示，数据缺失问题较为严重，这影响了数据的准确性和可靠性。

5. 国外应用

（1）美国：在美国，CEMS系统得到了广泛应用，特别是在发电行业中。根据美国环保署（EPA）2009年的规定，2009年启动的强制性温室气体报告项目制度（GHGRP）要求覆盖的电力企业普遍采用在线监测法来监测CO_2排放。所有年排放超过2.5万tCO_2当量的排放源自2011年开始必须全部安装CEMS，并在线上报排放数据。EPA认为连续监测的数据准确度最高，高于核算法（计算法）方法。2015年，美国73.9%的火电机组应用CEMS方法进行碳排放监测，表明安装CEMS设备进行碳排放监测的方式在美国普及度很高。在美国，CEMS系统主要包括气体取样和条件控制系统、气体监测和分析系统、数据采集和控制系统等。这些系统不仅符合美国EPA的指南要求，同时也满足了具体的监测需求，具备卓越的灵敏度、准确度和可靠性。美国火电烟囱通常设有运维监测平台，便于CEMS系统的安装和维护，而且CEMS的维护通常由企业自行管理，定期完成相对准确度测试审核（RATA）以及年度监督试验（AST），以保证数据质量。此外，EPA开发了在线校准电子系统，可实现远程在线校准，提高数据的准确性。在数据报送方面，采用电子方式传输信息，通过监测数据检查（MDC）软件来查找错误、误算，以及监察企业的监测报告，确保排放数据的真实性和完整性。总体来看，美国在CEMS系统的应用方面积累了丰富的经验，从技术规范到数据管理，形成了一套较为成熟的体系，为温室气体排放监测和控制提供了有效的技术支持。

（2）欧盟：在欧盟，CEMS的应用与核算法（计算法）处于同等地位，尤其在监测火电厂温室气体排放量方面。与美国主要优先使用CEMS的方法不同，欧盟为企业提供选择核算法或CEMS的灵活性，以满足监管要求并进行碳排放监测。CEMS在欧盟的应用不仅限于火电行业，还扩展到了水泥和玻璃制造等其他工业领域。这些系统能够实时监测多种污染物，如SO_2、NO_x、CO、CO_2和颗粒物，帮助企业达到环保标准和优化生产流程在技术层面，CEMS面临的挑战包括在高温、多尘和腐蚀性环境中保持设备的稳定性和准确性。未来发展可能包括采用更先进的传感器和分析技术，提高测量精度和

可靠性，以及实现智能化和自动化，以进一步优化生产流程和减少排放。此外，CEMS
的应用为企业带来了环境和经济上的双重效益。环境方面，CEMS 有助于减少污染物排
放、促进遵守环境法规、提高环境透明度，并支持可持续发展目标。经济方面，通过优
化生产流程和减少能源消耗，CEMS 有助于降低运营成本并提高市场竞争力。总体来看，
CEMS 在欧盟的应用正逐渐扩展至更多行业，并且随着技术的进步，预计将在环境保护
和经济效益方面发挥更加重要的作用。

4.2.2　计算法

1. 排放因子法

又称排放系数法，这是一种应用广泛的碳盘查（核算）方法，通过使用活动数据
AD（Activity Date）和排放因子 EF（Emission Factor）的乘积来计算温室气体排放量。
其中，AD 是导致二氧化碳排放的生产或消费活动量的表征值，例如化石燃料的消耗量、
净外购电力和净外购热力等的消耗量。EF 是表征单位生产或消费活动量的二氧化碳排
放系数。根据 ISO 14064-1：2018、GHG Protocol 和《二氧化碳排放核算和报告要求 服
务业》DB11/T 1785—2020 可知：

（1）物业服务企业二氧化碳排放总量等于核算边界内化石燃料燃烧、消耗外购电力
和消耗外购热力产生的排放量之和，按公式（4.2.2-1）计算：

$$E = E_{燃烧} + E_{外购电} + E_{外购热} \tag{4.2.2-1}$$

式中　E——物业服务企业的 CO_2 排放总量，单位为 tCO_2；

　$E_{燃烧}$——物业服务企业化石燃料燃烧产生的 CO_2 排放量，单位为 tCO_2；

　$E_{外购电}$——物业服务企业消耗外购电力产生的 CO_2 排放量，单位为 tCO_2；

　$E_{外购热}$——物业服务企业消耗外购热力产生的 CO_2 排放量，单位为 tCO_2。

（2）物业服务企业物业服务企业化石燃料燃烧产生的二氧化碳排放量是核算和报告
年度内各种化石燃料燃烧产生的二氧化碳排放量的加总，按公式（4.2.2-2）计算：

$$E_{燃烧} = \sum_{i=1}^{n} (AD_i \times EF_i) \tag{4.2.2-2}$$

式中　AD_i——核算和报告年度内第 i 种化石燃料的活动数据，单位为 GJ；

　EF_i——第 i 种化石燃料的 CO_2 排放因子，单位为 tCO_2/GJ；

　i——化石燃料类型代号。

（3）消耗净外购电力产生的排放计算

消耗净外购电力产生的 CO_2 排放量按公式（4.2.2-3）计算：

$$E_{外购电}=AD_{外购电} \times EF_{电} \quad (4.2.2-3)$$

式中　$AD_{外购电}$——WGD_0物业服务企业碳盘查年度内的消耗外购电力电量，单位为 MW·h；

　　　$EF_{电}$——物业服务企业碳盘查年度电网年平均供电排放因子，单位为 tCO$_2$/（MW·h）。

（4）消耗外购热力产生的排放

消耗外购热力包括外购蒸汽和热水，消耗外购热力产生的二氧化碳排放量按公式（4.2.2-4）计算：

$$E_{外购热}=AD_{外购热} \times EF_{热} \quad (4.2.2-4)$$

式中　$AD_{外购热}$——报告主体核算和报告年度内的消耗外购热量，单位为 GJ；

　　　$EF_{热}$——热力供应排放因子，单位为 tCO$_2$/GJ。

2. 物料衡算法

又称质量平衡法，指的是以物质守恒和转化定律为基础，对其化学反应过程进行物料平衡计算的方法。在化工生产过程中，反应前使用的原料总量应和反应后物质（包括成品、半成品、副产品、废物以及未反应掉的原料等）的总量相等，来评估特定活动或过程中的碳排放量。这种方法适用于工业生产和其他涉及大量物料流动的领域。物料平衡法主要应用于工业生产过程中，例如建筑材料水泥行业的碳排放主要来源于熟料烧成阶段，熟料生产温室气体排放核算和报告范围包括：化石燃料燃烧排放、过程排放、消耗电力产生的排放。

（1）化石燃料燃烧排放：熟料生产消耗的化石燃料在主要生产系统和辅助生产系统中煤炭燃烧产生的二氧化碳排放。水泥的原材料经过高温煅烧形成水泥熟料会产生大量的 CO$_2$ 排放。在主要原材料石灰石和黏土制成的生料，送入水泥窑或锅炉（回转窑）中高温煅烧形成熟料的过程中会消耗大量的化石能源直接产生大量的 CO$_2$ 排放。目前，在熟料煅烧阶段，我国主要使用煤炭作为燃料，固体燃料煤的主要成分是碳，燃烧产生 CO$_2$。

$$C+O_2 \xrightarrow{燃烧} CO_2 \uparrow$$

据此化学反应式，每燃烧 1molC（相对分子质量为 12）会产生 1molCO$_2$（相对分子质量为 44），由此得出，假设反应率为 100%，1tc（标准煤）的煅烧会产生 3.66t（44/12）CO$_2$ 的排放。当水泥厂用的燃料煤发热量约为 22MJ/kg 时，约含有 65% 的固定碳（标准煤）。碳完全燃烧，1t 煤约产生 2.38（3.66×65%）tCO$_2$。根据 2023 年水泥行业平均的 t

熟料煤耗约在 100kg，并且呈现阶段性下降趋势可知，t 熟料生产煤炭燃烧直接产生 CO_2 为 0.22t 左右。

（2）过程排放：熟料对应的碳酸盐分解产生的二氧化碳排放，不包括窑炉排气筒（窑头）粉尘和旁路放风粉尘对应的碳酸盐分解产生的二氧化碳排放，也不包括生料中非燃料碳煅烧产生的二氧化碳排放。

$$CaCO_3 \xrightarrow{燃烧} CaO+CO_2 \uparrow$$

据此化学反应式，每燃烧 1molCaCO$_3$（相对分子质量为 100）会产生 1molCO$_2$（相对分子质量为 44），由此得出，假设反应率为 100%，1tCaCO$_3$ 的煅烧会产生 0.44tCO$_2$ 的排放，同时可以产生 0.56tCaO，可见每产生 1tCaO，过程排放 0.79tCO$_2$ 的排放，根据《硅酸盐水泥熟料》GB/T 21372—2024 的规定，硅酸盐水泥熟料中 CaO 的含量占比为 63% 左右，因此每生产 1t 硅酸盐水泥熟料，过程排放 0.50tCO$_2$（0.79×63%）。

（3）消耗电力产生的排放：约占总排放的 5%。

（4）生产 1t 硅酸盐水泥熟料碳排放为：

（化石燃料燃烧排放 + 过程排放）/95%=（0.22+0.50）/95%=0.78tCO$_2$

由此可见，水泥产品碳排放组成中，约 60%~70% 为工艺过程排放，由原料受热分解产生；约 35% 为化石能源排放，主要由煤炭燃烧产生。明晰了水泥生产的碳排放原理后就很容易理解现阶段水泥行业节能减碳的主要研究方向和相应措施。水泥行业减碳主要从三个方面入手：一是对水泥原材料的替换减少水泥煅烧所需要的燃料。例如，在新型水泥基材料中使用氧化镁水泥（MgO）或者使用 MgO 水泥固化土，主要减碳原理就是氧化镁水泥煅烧的温度低于普通硅酸盐水泥（温度约小于 750℃），并且活性 MgO 提取过程中的反应会少释放 CO_2。二是对水泥煅烧过程产生的 CO_2，进行碳捕捉、纯化，并且用于在混凝土生产中固化 CO_2，达到快速固碳的效果。三是减少水泥总量。2022 年 11 月，工业和信息化部、国家发展和改革委、生态环境部、住房和城乡建设部联合发布了《建材行业碳达峰实施方案》，方案提出水泥行业要加大对替代燃料的利用，支持生物质燃料等可燃废弃物替代燃煤，推动替代燃料走向高热值、标准化、低成本的发展方向；推动替代原料的应用，通过逐步减少碳酸盐的使用量，加快非碳酸盐原料的替代，全面降低水泥生产过程中的碳排放。国家发展改革委等部门关于印发《水泥行业节能降碳专项行动计划》的通知发改环资〔2024〕733 号，水泥行业是国民经济的重要基础产业，也是能源消耗和二氧化碳排放的重点领域。为深入挖掘水泥行业节能降碳潜力，加快水泥行业节能降碳改造和用能设备更新，支撑完成"十四五"能耗强度降低约束性指标，制定本行动计划。其主要目标为"到 2025 年底，水泥熟料产能控制在 18 亿 t 左右，能效标杆水平以上产能占比达到 30%，能效基准水平以下产能完成技术改造或淘汰退出，水泥熟料单位产品综合能耗比 2020 年降低 3.7%。2024—2025 年，通过实施水泥行业节能降碳改造和用能设备更新形成节能量约 500 万 t 标准煤、减排二氧化碳约 1300 万 t。到 2030 年底，水泥行业产能布局进一步优化，能效标杆水平以上产能占比大幅提升，整体能效达到国际先进水平，用能结构更加优化，行业绿色低碳高质量发展取得显著成效。"

3. 模型模拟法

企业可以采用模型对温室气体排放量进行模拟进而进行计算，以下是企业在模拟温室气体排放时可能采用的模型和方法：

（1）过程模拟：对生产过程中的每个步骤进行模拟，以确定各个环节的碳排放。

（2）系统动力学模型：模拟企业运营的动态过程，分析不同因素如何影响碳排放。

（3）蒙特卡洛模拟：使用概率分布和随机抽样来模拟不确定性和变量变化对排放量的影响。

（4）人工神经网络：利用神经网络模型预测复杂的非线性关系和模式。

（5）灰色预测模型：适用于数据不完全或信息不足的情况，进行趋势预测。

（6）对数平均迪氏指数法：用于分解和量化不同因素对碳排放变化的贡献。

企业在选择模型时，应考虑数据的可用性、模型的准确性、计算的复杂性以及与现有管理系统的兼容性。模拟结果可以帮助企业识别排放热点、制定减排策略，并评估减排措施的效果。随着技术的发展，越来越多的企业正在采用先进的模拟工具和软件来支持其碳排放管理工作。

4.2.3　计算法和测量法相结合的方法

计算法和测量法相结合的方法在温室气体排放核算中是一种常见的做法，旨在提高排放数据的准确性和可靠性。以下是如何结合这两种方法的一些关键步骤和考虑因素：

1. 数据收集

首先，收集所需的活动数据（如能源消耗量、原材料使用量等）和相关的排放因子数据。

2. 计算法应用

使用排放因子法计算直接排放，如燃烧化石燃料产生的二氧化碳排放量。

3. 现场测量

对于难以通过计算法准确估算的排放源，如工艺过程排放或逸散排放，采用现场测量法获取实际排放数据。

4. 数据整合

将计算法得出的排放量与现场测量结果相结合，形成全面的排放数据集。

5. 质量控制

对测量数据进行质量控制，确保数据的准确性和一致性。

6. 不确定性分析

对计算和测量结果进行不确定性分析，评估结果的可靠性。

在企业碳盘查（核算）中，有测量法、计算法、模拟法等，也有采用多种方法相结合的情况，但是首先要满足当地的法律法规和标准规范要求。同时，在采用该种方法时，需要满足其数据质量要求。对于物业服务企业，根据 ISO 14064-1：2018、GHG Protocol 和《二氧化碳排放核算和报告要求 服务业》DB11/T 1785—2020 等标准规范采用排放因子法（排放系数法）进行计算。

4.3　直接碳排放计算

根据对物业服务企业排放源和排放设施的识别，我们可知直接 GHG 排放的化石燃料有天然气、液化石油气、燃料油、柴油、汽油和煤炭等，分别为气体燃料、液体燃料、固体燃料。物业服务企业碳盘查需要收集活动数据，确定碳排放量计算方法，选择和获取排放因子数据和计算化石燃料燃烧产生的碳排放，标准规范采用排放因子法（排放系数法）进行计算。具体步骤为收集活动数据、确定排放因子、计算排放量和汇总排放量。物业服务企业二氧化碳排放总量等于核算边界内化石燃料燃烧、消耗外购电力和消耗外购热力产生的排放量之和，按公式（4.2.2-1）计算。

4.3.1　固定源消耗的化石燃料直接 GHG 活动水平数据收集和碳排放计算

1. 烟煤数据收集和碳排放计算

（1）烟煤消耗量数据收集

（2）烟煤化石燃料燃烧排放计算

1）按公式（4.3.1-1）计算

$$E_{燃烧} = \sum_{i=1}^{n} (AD_i \times EF_i) \tag{4.3.1-1}$$

直接排放活动水平数据：烟煤消耗量　　　　表 4.3.1-1

参数	直接排放活动水平数据				
描述	物业服务企业烟煤消耗量				
数据值	总量	办公场所	物业项目	生产项目	环保及其他运营项目	施工项目
	$YM_0=YM_1+YM_2+YM_3+YM_4+YM_5$	YM_1	YM_2	YM_3	YM_4	YM_5
单位	t				
数据来源	《物业服务企业有限公司 - 数据汇总表》				
盘查结论	烟煤消耗 YM_0 t				
备注	无				

式中　AD_i——核算和报告年度内第 i 种化石燃料的活动数据，单位为 GJ；

　　　EF_i——第 i 种化石燃料的二氧化碳排放因子，单位为 tCO_2/GJ；

　　　i——化石燃料类型代号。

2）化石燃料燃烧的活动数据是核算和报告年度内各种燃料的消耗量与平均低位发热量的乘积，按公式（4.3.1-2）计算：

$$AD_i=NCV_i \times FC_i \tag{4.3.1-2}$$

式中　NCV_i——核算和报告年度内第 i 种燃料的平均低位发热量，对固体和液体燃料，

　　　　　单位为 GJ/t；对气体燃料，单位为 GJ/（10^4N·m^3）；

　　　FC_i——核算和报告年度内第 i 种化石燃料的消耗量，对固体和液体燃料，单位

　　　　　为 t；对气体燃料，单位为 10^4N·m^3。

因为烟煤的平均低位发热量 NCV_i 为 19.57GJ/t，所以每 1t 烟煤的活动数据为 19.57GJ，YM_0t 的活动数据为 $19.57YM_0$GJ。

3）烟煤的碳排放因子

化石燃料燃烧的二氧化碳排放的排放因子按公式（4.3.1-3）计算：

$$EF_i=CC_i \times OF_i \times \frac{44}{12} \tag{4.3.1-3}$$

式中　CC_i——第 i 种化石燃料的单位热值含碳量，单位为 tC/GJ；

　　　OF_i——第 i 种化石燃料的碳氧化率，以 % 表示；

　　　$\frac{44}{12}$——二氧化碳与碳的相对分子量之比。

4）烟煤碳排放量，根据公式（4.3.1-1）~ 公式（4.3.1-3）可知，烟煤碳排放量按公式（4.3.1-4）计算：

$$E_{燃烧} = FC_i \times NCV_i \times [CC_i \times OF_i \times \frac{44}{12}] \qquad （4.3.1-4）$$

因为烟煤的平均低位发热量 NCV_i 为 19.57GJ/t，CC_i 单位热值含碳量为 26.18×10^{-3} tC/GJ，OF_i 碳氧化率为位热值含碳量为 93%，因此每 1t 烟煤燃烧产生的碳排放为：

$$EF_{燃烧} = 19.57 \times [26.18 \times 10^{-3} \times 93\% \times （44/12）] = 1.74tCO_2/t = 1.74kgCO_2/kg$$

所以，物业服务企业烟煤碳排放量为 $1.75YM_0tCO_2$。

2. 汽油和柴油数据收集和碳排放计算

（1）汽油消耗量（表 4.3.1-2）

直接排放活动水平数据：汽油消耗量　　　　　　　　　　表 4.3.1-2

参数	直接排放活动水平数据				
描述	物业服务企业汽油消耗量				
数据值	总量	办公场所	物业项目	生产项目	环保及其他运营项目	施工项目
	$QY_0 = QY_1 + QY_2 + QY_3 + QY_4 + QY_5$	QY_1	QY_2	QY_3	QY_4	QY_5
单位	t				
数据来源	《物业服务企业有限公司 - 数据汇总表》				
盘查结论	汽油消耗 QY_0 t				
备注	无				

（2）柴油消耗量（表 4.3.1-3）

直接排放活动水平数据：柴油消耗量　　　　　　　　　　表 4.3.1-3

参数	直接排放活动水平数据				
描述	物业服务企业柴油消耗量				
数据值	总量	办公场所	物业项目	生产项目	环保及其他运营项目	施工项目
	$CY_0 = CY_1 + CY_2 + CY_3 + CY_4 + CY_5$	CY_1	CY_2	CY_3	CY_4	CY_5
单位	t				
数据来源	《物业服务企业有限公司 - 数据汇总表》				
盘查结论	柴油消耗 CY_0 t				
备注	无				

（3）汽油和柴油化石燃料燃烧排放计算

1）因为汽油的平均低位发热量 NCV_i 为 44.8GJ/t，CC_i 单位热值含碳量为 18.9×10^{-3} tC/GJ，OF_i 碳氧化率为位热值含碳量为 98%，因此每 1t 汽油燃烧产生的碳排放按公式（4.3.1-4）计算：

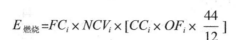

$$E_{\text{燃烧}} = FC_i \times NCV_i \times [CC_i \times OF_i \times \frac{44}{12}]$$

$EF_{\text{燃烧}} = 44.8 \times [18.9 \times 10^{-3} \times 98\% \times (44/12)] = 3.04 \text{tCO}_2/\text{t} = 3.04 \text{kgCO}_2/\text{kg}$

2）柴油的平均低位发热量 NCV_i 为 43.33GJ/t，CC_i 单位热值含碳量为 20.2×10^{-3}tC/GJ，OF_i 碳氧化率为位热值含碳量为 98%，因此每 1t 柴油燃烧产生的碳排放按公式（4.3.1-4）计算：

$$E_{\text{燃烧}} = FC_i \times NCV_i \times [CC_i \times OF_i \times \frac{44}{12}]$$

$EF_{\text{燃烧}} = 43.33 \times [20.2 \times 10^{-3} \times 98\% \times (44/12)] = 3.15 \text{tCO}_2/\text{t} = 3.15 \text{kgCO}_2/\text{kg}$

由以上计算可见，每 1t 汽油燃烧碳排放为 3.04tCO$_2$，每 1t 柴油燃烧碳排放为 3.15tCO$_2$，在同等条件下单位重量的柴油燃烧碳排放略高于汽油。

所以，物业服务企业汽油和柴油化石燃料燃烧排放量为：$3.04QY_0$tCO$_2$ 和 $3.04CY_0$tCO$_2$。

3. 天然气数据收集和碳排放计算

（1）天然气消耗量（表 4.3.1-4）

直接排放活动水平数据：天然气消耗量   表 4.3.1-4

参数	直接排放活动水平数据				
描述	物业服务企业天然气消耗量				
数据值	总量	办公场所	物业项目	生产项目	环保及其他运营项目	施工项目
	$TRQ_0 = TRQ_1 + TRQ_2 + TRQ_3 + TRQ_4 + TRQ_5$	TRQ_1	TRQ_2	TRQ_3	TRQ_4	TRQ_5
单位	万 N·m^3				
数据来源	《物业服务企业有限公司 - 数据汇总表》				
盘查结论	天然气消耗 TRQ_0 万 N·m^3				
备注	无				

（2）天然气燃烧排放计算

因为天然气的平均低位发热量 NCV_i 为 389.31GJ/（万 N·m^3），CC_i 单位热值含碳量为 15.3×10^{-3}tC/GJ，OF_i 碳氧化率为位热值含碳量为 99%，因此每万 N·m^3 天然气燃烧产生的碳排放按按公式（4.3.1-4）计算：

$$E_{\text{燃烧}} = FC_i \times NCV_i \times [CC_i \times OF_i \times \frac{44}{12}]$$

$$EF_{燃烧} = 389.31 \times \left[15.3 \times 10^{-3} \times 99\% \times (44/12)\right] = 21.64\text{tCO}_2 / (万\,\text{N} \cdot \text{m}^3)$$
$$= 2.16\text{kgCO}_2 / (\text{N} \cdot \text{m}^3)$$

所以，物业服务企业汽油和柴油化石燃料燃烧排放量为：$2.16TYQ_0\text{tCO}_2$。

4.4　消耗净外购电力碳排放计算

在我国非采暖地区，物业服务企业能耗和碳排放中净外购电力及产生的二氧化碳排放量一般占比达到 95% 左右，在采暖地区，占比也达到 80% 左右，因此消耗净外购电力碳排放计算直接决定了物业服务企业碳盘查的数据质量和其准确性。

4.4.1　计算公式

消耗净外购电力产生的二氧化碳排放量按式（4.2.2-3）计算。

4.4.2　年度消耗净外购电力（$AD_{外购电}$）

1. 消耗净外购电力（活动数据）的获取

物业服务企业报告年度内消耗的外购电力，活动数据以企业的电表记录的数据为准，同时需要对每月电表进行连续监测，如年度统计报表、物业项目电力使用台账和电费通知单等。项目电力主要用于物业项目部公区照明、电梯、给水泵房水泵和制冷机等耗电设备。

2. 消耗净外购电力（活动数据 $AD_{外购电}$）的汇总

间接排放活动水平数据：净外购电力消耗量　　　　　　　表 4.4.2-1

参数	间接排放活动水平数据				
描述	物业服务企业净外购电力消耗量				
数据值	总量	办公场所	物业项目	生产项目	环保及其他运营项目	施工项目
	$AD_{外购电} = AD_{1外购电} + AD_{2外购电} + AD_{3外购电} + AD_{4外购电} + AD_{5外购电}$	$AD_{1外购电}$	$AD_{2外购电}$	$AD_{3外购电}$	$AD_{4外购电}$	$AD_{5外购电}$
单位	MW·h					
数据来源	《物业服务企业有限公司 – 数据汇总表》					
盘查结论	符合　净外购电力 $AD_{外购电}$					
备注	每月电表连续监测					

4.4.3 电网年平均供电排放因子（$EF_{外购电}$）

电网年平均供电排放因子采用生态环境部、国家统计局发布的当年的数据，或最近年份的数据。2024年4月，生态环境部、国家统计局发布《关于发布2021年电力二氧化碳排放因子的公告》（以下简称《公告》）。《公告》中组织计算了2021年全国、区域和省级电力平均二氧化碳排放因子，全国电力平均二氧化碳排放因子（不包括市场化交易的非化石能源电量），供核算电力消费的二氧化碳排放量时使用。

1. 2021年全国电力平均二氧化碳排放因子

2021年，全国电力平均二氧化碳排放因子为0.5568kgCO$_2$/（kW·h）。该数据对应全国电网，其中全国电网覆盖中国大陆地区，暂不包括香港特别行政区、澳门特别行政区和台湾省。

2. 2021年区域电力平均二氧化碳排放因子

（1）区域电网划分：根据我国区域电网分布现状和数据的可获得性，将电网边界统一划分为华北、东北、华东、西北、华中、南方和西南7个电网区域电网，不包括西藏自治区、香港特别行政区、澳门特别行政区和台湾省。上述电网边界包括的地理范围如表4.4.3-1所示。

区域电网边界   表4.4.3-1

区域	覆盖范围
华北	北京、天津、河北、山西、山东、蒙西（除赤峰市、通辽市、呼伦贝尔市和兴安盟外的内蒙古其他地区）
东北	辽宁、吉林、黑龙江、蒙东（赤峰市、通辽市、呼伦贝尔市和兴安盟）
华东	上海、江苏、浙江、安徽、福建
西北	陕西、甘肃、青海、宁夏、新疆
华中	河南、湖北、湖南、江西
南方	广东、广西、云南、贵州、海南
西南	四川、重庆

（2）2021年区域电力平均二氧化碳排放因子EF_r，如表4.4.3-2所示。

（3）区域电力平均二氧化碳排放因子中华北、东北、华东和西北高于全国电力平均二氧化碳排放因子，尤其是华北区域因子远高于全国平均值，主要原因在于其发电比例中火电占比高，消耗的化石燃料多。华中、南方和西南区域排放因子低于全国平均值，西南区域（四川和重庆）排放因子远低于全国平均值，主要原因在于其水电比例占比高。

2021 年区域电力平均二氧化碳排放因子 EF_r　　　表 4.4.3-2

区域	因子 $kgCO_2/(kW \cdot h)$
华北	0.7120
东北	0.6012
华东	0.5992
西北	0.5951
华中	0.5354
南方	0.4326
西南	0.2113

3. 2021 年省级电力平均二氧化碳排放因子

（1）省级电网划分：按照省级电网与省级行政区域边界相一致原则，将省级电网划分为北京、天津、河北、山西、内蒙古、山东、辽宁、吉林、黑龙江、上海、江苏、浙江、安徽、福建、河南、湖北、湖南、江西、四川、重庆、陕西、甘肃、青海、宁夏、新疆、广东、广西、云南、贵州和海南 30 个省级电网，目前暂未考虑西藏自治区，香港、澳门特别行政区和台湾省四个地区的省级电网。

（2）2021 年省级电力平均二氧化碳排放因子 EF_p，如表 4.4.3-3 所示。

2021 年省级电力平均二氧化碳排放因子 EF_p　　　表 4.4.3-3

序号	省（直辖市、自治区）	因子 $kgCO_2/(kW \cdot h)$	序号	省（直辖市、自治区）	因子 $kgCO_2/(kW \cdot h)$
1	河北	0.7901	16	宁夏	0.6546
2	天津	0.7355	17	陕西	0.6336
3	山西	0.7222	18	甘肃	0.4955
4	内蒙古	0.7025	19	青海	0.1326
5	山东	0.6838	20	河南	0.6369
6	北京	0.5688	21	江西	0.5853
7	黑龙江	0.6342	22	湖南	0.5138
8	辽宁	0.5876	23	湖北	0.3672
9	吉林	0.5629	24	贵州	0.5182
10	安徽	0.7075	25	广西	0.5154
11	江苏	0.6451	26	广东	0.4715
12	上海	0.5834	27	海南	0.4524
13	浙江	0.5422	28	云南	0.1235
14	福建	0.4711	29	重庆	0.4743
15	新疆	0.6577	30	四川	0.1255

（3）由此可见，各省市二氧化碳排放因子 EF_p 差异较大，尤其是华北、东北的省市和西南的省市。如河北 2021 年省级电力平均二氧化碳排放因子为 0.7901kgCO$_2$/（kW·h），而云南、四川仅仅为 0.1235kgCO$_2$/（kW·h）和 0.1255kgCO$_2$/（kW·h），前者是后者的 6.4 倍和 6.3 倍。这意味着，物业服务企业同样外购 1 度电，如果在管物业项目在河北省，则排放的 CO$_2$ 为 0.7901kg。如果该项目在云南省，则排放的 CO$_2$ 仅为 0.1235kg，差异巨大。因此，电力碳排放因子需要按照物业服务企业项目所在省市的二氧化碳排放因子进行取值。

4.4.4 消耗净外购电力消排放计算

1. 计算举例

（1）如果物业服务企业的所有项目均在北京市，按照北京市地方标准《二氧化碳排放核算和报告要求 服务业》DB11/T 1785—2020 进行计算。

$$E_{外购电} = AD_{外购电} \times EF_{电} = WGD_0 \times 0.5688 = 0.5688 WGD_0 tCO_2$$

$$AD_{外购电} 为 WGD_0 tCO_2/（MW·h）$$

$$EF_{电} 为 0.5688 tCO_2/（MW·h）$$

（2）如果物业服务企业的所有项目在碳盘查年度净外购电力 WGD_0 为 1 万 MW·h，即 1000 万 kW·h，其年度消耗净外购电力产生的二氧化碳排放量为：

$$E_{外购电} = 0.5688 WGD_0 = 0.5688 \times 1 \times 10^4 = 5688 tCO_2$$

2. 计算应用

根据北京市政府公布关于调整《北京市碳排放权交易管理办法（试行）》重点排放单位范围的通知可知，在北京市行政区域内的固定设施和移动设施年二氧化碳直接排放与间接排放总量 5000t（含）以上，且在中国境内注册的企业、事业单位、国家机关及其他单位为重点排放单位。因此，该物业服务企业纳入重点排放单位进行管理，每年企业需进行碳盘查和碳核查，在线上报碳排放并获取碳配额，对超出部分须购买碳排放指标。

4.5 消耗净外购热力碳排放计算

在我国采暖地区，物业服务企业能耗和碳排放中热外购电力及产生的二氧化碳排放量也有一定占比，因此消耗净外购电力碳排放计算直接决定了物业服务企业碳盘查的数据质量和其准确性。

4.5.1　计算公式

消耗净外购热力产生的二氧化碳排放量按公式（4.2.2-4）计算。

4.5.2　年度消耗净外购热力（$AD_{外购热}$）

报告主体核算和报告年度内消耗的外购热力，活动数据以报告主体的热量表记录的读数为准，也可采用供应商提供的热力费发票或者结算单等结算凭证上的数据。以质量为单位计量的热水和蒸汽应采用公式（4.5.2-1）~ 公式（4.5.2-3）进行转换计算。

$$AD_{外购热} = AD_{热水} + AD_{蒸汽} \qquad （4.5.2-1）$$

式中

以质量单位计量的热水可按公式（4.5.2-2）转换为热量单位：

$$AD_{热水} = Ma_w \times （T_w - 20） \times 4.1868 \times 10^{-3} \qquad （4.5.2-2）$$

式中　　$AD_{热水}$——热水的热量，单位为 GJ；

$\quad\quad Ma_w$——热水的质量，单位为 t；

$\quad\quad T_w$——热水的温度，单位为℃；

$\quad\quad$20——常温水的温度，单位为℃；

$\quad\quad$4.1868——水在常温常压下的比热容，单位为 kJ/（kg・℃）。

以质量单位计量的蒸汽可按公式（4.5.2-3）转换为热量单位：

$$AD_{蒸汽} = Ma_{st} \times （En_{st} - 83.74） \times 10^{-3} \qquad （4.5.2-3）$$

式中　　$AD_{蒸汽}$——蒸汽的热量，单位为 GJ；

$\quad\quad Ma_{st}$——蒸汽的质量，单位为 t；

$\quad\quad En_{st}$——蒸汽所对应的温度、压力下每千克蒸汽的热焓，单位为 kJ/kg；饱和蒸汽和过热蒸汽的热焓宜参考附录 A 表 A.3 和表 A.4；

$\quad\quad$83.74——常温水的热焓，单位为 kJ/kg。

4.5.3　年度消耗净外购热力排放因子（$EF_{外购热}$）

外购热力排放因子（$EF_{外购热}$）是核算企业消费的外购热力所对应的电力、热力生产环节发生的二氧化碳排放的关键参数。在我国，外购热力的碳排放因子通常采用 $0.11tCO_2/GJ$ 作为缺省值。然而，这个缺省值是基于燃煤锅炉产蒸汽的平均排放水平，并不一定适用于所有情况。上海市生态环境局在 2022 年对温室气体排放核算指南相关排放因子数值进行了调整，将热力排放因子由之前的 $0.11tCO_2/GJ$ 下调到 $0.06tCO_2/GJ$。这一调整反映了更符合实际排放情况的排放因子，有助于更准确地核算企业的碳排放。

对于企业而言，使用更准确的排放因子可以更好地评估和报告其温室气体排放量，满足碳排放权交易市场的合规要求。同时，这也鼓励企业寻找低碳的热力来源，促进生产热力燃料自身的低碳化。尽管如此，一些专家和实践者认为，热力排放因子不一定需要一个缺省值，而是可以根据具体情况采用实测值，以实现更精确的碳排放核算。

实际操作中，企业应根据其热力来源的具体类型和生产过程，选择适当的排放因子进行核算。如果采用实测值，企业需要建立相应的监测和核算体系，确保数据的准确性和可靠性。如果使用缺省值，企业则需要遵循相关指南和标准，确保核算方法的一致性和合规性。

4.6 物业服务企业碳盘查报告的编写

4.6.1 温室气体清单的编制

碳盘查企业建立的温室气体清单应包含各类温室气体排放的相关信息碳盘查企业可以对其中的内容作进一步的补充或更新，一般包含以下信息：

1）物业服务企业体现温室气体定性鉴别的排放源识别信息；

2）物业服务企业各排放源的活动数据收集信息；

3）物业服务企业各排放源的排放因子选择信息；

4）物业服务企业直接排放和能源间接排放量汇总，以及碳盘查企业温室气体排放汇总。

4.6.2 温物业服务企业碳盘查报告的编制

物业服务企业碳盘查遵循相关性、完整性、一致性、准确性和透明性的原则编制温室气体报告，以利于第三方机构的核查和相关部门的决策。碳盘查报告需要按照相关标准和指南的要求进行编写，根据该文件附录中的框架模板进行填写。

温室气体报告应包括以下内容：

1. 物业服务企业基本信息

物业服务企业基本信息应包括物业服务企业名称、报告年度、单位性质、所属行业、组织或分支机构、地理位置、成立时间、发展演变、法定代表人、填报负责人及其联系方式等。

2. 温室气体排放量

应报告的温室气体排放信息包括本企业在整个报告期内的温室气体排放总量，以及分排放源类别的化石燃料燃烧 CO_2 排放量、工业生产过程 CO_2 排放量、企业 CO_2 回收利用量、企业净购入电力和热力的隐含 CO_2 排放量，以及《核算方法与报告指南》未涉及的但依照主管部门发布的其他指南应予核算和报告的相关温室气体排放源及排放量。

3. 活动水平数据及来源说明

物业服务企业应结合核算边界和排放源的划分情况，分别报告所核算的各个排放源的活动水平数据，并详细阐述它们的监测计划及执行情况，包括数据来源或监测地点、监测方法、记录频率等。

4. 排放因子数据及来源说明

物业服务企业应分别报告各项活动水平数据所对应的含碳量或其他排放因子计算参数，如实测则应介绍监测计划及执行情况，否则说明它们的数据来源参考出处、相关假设及其理由等。

5. 其他希望说明的情况

分条阐述碳盘查企业希望在报告中说明的其他问题。

4.6.3　物业服务企业碳盘查报告的编制

物业服务企业需要依据 ISO 14064-1：2018、GHG Protocol 和《二氧化碳排放核算和报告要求 服务业》DB11/T 1785—2020，同时遵循相关性、完整性、一致性、准确性和透明性的原则编制温室气体报告，物业服务企业碳盘查报告一般由封面目录、物业服务企业基本信息、二氧化碳排放量、活动数据及来源、排放因子据及来源、生产经营服务信息和真实性声明七部分组成。具体如下：

1. 封面目录

（1）封面见表 4.6.3-1。

某物业服务企业二氧化碳排放报告封面　　　　　　　　表 4.6.3-1

某物业服务企业二氧化碳排放报告
服务业
某物业服务企业（盖章）： 报告年度： 编制日期：　年　月　日

（2）目录见表4.6.3-2。

某物业服务企业二氧化碳排放报告目录   表4.6.3-2

本报告主体核算了 XX 年度二氧化碳排放量，并填写了以下相关数据表格。现将有关情况报告如下：

一、物业服务企业基本情况

二、二氧化碳排放

三、活动水平数据及来源说明

四、排放因子数据及来源说明

本报告主体对本报告的真实性负责。

法人代表（签字／签章）：

年　月　日

2. 物业服务企业基本信息（企业基本情况）

物业服务企业基本信息：包括企业名称、单位性质、报告年度、所属行业、统一社会信用代码、法定代表人、填报负责人和联系人信息等。基本信息表见表4.6.3-3。

基本信息表   表4.6.3-3

企业名称					
所属行业		行业代码		统一社会信用代码	
注册地址	省　　市　　区　　镇（乡、街道）　　村（路、小区）				
办公地址	省　　市　　区　　镇（乡、街道）　　村（路、小区）				
法定代表人		电话		传真	
通信地址				邮编	
分管领导		电话		传真	
碳排放管理部门名称					
负责人		电话		手机	
电子邮件				传真	
联系人		电话		手机	
电子邮件				传真	
通信地址				邮编	

主要产品或服务	
核算和报告边界	
核算和报告边界变化	

3. 二氧化碳排放量

（1）物业服务企业按照表 4.6.3-4 的格式要求报告二氧化碳排放总量。

二氧化碳排放量汇总表　　　　　　　　　　　　　　　表 4.6.3-4

二氧化碳排放明细	二氧化碳排放量（CO_2）
二氧化碳排放总量	$E\ (=E_{燃烧}+E_{供热燃烧}+E_{外购电}+E_{外购热})$
化石燃料燃烧的排放量	$E_{燃烧}+E_{供热燃烧}$
消耗外购电力对应的排放量	$E_{外购电}$
消耗外购热力对应的排放量	$E_{外购热}$

（2）物业服务企业按照表 4.6.3-5 的格式要求报告化石燃料燃烧排放。

化石燃料排放　　　　　　　　　表 4.6.3-5

A 序号	B 燃料品种	C 消耗量（t 或 10^4 $N \cdot m^3$）	D 低位发热量（GJ/t 或 GJ/10^4 $N \cdot m^3$）	K（=C×D）燃料热量（GJ）	F 单位热值含碳量（tC/GJ）	G 碳氧化率（%）	H CO_2 与碳分子量比	J（=F×G×H）排放因子（tCO_2/GJ）	E（=K×J）CO_2 排放（tCO_2）
1	无烟煤						44/12		E_1
2	一般烟煤						44/12		E_2
3	汽油						44/12		E_3
4	柴油						44/12		E_4
5	液化石油气						44/12		E_5
6	天然气						44/12		E_6
7	其他						44/12		E_7
合计		$E_{燃烧}\ (=E_1+E_2+E_3+E_4+E_5+E_6+E_7)$							$E_{燃烧}$

注：1. 其他能源请注明是什么能源品种。

　　2. 小数点后保留 2 位。

（3）物业服务企业按照表4.6.3-6的格式要求报告消耗外购电力排放。此处年度电力排放因子取值须按照省级电力平均二氧化碳排放因子取值，如果该物业服务企业项目在不同省份，则须取对应省份的数值，这对碳盘查报告数据的质量和准确性起决定性作用。

消耗外购电力产生的排放 表4.6.3-6

排放	电量（MW·h）	排放因子[tCO₂/（MW·h）]	排放量（tCO₂）
企业消耗外购电力	$AD_{外购电}$	$EF_{电}$	$E_{外购电}$（$=AD_{外购电}×EF_{电}$）
其中供热设施耗电量	$AD_{供热}$	$EF_{电}$	$E_{外购电供热}$（$=AD_{供热}×EF_{电}$）

（4）物业服务企业按照表4.6.3-7的格式要求报告消耗外购热力排放。

消耗外购热力产生的排放 表4.6.3-7

排放	热量（GJ）	排放因子（tCO₂/GJ）	排放量（tCO₂）
企业消耗外购热力	$AD_{外购热}$	$EF_{电}$	$E_{外购电}$（$=AD_{外购热}×EF_{电}$）

（5）物业服务企业如果有供热设施，须单独填写表4.6.3-8的格式要求报告消耗外购热力排放。

供热设施的化石燃料排放 表4.6.3-8

A 序号	B 燃料品种	C 消费量（t, 10⁴N·m³）	D 热值（GJ/t, GJ/10⁴N·m³）	F 单位热值含碳量（tC/GJ）	G 碳氧化率	H CO₂与碳分子量比	E（=C×D×F×G×H）排放量（tCO₂）
1	无烟煤					44/12	$E_{供热1}$
2	一般烟煤					44/12	$E_{供热2}$
3	燃料油					44/12	$E_{供热3}$
4	汽油					44/12	$E_{供热4}$
5	柴油					44/12	$E_{供热5}$
6	煤油					44/12	$E_{供热6}$
7	其他油品					44/12	$E_{供热7}$
8	液化石油气					44/12	$E_{供热8}$
9	天然气					44/12	$E_{供热9}$
报告年度内排放量 $E_{燃烧供热}$（$=E_{供热1}+E_{供热2}+E_{供热3}+E_{供热4}+E_{供热5}+E_{供热6}+E_{供热7}+E_{供热8}+E_{供热9}$）							

4. 活动数据及其来源

（1）物业服务企业按照表 4.6.3-5~ 表 4.6.3-8 的格式要求，报告其在核算和报告年度内的活动数据，包括物业服务企业在报告年度内生产所使用的各种化石燃料消耗量 $©$ 和相应的低位发热量（D）、外购电量（$AD_{外购电}$）和外购热量（$AD_{外购热}$）等。同时，还需要按照表 4.6.3-9 和表 4.6.3-10，分别报告其化石燃料月度消耗量和重点排放设施化石燃料月度消耗量，以便于数据交叉核对与验证。

化石燃料月度消耗量　　　　　　　　　表 4.6.3-9

序号	燃料品种	单位	1月	2月	3月	4月	5月	6月	7月	8月	9月	10月	11月	12月	年消耗量
1	无烟煤	t													
2	一般烟煤	t													
3	燃料油	t													
4	汽油	t													
5	柴油	t													
6	煤油	t													
7	其他油品	t													
8	液化石油气	t													
9	天然气	$10^4 N \cdot m^3$													

重点排放设施化石燃料月度消耗量　　　　　　　表 4.6.3-10

序号	燃料品种	单位	1月	2月	3月	4月	5月	6月	7月	8月	9月	10月	11月	12月	年消耗量
1	无烟煤	t													
2	一般烟煤	t													
3	燃料油	t													
4	汽油	t													
5	柴油	t													
6	煤油	t													
7	其他油品	t													
8	液化石油气	t													
9	天然气	$10^4 N \cdot m^3$													

（2）物业服务企业如果除提供服务业产品或服务活动外，还存在其他生产活动，并存在本标准未涵盖的二氧化碳排放环节，则应按照其他相关行业的二氧化碳排放核算与报告要求，报告其活动数据及来源。

5. 排放因子及来源

（1）物业服务企业按照表 4.6.3-5~ 表 4.6.3-8 的格式要求，报告其在核算和报告年度内的排放因子数据，包括物业服务企业在报告年度内生产所使用的各种化石燃料的单位热值含碳量和碳氧化率数据、电力与热力排放因子。

（2）物业服务企业如果除提供服务业产品或服务活动外，还存在其他生产活动，并存在本标准未涵盖的二氧化碳排放环节，则应按照其他相关行业的二氧化碳排放核算与报告要求，报告其排放因子数据及来源。

6. 生产经营服务信息

（1）对于物业服务企业，需按照表 4.6.3-11 的格式要求，填写居民住宅、商业写字楼、工业园区和公寓等的主要生产经营服务信息和碳排放补充信息。

物业管理类企业生产经营服务信息和碳排放补充信息表　　　表 4.6.3-11

企业名称：

业态类别	数据类别		数值	说明
居民住宅	建筑面积[1]（m²）			
	地下车库面积[2]（m²）			
	实际物业管理面积[3]（m²）			
	其中：包含公用高能耗设施[4]的建筑面积（m²）			
	不包含公用高能耗设施的建筑面积（m²）			
	产值范围/类别[5]			
	产值（万元）			
	其中：物业管理费（万元）			
	采暖制冷费用[6]（万元）			
	物业经营收入（万元）			物业管理企业经营物业产权人、使用人提供的房屋建筑物和共用设施取的收入，如房屋出租收入和经营停车场、游泳池、各类球场、小区内电梯广告、停车场广告等公用设施所取得的收入
	增值服务费（万元）			如小区上门维修、客户服务产生的费用等
	入住率[7]（%）			
	1 直接排放量[8]（tCO₂）	包含公用高能耗设施的建筑		居民住宅项目物业管理产生的直接排放量和间接排放量
		不包含公用高能耗设施的建筑		
	2 间接排放量[8]（tCO₂）	包含公用高能耗设施的建筑		
		不包含公用高能耗设施的建筑		
	3 直接排放量[8]（tCO₂）	供热能耗设施的单独排放		

续表

业态类别	数据类别		数值	说明
居民住宅	4 间接排放量[8]（tCO_2）	供热能耗设施的单独排放		居民住宅项目物业管理产生的直接排放量和间接排放量
	总直接排放量（tCO_2）（1+3）			
	总间接排放量（tCO_2）（2+4）			
商业写字楼[9]	建筑面积（m^2）			
	地下车库面积（m^2）			
	实际物业管理面积（m^2）			
	产值范围/类别			
	产值（万元）			
	其中：物业管理费（万元）			
	采暖制冷费用（万元）			
	物业经营收入（万元）			物业管理企业经营物业产权人、使用人提供的房屋建筑物和共用设施取得的收入，如房屋出租收入和经营停车场、游泳池、各类球场、写字楼内电梯广告、停车场广告等公用设施所取得的收入
	增值服务费（万元）			如上门维修、客户服务、会议服务产生的费用等
	入驻率[7]（%）			
	直接排放量（tCO_2）	含供热能耗		商业写字楼项目物业管理产生的直接排放量以及间接排放量
		不含供热能耗		
	间接排放量（tCO_2）	含供热能耗		
		不含供热能耗		
		不含供热能耗		
	间接排放量（tCO_2）	含供热能耗		
		不含供热能耗		
工业园区	建筑面积（m^2）			
	地下车库面积（m^2）			
	实际物业管理面积（m^2）			
	产值范围/类别			
	产值（万元）			
	其中：物业管理费			
	采暖制冷费用			
	物业经营收入			物业管理企业经营物业产权人、使用人提供的房屋建筑物和共用设施取得的收入，如房屋出租收入和经营停车场、游泳池、各类球场、写字楼内电梯广告、停车场广告等公用设施所取得的收入
	增值服务费			如上门维修、客户服务、会议服务产生的费用等

续表

业态类别	数据类别		数值	说明
工业园区	入园率（%）			工业园区项目物业管理产生的直接排放量和间接排放量
	直接排放量（tCO$_2$）	含供热能耗		
		不含供热能耗		
	间接排放量（tCO$_2$）	含供热能耗		
		不含供热能耗		
公寓[10]	建筑面积（m^2）			
	地下车库面积（m^2）			
	实际物业管理面积（m^2）			
	产值范围/类别			
	产值（万元）			
	其中：物业管理费（万元）			
	采暖制冷费用（万元）			
	物业经营收入（万元）			物业管理企业经营物业产权人、使用人提供的房屋建筑物和共用设施取得的收入，如房屋出租收入和经营停车场、游泳池、各类球场、电梯广告、停车场广告等公用设施所取得的收入
	增值服务费（万元）			如上门维修、客户服务、会议服务产生的费用等
	入住率（%）			公寓项目物业管理产生的直接排放量和间接排放量
	直接排放量（tCO$_2$）	含供热能耗		
		不含供热能耗		
	间接排放量（tCO$_2$）	含供热能耗		
		不含供热能耗		

注：[1] 建筑面积 = 地上建筑面积 + 地下建筑面积，不包含楼体建筑外的公共区域，如道路、草坪等面积等。

[2] 物业企业需统计地下车库面积，如数据不可得，可按车位数量进行估算，并保留估算过程及证据以备核查。

[3] 实际的物业管理面积是指建筑物内实际投入运营的面积，不含空置、停业的面积，如空置、停业面积无法准确获取，则按（建筑面积 − 地下车库面积）× 入住率/入园率进行估算。

[4] 公用高能耗设施是指电梯、增压水泵、中央空调等（高层建筑一般都配有增压水泵）的设施。凡是建筑物配有上述设施的任何一项，按照"含公用高能耗设施"的建筑物统计。否则按照"不包含公用高能耗设施"的建筑物统计。

[5] 详细说明产值（主营业务收入）的统计口径和范围，包括但不限于采暖制冷费、物业管理费、物业经营收入及增值服务等费用。

[6] 采暖制冷费如整体包含在物业管理费用中，需按照收费计算原则或标准，按比例进行拆分。

[7] 入住率按照每年年底进行统计，居民住宅/公寓：入住率 = 实际入住的户数/小区的总户数 ×100%；工业园区/商业写字楼：入园率/入驻率 = 已出租面积/可出租面积 ×100%。

[8] 如基准年份内存在运行不足整年的项目，碳排放量需按照实际运营天数折算为全年排放量，即：
全年碳排放量 = 实际运营产生的碳排放量/实际投入运营的天数 ×365d。

[9] 商业写字楼适用于对写字楼、百货、超市、餐饮、娱乐场所等租户的物业管理；如社区居民住宅楼底层带商铺，则属于居民住宅的范畴。

[10] 公寓类型包括但不限于酒店式管理公寓、老年公寓、运动员公寓等，不包括普通居民住宅楼。

（2）对于物业服务企业，如果有供热设施，需按照表 4.6.3-12 格式要求，填写供热设施补充数据表信息。

供热设施（燃气锅炉）补充数据表　　　　表 4.6.3-12

用能单元		数据	数值	说明
热源	燃气锅炉－直接供热	1 热源供热量（TJ）		
		2 建筑物供热量（TJ）		
		3 化石燃料燃烧产生的排放量（tCO_2）		
		4 消耗电力产生的排放量（tCO_2）		
		5 排放强度（$kgCO_2/GJ$）		（第 3 项 + 第 4 项）/ 第 2 项
	燃气锅炉－间接供热	1 热源供热量（TJ）		
		2 热力站一次侧输入热源产生热量（TJ）		
		3 建筑物供热量（TJ）		
		4 化石燃料燃烧产生的排放量（tCO_2）		
		5 消耗电力产生的排放量（tCO_2）		
		6 排放强度（$kgCO_2/GJ$）		（第 4 项 + 第 5 项）/ 第 2 项
	燃煤锅炉－直接供热	1 热源供热量（TJ）		
		2 建筑物供热量（TJ）		
		3 化石燃料燃烧产生的排放量（tCO_2）		
		4 消耗电力产生的排放量（tCO_2）		
		5 排放强度（$kgCO_2/GJ$）		（第 3 项 + 第 4 项）/ 第 2 项
	燃煤锅炉－间接供热	1 热源供热量（TJ）		
		2 热力站一次侧输入热源产生热量（TJ）		
		3 建筑物供热量（TJ）		
		4 化石燃料燃烧产生的排放量（tCO_2）		
		5 消耗电力产生的排放量（tCO_2）		
		6 排放强度（$kgCO_2/GJ$）		（第 4 项 + 第 5 项）/ 第 2 项
	燃油锅炉	1 热源供热量（TJ）		
		2 建筑物供热量（TJ）		
		3 化石燃料燃烧产生的排放量（tCO_2）		
		4 消耗电力产生的排放量（tCO_2）		
		5 排放强度（$kgCO_2/GJ$）		（第 3 项 + 第 4 项）/ 第 2 项
	其他	1 热源供热量（TJ）		
		2 建筑物供热量（TJ）		
		3 化石燃料燃烧产生的排放量（tCO_2）		
		4 消耗电力产生的排放量（tCO_2）		
		5 排放强度（$kgCO_2/GJ$）		（第 3 项 + 第 4 项）/ 第 2 项

续表

用能单元		数据	数值	说明
热源	电锅炉	1 热源供热量（TJ）		
		2 建筑物供热量（TJ）		
		3 消耗电力产生的排放量（tCO$_2$）		
		4 排放强度（kgCO$_2$/GJ）		第3项/第2项
	地源热泵	1 热源供热量（TJ）		
		2 建筑物供热量（TJ）		
		3 消耗电力产生的排放量（tCO$_2$）		
		4 排放强度（kgCO$_2$/GJ）		第3项/第2项
	热力站	1 热力站一次侧输入热量（TJ）		
		2 消耗电力产生的排放量（tCO$_2$）		
		3 排放强度（kgCO$_2$/GJ）		第2项/第1项
	中继泵站	1 消耗电力产生的排放量（tCO$_2$）		
	办公生活及其他	1 化石燃料燃烧产生的排放量（tCO$_2$）		
		2 消耗电力产生的排放量（tCO$_2$）		

7. 报告真实性声明

物业服务企业碳盘查报告最后须按照表4.6.3-13的格式就报告真实性做书面声明，书面声明需要法人代表（或授权代表）签章和加盖单位公章。

报告真实性声明　　　　　　　　　　　　表 4.6.3-13

声明
声明
本排放报告完整和真实。报告中的信息与实际情况不符的，本单位愿负相应的法律责任，并承担由此产生的一切后果。特此声明。
法人代表（或授权代表）　　　（签章） （物业服务企业/单位公章）　年　月　日

至此，由封面目录、物业服务企业基本信息、二氧化碳排放量、活动数据及来源、排放因子数据及来源、生产经营服务信息和真实性声明七部分形成物业服务企业碳盘查报告。该报告用来满足物业服务企业自身使用、第三方机构和相关政府部门核查及政策要求。

4.7　数据质量管理

4.7.1　数据质量管理

1. 落实数据质量管理主体责任

物业服务企业需要履行主体责任，配备人员负责碳排放核算和报告工作。加强企业碳排放控制和数据质量管理工作，确保数据质量控制方案落实，如实报告碳排放数据，提高碳排放数据的准确性。企业碳排放报告、核查报告、数据质量控制方案、配额申请材料均复核确认。

2. 提升核查数据质量

物业服务企业聘请的碳盘查和碳核查机构需加强盘查、核查数据质量管理，对核查报告质量负责。政府相关部门建立核查工作质量评价机制，通过组织专家评审、抽查等检查方式，对碳盘查和碳核查机构内部管理情况、公正性管理措施、工作及时性和工作质量等进行评估。抽查与盘查、核查排放量差异超过 1000t 或 10% 以上的，政府相关部门将对核查机构予以提醒。

3. 建立长效机制，强化数据质量日常监管

政府相关部门安排专门的工作团队负责数据质量管理工作，建立长效机制。政府部门建立定期核实、随机检查的工作机制，可通过购买服务的方式，开展对物业服务企业报送的月度数据及支撑材料的质量检查、年度核查报告的初步检查，识别异常数据，查实并指导物业服务企业及时更正。

4.7.2　碳盘查报告应用

对于物业服务企业而言，通过碳盘查及报告编制可以实现如下目标。

1. 减少能源成本

通过碳盘查，企业能够识别节能减排的潜在机会，优化能源使用，降低运营成本。

2. 全面掌握与管理温室气体排放

碳盘查有助于企业全面了解各个生产环节的碳排放情况，从而更有效地管理温室气体排放。

3. 积极应对国家政策

企业通过碳盘查报告可以了解自身的碳排放状况，以满足国家对于温室气体排放的监管要求和政策标准。

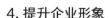

4. 提升企业形象

通过碳盘查和减排行动，企业可以展示其对环境保护的承诺和责任，提高企业的社会形象和品牌。

5. 为参与国内碳交易做准备

随着我国碳市场的逐步建立和完善，企业需要准确的碳排放数据参与碳交易，碳盘查报告为此提供了数据基础。

如北京市于 2016 年通过《北京发改委关于公布碳市场扩容后 2015 年度新增重点排放单位名单的通知》[京发改〔2016〕393 号] 通知规定，该市行政区域内的固定设施和移动设施年二氧化碳直接排放与间接排放总量 5000t（含）以上，且在中国境内注册的物业服务企业，纳入重点排放单位。同时，根据《关于北京市在严格控制碳排放总量前提下开展碳排放权交易试点工作的决定》《北京市碳排放权交易管理办法》相关规定，对纳入重点排放单位的物业服务企业按年进行碳排放和碳排放权交易进行管理。

（1）碳盘查（核算）

北京市重点物业服务企业需按照《北京市碳排放单位二氧化碳核算和报告要求》按年盘查（核算）该单位上一年度碳排放数据，编制碳排放盘查（核算）报告。

1）重点碳排放企业报送要求。

按照《北京市碳排放单位二氧化碳核算和报告要求》，重点碳排放物业服务企业核算本单位上一年度碳排放数据，编制碳排放报告，通过北京市碳排放权交易管理平台（以下简称"管理平台"）报送。

2）重点碳排放物业服务企业在每月结束后 20 个自然日内，通过管理平台上传月度燃料消耗量、购入使用电量以及排放报告辅助参数等数据及支撑材料。各区生态环境局、北京经济技术开发区城市运行局、北京经济技术开发区综合执法局（以下简称各区生态环境部门）须在报送截止日起 10 个自然日内完成质量检查工作。

3）新增重点碳排放物业服务企业，通过管理平台提交数据质量控制方案。后续如有调整变更，须提交变更后的书面文件。

4）一般报告物业服务企业报送要求。

一般报告物业服务企业须通过管理平台向区生态环境部门报送上年度碳排放报告。各区生态环境部门须在报送截止日起 30 个自然日内完成数据质量检查工作。

（2）碳核查及报送

重点碳排放物业服务企业需委托核查机构通过管理平台开展碳排放核查工作。核查机构按照《北京市碳排放报告第三方核查程序指南》《北京市碳排放第三方核查报告编写指南》开展碳排放核查工作。重点碳排放物业服务企业须于规定日期前通过管理平台向区生态环境部门报送经核查的排放报告和第三方核查报告，各区生态环境部门须在完成初步检查工作后向市生态环境部门报送。

（3）碳排放量核定及配额发放

1）碳排放量核定。北京市生态环境部门根据上年度碳排放报告及核查、抽查结果，对重点碳排放物业服务企业碳排放量进行核定工作。

2）配额发放。北京市生态环境部门完成免费配额预发和免费配额核发，不定期开展有偿配额发放。

（4）碳排放配额清缴

重点碳排放物业服务企业通过管理平台完成清缴工作。物业服务企业可使用碳减排量抵销其部分碳排放量，使用比例不得高于当年核定碳排放量的5%。拟使用抵消产品完成清缴工作的重点碳排放单位，须通过碳排放管理系统提交申请文件。重点碳排放物业服务企业在规定时间内完成配额清缴工作。逾期未完成的，管理平台将自动收缴其账户内的配额及抵消产品，用于清缴。

本章小结

本章详细阐述了在物业服务企业碳盘查过程中，首先，需要对碳排放源和排放设施进行识别；其次，选取了碳排放因子法作为计算方法，根据碳排放因子法收集物业服务企业碳排放活动数据、选择和获取排放因子数据、计算化石燃料燃烧和外购电力热力二氧化碳排放量、汇总二氧化碳排放量，完成温室气体排放的量化；最后，在此基础上编写物业服务企业碳盘查报告。同时，介绍了物业服务企业碳盘查报告的作用，为下一步物业服务企业碳核查，碳排放核查，碳排放量核定及配额发放，碳排放配额清缴奠定了基础，为物业服务企业节能减排和建筑物运行碳达峰碳中和的实现提供了基础数据。

本章参考文献

[1]　中华人民共和国国家能源局.发电企业碳排放权交易技术指南：DL/T 2126—2020[S].北京：中国电力出版社，2020.

[2]　中华人民共和国国家环境保护部.固定污染源烟气（SO_2、NO_x、颗粒物）排放连续监测技术规范：

HJ 75—2017[S]. 北京：中国环境科学出版社，2017.

[3]　全国碳排放管理标准化技术委员会. 工业企业温室气体排放核算和报告通则：GB/T 32150—2015[S]
北京：中国标准出版社，2015.

[4]　沈镭，赵建安，王礼茂，等. 中国水泥生产过程碳排放因子测算与评估 [J]. 科学通报，2016，61
（26）：2926-2938.

[5]　李晋梅，尹靖宇，武庆涛，等. 水泥行业碳排放计算依据对比及实例分析 [J]. 中国水泥，2017，
（8）：83-86.

[6]　中华人民共和国发展和改革委员会. 关于发布《高耗能行业重点领域节能降碳改造升级实施指南
（2022 年版）》的通知 [EB/OL]. 北京：中华人民共和国国家发展和改革委员会，2022[2022-07-07]
https：//www.ndrc.gov.cn/xwdt/ztzl/ghnhyjnjdgzsj/zewj/202202/20220217_1315689_ext.html.

[7]　洪大剑，王振阳.《中国水泥生产企业温室气体排放核算方法与报告指南（试行）》解析 [J]. 质量
与认证，2017，（6）：50-53.

[8]　中国电力企业联合会. 中国电力行业年度发展报告 2021[M]. 北京：中国建材工业出版社，2021.

[9]　天津市生态环境局. 碳盘查中外购电力 / 热力排放因子的缺省值 [EB/OL]. 中国：北方网，2021
[2022-10-25].https：//zw.enorth.com.cn/gov_open/4403088.html.

[10]　上海市生态环境局. 上海市生态环境局关于调整本市温室气体排放核算指南相关排放因子数值
的通知 [EB/OL]. 中国：上海市生态环境局，2022[2022-10-25].https：//www.shanghai.gov.cn/gwk/
search/content/ec12e83686d2441b979fb1ec838bcbb7.

[11]　广东省住房和城乡建设厅. 广东省住房和城乡建设厅关于印发《建筑碳排放计算导则（试行）》
的通知 [EB/OL]. 广东：广东省住房和城乡建设厅，2022[2022-05-23].https：//zfexjst.gd.gov.cn/
gkmlpt/content/3/3803/mpost_3803751.html#1422.

[12]　广东省住房和城乡建设厅. 建筑碳排放计算导则（试行）[S]. 广州，2021.

[13]　徐伟，邹瑜，张婧，等. GB 55015—2021《建筑节能与可再生能源利用通用规范》标准解读 [J].
建筑科学，2022，38（2）：1-6.

[14]　聂梅生，秦佑国，江亿. 中国绿色低碳住区技术评估手册 [M]. 北京：中国建筑工业出版社，2011.

[15]　深圳市大型公共建筑能耗监测情况报告（2021 年度）[R]. 深圳：深圳市建设科技促进中心深圳市
建筑科学研究院股份有限公司，2021.

[16]　深圳市住房和建设局. 绿色物业管理项目评价标准：SJG 50—2022[S]. 深圳，2022.

[17]　蔡伟光.2021 中国建筑能耗与碳排放研究报告：省级建筑碳达峰形势评估 [R]. 重庆：中国建筑节
能协会能耗统计专委会，2021.

[18]　中华人民共和国住房和城乡建设部. 建筑节能与可再生能源利用通用规范：GB 55015—2021[S]. 北
京：中国建筑工业出版社，2021.

[19]　中华人民共和国住房和城乡建设部. 民用建筑节水设计标准：GB 50555—2010[S]. 北京：中国建
筑工业出版社，2010.

[20] 北京市规划和自然资源委员会，北京市住房和城乡建设委员会 . 超低能耗居住建筑设计标准：DB11/T 1665—2019[S]. 北京，2020.

[21] 北京市规划和自然资源委员会，北京市住房和城乡建设委员会 . 居住建筑节能设计标准：DB11/891—2020[S]. 北京，2020.

[22] 北京市住房和城乡建设委员会 . 绿色建筑评价标准：DB11/T 825—2021[S]. 北京：中国建筑工业出版社，2021.

[23] 江苏省住房和城乡建设厅 . 江苏省民用建筑碳排放计算导则：2023[S]. 南京，2023.

[24] 陈轶星 . 碳盘查基本方法解析 [J]. 甘肃科技，2012，16（28）：65-67.

[25] Centre for Sustainable Energy. Local Carbon Management Matrix 2010 Guidance.

[26] Common Carbon Metric（CCM）. United Nations Environ-ment Program Sustainable Building and Climate Initiative.

[27] 国家发展和改革委气候司 . 2011 中国区域电网基准线排放因子，2011.

[28] 刘会艳，张元礼，赵纯革，康晓琴 . 企业碳盘查与碳交易在我国的实施 [J]. 甘肃科技，2012，16（28）：65-67.

[29] 陈轶星 . 碳盘查基本方法解析 [J]. 甘肃科技，2012，16（28）：65-67.

[30] 陈轶星 . 碳盘查的国际通行标准及在我国实施的现状 [J]. 甘肃科技，2012，28（12）：10-11.

[31] 企业碳排放盘查概述 [EB/OL]1. 2013-01-24[2014-0620]. http：//www.chinatongbiao.com/2013/0124/612html.

[32] 碳盘查、流程及项目意义 [EB/OL]1. 2014-05-09[2014-0620]. http：//www.doc88.com/p-441547362058.html.

[33] 彭利国 . 掘金"碳盘查" [EB/OL]. 2012-03-19[2014-0620. http：//www.infzm.com/content/65586.

[34] 任秀芳 . 论碳盘查工作在企业节能减排中的作用 [J]. 资源节约与环保，2014，4：83-84.

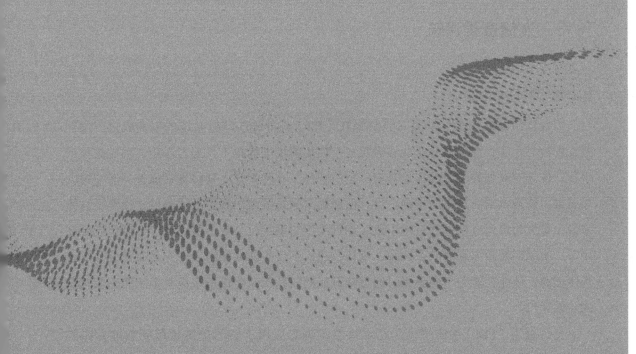

第 5 章

新能源在物业建筑的应用

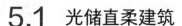

5.1 光储直柔建筑

5.1.1 概述

柔性建筑的概念源自于国际能源署 IEA EBC Annex 67 课题系统的研究成果。这一概念的核心在于，在确保建筑能够满足正常使用需求的前提下，通过应用各种先进技术手段，使建筑对外界能源的需求具有一定的弹性。这种弹性主要体现在能够灵活应对大量可再生能源供给所带来的不确定性，从而提高建筑的能源利用效率和可持续性。具体来说，柔性建筑通过一系列技术手段，如智能控制系统、高效节能设备、可再生能源利用等，实现对能源需求的动态调整。这样，建筑不仅能够在能源供应充足时充分利用可再生能源，还能在能源供应紧张时通过降低能耗或利用储能设备来应对，从而确保建筑的正常运行。

光储直柔（PEDF）建筑则是将柔性建筑理念应用于实际建筑领域的一种具体实践。PEDF 建筑通过集成太阳能光伏（Photovoltaic）、储能（Energy storage）、直流配电（Direct current）和柔性交互（Flexibility）这四项关键技术，实现建筑的高效能源利用和智能化管理。太阳能光伏技术能够将太阳能转化为电能，为建筑提供清洁的能源供应；储能技术则可以将多余的电能储存起来，以备不时之需；直流配电技术则通过直流配电系统替代传统的交流配电系统，提高电能传输效率；而柔性交互技术则通过智能化手段，实现建筑与电网、可再生能源之间的灵活互动，进一步提升能源利用效率。

柔性建筑和光储直柔（PEDF）建筑都是为了应对未来能源供给的不确定性，通过集成先进技术手段，实现建筑的高效能源利用和可持续发展。这些技术的应用不仅有助于减少建筑对传统能源的依赖，还能提高建筑的能源自给自足能力，从而为实现绿色低碳建筑目标提供有力支持。

5.1.2 光储直柔技术

光储直柔（PEDF）是在建筑领域应用光伏、储能、直流配电和柔性交互四项技术的简称。PEDF 是一种特殊的集成技术，它是在"柔性控制算法和平台"的一体化碳排放监管下，将光伏与建筑紧密结合，实现光伏发电。这种技术可以运用具有能源集散和能源智能调配功能的模块化的"光储直柔"储能箱（也叫能源路由器），确保能源的自给自足，同时采用柔性控制策略实现自动调配，确保用电时的安全智能，实现建筑电力系统的智慧、高效和平稳运行。

光伏直流建筑不仅能提高电能利用率，突出节能优势，还能明显改善系统性能，提升安全性，这与常规的光伏建筑有着很大的不同。

1. "光"是指太阳能光伏技术

太阳能光伏发电是未来主要的可再生电源之一，光伏系统分为分布式光伏系统和集中式光伏系统两大类别。建筑光伏系统均为分布式光伏系统。除建筑屋面光伏发电外，体量巨大的建筑外表面也是发展分布式光伏的空间资源，而且这种空间资源发展潜力巨大。

2. "储"是指储能技术

在未来的电力系统中，储能技术是不可或缺的组成部分，它在确保电力供应的稳定性和可靠性方面发挥着重要的作用。储能设施的形式多种多样，具有广泛的适用性和灵活性。其中，电化学储能是一种重要的形式，它通过化学反应来储存和释放能量。近年来，电化学储能技术发展迅速，成为储能领域中最具潜力和前景的技术之一。

3. "直"是指直流技术

直流与交流相比具有形式简单、易于控制、传输效率高等特点，在航空、通信、舰船等专用系统中都大量地采用直流供电系统。

4. "柔"是指柔性用电技术

这种柔性不仅体现在对电网负荷的适应性上，还体现在对可再生能源的高效利用上。通过智能控制系统，建筑可以实时监测电网负荷和可再生能源的供应情况，从而优化自身的用电策略。例如，在阳光充足的白天，建筑可以优先使用太阳能发电，减少对市政电网的依赖；而在夜间或阴天，建筑则可以切换到电网供电模式。此外，柔性建筑还能够通过储能系统来平衡电网负荷。储能系统可以在电力需求低谷时段储存多余的电力，并在高峰时段释放储存的电力，从而减轻电网的压力。为了进一步提升建筑的柔性用电，还可以引入需求响应机制。通过与电力公司合作，建筑可以根据电网的实时负荷情况调整自身的用电需求。例如，在电网负荷较高的时段，建筑可以主动减少非重要设备的用电量，从而帮助电网度过高峰期。总之，柔性建筑通过智能控制系统、储能技术和需求响应机制，实现了与市政电网的高效互动。这不仅提高了建筑自身的能源利用效率，还为电网的稳定运行和可再生能源的广泛应用提供了有力支持。随着技术的不断进步，未来的柔性建筑将更加智能化、高效化，成了城市能源系统中不可或缺的一部分。

5.1.3　光储直柔技术在建筑中的应用

1. 光在建筑中的应用

光指的是太阳能光伏发电技术，建筑光伏分为建筑一体化光伏（BIPV）和建筑安装型光伏或叫建筑附加型光伏（BAPV）。BIPV（Building Integrated Photovoltaic）即建筑集成光伏系统，将光伏产品作为建筑材料直接集成，实现了光伏技术与建筑结构的完美融合。光伏建材不仅继承了传统建筑材料的特性，还能将太阳能转换为电能，为建筑物提供可再生清洁能源。如光伏玻璃幕墙、光伏遮阳板等产品，既满足了建筑的美学要求和功能性需求，又实现了太阳能的可持续利用。而 BAPV（Building Attached Photovoltaic）是建筑附加光伏系统，作为建筑附加设施安装在建筑表面，如屋顶、墙面等。这两种光伏系统在建筑中的应用，不仅彰显了绿色能源的理念，而且在节能减排方面发挥了重要作用。随着环保意识的日益增强，光伏技术的普及和应用前景将更加广阔，预计将成为未来建筑行业的重要组成部分。

2. 储在建筑中的应用

储指的是建筑中的储能设备，包括电化学储能、生活热水蓄能、建筑围护结构热惰性蓄能等多种形式。其中，电化学储能是一种重要的形式，近年来电化学储能技术发展迅速，成为储能领域中最具潜力和前景的技术之一。在建筑领域，有效、安全、经济的储能方式对于可再生能源的高效利用来说至关重要。

3. 直在建筑中的应用

直指的是建筑低压直流配电系统。直流设备连接至建筑的直流母线，直流母线通过 AC/DC 双向变换器与外电网连接。见图 5.1.3-1。

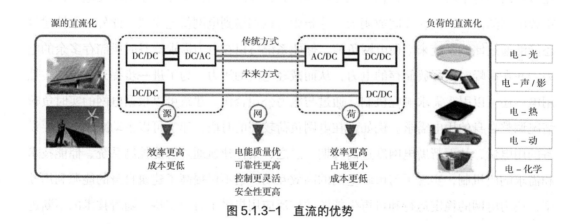

图 5.1.3-1 直流的优势

4. 柔在建筑中的应用

柔指的是柔性用电，也是"光储直柔"系统的最终目的。"光储直柔"技术是在建筑能效提升基础上进一步实现电能替代与电网友好交互的新型建筑配电技术，是支撑碳中和目标的重要技术路径。

通过搭建光储直柔综合管理控制系统可监视系统内光伏、储能、各类交直流负荷，通过单双向变换器及双向变流器将直流系统进行互联，通过自动控制策略自主进行柔性调节，保证系统的安全、稳定运行。充分发挥系统的柔性，使建筑从电能的"消费者"转变为"供能者"，为社区建筑、物业公共服务区域建筑等场景提供先进的光储直柔解决方案。

5.1.4　建筑光储直柔微电网系统架构

光储直柔微电网系统是一种先进的能源管理系统，它通过全面监测和管理光伏发电系统、储能系统、直流充电桩系统、低压直流配电系统以及用电负荷，实现了对建筑物内部能源流动的精准控制。该系统采用了光储直柔技术，即光伏发电、储能、直流配电和负荷柔性调节技术的综合应用，从而有效降低了建筑物的整体能耗水平。见图 5.1.4-1。

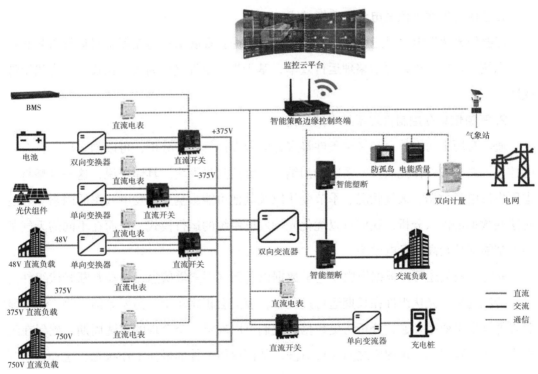

图 5.1.4-1　光储直柔微电网系统

具体来说，光伏发电系统利用太阳能转换为电能，为建筑物提供清洁的可再生能源。储能系统则负责存储多余的电能，以备不时之需，确保能源供应的稳定性和可靠性。直流充电桩系统为电动汽车提供充电服务，支持低碳出行。低压直流配电系统则负责将电能高效地分配到各个用电设备和负荷点。用电负荷的"柔性"调节是指系统能够根据实时用电需求和能源供应情况，动态调整用电负荷，优化能源使用效率。

通过这种综合性的能源管理，光储直柔微电网系统不仅提高了能源利用效率，减少了能源浪费，还提升了建筑物的能源自给自足能力，降低了对外部电网的依赖程度。此外，该系统还具有良好的扩展性和灵活性，能够适应未来能源技术的发展和建筑物用电需求的变化。总之，光储直柔微电网系统为实现绿色建筑和可持续发展提供了有力的技术支撑。

5.1.5　建筑光储直柔微电网系统功能

光储直柔微电网系统通过对光伏、储能、充电桩、各负荷分项用电等数据实时采集与分析；对直流母线运行状态、各重要设备运行状态进行实时监控；根据光伏、储能的放电行为和充电桩、负荷的用电行为实现直流微网的能量调控；支持多种能量调度和管理策略，支持自行定制控制策略，主要功能包括：

1. 应用微电网光伏发电全面感知技术

能够使光伏发电实时运行状态监视及各项数据直观展示；逆变器实时运行参数和报警信息统一监控管理，评估整理运行效率；基于光伏组件整体离散率在线诊断光伏组件故障。

2. 气象信息在控制管理系统中的应用

通过对历史功率数据和气象条件等多方面因素进行综合分析，可以制定出一套有效的控制策略，以确保光伏发电系统的消纳率能够达到最大化。具体来说，这一策略将考虑历史发电量数据、天气状况、季节变化以及其他可能影响光伏发电效率的因素。通过对这些数据的深入分析，我们可以优化光伏发电系统的运行模式，从而在不同的天气条件下都能保持较高的发电效率。

同时，我们还可以根据历史发电量数据以及天气因素等信息，自动判断光伏组件的最优清洗周期。光伏组件在长期运行过程中，表面会积累灰尘、污垢等污染物，这会显著降低其发电效率。通过分析历史数据，我们可以确定一个合理的清洗周期，确保在组件表面污垢积累到一定程度之前进行清洗，从而保持组件的最佳工作状态。这种自动判断机制将根据实时数据和历史经验，动态调整清洗周期，以确保光伏发电系统的整体效率和经济效益最大化。

3. 储能设备全面感知与控制

储能单体电池实时运行状态监视及各项数据直观展示；PCS 实时运行参数和报警信息统一监控管理，评估整体运行效率；根据历史充放电次数、电池容量状态、电池温度，结合用电情况给出最符合实际运行情况的储能运行策略；综合历史充放电及参与电网辅助服务等因素进行分析，制定有效控制策略保证储能电站收益最大化。

4. 负荷运行管理

对各建筑区域接入的负荷用电数据进行实时监视，以折线图方式展现每天用电量峰谷对比；结合历史运行数据对负荷用电情况进行预测，更好地把握区域负荷的用电情况；对当前时间运行累计的负载用能情况进行监视，如照明插座用能、空调用能、动力用能、分项用能等，并对总的负载用能情况监视，使负荷用能情况更直观。

5.1.6　建筑光储直柔系统助力新型电力系统建设

光储直柔微电网系统助力电力系统实现零碳化转型，增加光伏建筑一体化（BIPV）的装机容量和有效消纳波动的可再生能源发电量，从而实现能源集约化利用、促进可再生能源充分消纳，实现建筑与电网能源系统友好互动，促进源、网、荷、储深度协同，进一步推进新型电力系统建设。

5.2　小型风力发电

人类对风能的利用已有几千年的历史，最初主要是利用风力提水灌溉，以及海水晒盐和风力驱动的磨坊。这在当时是人类利用大自然的力量，利用风力和水力代替人力和畜力来驱动工作机械，提高了生产力。

我国较大规模地开发和应用风力发电机，特别是小型风力发电机，始于 20 世纪 70 年代。当时研制的风力提水机用于提水灌溉和沿海地区的盐场，研制的较大功率风力发电机应用于浙江和福建沿海，特别是在内蒙古地区由于得到了政府的支持及适应了当地自然资源和群众的需求，小型风力发电机的研究和推广得到了长足的发展。对于解决边远地区居住分散的农牧民群众的生活用电和部分生产用电，起到了很大的作用。

随着世界范围内对环境保护、全球温室效应的重视，各国都竞相发展包括风能在内的可再生能源的利用技术，将风能作为可持续发展的能源政策中的一种选择。不论对并网型的大型风力发电机，还是适用于边远地区农牧户的离网型小型风力发电机，都给予了很大的政策支持。我国已有安装并网的风力机的风力田 24 处，总装机容量 26.8 万 kW。小型风力机的保有量超过 14 万台，使我国成为世界上小型风力发电机保有量最多的国家。

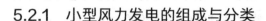

5.2.1　小型风力发电的组成与分类

1. 小型风力发电的组成

一般把发电功率在 10kW 及其以下的风力发电机，称作小型风力发电机。小型风力发电机组一般由下列几部分组成：风轮、发电机、调速和调向机构、停车机构、塔架及拉索、控制器、蓄电池、逆变器等。

（1）风轮：小型风力机的风轮大多用 2~3 个叶片组成，它是把风能转化为机械能的部件。风轮叶片的材质主要有两种。一种是玻璃钢材料，一般用玻璃丝布和调配好的环氧树脂在模型内手工糊制，在内腔填加一些填充材料，手工糊制适用于不同形状和变截面的叶片但手工制作费工、费时，产品质量不易控制。国外，小风机也采用机械化生产等截面叶片，大大提高了叶片的生产效率和产品质量。

（2）发电机：小型风力发电机一般采用的是永磁式交流发电机，由风轮驱动发电机产生的交流电经过整流后变成可以储存在蓄电池中的直流电。

（3）调向机构、调速机构和停车机构：为了从风中获取能量，风轮旋转面应垂直于风向。在小型风机中，这一功能靠风力机的尾翼作为调向机构来实现。同时，随着风速的增加，要对风轮的转速有所限制。这是因为，一方面，过快的转速会对风轮和风力机的其他部件造成损坏；另一方面，也需要把发电机的功率输出限定在一定范围内。由于小型风力机的结构比较简单，一般采用叶轮侧偏式调速方式，这种调速机构在风速风向变化较大时容易造成风轮和尾翼的摆动，从而引起风力机的振动。因此，在风速较大时，特别是蓄电池已经充满的情况，应人工控制风力机停机。在有的小型风力机中，设计有手动刹车机构。另外，在实践可采用侧偏停机方式，即在尾翼上固定一软绳。当需要停机时，拉动尾翼，使风轮侧向于风向，从而达到停车的目的。

2. 小型风力发电按轴位置分类

按照风力发电机风轮轴的位置分，可分为水平轴风力发电机和垂直轴风力发电机。

（1）水平轴风力发电机：水平轴风力发电机的风轮围绕一个水平轴旋转，风轮轴与风向平行，风轮上的叶片是径向安装的，与旋转轴垂直，并与风轮的旋转平面成一角度（称为安装角）。风轮叶片数目为 1~10 片（大多为 3 片、5 片、6 片）。它在高速运行时有较高的风能利用率，但启动时需要较高的风速。

（2）垂直轴风力发电机：垂直轴风力发电机的风轮围绕一个垂直轴旋转，风轮轴与风向垂直。其优点是可以接受来自任何方向的风，因此当风向改变时无需对风。

3. 小型风力发电按功率分类

根据风力发电机的功率大小，我们可以将其分为不同的类别，包括大型、中型、小型和微型风力发电机。具体来说，功率小于 1kW 的风力发电机，被归类为微型风力发电机；功率在 1~10kW 之间的风力发电机，则属于小型风力发电机；而功率在 10~100kW 范围内的风力发电机，则被称为中型风力发电机。至于功率超过 100kW 的风力发电机，则被定义为大型风力发电机。此外，还有更大规模的风力发电机，例如 MW 级别的风力发电机。

然而，随着风力发电技术的不断进步和单机容量的显著提升，目前 1MW 及以上的风力发电机逐渐被重新定义为中型或大型风力机。与此同时，小型风力机的单机容量也有所增加，通常可以达到几百 kW 的水平。这种分类方式有助于更好地理解和区分不同规模的风力发电设备，从而为风力发电项目的规划和实施提供更为明确的指导。

5.2.2　风能利用率和结构特点

1. 风能利用率

在讨论风能利用率时，我们通常会关注大型水平轴风力发电机的性能。这些风力发电机的风能利用率，大部分情况下是由专门负责叶片设计的单位通过复杂的计算得出的。根据这些计算，风能利用率通常能够达到 40% 以上。为了确保这些数据的准确性，风电厂会利用风力发电机测得的风速和输出功率，绘制出风功率曲线。然而，需要注意的是，此时所测得的风速实际上是风轮后部的测风仪所测得的风速，这通常会比实际的来流风速要小。因此，绘制出的风功率曲线往往会偏高，这就需要我们进行相应的修正。在应用了修正方法之后，我们发现水平轴风力发电机的风能利用率实际上会降低 30%~50%。这一修正过程是至关重要的，因为它确保了我们对风能利用率的评估更加接近实际情况。至于小型水平轴风力发电机的风能利用率，中国空气动力研究与发展中心曾经进行过相关的实测研究。根据他们的研究结果，小型水平轴风力发电机的实测风能利用率约为 23%~29%。这一数据为我们提供了关于小型风力发电机性能的重要参考，帮助我们更好地理解它们在实际应用中的表现。

2. 结构特点

水平轴风力发电机的叶片在旋转一周的过程中，受惯性力和重力的综合作用，惯性力的方向是随时变化的，而重力的方向始终不变。这样，叶片所受的就是一个交变载荷，这对于叶片的疲劳强度是非常不利的。另外，水平轴的发电机都置于几十米的高空，这给发电机的安装、维护和检修带来了很多的不便。

垂直轴风轮的叶片在旋转的过程中的受力情况要比水平轴的好得多，由于惯性力与重力的方向始终不变，所受的是恒定载荷，因此疲劳寿命要比水平轴风轮长。同时，垂直轴的发电机可以放在风轮的下部或是地面，便于安装和维护。

5.2.3　应用场景

分布式风力发电系统主要运用领域：这种系统可以在农村、牧区、山区以及发展中的大、中、小城市或商业区附近建造，从而有效地解决当地用户的用电需求。具体来说，分布式风力发电系统可以在偏远的农村地区提供稳定的电力供应，满足农民的基本生活和生产用电需求。在广阔的牧区，分布式风力发电系统可以为牧民提供可靠的电力支持，改善他们的生活条件。在山区，分布式风力发电系统可以克服地形限制，为山区居民提供稳定的电力供应。此外，在发展中的大、中、小城市或商业区附近，分布式风力发电系统可以作为补充能源，缓解城市用电压力，提高电力供应的可靠性。总之，分布式风力发电系统具有广泛的应用场景，能够有效解决不同地区用户的用电需求。

5.2.4　分布式风力发电

分布式风力发电的工作原理是通过风力驱动风车的叶片旋转，再利用增速机将其旋转速度进一步提升，然后驱动发电机进行发电。根据目前的风车技术，即便是风速只有3m/s的微风，风力发电系统也能够运转发电。风力发电最大的优势在于不需要燃烧任何燃料，因此不会产生有害的辐射和空气污染，对环境友好。

一个完整的分布式风力发电系统主要由以下几部分构成：

1）风力发电机。它负责捕捉风能并将其转换为机械能，进而转换成电能。

2）蓄电池。它用于储存发电过程中产生的电能。

3）控制器。它负责管理整个系统的运行，确保发电和储能过程的高效和稳定。

4）并网逆变器。它将储存的电能转换为适合并入电网的交流电，从而实现电力的有效利用。

5.2.5　发展前景

我国风力能源作为新能源领域的重要一员，其发展前景十分光明，未来将会持续展现其出强劲的增长势头。随着国内风电技术的日益成熟，小型风力发电的成本有望显著下降，这将在很大程度上提升其经济性和竞争力，进而带动整个行业的快速发展。

随着风光互补系统等创新技术的不断突破和应用，小型风力发电的应用场景将进一步拓展，市场潜力也将得到充分释放。小型风电机组制造、风电技术研发、风电路灯等新兴市场领域，将成为投资的热土，吸引越来越多的资本和人才涌入。

展望未来，我国风力能源的发展蓝图已经清晰可见。在政策的支持和市场的推动下，风力发电行业将不断迈上新的台阶，为我国的能源结构转型和可持续发展做出更大的贡献。

5.3 虚拟电厂

5.3.1 虚拟电厂概念和特点

1. 虚拟电厂的概念

虚拟电厂的概念在能源领域中是一个相对较新的理念，它主要通过先进的网络连接技术和智能化技术手段，将各种分散的分布式能源资源进行有效的集成和整合。这种集成不仅仅是物理上的连接，更是通过智能管理系统对这些资源进行高效地调度和优化配置。虚拟电厂的运作模式类似于一个虚拟的发电厂，它能够将散布在不同地点的各类能源资源，如太阳能、风能、地热能等，进行集中管理和智能调配，从而实现能源的高效利用和最大化共享。

具体来说，虚拟电厂通过先进的信息技术和数据分析手段，实时监控和管理各个分布式能源资源的运行状态，根据电网的需求和资源的可用性，动态地调整能源的生产和消费。这种模式不仅能够提高能源的利用效率，减少能源浪费，还能够在电力需求高峰时段提供灵活的调峰服务，减轻电网负担、增强电网的稳定性和可靠性。此外，虚拟电厂还能够促进可再生能源的消纳，推动能源结构的优化和绿色低碳、可持续发展。

虚拟电厂见图 5.3.1-1。

2. 虚拟电厂的特点

虚拟电厂的应用领域非常广泛，具有很大的市场应用潜力。

首先，虚拟电厂可以应用于电力领域，虚拟电厂能够集合多种分布式发电单元（诸如太阳能发电站、风力发电站等），实现对电能的集中管理与调度，从而提升电力系统的稳固性与可靠性，并有效减少能耗与污染物排放。

其次，虚拟电厂还可以应用于工业和商业领域，它能够连接多个小型发电装置（比如燃气轮机发电系统、燃料电池发电站等），为工业和商业用户供应稳定可靠的电力供

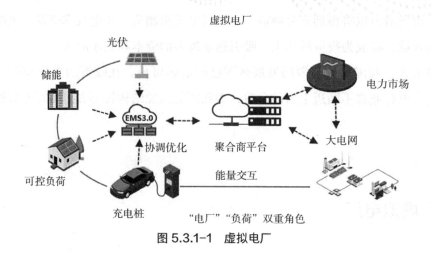

图 5.3.1-1　虚拟电厂

应，帮助降低能源开支。此外，在城市与社区层面，虚拟电厂通过整合小型发电资源（包括储能设施、电动汽车充电站等），为居民与企业提供环保、安全且可持续的能源解决方案。

5.3.2　虚拟电厂相关技术

1. 虚拟电厂的应用技术

虚拟电厂是通过聚合和优化"源网荷储"清洁发展的新一代智能控制技术和创新的互动商业模式。这种技术主要关注分布式电源、储能设备以及可调负荷等未被纳入传统电网调度系统的各类资源进行有效的聚合和控制。通过这种方式，虚拟电厂不仅能够为电网提供服务，还能实现自身的盈利目标。

在我国，虚拟电厂的发展主要分为三大类，其中以需求侧资源型为主导。具体来说，虚拟电厂可以分为需求侧资源型、供给侧资源型和混合资源型三种类型。我国目前的试点项目主要集中在需求侧资源型虚拟电厂上。

虚拟电厂作为一种非实体的智能控制技术，在电力系统中的定位是参与并聚合优化各类资源。它只能在并网模式下运行，无法像微电网那样以离网模式而独立存在。虚拟电厂通过聚合和优化分布式能源资源（DER）的组合，实现对分布式能源资源的有效调控和利用。这种技术始终与市政电网保持连接，确保了其在电力系统中的稳定运行和高效管理。

2. 虚拟电厂的关键技术

虚拟电厂的核心技术包括多个关键环节，其中资源评估是整个系统运行的前提，它涉及对各种能源资源的详细分析和准确评估，确保能够合理利用和调配。调度控制则是虚拟电厂的核心，它负责实时监控和管理整个系统的运行状态，确保资源的高效利用和系统的稳定运行。信息通信技术是虚拟电厂运行的基础，它保证了各个设备和系统之间的高效、可靠的信息交换，确保了调度控制的准确性和及时性。资源分配是虚拟电厂的关键环节，它涉及如何在不同资源之间进行优化配置，以实现最佳的经济效益和能源利用效率。

智能计量技术是虚拟电厂中一个重要的工具，它能够直观地获取用电数据，为资源评估和调度控制提供准确的依据。另外，虚拟电厂还涵盖了市场运营、优化运行和物联网技术等多个方面。市场运营技术涉及虚拟电厂在市场中的运作机制，如何通过市场手段实现资源的优化配置和经济效益的最大化。优化运行技术关注如何通过算法和模型，实现虚拟电厂的高效运行和资源的最优分配。物联网技术为虚拟电厂提供了设备互联和数据采集的能力，使得整个系统的智能化水平得到保障和提升。

通过加快虚拟电厂关键技术研发，可以实现调控模式的根本转变，从传统的"源随荷动"模式向"源荷互动"模式转变。在"源随荷动"模式下，能源供应主要根据负荷需求进行调整；而在"源荷互动"模式下，能源供应和负荷需求之间可以实现双向互动，通过智能化手段实现供需平衡，提高能源利用效率，降低能源成本，最终实现能源系统的可持续发展。

5.3.3 虚拟电厂的功能与价值

虚拟电厂的功能与价值体现在多个方面，具体来说，它具有四大层面和六个切入点的价值。首先，在电力生产的各个环节中，虚拟电厂发挥着至关重要的作用。它不仅在电力系统层面对"源网荷"（即电源、电网和负荷）产生积极的影响，还能够在监管层面促进市场竞争，从而降低成本。此外，在运营商层面，虚拟电厂引入了新的商业模式，为运营商提供了更多的经营选择和盈利机会。

从产业链的角度来看，虚拟电厂能够创造综合收益，并提供增值服务。这不仅有助于提升整个电力行业的经济效益，还能够推动相关产业的发展。例如，虚拟电厂可以通过优化电力资源的配置，提高电力系统的运行效率，减少能源浪费。同时，它还能够为用户提供更加灵活和个性化的电力服务，满足不同用户的需求。

总之，虚拟电厂在电力系统的各个环节中都发挥着重要作用，不仅能够降低成本、促进竞争，还能够引入新的商业模式，创造综合收益，提供增值服务，从而实现多方共赢的局面。

5.3.4 虚拟电厂与实体电厂、微电网的区别

1. 与实体电厂的区别

详见表 5.3.4-1。

虚拟电厂与实体电厂的区别　　　　　　　　　　表 5.3.4-1

名称	虚拟电厂	实体电厂
存在形式	智能控制技术	实体发电厂
参与方	发电侧、用电侧、电网企业、监管机构及产业链	发电侧
调节方式	调增出力、调减负荷	调节出力
电能量市场	负荷削峰为主、可参与电力市场	中长期、现货电力交易
电能量流动方向	双向：VPP 市场与电力市场实时互动	单向：电厂——输电网——配电网——用户
生产与消费关系	负荷端负荷可适应电力生产、采用需求侧管理模式	遵循负荷端的波动变化，并通过调度集中统一管理
辅助服务市场	以调峰为主、能力可拓展	调峰、调频、备用、调压等
调节资源	分布式电源、储能、充电桩、可调节负荷	火电、风电、光电

2. 与微电网的区别

详见表 5.3.4-2。

虚拟电厂与微电网的区别　　　　　　　　　　表 5.3.4-2

名称	虚拟电厂	微电网
设计理念	强调"参与"即吸引并聚合各种 DER 参与电网调度和电力市场交易，优化 DER 组合以满足电力系统或市场要求为主要控制目标	微电网采用自下而上的设计理念，强调"自治"，即以 DG 与用户就地应用为主控制目标，实现网络正常时的并网运行以及网络发生扰动或故障时的独立运行
构成条件	依赖于软件和技术，引入虚拟电厂，没有必要对原有电网拓展，能够聚合微网所辖范围之外的 DG	依赖于元件（DG、储能、负荷、电力线路等）整合，微电网主要整合地理位置接近的 DG，无法包含相对偏远和独立的分布式发电设备设施
运行模式	虚拟电厂始终与公网相连，运行与并网模式	微电网相对外部大电网表现为单一的受控单元，提供公共耦合开关，即可运行于并网模式，又可以运行于独立模式
运行特性	可用常规电厂的统计数据和运行特性来衡量虚拟电厂的效用，如有功功率/无功负载能力、备用容量等	微电网的运行特性包含：独立运行时配电网自身运行的特点和并网运行时与外部系统的互联互通
参与者	发电商、政府机关单位、电力交易市场、电网公司（调度中心）、电能使用者、聚合服务商等	电站拥有者
规模	虚拟电厂的规模较大，一般为多个用户、多个区域，同时跨区域运行调控	微电网的规模一般一个家庭用户、一个区域，其规模较小，且必须在同一区域内调控

5.3.5　虚拟电厂的商业应用模式

虚拟电厂的商业应用模式在不同地区表现出多样化的特征。在欧美等经济发达地区，虚拟电厂的商业模式通常以社区（用户）为基础，通过整合社区内的分布式能源资源，实现能源的优化配置和高效利用。这种模式下，虚拟电厂能够更好地满足社区用户的能源需求，同时提高能源系统的整体效率。此外，欧洲地区还存在多种商业模式，这些模式通常涉及发电企业、售电公司、第三方运营商及电网公司等多个主体的组合。通过这种多方合作，虚拟电厂能够实现更加灵活和高效的能源管理。

而在亚太地区，虚拟电厂的商业模式则更多地采用交易或独立运营的方式。在这些地区，虚拟电厂可能直接参与电力市场交易，通过买卖电力来获取收益。独立运营模式则意味着虚拟电厂作为一个独立的实体，自主管理其内部的分布式能源资源，以实现经济效益最大化。当然，这些商业模式的具体形式会受到各国政策和电力系统运行特点的影响，因此在不同国家和地区会有所差异。例如，一些国家可能会通过政策支持虚拟电厂的发展，提供补贴或税收优惠，以促进其商业模式的创新和应用。

5.3.6　虚拟电厂的发展前景与市场

1. 虚拟电厂的发展前景

虚拟电厂的发展历程可以划分为邀约型、交易型和自治型三个主要阶段。目前，我国正处于从邀约型向交易型过渡的转型升级阶段。在邀约型虚拟电厂阶段，主要通过需求响应机制来削减高峰时段的电力负荷，从而提高电网的稳定性和效率。这种模式下，政府或相关机构通常会邀请用户在特定时段减少电力消耗，以缓解电网压力。

随着技术的进步和市场的成熟，虚拟电厂逐渐发展到交易型阶段。在这一阶段，虚拟电厂通过参与现货市场交易来实现电力的平衡。这意味着虚拟电厂不仅能够响应需求侧的管理，还能在电力市场上进行买卖操作，通过市场机制来优化电力资源的分配。交易型虚拟电厂能够更灵活地应对电力供需变化，提高电力系统的整体经济性和效率。

最终，虚拟电厂将进入自治型阶段。在这一阶段，通过智能化和自动化的手段，实现能源的优化配置和管理。由于市场主体的活力得到显著提升，自治型虚拟电厂不再依赖于政府的直接干预，而是由运营商自主管理。这一阶段的虚拟电厂能够更好地适应市场变化，提高能源利用效率，促进可再生能源的广泛应用，从而推动能源系统的可持续发展。

总的来说，虚拟电厂的发展是一个逐步从政府主导向市场主导转变的过程，从单一

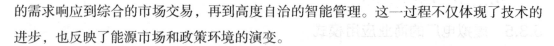

的需求响应到综合的市场交易，再到高度自治的智能管理。这一过程不仅体现了技术的进步，也反映了能源市场和政策环境的演变。

2. 虚拟电厂的未来市场

虚拟电厂在未来的发展前景中蕴含着巨大的潜力和广阔的空间。随着能源互联网的逐步建设和智能技术的不断进步，虚拟电厂将会变得越来越智能化和高效化。未来的虚拟电厂可能会通过人工智能和大数据分析技术，对能源市场进行精准的预测和高效的调度，从而使能源的供需匹配更加精准和高效。此外，虚拟电厂还可能会与智能电网相结合，实现对电力需求和能源供应的实时监测和调整，从而提高电力系统的稳定性和可靠性。

总的来说，虚拟电厂是一个集成分布式能源资源的概念，通过网络连接和智能技术，实现能源的高效利用和共享。虚拟电厂的出现为电力、工业、商业等领域带来了诸多社会价值；未来，虚拟电厂有望进一步发展并实现更高水平的智能化和高效化。虚拟电厂不仅能够优化能源分配，减少浪费，还能在应对可再生能源波动性方面发挥重要作用。通过虚拟电厂，可以将风能、太阳能等可再生能源更有效地整合到现有的能源体系中，从而减少对化石能源的依赖，推动能源结构的转型和绿色低碳发展。此外，虚拟电厂还能为用户提供更加灵活和个性化的能源服务，提升用户体验，促进能源消费的智能化和便捷化。因此，虚拟电厂在未来能源市场中将扮演越来越重要的角色，成为推动能源革命和实现可持续发展的重要力量。

本章参考文献

[1] 莫理莉，陈志忠，王静，等.“光储直柔”建筑电气设计探究 [J]. 智能建筑电气技术，2022，16（3）：1-8.

[2] 中国国电集团龙源电力集团股份有限公司 . 风力发电，2024（3）.

[3] 谭忠富，王冠然 . 新型电力系统下虚拟电厂技术应用与发展建议 . 华北电力大学经济与管理学院，2024（4）.

[4] 深圳市中电电力技术股份有限公司 . 建筑设计院选型手册（www.cet_electric.com）.

[5] 安科瑞电气股份有限公司，AcreIEMS 企业微电网能效管理平台 . 设计安装图册：AC22CDX1301.

第 6 章

建筑运行电气节能管理

在全球化的今天，能源危机和环境问题已成为世界各国面临的共同挑战。中国作为世界上最大的能源消费国之一，其节能减排政策对于推动全球可持续发展具有重要意义。在这一背景下，建筑电气节能不仅是提高能源使用效率、降低经济成本的有效手段，更是实现国家长期可持续发展战略的关键环节。建筑行业作为能源消耗的主要领域，其节能潜力巨大。据统计，建筑能耗占全国总能耗的近40%。其中，电气能耗又占据了建筑能耗的相当一部分。因此，建筑电气节能措施的实施，能够直接减少能源的消耗，降低运营成本，提升建筑的经济效益和市场竞争力。此外，建筑电气节能对环境保护的贡献不容忽视。通过减少化石能源的使用，可以有效降低温室气体排放，改善空气质量，对抗全球气候变化。同时，节能建筑还能减少对自然资源的开采，保护生态环境，促进人与自然的和谐共生。随着科技的不断进步和创新，建筑电气节能技术也在不断发展和完善。从智能照明系统到高效能源管理系统，从太阳能利用到风力发电，各种先进技术的应用为建筑节能提供了更多的可能性。这些技术不仅能够提高能源使用效率，还能带来更高的舒适度和更好的体验感。同时，国家层面的节能减排政策为建筑电气节能提供了政策支持和市场动力。通过制定相关标准和激励措施，鼓励建筑行业采用节能技术和产品，推动了节能技术的创新和应用。并且，政策的引导也促进了公众节能意识的提高，形成了全社会共同参与节能减排的良好氛围。

建筑电气是建筑中的重要组成部分，也是建筑能够正常使用的基础保障；同时，建筑电气的运行也会带来较大的能源消耗。在我国积极的倡导节能减排政策下，建筑电气节能已经成为建筑电气设计的重要任务之一。对电气的运行方式、运行理念进行改善，可以大大降低对能源的消耗，同时减少对环境造成的污染。建筑电气节能措施的应用，推动了我国建筑业的发展，同时为生态建筑的发展创造了有利的条件。对建筑电气系统的优化设计，要根据各项电气系统的区别进行电气负荷计算和电气节能设计。设计前，设计人员要深入现场，详细了解建筑自然环境、日照、光照条件等因素，加强与业主的沟通，仔细了解业主对建筑照明的要求，本着以人为本的原则，综合建筑物功能、结构、环境等方面的因素，选择最佳的技术和最优的技术方案，同时，设计人员要加强学习和沟通，及时掌握最新的节能技术，并将其应用到电气节能设计当中。对电气设计成果要引入第三方的检查和审核机构，对图纸的科学性和合理性进行审核，提高图纸的设计质量水平。总之，建筑电气节能是实现国家节能减排政策的重要途径，对于推动能源的可持续利用、保护环境、促进经济社会的可持续发展具有重要作用。

随着国家节能减排政策的深入实施，建筑电气节能技术得到了迅速发展。现代建筑设计中，绿色建筑和智能建筑的理念逐渐得以普及，新型节能材料、高效能源管理系统、智能照明控制等技术的应用越来越广泛。特别是在一些发达城市和地区，新建建筑和既有建筑改造项目中，节能标准和规范得到了较为严格的执行。但是，目前在我国的建筑电气设计中，还存在诸多的问题，影响到节能效果，造成浪费，主要表现在如下方面：

（1）技术应用不平衡：尽管节能技术不断涌现，但在不同地区和不同类型建筑中的应用存在较大差异。一些经济发达地区能够采用先进技术，而经济欠发达地区则因资金和技术限制，节能措施难以普及。

（2）既有建筑改造难度大：大量既有建筑由于建设年代较早，电气系统普遍存在能耗高、效率低的问题。这些建筑的改造不仅技术难度大，而且成本高昂，业主改造意愿不强。

（3）节能意识不足：在一些地区的建筑使用者中，节能意识仍然较为淡薄。缺乏对节能重要性的认识，导致节能措施的实施和维护不到位。

（4）标准和规范执行不严：虽然国家和地方出台了一系列建筑节能标准和规范，但在实际执行过程中，由于监管力度不够，一些建筑项目未能完全按照标准执行，影响了节能效果。

（5）技术创新与集成不足：现有的节能技术虽然在一定程度上能够降低能耗，但仍然存在效率提升空间。同时，不同技术的集成应用还不够成熟，难以实现系统最优的节能效果。

（6）资金和投资回报问题：节能改造和新技术的应用往往需要较大的初期投资。对于一些业主和企业来说，短期内难以看到明显的经济回报，影响了他们投资节能项目的积极性。

（7）政策和市场机制不完善：虽然国家层面的节能减排政策为建筑电气节能提供了指导，但具体的激励措施和市场机制还不够完善，未能充分调动各方面参与节能的积极性。

（8）线路出现迂回铺设：供电线路是保证建筑用电的基础保障，在进行线路铺设时，经常会出现迂回铺设的情况，不仅造成了线路的浪费，而且密集的线路还存在诸多的安全隐患。

（9）变压器等电气设备的选型不合理：变压器是保证供电稳定运行的主要设备，根据建筑规模的大小，使用性质合理的变压器型号以及安放的位置非常重要。但是，在实际运行中没有对用电负荷进行计算，并且变压器与负荷中心的距离过大，造成能量的损耗。部分电气设备的选型不合理，没有对实际运行环境进行分析，并且缺乏自动控制功能，导致设备的长久运行，消耗大量的能量，效率低下。

6.1 建筑电气节能的途径与原则

6.1.1 建筑电气节能措施

实现建筑电气节能的途径涉及多个方面，包括设计、技术、管理、政策等。以下是一些具体的节能途径，以及它们在建筑电气节能中的应用和重要性。

1. 优化建筑设计

自然采光：设计大窗户和天窗，以实现自然光利用的最大化。

自然通风：采用合理的建筑布局和结构，促进自然通风，减少空调使用。

2. 采用高效能源系统

高效空调系统：使用变频空调或地源热泵系统，提高能效比。

智能照明系统：安装感应器和定时器，实现照明的自动控制。

3. 升级电气设备

高效电动机：替换旧电动机为高效率型号，减少能耗。

节能型变压器：使用低损耗变压器，减少电能转换过程中的损耗。

4. 应用节能技术

LED 照明：替换传统照明设备为 LED 灯具，降低照明能耗。

太阳能利用：安装太阳能光伏板，利用太阳能发电。

5. 实施智能化管理

能源管理系统：部署楼宇自动化系统，实时监控和调节能源使用。

需求响应：参与电网的需求响应计划，优化用电负荷。

6. 改进施工和材料

保温材料：使用高性能保温材料，减少热量流失。

节能玻璃：安装低辐射涂层玻璃，降低太阳热能的进入。

7. 增强用户节能意识

教育与培训：对建筑使用者进行节能教育，增强节能意识。

行为节能：鼓励用户采取节能行为，如关闭不必要的电器。

8. 政策和法规支持

节能标准：遵守和执行国家和地方的建筑节能标准。

经济激励：利用政府提供的税收优惠、补贴等激励措施。

9. 维护和运营优化

定期维护：确保所有系统和设备定期维护，保持最佳运行状态。

能源审计：定期进行能源审计，识别节能机会。

10. 利用新技术

物联网（IOT）：利用物联网技术收集数据，优化能源使用。

人工智能（AI）：应用 AI 算法预测能源需求，自动调节能源分配。

6.1.2　建筑电气节能管理方法

1. 基础资料管理

建立电气系统档案：详细记录建筑内电气设备的型号、规格、安装位置、生产厂家、使用年限等信息，形成完善的设备档案。

编制电气系统图纸：包括电气原理图、接线图、布局图等，确保管理人员和维护人员能够准确、快速地定位问题。

资料动态更新：定期更新设备档案和图纸，记录维修、更换、改造等变动情况，保持信息的准确性和时效性。

2. 运行技术管理

优化运行策略：根据建筑使用特点和负荷需求，制定合理的电气系统运行策略，如分时分段供电、智能控制等。

监控系统应用：利用现代化监控技术，实时监测电气系统运行状态，及时发现并处理异常情况。

故障预警与应急响应：建立故障预警机制，制定应急预案，确保电气系统的安全、稳定运行。

3. 维护保养管理

制定维护计划：根据设备特性和使用情况，制定定期维护保养计划，包括清洁、检查、紧固、润滑等。

执行维护作业：严格按照计划进行维护作业，确保设备处于最佳运行状态。

维护记录与分析：详细记录维护过程，分析设备性能变化，为后续改进提供依据。

4. 人员培训管理

专业培训：组织电气管理人员、维护人员参加专业技能培训，提升其理论水平和实际操作能力。

安全教育：强化安全意识教育，确保人员严格遵守安全操作规程，防止安全事故的发生。

持续学习：鼓励员工参与行业交流、技术研讨等活动，不断更新知识，提升专业能力。

5. 节能设备管理

推广高效节能设备：设备采购和更换时，优先考虑高效节能型产品，降低能耗。

设备能效评估：定期对设备进行能效评估，识别低效设备，制定改造或淘汰计划。

智能控制应用：采用智能控制技术，如变频调速、智能照明等，实现设备的精准控制和优化运行。

6. 能耗监测与分析

建立能耗监测系统：安装能耗监测设备，实时采集电气系统能耗数据。

数据分析与挖掘：运用大数据分析技术，挖掘能耗数据背后的规律，识别节能潜力。

能耗报告编制：定期编制能耗报告，分析能耗变化趋势，提出节能建议。

7. 节能改造与优化

识别改造需求：根据能耗监测结果和能效评估结论，明确节能改造的重点和方向。

制定改造方案：结合建筑实际情况，制定切实可行的节能改造方案，包括技术方案、经济分析、实施方案等。

实施与验收：按照方案组织施工，完成后进行验收，确保改造效果达到预期目标。

8. 经济管理与考核

节能成本效益分析：对节能改造项目进行成本效益分析，评估其经济可行性。

节能激励机制：建立节能激励机制，对节能工作表现突出的个人或部门给予奖励。

节能目标考核：设定节能目标，并将其纳入绩效考核体系，确保节能工作得到有效推进。

6.1.3 电源节能

在输送电能的过程中，需要经过变压器的变压和较长的线路传输，期间会造成很多的能量损耗，这是困扰电力企业的一个传统难题。所以，如果能够降低线损将会节省很大的成本，有效提高电能的输送和使用效率，尤其是在建筑电气线路损耗方面，对于线路和变压器进行节能降耗，是两个非常重要的环节。

1. 节能降损

影响线损的因素是多方面的，主要可以从以下几个方面来实现节能降损。

降低线路电阻，选择电阻率小的优质导线材料，增大导线的横截面；根据建筑的用电需求，合理规划电网的铺设，减少线路铺设的浪费；在保证绝缘功能的基础上，对电压进行升级改造，简化变压的频率，减少能量的损耗；根据用电负荷中心的位置合理安放变压器并且安放并联补偿电容器，减少无功线路损耗，提高功率因数。

2. 降低变压器损耗的途径

选择合理的变压器，如油浸变压器或干式变压器，减少铁损和铜损，也可以选用调容变压器，根据负荷的变化调整变压器容量，避免过载或负载率低，使变压器的实际负荷接近设计的最佳负荷；从材料和生产工艺方面着手，改造现有的高能耗变压器；通过削峰填谷的方式调整负荷，合理安排不同用户的用电时间，减少空载损耗，提高变压器的负荷率；采用变压器损耗最小的运行方式，同一变电站的多台变压器需并联运行，可以合理分配负荷，安全持续使用。

6.1.4　动力和照明节能

在我国，目前电动机已经被广泛应用到建筑物的各个方面，它们是推动现代建筑运转不可或缺的动力源泉。然而，电动机的广泛使用也带来了巨大的能源消耗，尤其是交流电动机，它们在运行过程中对电能的消耗尤为显著。因此，在当前全球能源紧张和环保意识日益增强的背景下，推动建筑节能的进程显得尤为重要，而动力节能无疑是其中的一个重要方向。动力节能的核心在于对电动机及其相关设备进行技术升级和改造，以实现能效的显著提升。这不仅有助于降低能源消耗，减少碳排放，还能为企业带来经济效益，实现可持续发展。为了达到这一目标，可以采取如下一系列具体的节能措施：

（1）电动机的使用越来越广泛，对其进行节能改造，需要抓住其节能的要点，根据不同的场合选择适宜的高效率电动机，同时改进其控制方式。

（2）在电动机运行过程中，会产生铜损与铁损这两种不同性质的损耗。因此，采取特定策略降低这些损耗显得尤为关键。新型低噪声节能型高效电动机在设计上更加注重能效比，能够在消耗更少电能的同时，提供等量甚至更高的输出功率，节能效果显著，并且具备更佳的环保性能和更长的使用寿命。此类电动机是理想的选择。

（3）在风机、水泵、电梯和空调等设备中应用变频器，通过安装变频器来调节电动机的运行速度，根据实际需要调整功率输出，避免无谓的能源浪费。

（4）对电动机的维护和保养也至关重要，定期的检查和维护可以确保电动机始终处于最佳工作状态，从而提高整体的能效表现。

照明是建筑中的基本需求，也是电能损耗较为严重的环节。照明的效果如何不仅与电气设备的安装有关，同时与建筑的设计有很大的关系。因为在白天，主要是以自然光照为主要的照明方式，所以应加强建筑设计的节能技术。此外，照明方式、照明设备及维护管理方式等都对照明节能有很大的影响。高效的照明不仅为人们提供了基本的需求，而且还会创造一个健康、舒适的生活环境。在照明节能措施中，主要表现在以下几个方面：

（1）对于建筑的应用大部分都集中在白天时间，所以要充分利用自然光。根据当地的光照特点、建筑物的使用性质及光照需求，合理设计建筑布局和人工照明，保证自然光源获的最大化利用，同时将自然采光与人工照明有机结合起来。

（2）在市场中的照明灯具种类繁多，要根据建筑的照明需求，选择节能型灯具和光源，不仅可以满足照明需求，还可以实现节能。

（3）根据实际的需求状况，科学、合理地设计照明控制方式，如采用分区、分组控制，合理采用声控、人体感应控制、定时控制、智能控制等。

（4）加强对照明设备的日常维护管理，做好线路检修和设备的清洁，延长照明设备的使用寿命，提高照明效率，从而达到节能的目的。

通过综合运用上述途径，建筑可以实现显著的能源节约，降低运营成本；同时，减少对环境的影响，实现可持续发展的目标。

6.1.5　建筑电气节能工作应该遵循的原则

1. 整体规划原则

建筑电气节能确实需要从整体出发，全面考虑建筑从规划、设计、施工、运营到最终拆除的全生命周期内的能源消耗。在设计阶段就应用生命周期评估方法，评估建筑从原材料采集、制造、运输、施工、使用到拆除各阶段对环境的影响和能源消耗。采用多学科团队合作的方式，将建筑师、工程师、环境专家、施工团队和物业服务企业的意见整合，形成统一的节能设计方案。选择高效的供暖、通风和空调系统及照明和电气设备，减少运行中的能源消耗。

2. 适用性原则

节能应满足建筑物的使用功能，保证安全性、舒适性和提高工作效率，即满足照明的照度、色温、显色指数，满足环境舒适性所需要的温度及新风量；满足特殊工艺要求，为建筑物内创造良好人工环境提供必要的能源，为建筑设备运行提供必需的动力，按照用电设备对于负荷容量、电能质量与供电可靠性等方面的要求，来优化供配电设计，促进电能合理利用。

3. 经济性原则

节能设计和改造在考虑成本效益时，确实需要确保投资的合理性和回报的可行性。在项目启动前，进行全面的成本效益分析，评估节能措施的初始投资与预期节能效果。计算投资回报期，确保节能改造能在合理的时间内回收成本。考虑能源价格的长期趋势，预测未来能源成本的节约。对不同节能技术进行经济性评估，选择性价比高的解决方案。了解并利用政府提供的财政激励、税收减免和补贴政策，降低项目成本。考虑节能措施对长期运营成本的影响，包括维护、修理和更换成本。评估节能项目的风险，包括技术风险、市场风险和政策风险，并制定相应的风险管理措施。采用全生命周期成本分析，考虑建筑从建造到拆除的所有成本。建立节能效果监测系统，确保节能措施能够达到预期效果。节能的着眼点，应是节省无谓损耗的能量。首先，找出哪些地方的能量消耗是与发挥建筑物的功能无关的，再考虑采取相应的节能措施。如变压器的功率损耗、电能传输线路上的有功损耗，都是无用的能量损耗；又如，量大而广的照明容量，宜采用先进的调光技术、控制技术，使其能耗降低。

4. 技术先进性原则

采用成熟、可靠且技术先进的节能技术和产品。以提高能源利用率和综合效益为主要途径，根据技术先进、安全适用、经济合理、节约能源和保护环境的原则确定设计方案。通过正确的计算，合理选择电气设备及其控制方式，尽量在不增加或少增加投资的前提下取得较显著的节电效果。

5. 可持续性原则

考虑节能措施对环境的影响是实现绿色建筑和可持续发展的关键。推动使用可再生能源和材料。在设计和改造前期进行环境影响评估，分析节能措施对生态系统、水质、空气质量和噪声等方面的潜在影响。利用太阳能、风能、地热能等可再生能源为建筑提供部分或全部能源需求。优先选择低环境影响的建筑材料，如可持续森林认证的木材、回收钢材和再生混凝土。实施 ISO 14001 等环境管理系统，持续监控和减少建筑对环境的负面影响。制定绿色采购政策，确保所有采购的材料和产品符合环保标准。采用节能技术减少建筑的能源消耗和温室气体排放。计算建筑的碳足迹，并采取措施减少与建筑相关的温室气体排放。

6. 灵活性原则

在建筑电气节能设计和改造中，考虑未来技术升级和能源需求变化的可能性是至关重要的。采用模块化系统和组件，便于未来的升级和替换。在设计电气系统时，避免过度依赖特定技术，以保持系统的适应性。规划灵活的建筑系统布局，以适应未来技术和功能需求的变化。设计可扩展的能源基础设施，如增加额外的电气插座或电缆路径。集成智能控制系统，能够适应新的技术并优化能源使用。在设计时预留足够的空间和接口，为未来的设备升级或新增设备提供便利。考虑长期趋势，如能源价格变化、技术进步和环境政策，进行前瞻性规划。实施能源需求管理策略，以适应不断变化的能源需求。在设计中考虑集成可再生能源系统的可能性，为未来转型做准备。对建筑使用者进行持续的能源教育，提高他们对未来技术变化的适应能力。实施能源监测和评估系统，以跟踪能源使用情况并识别升级需求。在关键系统中设计一定的冗余，以提高建筑电气对技术故障和能源需求变化的适应性。

6.2 供配电系统和照明系统节能

6.2.1 供配电系统节能

现代建筑中，电力变压器能耗根据建筑的规模和功能不同，需要选择不同类型、规格、数量的变压器。统计显示，发变电系统中，变压器电能损耗占总发电量的10%；同时，变压器的损耗占建筑电能线损的50%。变压器的能耗主要包括有功功率损耗、无功功率损耗和综合功率消耗三种类型。因此，研究节能型变压器，提高变压器的运行效率和经济性，对降低建筑物的电气能耗十分重要。现代建筑中，电力电缆的能耗由于线缆内部电阻的缘故，电力在传输过程中会以热的形式消耗一部分，这部分能耗与电缆的长度、电力的传输距离、线缆的型号、品牌、导体截面等直接相关。因此，在综合考虑线缆的造价成本、施工成本与节能效率的前提下，可有效减低建筑能耗。

1. 供配电系统能效节能策略

（1）系统优化设计：进行详细负荷分析，合理规划供配电系统的布局，减少线路损耗。

（2）高效变压器：使用高效率的变压器，减少铁损和铜损，特别是在负载变化大的场合考虑使用调容变压器。

（3）电缆和导线选择：选择适当规格的电缆和导线，减少电阻损耗；同时，考虑使用铜导线，以降低线损。

（4）无功功率补偿：通过并联补偿电容器来提高系统的功率因数，减少无功功率损耗。

（5）智能配电管理系统：利用智能配电管理系统监控和控制电力使用，实现负荷平衡和优化。

（6）需求侧管理：实施需求侧管理策略，如需求响应和负荷控制，以减少高峰时段的电力消耗。

（7）能源回收技术：采用能源回收技术，如电梯能量回馈系统，将制动过程中的能量转换为电能。

（8）谐波治理：安装谐波滤波器减少电力系统中的谐波污染，提高电能质量。

（9）定期维护和检测：定期对供配电系统进行维护和检测，确保所有设备处于最佳运行状态。

（10）节能标准和规范：遵守相关的节能标准和规范，如国家节能设计标准。

（11）分布式能源资源：考虑集成分布式能源资源，如太阳能光伏板或小型风力发电机。

（12）备用电源系统：优化备用电源系统的设计，确保在主电源故障时能够高效切换。

（13）变频驱动技术：在电动机驱动系统中使用变频技术，根据实际需求调节电机速度，降低能耗。

（14）智能建筑系统集成：将供配电系统与智能建筑系统集成，实现自动化控制和能源管理。

（15）用户行为管理：通过用户行为管理，鼓励节能行为，如合理使用电力和及时关闭不必要的设备。

（16）电能质量监测：监测电能质量，识别并解决可能导致额外能耗的问题。

（17）技术培训和教育：对操作和维护人员进行技术培训，提高他们对节能技术的认识和操作能力。

2. 供配电系统节能措施

（1）选择低耗能变压器

首先，建筑电气节能最基本的途径之一是要从电气产品本身的性能入手，选择节能型的电气产品非常有必要甚至是必须的。变压器在电气产品中数量多、使用大，相对的总损耗就大。因此，节能第一步就是要选择低耗能的节能型变压器。节能型变压器的绕组阻值比普通的变压器小，因此电流损耗也更小。由此可见，铜芯变压器是非常好的选择，因为铜的电阻相对较小且性价比高，既降低了电流损耗也节约了成本。也可以选择非晶合金铁芯变压器，它的优点在于不仅节能性好，空载时的损耗远远小于常规产品且

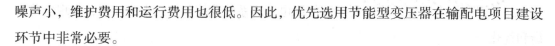

噪声小，维护费用和运行费用也很低。因此，优先选用节能型变压器在输配电项目建设环节中非常必要。

（2）减少在输送过程中线路上的耗损

当电网输送电能时，由于线路中会产生功率，造成电能耗损，可以从减小导线中的电阻、缩短线路长度、减少电网的无功功率等方面降低电网中的线损。电线的材质不同电阻也不同，应尽量选用铜芯导线，用其做导线电阻较小，耗损也会随之减小。在线路设计时，合理的电网规划也是重要的降低耗损的措施，应尽量规划直线线路，减少弯路才能有效减少导线长度，除此之外在低压配电中要尽力避免走回头路。若有条件，则尽量把变电所设置在靠近负荷中心的地方，也是减少供电线路长度的好方法。对于较长的线路，在满足负载需要、电压降要求及安全要求的前提下，可以适当考虑加大导线截面面积。虽然增加了线路费用，但考虑到日后长期运行时节约能耗，从而带来了运行费用的减少、能源的节约。

3. 供配电系统节能方案

（1）合理选择和布局变压器。

在选择建筑用变压器时，必须综合考量变压器的型号、规格、数量等关键参数，并权衡工程前期投资成本，以科学、合理的方式进行选择和布局，变压器尽量靠近负荷中心布置。这样做的目的是减少变压器的有功功率损耗和传输线缆损耗，提升变压器和配电线路的运行效率，进而降低建筑的整体能耗。

在昼夜用电变化大的建筑中，应尽量选择非晶态合金型变压器，该类型的变压器具有超低损耗的特性且具有超高的过载能力。据实测，非晶态合金铁芯的变压器与同电压等级、同容量硅钢合金铁芯变压器相比，空载损耗要减少达70%~80%。

为确保建筑变配电系统的高效运行，必须科学、准确地计算用电负荷，力求缩小理论计算负荷与实际运行负荷之间的偏差，从而防止变压器长时间处于过低的负载率状态。众多实际工程项目的运行数据表明，工程设计阶段所计算的负荷常常远高于实际运行中的负荷，而变压器的最优运行负载率范围一般在70%~85%之间。因此，为了维持变压器在最佳负载率区间内高效运行，设计过程中应选用适宜的系数，力求准确预测用电负荷。在此基础上，可考虑适度提高变压器的理论计算负载率，以科学、合理地确定变压器的容量。从而，在节能减排的同时，确保变压器资源得到充分利用，避免不必要的浪费。

（2）对于容量较大的季节性负荷，如冷水机组和冷冻水泵等，应配置专用变压器进行供电。在季节性负荷和工艺负荷卸载期间，应为这些负荷配置的变压器提供能够退出运行的措施。

季节性负荷主要涉及那些因季节变化而需求波动较大的空调负荷，工艺负荷主要指体育场馆比赛专用设备及供演出等活动使用的专用设备负荷。在用电负荷较高时，为这些负荷独立配置的变压器应具备退出运行的能力，以降低变压器的空载和负载损耗，从而实现节能效果。变压器退出运行的功能通常通过手动操作来完成。

对于并列运行的变压器，采用相同规格和容量的配置有利于运行管理。在季节性负荷变化较大时，可以根据实际负荷情况决定投入运行的变压器数量，这有助于实现经济和节能的运行效果。

（3）在建筑内部供配电系统的设计中，合理选择供配电系统的形式、电线和电缆的材质、敷设方式及线缆的截面规格等，它们对电力消耗有着直接且显著的影响。数据表明，约有 4% 的输入电能在电线电缆的传输过程中被损耗，这一比例包含了有功功率和无功功率的双重损耗。为了有效降低这类无效能耗，我们提出以下优化措施：

首先，必须严格控制建筑内部总线缆的使用长度。在线路设计阶段，应严格遵循最短路径原则，避免任何不必要的曲折和迂回，以减少线缆的总长度，从而降低能耗。

其次，变压器的设置位置也是一个需要精心考虑的因素。为了缩短变压器至各负载点的距离，提高电能传输的效率，变压器的位置应尽可能接近建筑的用电负荷中心。低压配电间应被设置在靠近竖井的位置，这样可以确保配电间与干线之间的距离最短，进一步减少线路迂回，提升整体能效。

在选择线缆截面规格时，我们需要综合考虑经济效益和节能效率。对于长距离线路，我们需要进行细致的成本效益分析。如果通过增加一级截面规格所增加的线缆成本，在三年内能够通过节能效益得到完全的补偿，那么我们应该考虑将满足载流量、热稳定、保护配合及电压损失等要求的截面规格增大一级。这样的决策不仅能够确保系统的安全、稳定、高效运行，同时也能够兼顾长期的经济效益，实现节能与效益的双赢。

（4）智能配电系统和智能配电设备在现代电力系统中扮演着至关重要的角色。随着科技的不断进步，这些系统和设备正变得越来越智能化、自动化，极大地提高了电力供应的可靠性和效率。

智能配电系统通过集成先进的传感器、通信技术和数据分析工具，能够实时监控供配电系统的运行状态。这些系统可以自动检测和定位故障，迅速恢复供电，从而减少停电时间。此外，智能配电系统还可以优化电力分配，平衡负荷，提高能源利用效率。

智能配电设备如智能电表、智能开关和智能变压器等，是智能配电系统的重要组成部分。智能电表能够实现双向通信，实时监测用电情况，为用户和电力公司提供详细的用电数据。智能开关则可以在故障发生时迅速切断电源，防止事故扩大，同时还能实现远程控制，提高配电系统的灵活性和可控性。智能变压器通过先进的控制技术，能够根据用电负荷的变化自动调节输出功率，从而降低电能损耗，提高供电质量。此外，智能变压器还具备自我诊断功能，能够及时发现潜在问题，避免突发故障。

随着物联网技术的广泛应用，智能配电系统和设备正逐步实现与各类终端设备的互联互通。通过大数据分析和人工智能算法，电力公司可以更准确地预测电力需求，优化电网运行策略，进一步提升电力系统的智能化水平。

未来，随着可再生能源的广泛应用，智能配电系统和设备将发挥更大的作用。它们将能够更好地整合风能、太阳能等分布式新能源，实现能源的高效利用和优化配置。同时，随着电动汽车的普及，智能配电系统还有利于电动汽车充电需求，自动通过削峰填谷等策略确保供配电系统乃至电网的安全、平稳和高效运行。

总之，通过不断的技术创新和升级，智能配电系统和智能配电设备将为实现智能建筑和智慧城市的能源管理目标提供强有力的支持与保障。

6.2.2 照明系统节能

在现代建筑领域，照明系统的能源消耗统计数据揭示了一个引人注目的事实：照明系统的电能消耗占建筑电能总消耗的 1/6~1/5。显然，提升照明系统的能效是减少照明能耗的有效途径。在建筑照明节能方面，我们的原则是在确保照明质量和功能需求的前提下，通过精心设计的照明节能措施，最大限度地利用自然光和太阳能等可再生能源，从而显著降低建筑照明的能量需求。

随着能源短缺问题的不断加剧，照明工程的节能已经成为社会节能降碳的一个重要话题和途径。照明工程的节能不仅有助于降低能源成本，而且对于减少环境污染和避免资源浪费也具有不可忽视的作用。因此，科学、合理地制定并执行照明工程的节能方案，对于推动可持续发展和节约资源具有深远的意义。

1. 照明系统节能背景

（1）照明系统节能的意义

照明系统作为城市建设和建筑装饰的重要组成部分，其能源消耗在总体能耗中占据显著比例。鉴于全球能源消耗的不断增长，能源资源的稀缺问题越发严峻，照明工程的节能降耗已成为社会发展迫切需要解决的问题。

从长远的可持续发展视角审视，照明工程的节能降耗对于减轻环境污染、节约宝贵能源资源、维护生态健康等方面，具有显著的积极作用。照明系统的节能降耗具有深远的意义，通过采用高效、低能耗的照明设备与技术，有效降低电力消耗量，减少能源成本，从而实现经济与环境的双重效益。

首先，节能型照明系统能够显著降低电力消耗，进而减少碳排放及其他污染物的排放，有助于缓解气候变化和保护环境；其次，节能照明系统通常具有更长的使用寿命，降低了更换灯具的频率和维护成本，进一步减少了总体运营成本；此外，采用先进的照明控制系统，可以根据实际需求调节照明强度和时间，避免不必要的浪费，提高能源利用效率。

综上所述，照明系统的节能化不仅有助于节约资源、降低成本，还能促进可持续发展，为社会和环境带来长远的利益。

（2）我国的照明工程节能现状

我国照明工程的节能现状仍然存在一些明显的问题。首先，我国在能源资源的利用效率方面还有很大的提升空间，照明设施的技术水平相对落后，导致了能源的直接浪费；其次，照明工程的管理水平普遍较低，缺乏有效的管理和监督机制，进一步加剧了能源的不合理使用；与此同时，随着我国城镇化进程的进一步推进和建筑装饰工程的蓬勃发展，含夜景照明在内的照明工程的电能消耗也在持续攀升。这不仅增加了能源消耗，也对环境造成了更大的压力。

鉴于此，制定并实施照明工程节能方案已经成为我国照明工程发展过程中的一项迫切任务。通过采取科学、合理的措施，提高照明设施的技术和管理水平，可以有效地降低照明工程的能耗，减少对环境和人体健康的影响。这不仅有助于推动我国照明工程的可持续发展，还能为全球节能减排事业做出积极贡献。

（3）照明节能技术的发展趋势

随着现代科学技术的发展和公众对能源节约以及环境保护意识的增强，照明节能技术将向更高效、更智能、更节能、更便捷、更健康及可持续性发展。

首先，高效照明技术将保持其市场主导地位。LED 灯凭借其卓越的能效比、长久的使用寿命以及环保属性，已经成为照明行业的主导产品。未来，LED 技术有望通过芯片材料和封装工艺的进一步改进，实现更高的光输出效率和更低的能耗。同时，有机发光二极管（OLED）技术也将逐步成熟，为照明市场提供更多元化的选择。

其次，智能照明将成为发展的核心。利用物联网技术，照明设备能够实现远程控制和自动化管理，根据环境光线变化、时间因素以及用户需求自动调整亮度和色温。智能照明不仅能够提升照明效率，还能增强用户体验，实现个性化照明场景的定制等。

再者，太阳能照明技术将会得到更广泛的应用。作为一种清洁且可再生的能源，太阳能具有巨大的应用潜力。太阳能路灯、庭院灯和景观灯，自然光导入技术、自然光导入－光伏－光电一体化照明技术等技术和产品将逐渐普及，减少对传统电力资源的依赖，有助于降低碳排放量。

最后，照明节能技术将更加重视可持续性。在设计和生产过程中，将采用环保材料和可回收部件，以减少对环境的影响。同时，照明产品将更加关注用户体验和健康，减少蓝光危害和光污染，提供更为舒适、健康的照明环境。

2. 照明系统节能技术

（1）LED 照明技术

LED 照明技术是目前国际上最为先进的照明节能技术之一，它具有能耗低、寿命长、光效高、色彩丰富等优点。在我国，LED 照明技术已经在社会生活的各个方面得到了广泛的普及应用，特别是在城市建设和建筑装饰中，LED 路灯、LED 景观照明、LED 广告灯箱等设施设备已经成为一种时尚和潮流的标志。因此，采用 LED 照明技术已成为我国照明工程节能的重要手段。

（2）太阳能照明技术

太阳能照明技术是一种充分利用太阳能资源来实现照明目的的先进技术，其中也包括自然光导入技术和自然光导入－光伏－光电一体化照明技术，具有零排放和节能、环保等显著优点。在城市建设和建筑装饰等领域，太阳能照明正逐渐成为一种流行趋势。例如，在城市公园、智慧园区、智慧学校、智慧工厂等场所的照明系统中，太阳能照明设施设备已经得到了广泛的应用。因此，采用太阳能照明技术也是我国照明工程节能减排的重要手段之一。

（3）智能照明技术

智能照明技术是一种能够实现照明设施设备自动调控的高新技术，它能够根据周围环境的变化来自动调节灯光的开关、亮度和色温，从而实现健康绿色照明的节能效果。目前，智能照明技术已经在我国的一些大型商业建筑、居民小区中得到了不少实际应用。展望未来，随着科学技术的不断发展进步和人们对生活品质的更高追求，智能照明技术有望在我国的城市建设和建筑装饰中得到广泛应用。

3. 照明系统节能设计

照明节能设计就是在保证不降低作业面视觉要求和不降低照明质量的前提下，力求减少照明系统中光能的损失，从而最大限度地利用光能，照明节能应能改善和提高整个照明系统的效率。照明节能是一项系统工程，主要是提高系统（光源、灯具、启动设备）的总效率，基于照明方式、控制、自然光利用及加强维护管理等方面的综合考虑。

（1）合理选择高效节能电光源

普通房间和公共场所照明应优先采用节能型日光灯及高效发光的荧光灯；体育场馆和厂房的室外照明一般采用高效气体放电光源，如金属卤化物灯、高压钠灯等。公共建筑场所内选用带有无功补偿的荧光灯，气体放电灯采用电子触发器，选用带翘板开关控制的插座面板，当用电设备处于空载时，方便切断插座电源，避免设备空载带来的损耗。

照明光源应选择发光效率高、显色性好、使用寿命长、启动可靠方便快捷、性能价格比高的高效光源。低压钠灯和高压钠灯的发光效率高，但由于色温低，颜色偏暖，显色指数在 40~60 之间，颜色失真度大，只能用在路灯或广场照明。显色指数在 60 的显色性钠灯可与汞灯组成混光照明，用于工厂或体育馆的照明。

（2）合理选择照明方式和线路

在满足标准度的条件下，应恰当地选用一般照明、局部照明和混合照明三种方式。照明线路的损耗约占输入电能的 4% 左右影响照明线路损耗的主要因素是供电方式和导线截面积。大多数照明电压为 220V，照明系统可由单相二线、两相三线和三相四线三种方式供电。三相四线式供电比其他供电方式线路损耗小得多。因此，照明系统应尽可能采用三相四线制供电。

（3）合理选择照明电路控制方式

通过光线感应可根据环境光自动控制灯光回路的开闭。当环境光变亮时，可自动关闭部分灯光，通过人体感应可自动控制灯光的开关及空调的启停，可做到有人开灯、开空调，无人关灯、关空调。当有人将窗户打开时，可自动将空调关闭，通过光线感应在夏天太阳光线强烈时，可自动将遮阳卷帘放下，防止室内温度温升过高。实践证明，住宅楼梯间灯采用了以上开关后，更换灯泡的周期大大延长；而且，灯泡容量受开关的控制也不会过大，杜绝了以往楼梯间使用大容量灯泡昼夜长明的浪费现象，从而最大限度地达到了节能的目的。

设计室内照明开关时，控制每个开关控制灯的数量，适当减少控制的灯数，便于灵活开关灯，有利于节能。室外照明系统优先采用光电控制器，其优点在于比人工开关更加智能，可减少电能损耗；其次，控制单位面积灯具功率也是降低能耗的重要措施。

（4）合理利用环境

建筑物应尽量利用自然采光，采用透光性能较好的玻璃门窗。凡是可以利用自然光的这部分照明，可以采用灯光调节装置根据照度进行灯光自动调节，达到节能的目的。

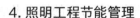

4. 照明工程节能管理

（1）照明设施的规范化管理

在选择和应用照明设施设备时，必须依据实际需求和照明标准与要求执行严格的规范化管理。在设备选型阶段，应根据特定场所的特定需求选用适宜的照明设备设施，以实现最佳的照明效果和节能效果。在照明设施设备的日常使用管理过程中，需要对其进行定期的检查和维护，以确保照明系统的正常稳定运行和维持长期的节能效果。

（2）照明设施的智能化管理

在照明设施管理中，需要采用先进的智能化管理手段来实现设施的智能化操作和管理。在设施操作中，需要采用智能化控制系统来实现设施的远程操控和自动调节，以实现最佳的节能效果。在设施管理中，需要采用智能化监控系统来实现设施的实时监控和远程管理，以实现最佳的维护效果。

（3）照明设施的信息化管理

在照明设施管理中，需要采用现代的信息化管理手段来实现设施的信息化管理和优化控制。在设施管理中，需要采用信息化数据库来实现设施的信息化管理和数据分析，以实现最佳的调控效果。在设施控制中，需要采用信息化控制系统来实现设施的远程控制和自动化调节，以实现最佳的节能效果。

5. 照明系统节能实施方案

（1）更换高效节能灯具

传统的白炽灯具能效较低，大部分电能被转化为热能而非光能。因此，将传统的白炽灯具替换为高效 LED 灯具紧凑型荧光灯，并使用自动化控制技术，可以显著降低能耗。LED 灯具不仅能效高，还具有寿命长、光色可调节等优点，从而实现更好的节能效果。

（2）采用定时控制系统

安装传感器和控制系统，如运动探测器、光敏传感器和定时器，以实现照明的自动开关和调光。通过安装定时控制系统，可以根据实际需要设定照明设备的开启与关闭时间。可以根据工作时间设置照明设备在工作日的特定时间段内开启，而在工作日之外自动关闭。这样，可以避免照明设备在不必要的时间内运行，节约能源。

（3）光感应控制系统

利用光感应控制系统，可以根据周围的光强度自动调节照明设备的亮度。当环境较暗时，照明设备会自动增加亮度，而在阳光充足时会自动降低亮度，这样可以避免浪费能源，同时也提供了舒适的照明环境。

（4）合理设计照明布局

通过建筑设计优化自然采光，使用天窗、大型窗户或轻质屋顶材料，减少对人工照明的依赖。通过合理设计照明布局，可以最大限度地利用自然光。在室内布置时，充分考虑自然光的进入方向和强度，合理安排窗户、天窗等，减少对人工照明的依赖，降低能耗。

（5）定期维护和清洁

定期维护和清洁照明设备可以保证其正常运行和高效工作。清洁灯具表面、更换损坏的零部件、调整灯具的光束角度等简单的维护工作，可以使照明设备保持良好的性能，减少能耗。

（6）实施节能管理措施

在照明工程的实施过程中，需要对原有的照明设施进行严格的节能管理，以实现更好的节能效果。在管理措施中，需要对设施的规范化管理、智能化管理、信息化管理等方面进行全面的管理，从而实现更好的节能效果。

6.3　电梯系统节能

电梯节能作为现代建筑节能减排的关键环节，显得尤为重要。电梯能耗虽不如工业生产那般庞大，但在日常生活中的累积效应不容忽视，平均每日每台电梯耗电量高达 20~50kW·h。因此，实施电梯节能措施，对于实现全球碳中和目标、促进绿色建筑发展具有重要意义。它促使行业更加重视电梯节能技术的研发与应用，带动了一波电梯绿色升级的浪潮。通过提高电梯能效标准，引导行业向智能化、绿色化转型，增强了电梯制造业的国际竞争力。同时，它也为电梯维保模式带来了革新，促使维保服务向预防性维护和智能监测转变，为电梯行业的可持续发展铺设了坚实的基石。

6.3.1　电梯系统节能模式分类

电梯节能模式，作为一种旨在降低电梯运行过程中的能源消耗、提升能源利用效率的策略集合，其核心目标在于减少碳足迹、优化能源管理，同时确保电梯运行的安全性与服务质量不受影响。

1. 技术改进型节能模式

这类模式侧重于电梯驱动技术的革新，最典型的代表是变频驱动技术。通过实时调

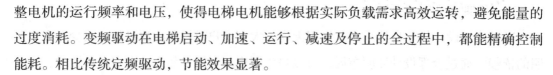

整电机的运行频率和电压，使得电梯电机能够根据实际负载需求高效运转，避免能量的过度消耗。变频驱动在电梯启动、加速、运行、减速及停止的全过程中，都能精确控制能耗。相比传统定频驱动，节能效果显著。

2. 运营管理型节能模式

此类模式更多聚焦于电梯运行策略的优化，如智能调度系统的应用。借助先进的算法和数据分析，智能调度系统能够预测乘客流量、优化电梯群的分配与使用，减少空驶、缩短等待时间，从而在不牺牲用户体验的前提下，有效降低整体能耗。这种策略特别适用于大型商业楼宇、公共交通枢纽等人流密集场所。

3. 设备升级型节能模式

此模式强调通过更新或增设高效节能设备来实现节能目的，能量回馈系统便是一例。在电梯制动过程中，原本会以热能形式散失的能量，通过能量回馈装置转换成电能回馈给电网，供其他设备使用。

6.3.2 电梯系统能源回收技术

随着全球能源危机的加剧和环境保护意识的提高，节能减排已成为现代社会的重要议题。电梯作为高层建筑中不可或缺的垂直交通工具，其能耗问题也引起了广泛关注。现代电梯技术已经包含了能源回收功能，这一技术能够有效降低电梯运行的能耗，实现绿色、环保的运行模式。

1. 能源回收技术的原理

电梯的能源回收技术主要基于能量守恒的原理，通过将电梯在制动或减速过程中产生的机械能转换为电能，再回馈到电网中供其他设备使用。

制动能量的产生：当电梯轿厢在重力作用下下行或在控制系统的作用下减速停止时，会产生额外的机械能。传统电梯会将这部分能量转化为热能，通过制动电阻散发出去，造成能源浪费。

能量转换与存储：能源回收技术通过能量转换设备，如变频器或能量回馈装置，将机械能转换为电能。部分电能可以存储在蓄电池或其他储能设备中，也可以直接回馈到电网中。

2. 能源回收技术的实现方式

变频器：现代电梯普遍采用变频器控制电机的运行。在电梯减速或制动时，变频器可以将机械能转换为电能，并将其存储或回馈。

能量回馈装置：一些电梯系统安装了专门的能量回馈装置，它能够更高效地将制动能量转换为电能，并回馈到电网中。

储能系统：部分电梯系统还配备了储能系统，如蓄电池或超级电容器，用于存储电梯制动时产生的电能，供电梯或其他设备使用。

3. 能源回收技术的优势

节能减排：能源回收技术可以显著降低电梯的能耗，减少碳排放，符合现代社会的节能减排要求。

降低运行成本：通过减少电梯的能耗，能源回收技术可以降低电梯的运行成本，提高电梯的使用经济性。

提高电梯性能：能源回收技术可以减少电梯制动时的热能产生，降低电梯系统的热负荷，提高电梯的性能和寿命。

绿色环保：能源回收技术是一种绿色、环保技术，有助于提升电梯产品的环保形象，满足市场对绿色产品的需求。

电梯的能源回收技术是电梯行业响应节能减排要求的重要举措。虽然在实际应用中还面临着一些挑战，但随着技术的不断成熟和社会对绿色环保产品需求的提高，能源回收技术必将在电梯行业得到更广泛的应用。电梯企业和用户应积极拥抱这一技术变革，共同推动电梯行业的绿色发展。

4. 节能箱技术剖析

（1）电能回馈机制革新：该技术的亮点在于其高效率的能量转换能力，能量转换率突破性地达到了 95% 以上。这意味着，在电梯运行中产生的多余能量，如空载上行或满载下行时，不再是白白消耗，而是通过先进的回馈装置高效地转换为可用电能回馈至电网，大大降低了能源浪费。

（2）节电效果显著：这一创新实践带来了显著的节能成果，平均节电率高达 30%。在某些特定应用场景下，最高节电率甚至可达 46%。

（3）高性能硬件配置：电梯节能箱内置的中央处理器是其高性能的关键。处理器以其高速率和高精度运算，确保了电梯运行控制的精准与高效。系统稳定性得益于其出色的低发热特性和强大的抗干扰能力，即使在复杂多变的运行环境中，也能保持稳定运行，提升了电梯运行的安全性和可靠性。这不仅优化了电梯的能耗管理，还延长了电梯及附属设备使用寿命。

5. 电梯系统节能方案

采用变频驱动技术：通过调节电机转速，根据电梯负载自动调整能耗，有效降低空载或轻载时的能源浪费。

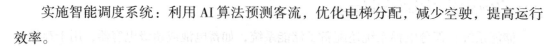

实施智能调度系统：利用 AI 算法预测客流，优化电梯分配，减少空驶，提高运行效率。

安装能量回馈装置：采用电梯智能双碳节能箱，将电梯下行动能转化为电能回馈电网，实现能源再利用。

优化照明与通风：使用 LED 照明和智能感应控制，减少电梯井道和轿厢的非必要照明与通风能耗。

电梯休眠模式：在非繁忙时段自动进入低功耗模式，减少待机能耗。

定期维护保养：保持电梯的良好运行状态，减少因故障引起的额外能耗。

轿厢重量优化：通过轻量化设计减少电梯自重，降低运行能耗。

用户教育与引导：鼓励和引导民众合理使用电梯，如尽量集中乘梯、上下一两个楼层时走楼梯、减少单次运行次数、采用 $N \pm 1$ 乘梯法避免相邻层连停（例如：有人已按 8 层按钮，则 7 层和 9 层的乘客不按该两层按钮，均在 8 层出电梯从楼梯上、下一层）。

绿色建筑认证：鼓励建筑采用 LEED 或绿色建筑评价标准，推动电梯节能技术的集成应用。

数据监测与分析：利用物联网技术，实时监测电梯能耗，数据分析后制定更高效的节能策略。

6.4 信息化系统和机房节能

6.4.1 信息化系统节能

随着信息化技术的发展，越来越多的组织和企业采用信息化系统来管理和运营业务。然而，大量的信息化设备和系统的运行也带来了巨大的能耗压力，严重影响了环境保护和可持续发展的目标。因此，我们有必要制定一份信息化系统节能方案，以减少信息化系统的能耗，提高能源的利用效率，实现绿色、低碳发展。

1. 信息化系统能耗分析

（1）服务器和数据中心：服务器和数据中心是信息化系统的核心设备，其能耗相对较高。

（2）计算终端设备：包括个人电脑、笔记本电脑、智能手机等这些设备通常长时间运行，能耗不能忽视。

（3）网络设备：包括路由器、交换机、网络存储设备等，能耗主要来自设备的运行和传输数据所消耗的能量。

（4）办公设备：如打印机、扫描仪、复印机等，虽然单台设备的能耗较低，但在大规模使用时也会造成较大的能耗压力。

2. 信息化系统节能减排措施

（1）使用节能的硬件设备

在信息化管理的过程中，硬件设备是必不可少的，如电脑、服务器、路由器等。选择节能型的硬件设备，是推进节能环保的首要措施之一。常见的节能硬件设备包括：低功率的 CPU 和内存、LED 显示器、SSD 硬盘等。这些节能型硬件的主要特点是能够减少设备能耗，降低对环境的影响。

（2）优化数据中心的能源利用

在信息化管理的过程中，数据中心是非常重要的一环。因为在企业和组织的整个系统中，数据中心的能耗是最高的。采用虚拟化技术可以提高数据中心的能源利用率。虚拟化技术可以将多台物理服务器虚拟为一个服务器，从而避免了不必要的硬件使用和浪费。同时，可以通过自动化的动态资源优化方式，实现能源的最大利用，减少数据中心的能耗。

（3）节约服务器空间

服务器是信息化管理中必不可少的设备之一。优化服务器的空间利用，可以降低服务器的数量，从而达到节能减排的目的。通过使用软件虚拟化和云计算技术，可以将多个应用程序和服务器虚拟化到同一台服务器上。这种虚拟化技术不仅可以节约服务器的空间，还可以提高服务器的性能，优化能源利用。

（4）优化网络设备的能效管理

网络设备是信息化管理中又一个重要的环节。做好网络设备的能效管理，可以有效降低企业和组织的能耗，并减轻环境压力。有效的能效管理需要对网络设备进行定期检查和评估，并在设备运营中优化设备的使用和维护。另外，对于不需要运行的网络设备需要及时关闭，以避免不必要的能源浪费。

（5）降低纸张使用

在信息化管理中，纸张的使用是不可避免的。但是，通过优化文档管理系统、使用电子邮件和文件共享系统等方法，可以有效降低纸张使用，从而实现节能减排。具体做法包括：采用双面打印、使用回收纸张、优化文档管理系统等。

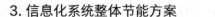

3. 信息化系统整体节能方案

（1）服务器和数据中心节能方案

虚拟化技术：采用虚拟化技术可以将多台物理服务器整合成一台物理服务器，实现服务器资源的共享和最优化利用。

服务器负载均衡：通过负载均衡技术，合理分配服务器的负载，避免部分服务器过度负载而导致能耗过高。

机房温控管理：合理设置机房温度，使用节能型空调设备并利用热交换技术充分利用机房内的热能。

（2）计算终端设备节能方案

休眠模式设置：在不使用计算终端设备时，自动进入休眠模式，减少能耗。

升级节能设备：选购符合能耗标准的计算终端设备，如 ENERGY STAR 认证的设备。

终端设备管理：通过信息化系统对计算终端设备进行管理可以及时发现并处理不合理的能耗行为，提高能效。

（3）网络设备节能方案

节能模式设置：在网络设备空闲时，自动进入节能模式，减少能耗。

优化网络拓扑：合理规划网络拓扑结构，减少数据传输距离降低能耗。

选用节能设备：选购符合能耗标准的网络设备，并进行定期维护和升级，保持网络设备的高效运行。

（4）办公设备节能方案

办公设备自动关机：设置办公设备在一段时间内无人使用后自动关机，减少长时间待机带来的能耗浪费。

选用节能设备：选购符合能耗标准的办公设备，并在不影响工作效率的前提下，控制设备使用量。

纸张节约：推行电子文档管理，减少纸张的使用。

4. 主要耗能系统节能方案

（1）视频监控系统的节能

利用可再生能源：通过利用风能、太阳能等可再生环保能源所发出的电力，减少对煤炭、石油等传统能源的依赖和消耗，降低传统能源投入成本，达到环保节能效果。这种做法不仅减少了能源消耗，还降低了对环境的负面影响。

硬盘休眠技术：系统采用硬盘休眠技术，只有需要工作的硬盘加电工作，其他硬盘处于停转休眠状态。这种技术只在需要切换硬盘时唤醒指定硬盘，不进行读写操作的硬盘仍处于停转休眠状态，达到了节能的目的。

优化硬件选择：在选择存储设备时，考虑采用低功耗的固态硬盘（SSD）来替代传统的机械硬盘（HDD），以降低功耗。此外，选择低功耗的处理器和根据实际需求选择摄像头的分辨率和帧率，也是降低视频监控系统功耗的有效方法。

实施节能模式：通过设置系统的节能模式来实现节能效果，包括定时自动开关、亮度控制和 CPU 频率控制等措施。这些措施可以在不影响系统正常运行的前提下，减少不必要的能源消耗。

删除重复监控画面：通过对监控画面进行比对和分析，删除重复或不必要的监控画面信息，减少数据传输和处理的需求，从而降低系统的整体能耗。

（2）门禁系统节能

节能技术：采用节能技术对智能小区门禁系统进行改造，如使用低功耗摄像头、智能节能控制器等，降低设备能耗。

集中管理：通过集中管理平台，实现设备的远程控制和调度，减少设备空闲时间，降低电量消耗。

定期维护：定期对设备进行维护和保养，确保设备正常运行，延长设备使用寿命。

优化布局：合理布局设备位置，减少设备间的干扰，提高设备的运行效率。

推广绿色能源：积极推广绿色能源的应用，如太阳能、风能等可再生能源，降低智能小区门禁系统的能耗。

（3）信息发布系统节能

采用高效节能的硬件设备：选择能效比高的服务器和冷却系统，减少能源消耗。例如，采用液冷型、高温型 IT 设备，提高数据中心 IT 设备的能效，减少不必要的冷却需求。

优化系统配置：通过软件控制，使服务器内部的各部件达到自身能效最低，并根据实际运行状态动态调节到合适的工作模式，以达到服务器使用能效最优。此外，采用部件能效寻优技术、整机能效寻优技术和数据中心能效寻优技术，实现数据中心制冷和业务联动，达到数据中心能效最优。

实施智能化的能源管理策略：采用人工智能和远程物联网控制技术，快速定位低话务、高能耗基站，动态制定"一站一策"基站节能策略，实现自适应、多网协作、软硬关断等功能。

采用绿色能源：通过购买来自绿色能源供应商的电力或设立位于使用绿色能源的数

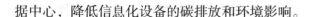

据中心，降低信息化设备的碳排放和环境影响。

推广数字化办公：减少纸张使用、节省能源、减少环境污染。

（4）计算机网络系统节能

技术改进：使用具有能耗管理功能的户外一体化电源柜，通过在负荷低峰时段自动关断部分负载，实现节能。基于人工智能（AI）的移动通信基站节能管理技术，通过采集、处理、分析数据，输出小时级节能控制策略，实现网络节能自动化运行。

管理策略：不使用时禁用交换机端口，大多数企业级网络交换机硬件能够安排何时启用或禁用交换机端口，非工作时间关闭端口和相关 POE 设备以节省能源。配置网络交换机电源效率，许多网络交换机供应商提供有助于降低网络功耗和节约能源的配置功能，如自动将空闲的交换机堆叠置于待机模式、检测空闲的交换机端口并使其进入待机模式等。

设备升级：模块化不间断电源系统，采用模块化设计、集中式静态开关旁路等技术，实现无缝切换在线补偿节能模式。变频精密机房空调技术，采用变频压缩机及自研变频器，根据负荷及应用环境变化实现智能调节，有效解决变负荷情况下定频压缩机频繁启停的问题。集装箱式机房解决方案，采用整体式氟泵双循环空调，提升出柜率，增加自然冷源利用率，降低整体系统电能利用比值。

（5）楼宇自控系统节能

能源监测与计量：楼宇自控系统可以对建筑物内的能源使用情况进行实时监测和计量，包括电、水、燃气等各类能源的消耗情况。通过对能源数据的采集和分析，可以及时发现能源浪费的问题，为节能改造提供数据支持。

智能照明控制：智能照明控制是楼宇自控系统中的一项重要功能。通过采用调光模块、场景预设等方式，可以实现照明的自动化和智能化，提高照明质量，同时减少能源浪费。

空调系统优化：空调系统是建筑物中能耗最大的部分之一。楼宇自控系统可以对空调设备进行智能控制，根据室内外温湿度、CO_2 浓度等参数自动调节空调的运行状态，实现节能减排。

可再生能源利用：楼宇自控系统可以与太阳能、风能等可再生能源设备进行集成，实现能源的多元化利用。通过优化控制策略，可以提高可再生能源的利用率，进一步降低建筑物的能耗。

（6）可视化智慧运维管控平台

统一管理界面：平台应提供统一的管理界面，方便用户对建筑物内的各类设备进行集中化、智能化管理。通过友好的人机交互设计，降低操作难度，提高管理效率。

实时监测与预警：平台应具备实时监测和预警功能，对建筑物内的设备运行状态进行实时监测，及时发现潜在的故障或安全隐患。通过预警机制，提前告知管理人员进行处理，确保设备的稳定运行。

数据分析与优化建议：平台应对收集到的设备运行数据进行深入分析，挖掘潜在的节能空间和优化方向。根据分析结果，为用户提供针对性的优化建议，帮助用户实现节能减排目标。

智能控制与自动化调度：平台应具备智能控制和自动化调度功能，根据设备运行状态、环境参数等因素自动调整设备的运行模式和参数设置。通过智能算法和优化策略，提高设备的运行效率，降低能耗。

安全保障与可靠性管理：平台应关注设备运行的安全性和可靠性。采取多种安全措施，确保数据的安全传输和处理；同时，对设备进行可靠性管理，提前发现并处理潜在的故障风险，保障设备的稳定运行。

能源管理：监测和控制建筑内各种设备的用电情况，包括照明、空调、插座等。通过合理调整设备的使用时间和功率，以及根据人员活动情况自动开关设备，可以有效降低能耗。

光线感应：利用光线传感器检测室内光照强度，并根据需要自动调整灯光亮度。当有足够的自然光时，系统会关闭或降低人工照明设备的亮度，从而节省能源。

温度控制：通过温湿度传感器监测室内环境温湿度，并根据需求自动调整空调或供暖设备的运行状态。例如，在没有人员活动时降低空调温度设置，在夜间关闭供暖设备等，都可以减少不必要的能耗。

智能排程：对于一些周期性使用较高且可预测的设备（如会议室投影仪），可以设置定时开关机功能。在非工作时间段，将这些设备关闭或进入待机模式，避免长时间无效运行造成的能源浪费。

能耗监测：实时监测各个设备的能耗情况，并生成相应的报表和统计数据。通过对能耗数据进行分析，可以发现潜在的节能优化点，并采取相应措施进一步降低能源消耗。智慧运维管理平台通过自动化、感知和控制技术，以及合理调整设备使用方式和时间等手段来实现节能目标。

打造高效、智能的智慧运维管控平台，实现节能减排目标，降低建筑物的运营成本，同时提高设备的运行效率和安全性。

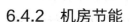

6.4.2　机房节能

1. 机房能耗分析

（1）通信过程中相关网络设备的能耗

在整个通信过程当中，不同设备的运行主要通过直流供给以实现程控交换这一过程。因此，若要确保通信过程中电力输送的畅通，便要使供给交换机房的电力供应、传输和储存设施正常运行。一般情况下，路由器和服务器等设备以 UPS 供电的方式运行。各种服务器、交换器、路由器等设备在运行过程中会产生大量的能源消耗。另外，在交流电和直流电的变换过程中也普遍存在着能量损耗。

（2）通信过程中相关电源系统所需能耗

在通信的电源系统当中，普遍存在着诸如电池老化、供电方式和供电处理等多方面的问题，很多电源开关的质量和体积早已不能满足极具现代化的通信设备的高效健康运行，相关整流装置往往会产生高次谐波。高次谐波会不可避免地在通信系统运行当中产生高能耗，影响电能传输质量和通信系统的高效、健康运行，同时带来电能传送的波动性。更有甚者，会造成保护装置的损坏，引发整流设备着火、被烧坏等。

（3）移动基站产生的能耗

伴随着移动通信事业的发展和人们对其业务的需求量增多，近年来越来越多的移动通信基站拔地而起，与此同时伴随着其总体耗能量的增多。根据相关数据显示，在我国，当前移动通信基站的总体耗能量是 75%，相关设备能耗占移动通信基站能耗总量的53%。其中，空调所占能耗达 46%。

（4）机房空调能耗

在通信过程中，机房空调能耗总量不可小觑，而通信机房主要是指数据机房和交换机房等，由于通信机房设备的主要组成部分为电子元器件。因此，在正常运行过程当中难免会产生热量，这是其能量耗损的主要形式，同时运行期间温度的升高导致电子器件不可避免的老化过程。在这种情况下，器件的失效概率便大大提高。根据相关调查显示，当电子元器件内部温度每增加 100℃，其相对寿命便会缩减为其初值的二分之一，其可靠性降低为原值的四分之一。因此，必须采取措施降低通信机房内的环境温度，确保相关设备高效、平稳、健康运行。而通信机房中运行设备数量较大，耗散热量较多，要确保通信机房内的环境温湿度适宜，对应的空调装置需要长期的持续运行。空调装置本身又会产生大量电能消耗，这就需要对空调装置进行科学、合理的设计和选型。

2. 机房节能管理措施

（1）机房选址规划

机房设计合理化是降低机房能耗的首要措施之一。在建设机房时，可以使用尽可能多的日光和自然通风。这能有效减少机房空调、照明等设备的使用量，降低能耗。此外，采用通风良好的机房、地下空间、高层建筑等地点搭建机房，也是一个不错的选择，可以减少机房使用空调设备的次数。

（2）机房运行设备选择

要尽量选用对外界环境适应性好、单位能耗低的通信网络设备。其次，合理调整通信过程中的用电负荷，一方面将整体的工作参数调整到合理范围之内，从而使设备在最佳状态下稳定工作，另一方面将效率低、耗能多的通信网络设备更换为节能、高效的设备，以此达到节省能耗的目的。

（3）机房配电规划

采取分散供电的方式，从而保证直流供电最大限度地与通信负荷相接近。直流供电中，输电线路截面、数量与长度都比较小，因此可以降低直流损耗，减少材料的使用费用。此外，将谐波技术应用到电源系统中，可以减少干扰，降低电网的负载。最后，在进行电源的建设过程中，也应考虑变压器、电源开关、UPS 等产品，保证电源的合理、经济运行。

（4）机房空调选型

采用制冷剂技术、变频技术、冷热分离技术等。变频技术主要是指通过对变频器的利用，改变压缩机转速。这种做法可以实现压缩机不启动即可调整温度的目的，从而降低空调的能源消耗。此外，在这些技术中最重要的是环境动态监测技术，主要是指通过检测空调、电源等设备的运行状况，及时地将可能存在的隐患反馈给工作人员，从而有效地提高设备运行效率；与此同时，根据设备运行环境的改变，自动调整空调、电源等设备的运行参数，从而进一步降低能源的消耗。

3. 机房节能技术策略

高效空调系统：使用变频空调或热管空调系统，根据机房热负荷的变化自动调节运行状态。

精确温控：采用精确的温控系统，确保机房内的温度分布均匀，避免过冷或过热区域。

自然冷却：利用自然通风和外部空气进行冷却，减少空调系统的使用。

热管理：实施有效的热管理策略，如热通道和冷通道布局，优化空气流动。

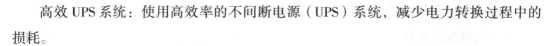

高效 UPS 系统：使用高效率的不间断电源（UPS）系统，减少电力转换过程中的损耗。

节能服务器：部署节能型服务器，采用低功耗处理器和存储技术。

虚拟化技术：利用服务器虚拟化技术减少物理服务器数量，降低能耗。

智能能源管理系统：采用智能能源管理系统监控和优化机房的能源使用。

LED 照明：使用 LED 照明替代传统照明，提供高效、长寿命的照明解决方案。

电缆和布线管理：优化电缆和布线管理，减少电阻损耗。

模块化设计：采用模块化设计，便于扩展和维护，同时提高能效。

能源回收：利用热回收系统回收服务器产生的热量，用于供暖或其他用途。

高密度设备：使用高密度的 IT 设备减少所需设备数量，降低冷却需求。

定期维护：定期对机房设备进行维护，确保所有系统运行在最佳状态。

智能电源分配：使用智能电源分配单元（PDU）监控和控制电源使用。

数据中心位置：选择地理位置优越的数据中心，利用当地气候条件进行自然冷却。

IT 设备休眠策略：对不常用的 IT 设备实施休眠策略，减少待机功耗。

水冷系统：在高密度计算环境中使用水冷系统，提高冷却效率。

外部环境利用：利用外部环境温度低时进行空气交换，减少空调使用。

智能监控和报警：实施智能监控系统，及时发现和响应能源浪费和设备故障。

绿色能源使用：考虑使用太阳能、风能等可再生能源为机房供电。

培训和文化：对机房运维人员进行节能培训，建立节能意识。

4. 机房节能方案

（1）合理规划机房布局

机房布局规划是节能机房建设的首要任务。在规划过程中，应充分考虑设备摆放、散热、通风等因素，以最大限度地减少能源浪费。例如，合理布局设备可以减少空调负荷，从而降低制冷能耗。同时，机房布局规划还应考虑未来设备升级和扩容的可能性，以避免因设备增加而导致的能耗增加。

要确保机房的位置和朝向能够充分利用自然光和风能等可再生能源，减少对传统能源的依赖。要合理分布机柜和设备的位置，避免出现通风死角和能源浪费的情况。要根据业务需求和设备性能特点，合理配置服务器、存储设备和网络设备等基础设施，避免出现过度配置或资源不足的情况。

（2）选用高效节能设备

设备选型是实现机房节能的关键。在设备采购时，应优先选择能效高、节能性能好的产品。例如，服务器、存储设备等应选用具有节能技术的产品，以减少能源消耗。此外，机房还应选用高效节能的空调、UPS 等辅助设备，以进一步降低能耗。

备份系统的合理规划是降低能耗的重要环节。首先，要针对业务需求和设备性能特点，制定合适的备份方案和策略，避免出现数据丢失或备份不足的情况。其次，要采用高效的备份设备和软件，提高备份速度和恢复效率。最后，要加强备份数据的管理和维护，定期检查备份数据的可用性和完整性，及时发现并解决备份故障或数据丢失的问题。

（3）采用先进节能技术

随着科技的发展，越来越多的节能技术被应用于机房建设中。例如，动态能耗管理技术可以实时监测机房设备的能耗情况，并根据实际需求调整设备工作状态，从而实现节能。此外，数据中心冷却技术、虚拟化技术等也可以有效降低机房能耗。

机房大量的能量消耗都来自于服务器和网络设备等电子设备，这些设备长时间运行后会释放大量热量。可采用机房热通量回收、机房空调热水回收等热量回收技术或方式，将回收的热量进行二次利用，使其发挥最大价值。这不仅可降低机房能耗，还可节约经济成本。

机房环境的优化是降低能耗的重要措施。要确保机房的温湿度和空气质量能够满足设备正常运行的需求，避免出现设备故障和性能下降的情况。要采用先进的制冷技术和设备，如智能空调、冷水机组等，提高制冷效率，降低能耗。要加强设备的维护和管理，定期检查设备的运行状态和性能指标，及时发现并解决设备故障或性能瓶颈。

节能技术是降低能耗的有效手段。首先，要采用节能型设备和技术，如低能耗服务器、智能电源管理等，减少设备的能源消耗；其次，要采用虚拟化技术和集群管理软件，对设备进行集中管理和调度，提高设备的利用率和运行效率；最后，要采用绿色数据中心解决方案，如自然冷却技术、智能能源管理等，优化数据中心的能源利用和管理模式。

（4）实施严格的管理措施

实施严格的节能管理是降低能耗的必要条件。首先，要加强节能宣传和教育，增强员工和客户的节能意识和责任感；其次，要建立完善的节能管理制度和流程，明确节能目标和责任分工，加强监督和考核；最后，要采用先进的能源管理技术和工具，如能源监测系统、能效评估软件等，对数据中心的能源消耗进行实时监测和分析，及时发现并解决能源的浪费问题。

除了技术手段外，管理措施对于机房节能同样重要。企业应建立完善的节能管理制度，明确节能目标和责任，加强节能宣传和培训，提高员工的节能意识。同时，还应定期对机房能耗进行监测和分析，及时发现和解决能耗问题。

运维管理合理化是降低机房能耗的关键因素之一。运用监控和管理软件和硬件，对机房设备电力数据进行可视化，优化机房设备的配置和使用，以此来减少机房的能耗。此外，定期对服务器和空调设备等设备进行维护和清洁，也是降低机房能耗的有效措施之一。

（5）绿色数据中心认证与标准

利用可再生能源来代替传统的电力来源，如风电、太阳能等，是另一种有效的机房节能措施。相比传统的电力来源，使用绿色能源的成本更低、更环保、更稳定，而且还能够减少碳排放。机房可以结合绿色数据中心、云计算、虚拟化等技术，使可再生能源得到更多的利用。

为了进一步推动机房节能建设，国际上已经建立了多个绿色数据中心认证标准和评价体系。这些标准和体系不仅为机房节能提供了明确的方向与目标，也为机房建设和管理提供了可参考的依据。企业应积极参与绿色数据中心认证，以推动机房节能建设的规范化、标准化和国际化。

6.5 物业自用电节能

6.5.1 物业自用电节能措施

能源审计：定期进行能源审计，识别能源浪费的领域和节能机会。

高效照明：使用 LED 或节能灯具替换传统照明设备，并安装感应器和定时器实现自动控制。

智能控制系统：采用智能控制系统自动调节空调和供暖系统，以适应实际需求。

设备升级：升级更换陈旧的电器和设备，使用更高能效型的产品，如使用变频空调。

优化空调使用：合理设置空调温度，夏季不低于 26℃，冬季不高于 20℃，并确保良好隔热。

自然采光和通风：利用自然光和通风，减少对人工照明和空调的依赖。

能源管理计划：制定并实施能源管理计划，明确节能目标和行动方案。

员工培训：对物业员工进行节能意识培训，鼓励他们参与节能行动。

计量和监控：安装电表和能源监控系统，实时监测能源的使用情况。

节能标识：在开关和水龙头处张贴节能标识，提醒用户节约用电和用水。

定期维护：定期维护电器和设备，确保它们运行在最佳状态。

节水设备：安装低流量水龙头、节水马桶和自动感应冲洗设备。

绿色采购：采购节能产品和材料，减少长期能源消耗。

优化电梯使用：合理调度电梯运行，减少无负载运行次数。

电力需求管理：实施电力需求管理，如错峰用电和负荷控制。

可再生能源：考虑安装太阳能光伏板或风力发电设备，利用可再生能源。

建筑外壳隔热：加强建筑外壳的隔热性能，减少热量流失。

社区参与：鼓励社区居民参与节能活动，如节能竞赛和绿色出行倡议。

政策和激励措施：利用政府提供的节能政策和激励措施，如税收优惠和补贴。

信息反馈系统：建立信息反馈系统，鼓励用户报告能源浪费问题。

数字化管理：利用数字化工具和平台进行能源管理与报告。

6.5.2　物业自用能耗的节能方案

1. 物业办公电能耗

办公室照明：灯具使用在开关处张贴"人走关灯"的标识，下班后关闭照明灯具。连续照明在 2h（含 2h）以上的地方，采用节能灯照明。阴天、雨天、雪天等室内采光效果不好的天气下，才需要开启室内照明灯具。在室内采光效果良好的情况下，不得开启室内照明灯具。

办公设备使用：在办公设备处张贴"人走关闭"的标识。外出办事、休息日等长时间不使用办公设备时，应关闭办公设备的电源开关，拔下电源插座。

空调使用：夏季室外温度达到 30℃（含 30℃）时，办公室内可以开启空调。使用空调时，应关好门窗。空调开启时间按上班时间设定；使用时间严格控制在 4h 之内（含 4h）。空调制冷温度设定在 26℃（含 26℃）以上。

采暖季：冬季在有正常供暖的情况下，禁止在办公室内使用电采暖散热器等大功率热能设备。每年供暖前及供暖结束后，禁止在办公室内使用电采暖散热器等大功率热能设备。

卫生间用水、用电：办公区域卫生间开关和水龙头处，张贴"人走关闭"的标识。卫生间采用节能灯具与节水设备，如节能灯、人体感应等自动开关控制、节水水箱与感应型节水龙头等。

2. 物业住宿员工水电能耗

严肃住宿纪律，到点熄灯。日常宿舍熄灯时间按管理原则执行。如遇到节日活动等特殊情况，可适当调整执行时间。

在开关及水龙头处张贴"人走关闭"的标识，宿舍人员应做到人走关灯；卫生间人走关灯关水；电视机、电风扇等电器无人使用时，应及时关闭。

卫生间、走道等处采用节能灯照明、人体感应等自动开关控制。

采用节水设备，如节水水箱、水龙头。

对宿舍用房的用水、用电安装计量设备进行计量，设定合理的用水、用电量，超量部分由住宿人员分摊。利用信息技术自动计量，并对超量部分分摊到个人，收取费用。

3. 餐厅水电能耗

在开关及水龙头处张贴"人走关闭"的标识。除电冰箱需要24h运行外，照明、水龙头、电饭锅等电器在不用时，应及时关闭和切断电源。

餐厅厨师制定用餐时间表，经服务中心经理审核确定后执行。除节日、加班等特殊情况外，日常应严格按照就餐时间表进行就餐，错过就餐时间餐厅应不再提供饭菜。

晚餐结束后，厨师做完材料准备、厨具清洁、餐厅卫生后，依次检查闸阀、电源开关，最后关闭灯具、锁闭餐厅。

4. 公共区域照明设施节能方案

室内公共照明应使用LED等高效节能灯、结合采用人体感应开关、智能照明系统控制等措施。可对室内公共照明单独安装计量装置，计量用电情况并考核。

5. 环境节能降耗的方法

（1）水系景观、景观照明运行能耗

水系景观（含喷泉、人造瀑布等）、景观照明（各类地灯、水灯等）应避免选用大功率灯具，其开启要制定严格的运行时间表，利用智能化系统控制，制定预案。禁止24h运行。

（2）节日亮化用电能耗

节日亮化使用灯具应本着美化、亮化环境、用电节约的原则，选择装饰灯具。节日亮化应结合小区内景观、照明设施进行，且应避免过度亮化。服务中心制定严格的运行时间表，指定专人执行，禁止24h运行。因节日不同，亮化可依据需要进行开启运行和关闭，北方一般运行时间不得超过8h，南方一般运行时间不得超过7h，并与小区照明设施互相配合使用。

（3）水系水体更换

北方水系运行时间一般为 4~10 月，原则上每月进行 1 次水体更换。南方水系一般全年运行，原则上每月进行 1 次水体更换。具体更换周期可由环境主管，依据水体实际维护情况适当延长 5d 左右。

（4）绿化能耗

绿化浇灌时，可结合水系的清洁进行，采用潜水泵将要清洁的水系内存水用于绿化灌溉。禁止在水系清洁时，随意将存水进行排放。水系存水灌溉绿植对植物有很好的增肥及补水作用，既可以节约绿化用水，同时还可以节约用肥。

绿化灌溉时，应选择早晚温度较低时进行，同时对灌溉情况进行巡查，避免灌溉水量过多，造成浪费。

水系清洁及绿化灌溉前，应注意关注天气状况，利用雨水进行水系清洁、补水和绿化灌溉。避免工作进行期间或结束后，出现雨水天气，而造成水资源浪费。

6. 计量设备安装

涉及水电能耗的设备设施，在条件允许的情况下，均应安装计量设备，进行水电能耗统计。计量设备的作用：

（1）对能源消耗进行计量，为小区能源消耗测算提供数字依据；

（2）为节能降耗提供数据依据，验证节能降耗措施是否有效。

7. 监督检查

（1）物业主管每周对公司办公区域的照明及办公设备等用电设备的使用情况进行监督、检查。

（2）服务中心主管每周对服务中心办公区域的照明及办公设备等用电设备的使用情况进行监督、检查。

（3）物业主管指定专人对办公区的计量设备进行抄录并每月统计。维修主管指定专人对服务中心的自用能耗计量设备读数，进行抄录并每月报客服主管。

（4）物业主管负责每半年组织一次全公司范围内的节能降耗教育活动；服务中心负责每季度组织一次服务中心内部的全员节能降耗教育活动；从上至下的引导、树立员工节能意识，形成节约就是效益的风气。

本章小结

建筑电气节能是一项长期而系统的工程，其重要性显而易见。这要求我们持续努力，不断进行技术改进与创新，始终坚持并强化节能理念，确保节能目标的真正实现。在科技飞速发展的当下，建筑电气节能领域正经历着前所未有的创新浪潮，尤其是自动化与智能化的技术融合和新材料技术正在强力推动建筑领域开启建筑电气节能的新篇章。

为了实现我国的可持续发展战略，将电气节能技术有效融入建筑节能已成为建筑设计、施工及使用单位不可推卸的责任。建筑节能不仅是大势所趋，更是构建绿色、低碳社会的关键基石。建筑电气节能贯穿于建筑的全生命周期，无论是在设计、施工还是运营阶段，都蕴含着巨大的节能潜力。

回顾我国建筑节能工程的发展历程，"十一五"规划纲要首次将建筑节能工程纳入国家十大节能工程之一，目的是减少能源消耗，保护生态环境，这与我国追求可持续发展的战略目标高度一致。在"十一五"期间，一系列建筑节能措施的实施为后续的节能工作打下了坚实的基础。进入"十二五"规划时期，建筑节能工作进一步深化，绿色建筑和节能建筑的发展被提上日程，推动了建筑行业的绿色转型。而在"十三五"规划期间，我国建筑节能与绿色建筑发展取得了显著成就，绿色建筑实现了跨越式发展，相关法规标准不断完善，标识认定管理逐步规范。

展望未来，"十四五"规划时期为建筑节能工程设定了更为具体的目标，如全面实现城镇新建建筑的绿色建筑标准、稳步提升建筑能源利用效率、逐步优化建筑用能结构等，这些都将为城乡建设领域在 2030 年前实现碳达峰目标奠定坚实基础。

综上所述，这些规划不仅勾勒出了我国建筑节能工程的发展脉络，从基础建设到绿色转型，再到全面推进绿色建筑和节能标准的应用，更展现了我国在建筑节能领域的不懈努力和持续进步。未来，我们有充分的理由相信，随着科学技术的不断进步和国家相关政策的持续推动，我国建筑电气节能事业将迎来更加广阔的发展前景。

本章参考文献

[1]　李增勇，萧倩美，何秀娟.建筑夜景照明电气节能设计优化[J].机电工程技术，2021（8）.

[2]　郭峻臣，李雪清，范成，等.合同能源管理在某公共建筑节能改造项目中的实践应用[J].建筑节能，2021（3）.

[3]　于时宽.自控系统在某建筑节能管理中的应用[J].今日自动化，2021（2）.

[4]　王晓.建筑电气智能化工程施工研究[J].中国设备工程，2021（3）.

[5]　任海迪.建筑电气智能化工程分析[J].数码设计，2021（6）.

第 7 章

给水排水节水节能管理

7.1 节水节能技术要求

7.1.1 节水节能基本技术要求

在工程建设和建筑运维中，贯彻节能、节地、节水、节材和环境保护是一项长久的国策。节水、节能是在满足使用者对水质、水量、水压和水温要求的前提下来提高水资源的利用率。节水系统应是经济上合理、有实施的可能，同时在使用时应便于管理维护的。为了节水设计、施工、运维做到安全适用、技术先进、经济合理、确保质量、管理方便，提出以下基本技术要求。若本章节内容与国家法律、行政法规的规定相抵触时，应按国家法律、行政法规的规定执行。

（1）给水排水与节水工程中有关节水系统设施的建设，应与主体工程同时设计、同时施工、同时投入使用。

即节水系统建设应严格遵循"三同时"的建设原则。这是《中华人民共和国安全生产法》第24条、《中华人民共和国环境保护法》第26条、《中华人民共和国水法》第53条、《国务院关于实行最严格水资源管理制度的意见》（国发〔2012〕3号）中，"有关节水设施与主体工程同时设计、同时施工、同时投产和使用"的要求。建筑给水排水系统建设应认真贯彻执行这些规定。且《城市节约用水管理规定》（建设部令第1号）第九条的规定：城市的新建、扩建和改建工程项目，应当配套建设节约用水设施。对违反"三同时"制度的，应由县级以上地方人民政府有关部门或流域管理机构责令停止取用水并限期整改。城市建设主管部门要主动配合相关部门，在城市规划、施工图设计审查、建设项目施工、监理、竣工验收备案等管理环节强化"三同时"制度的落实。

（2）给水排水与节水工程应具有应对自然灾害、事故灾难、公共卫生事件和社会安全事件等突发事件的能力，设施运行管理单位应制定有关应急预案。

节水设施作为建筑给水排水设施的一种，也与其他给水排水设施一样，必须具备应对突发事件的安全保障能力。应具有预防多种突发事件影响的能力；在得到相关突发事件将影响设施功能信息时，应能采取应急准备措施，最大限度地避免或减轻对设施功能带来的损害；应设置相应监测和预警系统，能及时、准确地识别突发事件对建筑给水排水设施带来的影响，并采取有效措施抵御突发事件带来的灾害，采取相关补救、替代措施，保障设施的基本功能。如中水处理站应对公共卫生突发事件或其他特殊情况时，要求调节池污水应具备直接进行消毒和应急检测的条件，对中水调节池内的污水直接进行消毒，并为相关工作人员做好安全防范措施等。

（3）给水排水与节水工程的防洪、防涝标准不应低于所在区域城镇设防的相应要求。

《防洪标准》GB 50201—2014 第 3.0.8 条规定"遭受洪灾或失事后损失巨大、影响十分严重的防护对象，可提高防洪标准"。《城镇内涝防治技术规范》GB 51222—2017 第 3.1.3 条规定，除应满足规划确定的内涝防治设计重现期外，还应考虑超过该重现期时的应对措施。建筑给水排水与节水设施属于"影响十分严重的防护对象"，因此要求节水设施应在满足所服务城镇防洪防涝设防相应等级要求的同时，还应根据建筑给水排水重要设施和构筑物具体情况，适度加强设置必要的防止洪灾防涝的设施。

（4）给水排水与节水工程选用的材料、产品与设备必须质量合格，涉及生活给水的材料与设备还必须满足卫生安全的要求。

节水设施选用材料和设备的质量状况直接涉及设施的运行安全、基本功能和技术性能，必须予以许可控制。节水相关材料和设备选用必须执行国务院颁发的《建设工程勘察设计管理条例》中"设计文件中选用的材料、构配件、设备，应当注明其规格、型号、性能等技术指标，其质量要求必须符合国家规定的标准"的规定。建筑生活给水还应保障其卫生安全，必须按现行国家标准《生活饮用水输配水设备及防护材料的安全性评价标准》GB/T 17219 执行。如生活水箱、供水泵、管道、阀门等的选用；处理生活饮用水采用的混凝、絮凝、助凝、消毒、氧化、pH 调节、软化、灭藻、除垢、除氟、除砷、氟化、矿化等化学处理剂，还应符合国家相关标准的规定。

（5）建筑给水排水与节水工程选用的工艺、设备、器具和产品应为节水和节能型。

节水系统建设时就应选取节水和节能型工艺、设备、器具和产品的要求。即规定了建筑给水排水、建筑中水和雨水系统和设施的运行过程以及相关生活用水、生产用水、公共服务用水和其他用水的用水过程，所采用的工艺、设备、器具和产品都应该具有节水和节能的功能，以保证系统运行过程中发挥节水和节能的效益。《中华人民共和国水法》和《中华人民共和国节约能源法》分别对相关节能和节水要求作出了原则的规定；国家发展和改革委等五部委发布的《中国节水技术政策大纲》及住房和城乡建设部、国家发展和改革委发布的《城镇节水工作指南》中对各类用水推广采用具有节水功能的工艺技术、节水重大装备、设施和器具等都提出了明确要求。

（6）给水排水与节水工程建设和运行过程中产生的噪声、废水、废气和固体废弃物不应对环境和人身健康造成危害。

为防止节水设施工程建设和生产运行时对周边环境和人身健康产生危害，故作出明确规定，要求节水设施在建设和运行时产生的噪声、废水、废气和固体废弃物，污水的处理和输送过程还产生的有毒有害气体和污泥，节水系统在室内产生的臭气必须进行有效的处理和处置，避免危害环境和人身健康。

1996年颁发的《中华人民共和国环境噪声污染防治法》，2008年发布的《社会生活环境噪声排放标准》GB 22337—2008，对社会生活中的环境噪声作出了更高要求的新规定。

2002年，国家还特别对城镇污水处理厂排放的水和污泥制定了《城镇污水处理厂污染物排放标准》GB 18918—2002。2015年，国务院印发了《国务院关于印发水污染防治行动计划的通知》。国家还对固体废弃物、水污染物、有害气体和温室气体的排放制定了相关标准或要求。节水设施建设和运行过程中，都必须采取严格措施执行这些标准。

节水设施建设和运行过程温室气体的排放主要是能源消耗间接产生的 CO_2，要采取综合措施减排温室气体，为适应和减缓气候变化承担相应的责任。

（7）给水排水与节水设施运行过程中使用和产生的易燃、易爆及有毒化学危险品应实施严格管理，防止人身伤害和灾害性事故的发生。

节水设施运行过程中使用的各种消毒剂、氧化剂，污水和污泥处理过程产生的有毒有害气体，都必须予以严格管理。污水管网和泵站的维护管理以及加氯消毒设施的运行和管理等，都是建筑给水排水设施运行中经常发生的人身伤害和事故灾害的主要部位，要重点完善相关防护设施的建设和监督管理。国家和相关部门颁布的《易燃易爆化学物品消防安全监督管理办法》和《危险化学品安全管理条例》等相关法规，对化学危险品的分类、生产、储存、运输和使用都作出了详细规定。节水设施建设和运行过程中，要对其涉及的多种危险化学品和易燃易爆化学物品予以严格管理。

（8）对处于公共场所的给水排水与节水系统管道、设备和构筑物应采取不影响公众安全的防护措施。

室外检查井井盖应有防盗、防坠落措施，检查井、阀门井井盖上应具有属性标识。位于车行道的检查井、阀门井，应采用具有足够承载力和稳定性良好的井盖与井座。节水系统在公共场所建有的相关设施，如某些加压、蓄水、消防设施和检查井、闸门井、雨水收集池、化粪池及隔油池等，其设置要在方便其日常维护和设施安全运行的同时，还要避免对车辆和行人正常活动的安全构成威胁。为避免在检查井井盖损坏或缺失时发生行人不慎跌落造成伤亡事故，故规定井盖有防盗、防坠落的措施，如防坠落网等。建筑小区的检查井规格有大有小，埋设深度深浅不一。通常，井内径较小时，行人不容易跌落；但是，当井内径大于等于600mm时，行人容易跌落井内，造成伤害。

（9）中水、回用雨水等非生活饮用水管道严禁与生活饮用水管道建筑连接。

为了保障供水水质卫生安全，当采用生活饮用水作为建筑中水、回用雨水补充水时，严禁用管道连接（即使装倒流防止器也不允许）。而且，应补入中水、回用雨水贮存池内，补水口与水池溢流水位之间必须保证有效的空气间隙。接入中水及雨水回用系统清水池（箱）内的生活饮用水补水管应从清水池（箱）上部或顶部引入，补水管口最低点高出溢流边缘的空气间隙不应小于 150mm，并且严禁采用淹没式浮球阀补水。

当需要向雨水蓄水池（箱）补水时，必须采用间接补水方式，要求补水管口应设在池外，应高于室外地面，而且补水管口在室外地面暴雨积水条件下不得被淹没。都是为了防止回流造成生活饮用水污染。

另外，当饮用水管道单独设置时，中水管道亦不得与其他生活给水管道进行直接连接。

（10）建筑给水排水与节水系统中管道、设备和构筑物应根据其贮存或传输介质的腐蚀性质及环境条件，确定应采取的防腐蚀、防冻及防结露措施。

节水系统中，接触腐蚀性药剂的构筑物、设备和管道要采取防腐蚀措施，如加氯管道、化验室下水道等接触强腐蚀性药剂的设施要选用工程塑料等；密闭的、产生臭气较多的车间设备要选用抗腐蚀能力较强的材质。管道都与水、土壤接触，金属管道及非金属管道接口当采用钢制连接构造时，均要有防腐措施。具体措施应根据传输介质和设施运行的环境条件，通过技术经济比选来合理采用。

对于存在冰冻、结露的管道设施，应按气候、管道、传送介质、保温材料的各项参数计算防冻、防结露层厚度，并明确施工做法。

（11）穿越人民防空地下室围护结构的给水排水及节水管道应采取防护密闭措施。

节水系统管道穿越人防围护结构的要求。按照现行国家标准《人民防空地下室设计规范》GB 50038 的规定，为了保证防空地下室的人防围护结构整体强度及其密闭性，穿过人防围护结构的给水管道应采用钢塑复合管或热镀锌钢管，管径不宜大于 150mm，且应在人防围护结构的内侧或防护密闭隔墙两侧（当穿过防护单元之间的防护密闭隔墙时）设置公称压力不小于 1.0MPa 的防护阀门，防护阀门应采用阀芯为不锈钢或铜材质的闸阀或截止阀。

（12）设有市政或小区给水、中水供水管网的建筑，生活给水、中水系统应充分利用城镇给水、中水管网的水压直接供水。

为节约能源，减少居民生活饮用水水质污染，建筑物底部的楼层应充分利用市政或小区给水管网的水压直接供水。设有市政中水供水管网的建筑，也应充分利用市政供水

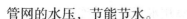

管网的水压，节能节水。

（13）生活水池或水箱、消防水池或水箱、中水、雨水清水池、冷却塔集水池等所有设生活饮用水补水的水池的（水箱）均应设溢流信号管和溢流报警装置。

所有以上水池（箱）设置溢流信号管和报警装置非常重要，据调查，有不少水池、水箱出现过溢水事故，不仅浪费水，而且易损害建筑物、设施和财产。因此，这些水池、水箱不仅要设溢流管，还应设置溢流信号管和溢流报警装置，并将其引至有人正常值班的地方。

为避免自动水位控制阀失灵、这些水池（箱）溢水造成水资源浪费，贮水构筑物应设置水位监视、报警和控制仪器和设备。对于水池（箱）溢水可能造成水淹和财产损失事故的场所，还应设置应急自动关闭进水阀，以达到报警联动、自动关闭进水阀门的目的。自动关闭进水阀可采用电磁阀或电动阀。

（14）生活热水、游泳池、公共热水按摩池及与人体直接接触的喷泉、水景的原水、补水水质应符合现行国家标准《生活饮用水卫生标准》GB 5749 的要求。

生活热水的原水即制备生活热水的冷水，生活热水与冷水为同一使用对象，因此两者对水质的基本要求应一致，均应符合现行国家标准《生活饮用水卫生标准》GB 5749 的要求。对游泳池、水上游乐池、热水按摩池及与人体直接接触的戏水池、喷泉、水景、雾森系统的原水和补充水水质也做出了明确的定，目的是保证池水水质不受补充水的污染，简化池水循环净化处理工艺流程和设施、设备的配置，节约建设费用和运营成本，方便系统管理。水景用水分为与人体直接接触和与人体不直接接触两种情况，与人体直接接触的水景水质和形成可吸入水雾的水景水质，必须确保水质卫生安全，不能危害人体健康，故对原水和补充水水质要求较严。

（15）不与人体直接接触的非亲水性室外景观水体用水水源不得采用市政自来水和地下井水。

我国水资源严重匮乏，人均水资源是世界平均水平的1/4，目前全国年缺水量约为400亿 m³，用水形势相当严峻，为贯彻"节水"政策及避免不切实际地大量采用自来水补水的人工水景的不良行为，规定"景观用水水源不得采用市政自来水和地下井水"，应利用中水（优先利用市政中水）、雨水收集回用等措施，解决人工景观用水水源和补水等问题。包括人造水景的湖、水湾、瀑布及喷泉等不与人体直接接触的非亲水性室外景观水体用水水源不得采用市政自来水和地下井水。但是，属于体育活动的游泳池、瀑布、旱喷泉、戏水池、雾森等不在此列，这些与人接触的亲水性水景，应采用满足生活饮用水标准的市政自来水和井水补水。

（16）集中空调冷却水、游泳池水、洗车场洗车用水、水源热泵用水应循环使用。

循环用水是将用水系统内产生的废水，经适当处理后重复使用，不补充或少量补水，不排放或少排污的用水方式，是节水的重要方式之一。住房和城乡建设部、国家发展和改革委联合发布的《城镇节水工作指南》（建城函〔2016〕251 号）规定：通过城镇、公共机构和建成区工业企业等不同尺度、不同层面的水循环利用系统建设，推进优水优用、循环利用和梯级利用，提高水的循环利用效率；公共机构和公共建筑的内部水的循环与循序利用主要包括中水利用、空调冷却循环水系统、水景、游泳池、生活热水、锅炉供水等。空调冷却水、游泳池水、水上游乐池用水、洗车场洗车用水、水源热泵用水等应通过处理实现循环使用，以提高水的重复利用率，降低水的消耗量，同时减少污废水排放量。

7.1.2　生活给水系统节水节能技术要求

（1）给水系统应充分利用室外管网压力直接供水，系统供水方式及供水分区应根据建筑用途、建筑高度、使用要求、材料设备性能、维护管理、运营能耗等因素合理确定。各分区最低卫生器具配水点处的静水压不宜大于 0.45MPa，当设有集中热水系统时，分区静水压力不宜大于 0.55MPa。

建筑生活给水系统首先要充分利用室外给水管网的压力满足低层的供水要求，高层给水系统的水平和竖向分区要兼顾节能、节水和方便维护管理。分区供水的目的不仅是防止损坏给水配件，同时可避免过高的供水压力造成用水不必要的能源浪费；增加供水分区底部配水系统管道承压会增加漏水隐患；降低供水可靠性。

（2）用水点处水压大于 0.2MPa 的配水支管应采取减压措施，并应满足用水器具工作压力的要求。住宅入户管供水压力不应大于 0.35MPa，非住宅类居住建筑入户管供水压力不宜大于 0.35MPa。

控制用水点处供水压力是给水系统节水中最为关键的一个环节。给水额定流量是为满足使用要求，用水器具给水配件出口在单位时间内流出的规定出水量。流出水头是保证给水配件流出额定流量，在阀前所需的水压。用水点处供水压力大于用水器具的流出水头时，用水器具实际流量超过额定流量的现象，称超压出流现象。该实际流量与额定流量的差值，为超压出流量。超压出流不但会破坏给水系统水量的正常分配，影响用水工况，同时因超压出流量为无效用水量，造成了水资源的浪费。给水系统应采取措施控制超压出流现象，采取减压措施，避免造成浪费。根据国家"十二五"科技重大专项"水体污染控制与治理"课题《建筑水系统微循环重构关键技术研究与示范》的成果，用水点压力控制在 0.2MPa，流量处于舒适流量的范围。

住宅入户管处压力最小值，一般需根据最不利用水点处的工作压力要求，经计算确定。住宅入户管动压最高不能超过 0.35MPa。

控压节水从理论到实践都得到充分的证明：北京建筑大学曾在该校两栋楼做过实测，其结果如下：

1）普通水嘴半开和全开时最大流量分别为 0.42L/s 和 0.72L/s，对应的实测动压值为 0.24MPa 和 0.5MPa，静压值均为 0.37MPa。节水水嘴半开和全开时最大流量为 0.29L/s 和 0.46L/s，对应的实测动压值为 0.17MPa 和 0.22MPa，静压值为 0.3MPa，按照水嘴的额定流量 $q=0.15$L/s 为标准比较，节水水嘴在半开、全开时其流量分别为额定流量的 2 倍和 3 倍。

2）对 67 个水嘴实测，其中 47 个测点流量超标，超标率达 61%。

3）根据实测得出的陶瓷阀芯和螺旋升降式水嘴流量 Q 与压力 P 关系曲线（图 7.1.2-1、图 7.1.2-2），可知 Q 与 P 成正比关系。

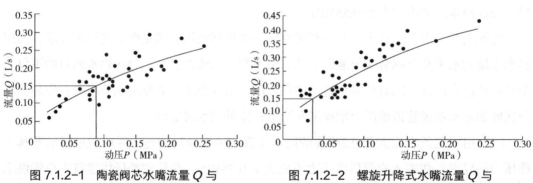

图 7.1.2-1　陶瓷阀芯水嘴流量 Q 与
压力 P 的关系曲线

图 7.1.2-2　螺旋升降式水嘴流量 Q 与
压力 P 的关系曲线

另外，据生产小型支管减压阀的厂家介绍，可调试减压阀最小减压差即阀前压力 P_1 与阀后压力 P_2 的最小差值为 $P_1-P_2 \geqslant 0.1$MPa。因此，当给水系统中配水点压力大于 0.2MPa 时，其配水支管配上减压阀，配水点处的实际供水压力仍大于 0.1MPa，满足除自闭式冲洗阀件外的配水水嘴与阀件的要求。

设有自闭式冲洗阀的配水支管，设置减压阀的最小供水压力宜为 0.25MPa，即经减压后，冲洗阀前的供水压力不小于 0.15MPa，满足使用要求。

（3）给水系统采用的管材、管件及连接方式的工作压力不得大于国家现行标准中公称压力或标称的允许工作压力；采用的阀件的公称压力不得小于管材及管件的公称压力。应使用耐腐蚀、耐久性能好的管材、管件和阀门等，减少管道系统的漏损。

给水、热水、再生水、管道直饮水、循环水等供水系统应按下列要求选用管材、管件：

1）供水系统采用的管材和管件，应符合国家现行有关标准的规定。管道和管件的工作压力不得大于产品标准标称的允许工作压力；

2）热水系统所使用管材、管件的设计温度不应低于 80℃；

3）管材和管件宜为同一材质，管件宜与管道同径；

4）管材与管件连接的密封材料应卫生、严密、防腐、耐压、耐久。

工程建设中，不得使用假冒伪劣产品，给水系统中使用的管材、管件，必须符合国家现行产品标准的要求。管件的允许工作压力，除取决于管材、管件的承压能力外，还与管道接口能承受的拉力有关。这三个允许工作压力中的最低者，为管道系统的允许工作压力。管材与管件采用同一材质，以降低不同材质之间的腐蚀，减少连接处的漏水的概率。管材与管件连接采用同径的管件，以减少管道的局部水头损失。

给水管道上的各类阀门及附件的工作压力等级，应小于或等于其所在管段的管材及管件的工作压力及管道接口承受的拉力。这样才能更有效避免管材管件接口处渗漏滴水，而造成的不必要水资源浪费，实现真正的节水目的。

降低给水管网漏损对节约用水、提高供水效益、推广绿色建筑、建设节约型城市有重要意义。给水系统应使用耐腐蚀、耐久性能好的管材、管件和阀门等，降低给水管网漏损应从管网规划、管材选择、施工质量控制、运行压力控制、日常维护和更新、漏损检测和及时修复等多方面来控制。供水管网的漏失水量应控制在国家现行标准规定的范围内。

（4）供水、用水应按照使用用途、付费或管理单元，分项、分级安装满足使用需求和经计量检定合格的计量装置。用水计量装置功能应完好，数据记录应完整。

民用建筑的给水、热水、中水以及直饮水等给水管道设置计量水表应符合下列规定：

1）住宅入户管上应设计量水表，居民用户水表宜出户安装在易于抄表、维护处；

2）公共建筑应根据不同使用性质及计费标准分类分别设计量水表；

3）住宅小区及单体建筑引入管上应设计量水表；

4）加压分区供水的贮水池或水箱前的补水管上宜设计量水表；

5）采用高位水箱供水系统的水箱出水管上宜设计量水表；

6）冷却塔、游泳池、水景、公共建筑中的厨房、洗衣房、游乐设施、公共浴池、住宿、中水贮水池或水箱补水等的补水管上应设计量水表；

7）机动车清洗用水管上应安装水表计量；

8）采用地下水水源热泵为热源时，抽、回灌管道应分别设计量水表；

9）满足水量平衡测试及合理用水分析要求的管段上应设计量水表；

10）应计量用水设备（用水系统）的以下有关水量：

A. 供暖锅炉系统：补水量、冷凝水回用量、输出水量；

B. 空调冷却系统：补水量、冷凝水回用量；

C. 大型洗涤系统：输入水量、处理回用水量；

D. 净水系统：输入水量、输出水量；

E. 植被灌溉系统：输入水量；

F. 人工造雪系统：输入水量；

G. 水上娱乐休闲系统：输入水量、补水量、循环水量；

H. 水疗系统：输入水量；

I. 污水处理系统：输入水量、输出水量；

J. 大型用水试验建议设备：输入水量、处理回用水量；

K. 其他必须计量的用水设备（用水系统）：输入水量。

（5）水计量器具配置还应满足表 7.1.2-1 的要求，水计量器具准确度等级应满足表 7.1.2-2 的要求。冷水水表的准确度等级应符合现行《饮用冷水水表检定规程》JJG 162 的要求。

水计量器具配备要求   表 7.1.2-1

考核项目	用水单位	次级用水单位	主要用水设备（用水系统）
水计量器具配备率 / %	100	≥ 95	≥ 80
水计量率 / %	100	≥ 95	≥ 85

注：1. 次级用水单位、用水设备（用水系统）的水计量器具配备率、水计量率指标不考核排水量。

2. 单台设备或单套用水系统用水量大于或等于 $1m^3/h$ 的为主要用水设备（用水系统）。

3. 对于可单独进行用水计量考核的用水单元（系统、设备、工序、工段等），如果用水单元已配备了水计量器具，用水单元中的主要用水设备（系统）可以不再单独配备水计量器具。

4. 对于集中管理用水设备的用水单元，如果用水单元已配备了水计量器具，用水单元中的主要用水设备可以不再单独配备水计量器具。

5. 对于可用水泵功率或流速等参数来折算循环用水量的密闭循环用水系统或设备、直流冷却系统，可以不再单独配备水计量器具。

水计量器具准确度等级　　　　　　　　　　　　表 7.1.2-2

序号	水表公称口径／mm	水表准确度等级和要求
1	≤ 250	2 级（±2%）
2	>250	1 级（±1%），2 级（±2%）

注：公称口径大于 250mm 的水表优选 1 级（±1%）。

1）特殊生产工艺用水，其水计量器具精确度等级要求应满足相应的生产工艺要求。

2）水计量器具的性能应满足相应的生产工艺及使用环境（如温度、温度的变化率、湿度、照明、振动噪声、电磁干扰、粉尘、腐蚀、结垢、粘泥、水中杂质等）要求。

（6）管道直径大于 400mm 时，宜选用超声流量计和电磁流量计；管道直径小于或等于 400mm 时，宜选用旋翼式水表、螺翼式水表、带电子装置水表和电子水表。其中：管道直径大于或等于 200mm 时，依据实际水流条件及计量需求亦可选用超声流量计和电磁流量计；用水单位选用水表口径小于或等于 40mm 时，宜选用旋翼式水表和带电子装置水表；水表口径大于 40mm 时，宜选用旋翼式水表、螺翼式水表、带电子装置水表和电子水表。水表以并联且多表运行时，应保证在不同工况时，各台水表均处于正常工作状态。可依据管道流量设计参数及管道实际流量，参照《用水单位计量器具配置和管理通则》附录 A 进行水表选型。水表计量的流量宜在分界流量（Q_2）与常用流量（Q_3）的范围内，且不大于水表的过载流量（Q_4）和不小于水表的最小流量（Q_1）。

（7）节水型生活用水器具安装率应达到 100%。加强用水设备的日常维护，损坏管件应立即更换，防止破管、渗水、漏水等现象的发生。

（8）建筑给水排水系统中采用的卫生器具、水嘴、淋浴器等应根据使用对象、设置场所、建筑标准等因素确定，且均应符合现行标准《节水型生活用水器具》CJ/T 164 的规定。

（9）坐式大便器宜采用设有大、小便分档的冲洗水箱；居住建筑中不得使用一次冲洗水量大于 6L 的坐便器。

本条根据城镇建设行业标准《节水型生活用水器具》CJ/T 164 及建设部 2007 年第 659 号公告《建设事业"十一五"推广应用和限制禁止使用技术（第一批）》第 79 项"在住宅建设中大力推广 6L 冲洗水量的坐便器"的要求编写。住宅采用节水型卫生器具和配件是节水的重要措施。节水型便器系统包括：总冲洗用水量不大于 6L 的坐便器系统，两档式便器水箱及配件，小便器冲洗水量不大于 4.5L。

（10）小便器、蹲式大便器应配套采用延时自闭式冲洗阀、感应式冲洗阀、脚踏冲

洗阀公共场所的卫生间洗手盆应采用感应式或延时自闭式水嘴。

洗手盆感应式水嘴和小便器感应式冲洗阀在离开使用状态后，定时会自动断水，用于公共场所的卫生间时不仅节水，而且卫生。洗手盆自闭式水嘴和大、小便器延时自闭式冲洗阀具有限定每次给水量和给水时间的功能，具有较好的节水性能。

（11）洗脸盆等卫生器具应采用陶瓷片等密封性能良好耐用的水嘴。水嘴、淋浴喷头内部宜设置限流配件。

（12）采用双管供水的公共浴室宜采用带恒温控制与温度显示功能的冷热水混合淋浴器。

（13）学校、学生公寓、集体宿舍公共浴室等集中用水部位宜采用智能流量控制装置。

（14）加压水泵的 Q-H 特性曲线应为随流量的增大，扬程逐渐下降的曲线。

选择生活给水系统的加压水泵时，必须对水泵的 Q-H 特性曲线进行分析，应选择特性曲线为随流量增大其扬程逐渐下降的水泵。这样的水泵工作稳定，并联使用时可靠。Q-H 特性曲线存在上升段（即零流量时的扬程不是最高扬程，随流量的增大扬程也升高；扬程升至峰值后，流量再增大扬程又开始下降，Q-H 特性曲线的前段就出现一个向上拱起的弓形上升段的水泵）。这种水泵单泵工作且工作点扬程低于零流量扬程时，水泵可稳定工作。若工作点在上升段范围内，水泵工作就不稳定。这种水泵并联时，先启动的水泵工作正常，后启动的水泵往往出现有压无流量的空转。水压的不稳定，用水终端的用水器具的用水量就会发生变化，不利于节水。

（15）市政条件许可的地区，宜采用叠压供水设备，但需取得当地供水行政主管部门的批准。

采用叠压、无负压供水设计设备，可以直接从市政管网吸水，不需要设置二次供水的低位水池（箱），减少清洗水池（箱）带来的水量的浪费；同时，可以利用市政管网的水压，实现节能。

（16）洗衣房、厨房应选用高效、节水的设备。

节水型洗衣机是指以水为介质，能根据衣物量、脏净程度自动或手动调整用水量，满足洗净功能且耗水量低的洗衣机产品。产品的额定洗涤水量与额定洗涤容量之比应符合《家用和类似用途电动洗衣机》GB/T 4288 的相关规定。洗衣机在最大负荷洗涤容量、高水位、一个标准洗涤过程，洗净比 0.8 以上，单位容量用水量不大于下列数值：

1）滚筒式洗衣机有加热装置 14L/kg，无加热装置 16L/kg；

2）波轮式洗衣机为 22L/kg。

（17）管道敷设应采取严密的防漏措施，杜绝和减少漏水量。

1）敷设在垫层、墙体管槽内的给水管管材宜采用塑料、金属与塑料复合管材或耐腐蚀的金属管材，并应符合现行《建筑给水排水设计规范》GB 50015 的相关规定。

直接敷设在楼板垫层、墙体管槽内的给水管材，除管内壁要求具有优良的防腐性能外，其外壁应具有抗水泥腐蚀的能力，以确保管道使用的耐久性。为避免直埋管因接口渗漏而维修困难，故要求直埋管段不应中途接驳或用三通分水配水。室外埋地的给水管道，既要承受管内的水压力，又要承受地面荷载的压力。管内壁要耐水的腐蚀，管外壁要耐地下水及土壤的腐蚀。目前，使用较多的管材有塑料给水管、球墨铸铁给水管、内外衬塑的钢管等。应引起注意的是，镀锌层不是防腐层，而是防锈层，所以内衬塑的钢管外壁亦必须做防腐处理。管内壁的衬、涂防腐材料，必须符合现行的国家有关卫生标准的要求。

2）敷设在有可能结冻区域的供水管应采取可靠的防冻措施。

3）埋地给水管应根据土壤条件选用耐腐蚀、接口严密耐久的管材和管件，做好相应的管道基础和回填土夯实工作。

4）室外直埋热水管，应根据土壤条件、地下水位高低、选用管材材质、管内外温差采取耐久可靠的防水、防潮、防止管道伸缩破坏的措施。室外直埋热水管直埋敷设还应符合现行《建筑给水排水及采暖工程施工质量验收规范》GB 50242 及《城镇直埋供热管道工程技术规程》CJJ/T 81 的相关规定。

室外热水管道采用直埋敷设是近年来发展应用的新技术。与采用管沟敷设相比，具有省地、省材、经济等优点。但热水管道直埋敷设要比冷水管埋设复杂得多，必须解决好保温、防水、防潮、伸缩和使用寿命等直埋冷水管所没有的问题，因此，热水管道直埋敷设须由具有热力管道（压力管道）安装资质的单位承担施工安装，并符合国家现行标准《建筑给水排水及采暖工程验收规范》GB 50242 及《城镇直埋供热管道工程技术规程》CJJ/T 81 的相关规定。

7.1.3　热水系统及可再生能源节水节能技术要求

热水用水量较小且用水点分散时，宜采用局部热水供应系统；热水用水量较大、用水点比较集中时，应采用集中热水供应系统，并应设置完善的热水循环系统。

据有关研究，用于生活热水的能耗约占整个建筑能耗的 20% ~30%，因此热水系统的热源选择应把节能放在重要位置。近年来，国内利用太阳能、热泵作生活热水热源的工程已很普及，但是存在系统过大、系统不合理、运行不好、使用效果差，有的甚至报

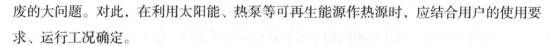

废的大问题。对此，在利用太阳能、热泵等可再生能源作热源时，应结合用户的使用要求、运行工况确定。

生活热水是人们生活的必需品，不能中断，因此在选用太阳能、空调废热等不稳定或只有季节性供热的能源时，应合理配置可靠的常规热源。

（1）设有集中生活热水系统的建筑，宜优先选用余热废热可再生能源等作为热源，并合理配置辅助加热系统。集中热水供应系统的热源应可靠，并应根据当地可再生能源、热资源条件，结合用户使用要求确定。通过技术经济比较，并应按下列顺序选择：

1）采用具有稳定、可靠的余热、废热、地热，当以地热为热源时，应按地热水的水温、水质和水压，采取相应的技术措施处理满足使用要求；

2）当日照时数大于1400h/a且年太阳辐射量大于4200MJ/m² 及年极端最低气温不低于-45℃的地区，采用太阳能，全国各地日照时数及年太阳能辐照量应按表7.1.3-1和表7.1.3-2取值；

3）在夏热冬暖、夏热冬冷地区采用空气源热泵；

4）在地下水源充沛、水文地质条件适宜，并能保证回灌的地区，采用地下水源热泵；

5）在沿江、沿海、沿湖，地表水源充足、水文地质条件适宜，以及有条件利用城市污水、再生水的地区，采用地表水源热泵；当采用地下水源和地表水源时，应经当地水务、交通航运等部门审批，必要时应进行生态环境、水质卫生方面的评估；

6）采用能保证全年供热的热力管网热水；

7）采用区域性锅炉房或附近的锅炉房供给蒸汽或高温水；

8）采用燃油、燃气热水机组、低谷电蓄热设备制备的热水。

全国各地日照时数   表 7.1.3-1

分区	太阳辐照量 [MJ/(m²·a)]	主要地区	月平均气温 ≥ 10℃、 日照时数 ≥ 6h 的天数
资源 丰富区	≥ 6700	新疆南部、甘肃西北一角	275 左右
		新疆南部、西藏北部、青海西部	275~325
		甘肃西部、内蒙古巴彦淖尔市西部、青海一部分	275~325
		青海南部	250~300
		青海西南部	250~275
		西藏大部分	250~300
		内蒙古乌兰察布市、巴彦淖尔市及鄂尔多斯市一部分	>300

续表

分区	太阳辐照量 [MJ/（m²·a）]	主要地区		月平均气温≥10℃、 日照时数≥6h 的天数
资源较丰富地区	5400~6700	新疆北部		275 左右
		内蒙古呼伦贝尔市		225~275
		内蒙古锡林郭勒盟、乌兰察布市、河北北部部分		>275
		山西北部、河北北部、辽宁部分		250~275
		北京、天津、山东西北部		250~275
		内蒙古鄂尔多斯市大部分		275~300
		陕北及甘肃东部一部分		225~275
		青海东部、甘肃南部、四川西部		200~300
		四川南部、云南北部一部分		200~250
		西藏东部、四川西部和云南北部一部分		<250
		福建、广东沿海一带		175~200
		海南		225 左右

全国各地太阳能辐照量　　　　　　　　　　　　　　表 7.1.3-2

资源一般	4200~5400	山西南部、河南大部分及安徽、山东、江苏部分	200~250
		黑龙江、吉林大部分	225~275
		吉林、辽宁、长白山地区	<225
		上海、湖南、安徽、江苏南部、浙江、江西、福建、广东北部、湖南东部和广西大部分	150~200
		湖南西部、广西北部一部分	125~150
		陕西南部	125~175
		湖北、河南西部	150~175
		四川西部	125~175
资源缺乏区	<4200	云南西南一部分	175~200
		云南东南一部分	175 左右
		贵州西部、云南东南部分	150~175
		广西西部	150~175
		四川、贵州大部分	<125
		成都平原	<100

（2）在既有建筑上增设或改造太阳能系统，必须经建筑结构安全复核，满足建筑结构的安全性要求。

（3）太阳能系统应做到全年综合利用，根据使用地的气候特征、实际需求和适用条件，为建筑物供电、供生活热水、供暖或（及）供冷。

（4）太阳能建筑一体化应用系统的设计应与建筑设计同步完成。建筑物上安装太阳能系统不得降低相邻建筑的日照标准。

（5）太阳能系统与构件及其安装安全，应符合下列规定：

1）应满足结构、电气及防火安全的要求；

2）由太阳能集热器或光伏电池板构成的围护结构构件，应满足相应围护结构构件的安全性及功能性要求；

3）安装太阳能系统的建筑，应设置安装和运行维护的安全防护措施，以及防止太阳能集热器或光伏电池板损坏后部件坠落伤人的安全防护设施。

（6）太阳能系统应对下列参数进行监测和计量：

1）太阳能热利用系统的辅助热源供热量；

2）太阳能集热系统进出口水温、集热系统循环水流量；

3）太阳总辐照量，以及按使用功能分类的下列参数：

A. 太阳能热水系统的供热水温度、供热水量；

B. 太阳能供暖空调系统的供热量及供冷量、室外温度、代表性房间室内温度。

（7）太阳能热利用系统应根据不同地区气候条件、使用环境和集热系统类型采取防冻、防结露、防过热、防热水渗漏、防雷、防雹、抗风、抗震和保证电气安全等技术措施。

（8）防止太阳能集热系统过热的安全阀应安装在泄压时排出的高温蒸汽和水不会危及周围人员的安全的位置上，并应配备相应的设施；其设定的开启压力，应与系统可耐受的最高工作温度对应的饱和蒸汽压力相一致。

（9）太阳能热利用系统中的太阳能集热器设计使用寿命应高于 15 年。太阳能光伏发电系统中的光伏组件设计使用寿命应高于 25 年，系统中多晶硅、单晶硅、薄膜电池组件自系统运行之日起，一年内的衰减率应分别低于 2.5%、3%、5%，之后每年衰减应低于 0.7%。

（10）太阳能热利用系统设计应根据工程所采用的集热器性能参数、气象数据以及设计参数计算太阳能热利用系统的集热效率，且应符合表 7.1.3-3 的规定。

太阳能热利用系统的集热效率 η（%）   表 7.1.3-3

太阳能热水系统	太阳能供暖系统	太阳能空调系统
$\eta \geqslant 42$	$\eta \geqslant 35$	$\eta \geqslant 30$

（11）水加热设备应根据使用特点、耗热量、热源、维护管理及卫生防菌等因素选择，并应符合下列规定：

1）容积利用率高，换热效果好，节能、节水；

2）被加热水侧阻力损失小。直接供给生活热水的水加热设备的被加热水侧阻力损失不宜大于 0.01MPa；

3）安全可靠、构造简单、操作维修方便。

（12）水加热器的热媒入口管上应装自动温控装置，自动温控装置应能根据壳程内水温的变化，通过水温传感器可靠灵活地调节或启闭热媒的流量，并应使被加热水的温度与设定温度的差值满足下列规定：

1）导流型容积式水加热器：±5℃；

2）半容积式水加热器：±5℃；

3）半即热式水加热器：±3℃。

（13）集中生活热水供应系统热源应符合下列规定：

1）除有其他用蒸汽要求外，不应采用燃气或燃油锅炉制备蒸汽作为生活热水的热源或辅助热源；

2）除下列条件外，不应采用市政供电直接加热作为生活热水系统的主体热源：

A. 按 60℃计的生活热水最高日总用水量不大于 5m³，或人均最高日用水定额不大于 10L 的公共建筑；

B. 无集中供热热源和燃气源，采用煤、油等燃料受到环保或消防限制，且无条件采用可再生能源的建筑；

C. 利用蓄热式电热设备在夜间低谷电进行加热或蓄热，且不在用电高峰和平段时间启用的建筑；

D. 电力供应充足，且当地电力政策鼓励建筑用电直接加热做生活热水热源时。

（14）地源热泵系统方案设计前，应进行工程场地状况调查，并应对浅层或中深层地热能资源进行勘察，确定地源热泵系统实施的可行性与经济性。当浅层地埋管地源热泵系统的应用建筑面积大于或等于 5000m² 时，应进行现场岩土热响应试验。

（15）浅层地埋管换热系统设计应进行所负担建筑物全年动态负荷及吸、排热量计算，最小计算周期不应小于 1 年。建筑面积 50000m² 以上大规模地埋管地源热泵系统，应进行 10 年以上地源侧的热平衡计算。

（16）地源热泵机组的能效不应低于现行国家标准《水（地）源热泵机组能效限定值及能效等级》GB 30721 规定的节能评价值。

（17）地下水换热系统应根据水文地质勘察资料进行设计。必须采取可靠的回灌措施，确保置换冷量或热量后的地下水全部回灌到同一含水层，不得对地下水资源造成浪费及污染。

（18）江河湖水源地源热泵系统应对地表水体资源和水体环境进行评价。

（19）海水源地源热泵系统与海水接触的设备及管道，应具有耐海水腐蚀性，应采取防止海洋生物附着的措施。

（20）冬季有冻结可能的地区，地埋管、闭式地表水和海水换热系统应有防冻措施。

（21）地源热泵系统监测与控制工程应对代表性房间室内温度、系统地源侧与用户侧进出水温度和流量、热泵系统耗电量、地下环境参数进行监测。

（22）水源热泵用水应循环使用，并应符合下列要求：

1）当采用地下水、地表水做水源热泵热源时，应进行建设项目水资源论证；

2）采用地下水为热源的水源热泵换热后的地下水应全部回灌至同一含水层，抽、灌井的水量应能在线监测。

水源热泵技术成为建筑节能重要技术措施之一，由于对地下水回灌不重视，已经出现抽取的地下水不能等量地回灌到地下，造成严重的地下水资源的浪费，对北方地区造成的地下水下降等问题尤其严重。根据北京市《关于发展热泵系统指导意见的通知》《建设项目水资源论证管理办法》（水利部、国家发展和改革委第15号）的规定，特制定本条。水源热泵用水量较大，如果不能很好地等量回灌地下，将造成严重的水资源浪费，水源热泵节水是建筑节水的重要组成部分，应引起给水排水专业人士的高度重视。

（23）空气源热泵机组的有效制热量，应根据室外温、湿度及结、除霜工况对制热性能进行修正。采用空气源多联式热泵机组时，还需要根据室内外机组之间的连接管长和高差修正。

（24）当室外设计温度低于空气源热泵机组平衡点温度时，应设置辅助热源。

（25）空气源热泵机组在连续制热运行中，融霜所需时间总和不应超过一个连续制热周期的20%。

（26）空气源热泵系统用于严寒和寒冷地区时，应采取防冻措施。

（27）空气源热泵室外机组的安装位置，应符合下列规定：

1）应确保进风与排风通畅，且避免短路；

2）应避免受污浊气流对室外机组的影响；

3）噪声和排出热气流应符合周围环境要求；

4）应便于对室外机的换热器进行清扫和维修；

5）室外机组应有防积雪措施；

6）应设置安装、维护及防止坠落伤人的安全防护设施。

（28）当采用空气源热水机组制备生活热水时，热泵热水机在名义制热工况和制定条件下，性能系数（COP）不应低于表 7.1.3-4 和表 7.1.3-5 热泵热水性能规定的数值，并应有保证水质的有效措施。

热泵热水机性能系数（COP）（W/W）　　　　　　　　表 7.1.3-4

制热量（kW）	热水机型式	普通型	低温型
H<10	一次加热式、循环加热式	4.40	3.60
	静态加热式	4.40	—

热泵热水机性能系数（COP）（W/W）　　　　　　　　表 7.1.3-5

制热量（kW）	热水机型式		普通型	低温型
H ≥ 10	一次加热式		4.40	3.70
	循环加热	不提供水泵	4.40	3.70
		提供水泵	4.30	3.60

（29）可再生能源系统应进行单独计量。可再生能源系统的计量可为指导项目运行管理，提供较为详细、准确的基础数据。

（30）热水供应系统应按下列要求设置循环系统：

1）集中热水供应系统，应采用机械循环，保证干管、立管或干管、立管和支管中的热水循环；

2）设有 3 个以上卫生间的公寓、住宅、别墅共用水加热设备的局部热水供应系统，应设回水配件自然循环或设循环泵机械循环；

3）全日集中供应热水的循环系统，应保证配水点出水温度不低于 45℃的时间，对于住宅不得大于 15s，医院和旅馆等公共建筑不得大于 10s。

（31）循环管道的布置应保证循环效果，并应符合下列规定：

1）单体建筑的循环管道宜采用同程布置，热水回水干、立管采用导流三通连接和在回水立管上设限流调节阀、温控阀等保证循环效果的措施；

2）当热水配水支管布置较长不能满足上一条（30）第 3 款的要求时，宜设支管循环，或采取支管自控电伴热措施；

3）当采用减压阀分区供水时，应保证各分区的热水循环；

4）小区集中热水供应系统应设热水回水总干管并设总循环泵，单体建筑连接小区总回水管的回水管处宜设导流三通、限流调节阀、温控阀或分循环泵保证循环效果；

5）当采用热水贮水箱经热水加压泵供水的集中热水供应系统时，循环泵可与热水加压泵合用，采用调速泵组供水和循环。回水干管设温控阀或流量控制阀控制回水流量。

（32）公共浴室的集中热水供应系统应满足下列要求：

1）大型公共浴室宜采用高位冷、热水箱重力流供水。当无条件设高位冷、热水箱时，可设带贮热调节容积的水加热设备经混合恒温罐、恒温阀供给热水。由热水箱经加压泵直接供水时，应有保证系统冷热水压力平衡和稳定的措施。

2）采用集中热水供应系统的建筑内设有 3 个及 3 个以上淋浴器的小公共浴室、淋浴间，其热水供水支管上不宜分支再供其他用水。

3）浴室内的管道应按下列要求设置：

A. 当淋浴器出水温度能保证控制在使用温度范围时，宜采用单管供水；当不能满足时，宜采用双管供水；

B. 多于 3 个淋浴器的配水管道宜布置成环形；

C. 环形供水管上不宜接管供其他器具用水；

D. 公共浴室的热水管网应设循环回水管，循环管道应采用机械循环。

4）淋浴器宜采用即时启、闭的脚踏、手动控制或感应式自动控制装置。

（33）以燃气或燃油锅炉作为生活热水热源时，其锅炉额定工况下热效率应符合表 7.1.3-6~ 表 7.1.3-8 的规定。当采用户式燃气热水器或供暖炉为生活热水热源时，其设备能效应符合表 7.1.3-9 的规定。

燃液体燃料、天然气锅炉名义工况下的热效率（%）　　　　表 7.1.3-6

锅炉类型及燃料种类		锅炉热效率（%）
燃油燃气锅炉	重油	90
	轻油	90
	燃气	92

燃生物质锅炉名义工况下的热效率（%）　　　　表 7.1.3-7

燃料种类	锅炉额定蒸发量 D（t/h）/ 额定热功率 Q（MW）	
	$D \leqslant 10/Q \leqslant 7$	$D > 10/Q > 7$
	锅炉热效率（%）	
生物质	80	86

燃煤锅炉名义工况下的热效率（％） 表 7.1.3-8

锅炉类型及燃料种类		锅炉额定蒸发量 D（t/h）/额定热功率 Q（MW）	
		$D \leqslant 20/Q \leqslant 14$	$D > 20/Q > 14$
		锅炉热效率（％）	
层状燃烧锅炉	Ⅲ类烟煤	82	84
流化床燃烧锅炉		88	88
室燃（煤粉）锅炉产品		88	88

户式燃气热水器和供暖热水炉（热水）热效率 表 7.1.3-9

类型		热效率值（％）
户式热水器／户式供暖热水炉（热水）	η_1	≥ 89
	η_2	≥ 85

注：η_1 为热水器或供暖炉额定热负荷和部分热负荷（热水状态为 50％ 的额定热负荷）下两个热效率值中的较大值，η_2 为较小值。

（34）居住建筑采用户式电热水器作为生活热水热源时，其能效指标应符合表 7.1.3–10 的规定。

户式电热水器能效指标 表 7.1.3-10

24h 固有能耗系数	热水输出率
≤ 0.7	≥ 60%

7.1.4 饮用水系统节水节能技术要求

1. 管道直饮水系统应符合的规定

（1）管道直饮水应对原水进行深度净化处理，水质应符合现行行业标准《饮用净水水质标准》CJ 94 的规定。

（2）管道直饮水水嘴额定流量宜为 0.04~0.06L/s，最低工作压力不得小于 0.03MPa。

（3）管道直饮水系统必须独立设置。

（4）管道直饮水宜采用调速泵组直接供水或处理设备置于屋顶的水箱重力式供水方式。

（5）高层建筑管道直饮水系统应竖向分区，各分区最低处配水点的静水压，住宅不宜大于 0.35MPa，公共建筑不宜大于 0.40MPa，且最不利配水点处的水压，应满足用水水压的要求。

（6）管道直饮水应设循环管道，其供、回水管网应同程布置，当不能满足时，应采取保证循环效果的措施。循环管网内水的停留时间不应超过12h。从立管接至配水龙头的支管管段长度不宜大于3m。

2. 开水供应应符合的规定

（1）开水计算温度应按100℃计算，冷水计算温度应符合相关规范要求；

（2）当开水炉（器）需设置通气管时，其通气管应引至室外；

（3）配水水嘴宜为旋塞；

（4）开水器应装设温度计和水位计，开水锅炉应装设温度计，必要时还应装设沸水笛或安全阀。

3. 当中小学校、体育场馆等公共建筑设饮水器时应符合的规定

（1）以温水或自来水为原水的直饮水，应进行过滤和消毒处理；

（2）应设循环管道，循环回水应经消毒处理；

（3）饮水器的喷嘴应倾斜安装并设防护装置，喷嘴孔的高度应保证排水管堵塞时不被淹没；

（4）应使同组喷嘴压力一致；

（5）饮水器应采用不锈钢、铜镀铬或瓷质、搪瓷制品，其表面应光洁、易于清洗。

7.1.5 绿地浇灌系统节水节能技术要求

（1）绿化浇洒系统应依据水量平衡和技术经济比较，优化配置、合理利用各种水资源。宜结合气候环境和自身负载变化、运营成本等因素不断调整用水策略。

绿化浇洒系统应优先选择雨水、中水等非传统水源，应依据水量平衡和技术经济比较，优化配置、合理利用各种水资源。水质应符合现行国家标准《城市污水再生利用　景观环境用水水质》GB/T 18921和《城市污水再生利用　城市杂用水水质》GB/T 18920的规定。

（2）绿化浇洒应采用喷灌、微灌等高效节水灌溉方式。应根据喷灌区域的浇洒管理形式、地形地貌、当地气象条件、水源条件、绿地面积大小、土壤渗透率、植物类型和水压等因素，选择不同类型的喷灌系统，并应符合下列要求：

1）绿地浇洒采用中水时，宜采用以微灌为主的浇洒方式；

2）人员活动频繁的绿地，宜采用以微喷灌为主的浇洒方式；

3）土壤易板结的绿地，不宜采用地下渗灌的浇洒方式；

4）乔木、灌木和花卉宜采用以滴灌、微喷灌等为主的浇洒方式；

5）带有绿化的停车场，其灌水方式宜按表 7.1.5-1 的规定选用；

停车场灌水方式　　　　　　　　　　　　表 7.1.5-1

绿化部位	种植品种及布置	灌水方式
周界绿化	较密集	滴灌
车位间绿化	不宜种植花卉，绿化带一般宽位 1.5~2m，乔木沿绿带排列，间距应不小于 2.5m	滴灌或微喷灌
地面绿化	种植耐碾压草种	微喷灌

6）平台绿化的灌水方式宜按表 7.1.5-2 的规定选用。

平台绿化灌水方式　　　　　　　　　　　表 7.1.5-2

植物类别	种植土最小厚度（mm）			灌水方式
	南方地区	中部地区	北方地区	
花卉草坪地	200	400	500	微喷灌
灌木	500	600	800	滴灌或微喷灌
乔木、藤本植物	600	800	1000	滴灌或微喷灌
中高乔木	800	1000	1500	滴灌

传统的绿化浇洒系统一般采用漫灌或人工浇洒，不但造成水的浪费，而且会产生不能及时浇洒、过量浇洒或浇洒不足等一些问题，而且对植物的正常生长也极为不利。随着水资源危机的日益严重，传统的地面漫灌已不能适应节水要求，应通过采用节水灌溉技术节约水资源。节水灌溉具有很好的节水效果，已成为建筑室外用水节水的重要技术。采用节水灌溉方式如喷灌、滴灌、微喷灌、涌流灌和地下渗灌等，比地面漫灌省水50%~70%。具体灌溉方式应根据水源、气候、地形、植物种类等各种因素综合确定。例如，喷灌适用于植物大面积集中的场所，微灌系统适用于植物小面积分散的场所；采用再生水灌溉时，因水中微生物在空气中极易传播，应避免采用喷灌方式，可以采用微喷灌、滴灌等不会产生气溶胶的方式；滴灌系统敷设在地面上时，不适于布置在有人员活动的绿地里。

（3）浇洒系统宜采用湿度传感器等自动控制其启停。

节水灌溉系统运行模式宜根据气候和绿化浇灌需求及时调整。节水灌溉系统主要为了弥补自然降水在数量上的不足，以及在时间和空间上的分布不均匀，保证适时、适

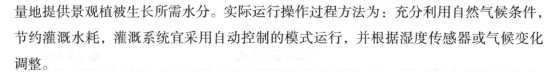

量地提供景观植被生长所需水分。实际运行操作过程方法为：充分利用自然气候条件，节约灌溉水耗，灌溉系统宜采用自动控制的模式运行，并根据湿度传感器或气候变化调整。

（4）浇洒系统的支管上任意两个喷头处的压力差不应超过喷头设计工作压力的20%，确保浇洒系统配水的均匀性。

7.1.6　游泳池、水上游乐池、水景节水节能技术要求

（1）不同用途的游泳池、公共按摩池、温泉泡池应采用独立循环给水的供水方式，同一池内的池水循环净化处理系统应与功能循环给水系统分开设置。

为了节约水资源和能源，游泳池必须采用循环供水方式，并应设置池水净化处理系统。不同用途的游泳池、公共按摩池、温泉泡池对水温、循环周期或水质要求往往不同，因此应该分别独立设置循环给水系统。功能循环给水系统一般指按摩池中的水力按摩系统、滑道池中的滑道润滑水系统、游乐池中的水娱乐系统等，这些系统一般直接从水池中抽水循环，不需要经过净化处理，因此应与池水循环净化处理系统分开设置。

（2）池水循环的水流组织应确保净化后的池水有序交换，不得出现短流、涡流或死水区。

水流组织要确保池内水体可以均匀地得到循环净化处理，不能出现一部分水循环水流较快，另一部分水循环水流较慢甚至得不到循环的现象。游泳池内的死水区水质会很快恶化影响游泳者的健康，池内如果产生漩涡甚至会给游泳者带来生命危险。游泳池内的水流组织不均还会导致池内不同区域的水温差异，降低游泳池的舒适度。因为池水的大部分污染物集中在池水表面，所以游泳池循环的水流组织还要特别注意表面水的更新。池水循环的具体要求应符合现行行业标准《游泳池给水排水工程技术规程》CJJ 122的规定。

（3）水上游乐池滑道润滑水系统的循环水泵，应设置备用泵。

水上游乐池滑道如无润滑水，会导致滑行者皮肤擦伤等伤害，因此所有水滑道设施必须设置润滑水系统，而且只要滑道在运行中，就必须保证润滑水的流量。为了防止由于润滑水系统循环泵故障导致润滑水流中断，要求该循环系统必须设置备用泵。

（4）游泳池、水上娱乐池等水循环系统设计应满足下列要求：

1）游泳池、水上娱乐池等应采用循环给水系统；

2）游泳池、水上娱乐池等水循环系统的排水应重复利用。

游泳池、水上娱乐设施等补水水源来自城市市政给水，在其循环处理过程中排出废水量大，而这些废水水质较好，所以应充分重复利用，也可以作为中水水源之一。游泳池、水上娱乐池等循环周期和循环方式必须符合现行《游泳池给水排水工程技术规程》CJJ 122 的有关规定。

（5）游泳池的池水循环净化处理系统应设置池水过滤净化工艺工序和消毒设施。游泳池、公共按摩池不应采用氯气（液氯）、二氧化氯和液态溴对池水进行消毒。氯气、液氯和液态溴属于危险化学品，不易运输和存储，一旦泄漏容易造成毒害和爆炸，所以一般在城市中禁止使用氯气和液氯消毒。二氧化氯必须现场制备，研究表明其容易聚集在水表面，而且毒性和腐蚀性较大，属于危险化学品，所以也不应用于游泳池和公共按摩池。

（6）游泳池、公共按摩池应采取水质平衡措施。

在游泳池水处理过程中，池水水质的一些成分之间可以形成一定的稳定关系，这就是水质平衡。对于水质平衡主要有两种观点：一种认为，水质平衡是指池水既不析出水垢，也不溶解水垢的中间状态；另一种认为，水质平衡是指水的物理、化学性质和成分保持在一定的稳定水平上。从本质上看，这两种观点的核心是一个——水质稳定。

不平衡的水质可能造成结垢或腐蚀，给游泳池及其维护管理带来危害，还有可能出现水浑浊、增大消毒剂的消耗量和其他问题导致游泳使用的问题，因此在游泳池的运行维护中必须加以重视。

（7）游泳池、公共按摩池和温泉泡池等循环水系统应采取防止负压抽吸对人员造成伤害的措施。这是对游泳池、公共按摩池及游乐池等循环水系统安全措施的要求。池底回水口与池水循环水泵直接连接时，应采取下列措施：

1）每座池内池底回水口应不少于 2 个，且间距应大于 1.0m。当池体平面不能满足 1.0m 间距要求时，另一个回水口可设在池壁的下端，以防止其中一个造成遮堵时，另一个回水口能正常工作，分散负压吸附力。

2）池底每个回水口与池水循环水泵吸水管保持相同行程接管，确保回水量均匀。

3）采用防漩流、防吸入、防卡发的池底回水口。

4）池底回水口盖板格栅空隙孔及水流速度应符合下列规定：

A. 成人池格栅空隙不应大于 8mm；

B. 儿童池、幼儿池格栅不应大于 6mm；

C. 格栅（孔）水流速度不应大于 0.2m/s。

5）设置池水循环水泵紧急停止运行按钮，其位置应符合下列规定：

A. 游泳池应设在位于池岸安全救护人员座椅附近的墙壁上；

B. 公共按摩浴池应设在距按摩池 1.50m 处的墙壁上。

6）池水循环水泵的吸水管上安装真空释放阀。

（8）顺流式循环供水方式的游泳池和公共按摩池，应在位于池岸安全救护员座位及公共按摩池附近的墙壁上安装带有玻璃保护罩的紧急停止循环水泵运行的按钮，且供电电压不应高于 36V。

游泳池及公共按摩池采用顺流式循环时，由循环水泵直接从池底回水口吸水，循环水泵的抽吸会在池底回水口处形成一定的负压抽吸力，导致溺水或严重的人身伤害事故。因此当采用顺流式循环方式的循环水泵直接从池底回水口吸水时，应在游泳池安全救护员座位及公共水力按摩池附近的墙壁上设置紧急停止水泵运行的按钮，此按钮应有保护的措施并以不高于 36V 的安全电压操作。

（9）公共按摩浴池在池岸上的按摩设施电动启动按钮应设置有明显识别标志、有延时设定功能、电压不应高于 12V、防护等级不应低于 IP68 的触摸开关。

公共按摩池的按摩者都是浸没在池水中，身体与池水、池体或池体内功能设施如按摩浴床、按摩喷嘴、喷水冲击浴装置等都是紧密接触，而这些设施均由按摩者自行操作设在池岸上的触摸开关运行的；按摩者操作触摸开关时，手上均带水滴，为防止按摩者被电击造成伤害事故发生，要求使用 12V 安全电压，电器开关的防护等级不应低于 IP68。

（10）公共热水浴池的补充水水温不应超过池水使用温度，进水口必须位于浴池水面以下，其补水管道上应采取有效防污染措施。

为了防止公共热水浴池的补水温度过高造成烫伤，所以要求补充水的温度不能超过池水的使用温度，这也意味着不能通过补充新水保持公共浴池的温度，而必须采用循环加热的方式。

为了防止补充水进入浴池时产生大量的水花和水雾，为军团菌的扩散提供媒介，要求公共浴池的补充水口必须位于浴池水面以下。为了防止池水倒流污染补充水水源，要求补水管道上必须采取防污染措施，一般采用倒流防止器或者用补水水箱形成空气隔断。

7.1.7 空调循环冷却水及冷凝水节水节能技术要求

（1）冷却塔水循环系统设计应满足下列要求：

1）循环冷却水的水源应满足系统的水质和水量要求，宜优先使用雨水（但不能用中水）等非传统水源；

2）冷却水应循环使用；

3）多台冷却塔同时使用时宜设置集水盘连通管等水量平衡设施；

4）建筑空调系统的循环冷却水的水质稳定处理应结合水质情况，合理选择处理方法及设备，并应保证冷却水循环率不低于98%；

5）旁流处理水量可根据去除悬浮物或溶解固体分别计算。当采用过滤处理去除悬浮物时，过滤水量宜为冷却水循环水量的1%~5%；

6）冷却塔补充水总管上应设阀门及计量等装置；

7）集水池、集水盘或补水池宜设溢流信号，并将信号送入机房。

（2）采用江、河、湖泊等地表水作为冷却水的水源直接使用时，需要在扩初设计前完成"江河取水评估报告""江河排水评估报告""江河给水排水的环境影响评估报告"，并通过相关部门组织的审批通过。

（3）为节约水资源，冷却循环水可以采用一水多用的措施，如冷却循环水系统的余热利用，可经板式热交换器换热预热需要加热的冷水；冷却循环水系统的排水、空调系统的凝结水可以作为中水的水源。吉林省等省市的城市节约用水管理条例提出，用水单位的设备冷却水、空调冷却水、锅炉冷凝水必须循环使用。

《北京市节约用水办法》规定：间接冷却水应当循环使用，循环使用率不得低于95%。其他的很多省市也作出规定，用水户在用水过程中，应当采取循环用水、一水多用等节水措施，降低水的消耗量，鼓励单位之间串联使用回用水，提高水的重复利用率，不得直接排放间接冷却水。

《中国节水技术大纲》（2005年4月11日发布）中提出要大力发展循环用水系统、串联用水系统和回用水系统，鼓励发展高效环保节水型冷却塔和其他冷却构筑物。优化循环冷却水系统，加快淘汰冷却效率低、用水量大的冷却池、喷水池等冷却设备。推广新型旁滤器，淘汰低效反冲洗水量大的旁滤设施。发展高效循环冷却水技术。在敞开式循环间接冷却水系统，推广浓缩倍数大于4的水处理运行技术；逐步淘汰浓缩倍数小于3的水处理运行技术；限制使用高磷锌水处理技术；开发应用环保型水处理药剂和配方。

（4）冷却塔的选用和设置应符合下列规定：

1）成品冷却塔应选用冷效高、飘水少、噪声低的产品；

2）成品冷却塔应按生产厂家提供的热力特性曲线选定。设计循环水量不宜超过冷却塔的额定水量；当循环水量达不到额定水量的80%时，应对冷却塔的配水系统进行校核；

3）冷却塔数量宜与冷却水用水设备的数量、控制运行相匹配；

4）冷却塔设计计算所选用的空气干球温度和湿球温度，应与所服务的空调等系统的设计空气干球温度和湿球温度相吻合，应采用历年平均不保证 50h 的干球温度和湿球温度；

5）冷却塔宜设置在气流通畅，湿热空气回流影响小的场所，且宜布置在建筑物的最小频率风向的上风侧。

（5）冷却塔补水量应进行记录和定期分析。

公共建筑集中空调系统的冷却水补水量占据建筑物用水量的 30%~50%，减少冷却水系统不必要的耗水对整个建筑物的节水意义重大。

保证循环水系统运行的实际操作过程和方法为：开式循环冷却水系统或闭式冷却塔的喷淋水系统受气候、环境的影响，冷却水水质比闭式系统差，改善冷却水系统水质可以保护制冷机组和提高换热效率。应设置水处理装置和化学加药装置改善水质，减少排污耗水量。开式冷却塔或闭式冷却塔的喷淋水系统设计不当时，高于集水盘的冷却水管道中部分水量在停泵时有可能溢流排掉。为减少上述水量损失，可采取加大集水盘、设置平衡管或平衡水箱等方式，相对加大冷却塔集水盘浮球阀至溢流口段的容积，避免停泵时的泄水和启泵时的补水浪费。

（6）合理利用冷却塔排放污水及停泵溢流水作为其他生活用水。例如：卫生间用水和地面清洗用水。

（7）循环冷却水系统运行中，应确保冷却水节水措施运行良好或非传统水源补水正常，水质应达到国家现行标准要求。

（8）空调冷凝水的收集及回用应符合下列要求：

1）设有中水、雨水回用供水系统的建筑，其集中空调部分的冷凝水宜回收汇集至中水、雨水清水池，作为杂用水；

2）设有集中空调系统的建筑，当无中水、雨水回用供水系统时，可设置单独的空调冷凝水回收系统，将其用于水景、绿化等用水。

（9）蒸汽凝结水应回收再利用或循环使用，不得直接排放。

说明《中国节水技术大纲》（2005 年 4 月 11 日发布）提出要发展和推广蒸汽冷凝水回收再利用技术。优化企业蒸汽冷凝水回收网络，发展闭式回收系统。推广使用蒸汽冷凝水的回收设备和装置，推广漏汽率小、背压度大的节水型疏水器。优化蒸汽冷凝水除铁、除油技术。

7.1.8 洗车用水节水节能技术要求

（1）洗车场宜采用无水洗车、微水洗车技术，当采用微水洗车时，洗车水系统设计应满足下列要求：

1）营业性洗车场或洗车点应优先使用非传统水源；

2）当以自来水洗车时，洗车水应循环使用；

3）机动车清洗设备应符合国家有关标准的规定。

无水洗车是节水的新方向，采用物理清洗和化学清洗相结合的方法，对车辆进行清洗的现代清洗工艺。其主要特点是不用清洗水，没有污水排放，操作简便，成本较低。无水洗车使用的清洗剂有：车身清洗上光剂、轮胎清洗增黑剂、玻璃清洗防雾剂、皮塑清洗光亮剂等。清洗剂不含溶剂，环保、安全、可靠。据北京市节约用水管理中心介绍，按每人每月生活用水 3.5t 的标准计算，北京市一年洗车用水足够 18 万人一年的生活用水。上海正在兴起一种无水洗车技术，通过喷洒洗车液化解粘在车身上污染物的新型洗车方式，用水量仅相当于传统洗车方式的 1/30，符合环保、节水等要求。

微水洗车可使气、水分离，泵压和水压的和谐匹配，可以使其在清洗污垢时达到较好效果。清洗车外污垢可单用水，清洗车内部分可单用气。采用这种方式洗车，若在 15min 内连续使用，用水量小于 1.5L。

循环水洗车设备采用全自动控制系统洗车，循环水设备选用加药和膜分离技术等使水净化循环再用，可以节约用水 90%，具有运行费用低、全部回用、操作简单、占地面积小等特点。《天津市节约用水条例》规定，用水冲洗车辆的营业性洗车场（点），必须建设循环用水设施，经节水办公室验收合格后方可运行。《上海市节约用水管理办法》规定：拥有 50 辆以上机动车且集中停放的单位，应安装使用循环用水的节水洗车设备。《上海市国家节水标志使用管理办法（试行）》（沪水务〔2002〕568 号）、《上海市节水型机动车清洗设备使用管理暂行办法》规定：实行推广机动车清洗设备先进技术、采取循环用水等节水措施、提倡使用再生水资源，提高水的重复利用率。并且，规定了如下的用水标准。

（2）机动车清洗用水标准按照以下机动车类型规定：

1）客车

A. 小型客车（载重量 1t 以下），每次 30L；

B. 中型客车（载重量 2t 以下），每次 50L；

C. 大型客车（载重量 4t 以下），每次 100L。

2）货车

A. 小型货车（载重量 1t 以下），每次 45L；

B. 中型货车（载重量 2t 以下），每次 75L；

C. 大型货车（载重量 4t 以下），每次 120L；

D. 特大型货车（载重量 4t 以上），每次 150L。

3）特种车辆

特种车辆清洗用水标准参照其相应载重量标准规定。

7.1.9 非传统水源节水节能技术要求

在方案设计阶段应制定水资源规划方案，统筹、综合利用各种水资源。水资源规划方案应包括中水、雨水等非传统综合利用内容。

（1）节水设计应因地制宜采取措施综合利用雨水、中水、海水等非传统水源，合理确定供水水质指标，并应符合国家现行有关标准的规定。这是非传统水源的利用原则要求。

非传统水源的利用需要因地制宜。缺水城市需要积极开发利用非传统水源；雨洪控制迫切的城市需要积极回用雨水；建设人工景观水体需要优先利用非传统水源等。

利用雨水、中水替代自来水供水时一般用于杂用水和景观环境用水等，目前尚没有同时对雨水和中水适用的水质标准，即使建筑中水有城市再生污水的水质标准可资借鉴，但中水进入建筑室内特别是居民家庭时，也需要对水质指标的安全风险予以充分的考虑，要留有余地。

（2）民用建筑采用非传统水源时，处理系统出水必须保障用水终端的日常供水水质安全可靠，严禁对人体健康和室内卫生环境产生负面影响。

民用建筑采用非传统水源时，处理出水的水质应根据不同的用途，满足不同的国家现行水质标准。采用中水时，如用于冲厕、道路清扫、消防、城市绿化、车辆冲洗、建筑施工等杂用，其水质应符合现行国家标准《城市污水再生利用 城市杂用水水质标准》GB/T 18920 的规定；用于景观环境用水，其水质应符合现行国家标准《城市污水再生利用 景观环境用水水质标准》GB/T 18921 的规定。雨水回用于上述用途时，应符合现行国家标准《建筑与小区雨水控制及利用工程技术规范》GB 50400 的相关要求。严禁中水、雨水进入生活饮用水给水系统。采用非传统水源中水、雨水时，应有严格的防止误饮、误用的措施。中水处理必须设有消毒设施。公共场所及绿化的中水取水口应设带锁装置等。

（3）非传统水源供水系统必须独立设置。

首先，非传统水源供水系统独立设置是为了防止对生活给水系统的污染，非传统水源系统不能以任何形式与自来水系统连接，单流阀、双阀加泄水等连接都是不允许的。同时，也是强调非传统水源系统的独立性功能。非传统水源系统一经建立，就应保障其使用功能，生活给水系统只能是应急补给，并应有确保不污染生活给水系统的措施。

（4）非传统水源管道应采取下列防止误接、误用、误饮的措施：

1）管网中所有组件和附属设施的显著位置应设置非传统水源的耐久标识，埋地、暗敷管道应设置连续耐久标识；

2）管道取水接口处应设置"禁止饮用"的耐久标识；

3）公共场所及绿化用水的取水口应设置采用专用工具才能打开的装置。

防止非传统水源误接、误饮、误用，保证非传统水源的使用安全是非传统水源设计中必须特殊考虑的问题，也是采取安全防护措施的主要内容，设计时必须给予高度的重视。非传统水源供水管网中所有组件和附属设施应在显著位置设置明显耐久的非传统水源内容（如中水、雨水或海水）标志，避免与其他管道混淆。非传统水源管道埋地后，为防止后期维护误接，埋地管道应作连续标志。管道取水口处设置"禁止饮用"的耐久标识。另外，对于设在公共场所及绿化用水的非传统水源取水口，还应设置采用专用工具才能打开的装置，是为了防止任何人，包括不识字人员误用。

（5）中水、雨水、循环水以及给水深度处理的水处理宜采用自用水量较少的处理设备。

（6）非传统水源的水质处理工艺应根据源水特征、污染物和出水水质要求确定。

非传统水源一般含有污染物，而且污染物质因水源而异，比如中水水源的典型污染物有 BOD_5、SS 等，雨水径流的典型污染物有 COD、SS 等，苦咸水的典型污染物有无机盐等。利用这些非传统水源时，应采取相应的水质净化工艺去除这些典型污染物。

（7）雨水和中水利用工程应根据现行国家标准《建筑与小区雨水利用工程技术规范》GB 50400 和《建筑中水设计规范》GB 50336 的有关规定进行设计。

（8）雨水和中水等非传统水源可用于景观用水、绿化用水、汽车冲洗用水、路面地面冲洗用水、冲厕用水、消防用水等非与人身接触的生活用水，雨水，还可用于建筑空调循环冷却系统的补水。

本条规定的用途主要引自《建筑与小区雨水利用工程技术规范》GB 50400 和《建筑中水设计规范》GB 50336。建筑空调系统的循环冷却水是指用冷却塔降温的循环水，水流经过冷却塔时会产生飘水，有可能经呼吸进入居民体内，故中水的用途中不包括用于冷却水补水。

（9）中水、雨水不得用于生活饮用水及游泳池等用水。与人身接触的景观娱乐用水不宜使用中水或城市污水再生水（可使用雨水回用）。

（10）当具有城市污水再生水供应管网时，建筑中水应优先采用城市再生水。市政再生水管网的供水一般有政策优惠，价格比自建中水站制备中水便宜，且方便管理，故推荐优先采用。

（11）观赏性景观环境用水应优先采用雨水、中水、城市再生水及天然水源等。观赏性景观环境用水的水质要求不太高，应优先采用雨水、中水、市政再生水等非传统水源。

（12）建筑或小区中设有雨水回用和中水合用系统时，原水应分别调蓄和净化处理，出水可在清水池混合。

雨水和中水原水分开处理不宜混合的主要原因如下：

1）雨水的水量波动太大。降雨间隔的波动和降雨量的波动和中水原水的波动相比不是同一个数量级的。中水原水几乎是每天都有的，围绕着年均日水量上下波动，高低峰水量的时间间隔为几小时。而雨水来水的时间间隔分布范围是几小时、几天、甚至几个月，雨量波动需要的调节容积比中水要大几倍甚至十多倍，且池内的雨水量时有时无。这对水处理设备的运行和水池的选址，都带来了不可调和的矛盾。

2）水质相差太大。中水原水的最重要污染指标是 BOD_5，而雨水污染物中 BOD_5 几乎可以忽略不计，因此处理工艺的选择大不相同。

（13）建筑或小区中设有雨水回用和中水合用系统时，在雨季应优先利用雨水，需要排放原水时应优先排放中水原水。

雨水和中水合用的系统，在雨季，尤其刚降雨后，雨水蓄水池和中水调节池中都有水源可用，这时应先利用雨水，把雨水蓄水池尽快空出容积，收集后续雨水或下一场降雨雨水，同时中水原水可能会无处储存，可进行排放，进入市政污水管网。

（14）建筑与小区应采取雨水入渗收集、收集回用等雨水利用措施。

新建、改建和扩建的建筑与小区，都对原来的自然地面特性有了人为的改变，使硬化面积增加，外排雨水量或峰值加大，因此需要截流这些人为加大的外排雨水，进行入渗或收集回用。

（15）收集回用系统宜用于年降雨量大于 400mm 的地区，常年降雨量超过 800mm 的城市应优先采用屋面雨水收集回用方式。

年降雨量低于 400mm 的地区，雨水收集回用设施的利用效率太低，不予推荐。常年降雨量超过 800mm 的城市，雨水收集回用设施可以实现较高的利用效率，使回用雨水的经济成本降低。数据 800mm 的来源主要参考了国家标准《绿色建筑评价标准》GB/T 50378。

（16）建设用地内设置了雨水利用设施后，仍应设置雨水外排设施。

（17）景观水系统运行时，应充分利用非传统水源补水，且应保证补水量记录完整。

根据现行国家标准《民用建筑节水设计标准》GB 50555 的有关规定，景观用水水源不得采用市政自来水和地下井水，应利用中水（优先利用市政中水）、雨水收集回用等措施，并根据补水水表做好记录。再生水用于景观用水时，对景观水体进行定期检测，保证水质应符合现行国家标准《城市污水再生利用　景观环境用水水质》GB/T 18921 的相关要求。实际运行操作过程方法为：景观水体运行时，可采用机械设施，加强水体的水力循环，增强水面扰动，破坏藻类的生长环境，及时记录非传统水源水量。

（18）根据雨水控制与利用的设计情况，应保证雨水入渗设施完好，多余雨水应汇集至市政管网或雨水调蓄设施。

（19）场地遵循低影响开发原则，雨水控制与利用采取入渗系统。实际运行操作过程方法为：对入渗地面、设备和设施进行定期检查，清洗和维护，防止堵塞。对入渗水源进行面源污染控制，防止地下水污染。当透水铺装下为地下室顶板时，需要保证地下室顶板设置疏水板及导水管，将雨水导入处理设施或市政雨水井。

7.2　节水节能管理要求

建筑给水排水与节水系统和设施日常运行和维护必须遵照相应技术标准进行的基本原则。为保障城镇给水排水系统的运行安全和服务质量，必须对相关系统和设施制定科学合理的日常运行和维护技术规程，并按规程进行经常性维护、保养，定期检测、更新，做好记录，并由有关人员签字，以保证系统和设施的正常运转安全及服务质量。

7.2.1　可再生能源系统运行管理要求

（1）可再生能源系统同常规能源系统并联运行时，宜优先运行可再生能源系统。具体操作控制策略方法：根据系统配置情况，制定运行方案，优先运行可再生能源系统。保证可再生能源系统的实际使用量，实现可再生能源的实际应用效果和减排量。

（2）可再生能源建筑应用系统运行前应进行现场检测与能效评价，检测和评价方法应符合现行国家标准《可再生能源建筑应用工程评价标准》GB/T 50801 的有关规定。

可再生能源建筑应用是建筑和可再生能源应用领域多项技术的综合利用，对可再生能源建筑应用工程节能环保等性能的测试与评价进行规定和要求。所以，在执行工程的测试评价与验收时应满足与工程应用相关的其他标准、规范的要求外，也应满足现行国家标准《可再生能源建筑应用工程评价标准》GB/T 50801 的要求。

具体能效测评指标要求：太阳能热利用系统实际运行的太阳能保证率应满足设计要求；当设计无明确规定时，应满足表 7.2.1-1 的要求。

太阳能热利用系统的太阳能保证率（%） 表 7.2.1-1

太阳能资源区划	太阳能热水系统	太阳能供暖系统	太阳能空调系统
资源极富区	$f \geqslant 60$	$f \geqslant 50$	$f \geqslant 40$
资源丰富区	$f \geqslant 50$	$f \geqslant 40$	$f \geqslant 30$
资源较富区	$f \geqslant 40$	$f \geqslant 30$	$f \geqslant 20$
资源一般区	$f \geqslant 30$	$f \geqslant 20$	$f \geqslant 10$

（3）太阳能集热系统运行时，应定期检查过热保护功能，避免因空晒和闷晒而损坏太阳能集热器。处于空晒和闷晒的集热器，由于吸热板温度过高会损坏吸热涂层，并且由于箱体温度过高而发生变形以致造成玻璃破裂，以及损坏密封材料和保温层等。太阳能集热系统停止运行时，应采取有效措施防止太阳能集热系统过热。

具体操作控制策略方法为：在太阳能集热系统运行时，应经常监视太阳能集热系统的温度变化，当温度超过规定值时，应采取相应技术措施如补充冷水，释放过热蒸汽，避免集热器空晒，集热系统停运时可加盖遮挡物避免空晒。

（4）太阳能集热系统检查和维护，应符合下列规定：

1）太阳能集热系统冬季运行前，应检查防冻措施；并应在暴雨，台风等灾害性气候到来之前进行防护检查及过后的检查维修。太阳能集热系统冬季运行前应检查防冻措施。系统的防冻是太阳能集热系统的一个重要问题。具体操作控制策略方法为：

A. 对于直接集热系统，冬季气温低于 0℃时，应排空循环系统的水；

B. 对于间接集热系统，使用传热工质＋防冻液混合工质，应在每年冬季到来前检查防冻液的成分并及时补充防冻液，也可以通过技术经济比较采用循环防冻的方式实现集热器防冻的目的。

2）雷雨季节到来之前应对太阳能集热系统防雷设施的安全性进行检查；

3）每年应对集热器至少检查一次，集热器及光伏组件表面应保持清洁。太阳能集热器和光伏组件的表面积灰等因素会导致系统集热量或发电量降低，保持表面清洁是系统效率的重要保证，故太阳能集热系统和光伏组件表面应定期清洗。

（5）采用地源热泵系统时，应对地源侧的温度进行监测分析。

地源热泵系统运行的稳定性与冬夏季的热平衡有关，对地源侧温度场的监测，可以判断分析地源侧换热情况，以保证系统的正常、稳定运行。

（6）采用地源热泵系统时，应对系统进行冬夏季节转换设置显著标识，并应在季节转换前完成阀门转换操作。

7.2.2　水计量器具管理要求

供水、用水计量是促进节约用水的有效途径，也是改善供水和用水管理的重要依据之一。按使用用途、付费或管理单元情况，对不同用水单元分别设置用水计量装置，方便统计用水量和分析渗漏水量，达到持续改进的目的；也可以根据用水计量情况，对不同管理单元进行节水绩效考核，促进节水行为。

1. 水计量制度

物业服务企业应建立水计量管理体系，形成文件，实施并保持和持续改进有效性；使用文件化的程序来规范水计量人员行为、水计量器具管理和水计量数据的采集和处理，管理体系内容包括：

（1）计量管理部门及岗位的设置及职责；

（2）计量器具建档管理制度；

（3）计量器具新增更换及报废制度；

（4）计量器具使用、维护及保养制度；

（5）计量器具周期检定及溯源管理制度；

（6）计量管理考核制度；

（7）计量数据采集、处理、汇总、使用管理办法。

2. 计量器具

（1）物业服务企业应具有完整的能源资源计量器具一览表，表中应列出计量器具的名称、型号规格、准确度等级、测量对象和范、生产厂家、出厂编号、管理编号、安装使用地点、状态（指合格准用、停用等）。

（2）物业服务企业应建立能源资源计量器具档案，内容包括：

1）计量器具使用说明；

2）计量器具出厂合格证；

3）计量器具最近两个连续周期的鉴定（测试、校准）证书；

4）计量器具维修记录；

5）计量器具其他相关信息。

（3）物业服务企业应具有能源资源计量器具量值传递或溯源图，其中作为位内部标准计量器具使用的，要明确规定其准确度等级、测量范围、可溯源的上级传递标准。

3. 水计量器具检测

为保证计量的准确，计量装置要定期检定或更换。《民用建筑节水设计标准》GB 50555 及《城镇供水管网运行、维护及安全技术规程》CJJ 207 中，都对最常用的计量装置水表的检定和使用年限做出了规定。

（1）水表首次检定

1）机械水表、带电子装置水表、电子水表的首次检定，应符合《饮用冷水水表检定规程》JJG 162 的规定。

2）超声流量计的首次检定，应符合《超声流量计检定规程》JJG 1030 的规定。

3）电磁流量计的首次检定，应符合《电磁流量计检定规程》JJG 1033 的规定。

（2）水表检定周期

1）对于公称口径小于或等于 50mm，且常用流量（Q_3）小于或等于 $16m^3/h$ 用于贸易结算的水表，只做首次强制检定，限期使用，到期轮换，使用期限应符合下列规定：

A. 公称口径 ≤ 25mm 的水表使用期限不超过 6 年；

B. 公称口径 >25mm 且 ≤ 50mm 的水表使用期限不超过 4 年。

2）对于工程口径大于 50mm，或常用流量（Q_3）大于 $16m^3/h$ 的水表检定周期宜为 2 年。到检定周期，经检定不符合要求的水表不应继续使用。

3）用于贸易结算的超声流量计检定周期不宜超过 2 年。对具有自诊断功能，且能保留报警记录的插入式流量计，可每 6 年检定一次，并每年在使用现场进行在线校准。

4）用于贸易结算的电磁流量计，对于准确等级为 0.2 级及大于 0.2 级的，其在线检定周期应为 1 年；对于准确度等级低于 0.2 级或使用引起误差的流量计在线检定周期应为 2 年。

（3）水表在线校准

1）超声流量计的在线校准，应符合《试剂纯度基准操作技术规范》JJF 1358 的规定。

2）电磁流量计的在线校准，应符合《管道式电磁流量计在线校准要求》CJ/T 364 的规定。

4. 水计量人员

（1）用水单位应设专人负责水计量器具的管理，负责水计量器具的配备、使用、检定（校准）、维修、报废等管理工作。

（2）用水单位应设专人负责主要次级用水单位和主要用水设备水计量器具的管理。

（3）用水单位的水计量管理人员应通过相关部门的培训考核，持证上岗，用水单位应建立和保存水计量管理人员的技术档案。

（4）水计量器具检定、校准和维修人员，应具有相应的资质。

5. 计量数据

（1）用水单位应建立用水统计报表制度，统计报表数据应能追溯至计量测试记录。

（2）水计量数据记录应采用表格形式，记录表格应便于数据的汇总与分析，应说明被测量与记录数据之间的换算方法或关系。

（3）物业服务企业应建立用水计量数据管理与分析制度。

（4）物业服务企业应按月、季、年及时统计各种主要用水消耗量。

（5）用水量分析：按时（通常为每月）统计用水量数据，对用水数据进行分析比对。用水量数据可以为各管理单元或用户计量收费提供依据，实现用者付费，鼓励行为节水；也可以根据用水计量情况，对不同部门进行节水绩效考核，促进行为节水。

（6）用水规律诊断：用水记录数据便于给水排水系统进行故障诊断，及时发现系统中存在的问题，如管道渗漏、用水量不合理等，达到持续改善的目的。

7.2.3 供水管网漏损控制管理要求

（1）供水管网的漏水探测和修复工作，应符合现行行业标准《城镇供水管网运行、维护及安全技术规程》CJJ/T 226 和《城镇供水管网漏水探测技术规程》CJJ 159 的有关规定。城镇供水管网漏损率。《城镇供水管网漏损控制及评定标准》CJJ 92—2016 规定："城镇供水企业管网基本漏损率不应大于12%"。各地节水管理部门对小区、园区、机关团体单位等用水管网漏损率略有不同，如山东要求各公共机构管网漏损率不超过2%。根据笔者的物业管理经验，建议小区、园区的给水管网漏损率易控制在5%以内。建议各用水单位能制定管网夜间最小流量等漏损控制指标。

（2）物业服务企业应具备管网压力监测的技术手段。压力监测点设置除应符合现行行业标准《城镇供水管网运行、维护及安全技术规程》CJJ 207 的相关规定外，尚应在

实施压力管理的区域设置压力监测点。

（3）物业服务企业宜建立管网水力模型系统，并应根据管网运行情况的变化及时校核与更新。

（4）物业服务企业应建立完整、准确的供水管网档案，对管网资料及时进行更新，实施动态管理。

（5）管网改造应因地制宜，可采取开挖换管和非开挖修复技术结合方式，管道施工应符合国家现行标准《给水排水管道工程施工及验收规范》GB 50268 和《城镇给水管道非开挖修复更新工程技术规程》CJJ/T 244 的有关规定。

（6）新铺设管道的材质应按照接口安全可靠性高、破损概率小、内壁阻力系数低和全寿命周期成本低的原则进行选择，并应符合现行行业标准《城镇供水管网运行、维护及安全技术规程》CJJ 207 的有关规定。

（7）物业服务企业应建立常态化漏损控制机制，采取合理有效的技术和管理措施进行漏损控制，减少漏损水量。

（8）漏损控制应以漏损水量分析、漏点出现频次及原因分析为基础，明确漏损控制重点，制定漏损控制方案。

（9）物业服务企业应按现行行业标准《城镇供水管网运行、维护及安全技术规程》CJJ 207 的有关规定进行管网巡检和维护，及时发现隐患并提前处理，减少管道破损事故的发生。

（10）物业服务企业应根据表 7.2.3-1 确定各类水量，并每年进行一次漏损水量分析。

水量平衡表　　　　　　　　　　　　　表 7.2.3-1

自产供水量	供水总量	注册用户用水量	计费用水量	计费计量用水量
				计费未计量用水量
			免费用水量	免费计量用水量
				免费未计量用水量
		漏损水量	漏失水量	明漏水量
				暗漏水量
				背景漏失水量
外购供水量				水箱、水池的渗漏和溢流水量
			计量损失水量	居民用户总分表差损失水量
				非居民用户表具误差损失水量
			其他损失水量	未注册用户用水和用户拒查等管理因素导致的损失水量

（11）进行漏损水量分析时，应明确管网边界，确保收集的水量数据时间一致、完整和准确。

（12）供水管网漏水管理。

1）物业服务企业应建立管网漏点检测管理制度，确定检漏方式、检测周期和考核机制，检测周期不应超过 12 个月。

2）物业服务企业应自检捡漏队伍或委托专业检漏单位，按现行行业标准《城镇供水管网漏水探测技术规程》CJJ 159 的有关规定进行漏水检测。

3）物业服务企业在应用听声法、相关分析检漏法、区域检漏法等技术进行漏水检测的基础上，可采用新的技术和设备，提高漏点检出率。

4）供水管网宜设置管网漏点监测设备，建立管网漏点主动监测和数据分析系统。

5）物业服务企业应详细记录明漏、暗漏的原始信息，包括漏水原因、破损面积、事故点运行压力等，并进行漏失水量分析和统计。

6）物业服务企业应建立应急抢修机制，组建专业抢修队伍，合理设置抢修站点，按规定对漏水管线及时进行止水和修复。

（13）供水管网分区管理。

1）规模较大的供水管网系统，应采用分区管理的方法量化漏损水量的区域分布，有针对性地开展漏损控制。

2）根据管网系统的大小和数据分析方法的不同，采用独立计量区或区域管理两种分区方式。

3）分区管理范围应由大到小逐级划分，形成完整的水量计量传递体系和压力调控体系。

4）区域管理的范围应根据水量计量、压力调控和考核的需要合理划分。

5）物业服务企业应根据计量区域水平衡分析结果，制定对应的漏损控制目标和方案，实施差异化管理。

6）独立计量区域应根据管网拓扑结构、管道长度和用户数量等进行划分。

7）独立计量区建设和运行管理应符合下列要求：

A.进水口应安装适宜的流量计量设备，同时宜安装压力检测设备，流量和压力检测数据宜采用远传方式；

B.进水口流量计量设备应具备较好的小流量测量性能；

C.区内夜间用水量较大的用户应单独监测；

D.封闭运行前应进行零压测试；

E. 应通过流量、压力数据的监测和分析，评估区域漏失水平，确定合适的漏失预警值，快速发现管网新产生的漏点。

（14）物业服务企业应选择有代表性的管网区域建立独立计量区，通过监测夜间最小流量测算管网背景漏失水量。

（15）供水管网计量损失控制。

1）物业服务企业应建立计量管理考核体系，并逐步建立大用户水量远程测和分析系统。

2）计量表具的类型和口径应根据计量需求和用户用水选配与调整。

3）计量表具应安装在易于维护和抄表的位置，户用水表宜安装在户外。

4）表具口径在 DN40 以上且用水量较大或流量变化幅度较大的用户水表，其量程比不宜小于 200。表具口径在 DN40（含）以下的用户水表，其量程比不应小于 80，其中非居民用户的水表量程比不宜小于 100。

5）物业服务企业应每年对居民用户总分表差损水量和非居民用户表具误差损水量进行测试评定。

（16）供水管网其他损失控制。

1）物业服务企业应采取措施，加强对未注册用水行为的管理，减少未注册用户用水量。

2）物业服务企业应采取措施，减少管网管理因素导致的水量损失。

7.2.4　物业服务企业节水管理要求

节水管理：是指在用水过程中，通过计划、组织、协调、控制和监督等手段，以实现提高用水效率为目标的活动。

（1）物业服务企业应设立节水管理岗位、明确职责并配备相应的资源，建立如下制度：

1）节能节水责任制度，应包括但不限于：

A. 明确节能节水工作主管领导；

B. 明确节能节水工作的管理机构和工作职责；

C. 明确节能节水管理岗位及工作人员；

D. 建设实施符合《能源管理体系　要求及使用指南》GB/T 23331 和《公共机构能源管理体系实施指南》GB/T 32019 要求的能源管理体系。

2）建立节能节水管理制度，应包括但不限于：

A. 节能节水目标责任制和考核制度；

B. 计划用水管理和实施制度；

C. 用能用水设备管理制度；

D. 用能用水计量、统计和分析制度；

E. 用能用水设备巡检、维修和保养制度。

3）建立节能节水宣传和培训制度，有计划地向员工、业主传达节水方针和目标，定期宣讲节水知识、培训节水技能，以提高节水意识、培育节水生活和工作模式。应包括但不限于：

A. 办公区域、用能用水场所和器具显著位置张贴节能节水标语；

B. 开展节能节水宣传活动、专题培训和讲座；

C. 开展节能节水管理人员、数据统计人员和设备运行操作人员培训。

（2）物业服务企业应遵守有关节水的法律法规、政策、标准和其他要求，并制定适宜的节水方针和可量化的节水目标。依据节水方针和目标，制定用水规划与节水措施。

（3）物业服务企业应根据分质用水原则，合理设置供排水和水回用系统，实现合理用水。

（4）物业服务企业应合理规划非常规的水利用，包括雨水的收集利用及市政中水的使用。

（5）物业服务企业应遵守国家和地方主管部门制定的有关取水定额和人均水资源消耗指标的要求，合理和核算取水量，做到总量控制、定额管理。

（6）物业服务企业应指定和实施切实可行的节水措施，以满足主管部门下达的节水指标要求。

（7）物业服务企业应建立供水、用水管道和设备的巡查、维修和养护制度，编制完整的用水管网系统图，定期对供水、用水管道和设备进行检查、维护和保养，保证管道设备运行完好，漏损率小于2%，严格杜绝跑、冒、滴、漏。

（8）物业服务企业应加强重点用水设备管理，制定并实施重点用水设备操作规程。

（9）物业服务企业应对公共系统取水和外购水进行严格控制，公区用水不得与家属区及其他用户混用。

（10）物业服务企业应按照《用水单位水计量器具配备和管理通则》GB/T 24789和《公共机构能源资源计量器具配备和管理要求》GB/T 29149的要求，制定用水计量管理制度，配备用水计量器具和管理人员，实施用水计量。

（11）物业服务企业应定期对各种水量计量数据进行统计，全面分析各种水量的变化趋势和节水潜力。

（12）鼓励物业服务企业对用水过程实施监控，实现动态水的平衡和预警。

（13）物业服务企业利用非常规用水时，应采用必要的用水安全保障措施，确保满足相应用途的水质要求。

（14）物业服务企业应采取适当措施减少排污水，排污水应符合《污水综合排放标准》GB 8978 和《城镇污水处理厂污染物排放标准》GB 18918 的要求。

（15）物业服务企业应对采暖系统的循环水、补给水进行水量监控和水质管理：

A. 严格执行设备巡检、维修和养护制度，减少系统失水、杜绝人为失水；

B. 对选换水、补给水进行除氧软化处理；

C. 采取适当措施，严格控制补水泵和循环水泵的泄露；

D. 采取适宜的水处理方式，确保循环水的 pH 值复核相关标准要求；

E. 系统的补水量（小时流量）不得超过系统水容量的 1%。

（16）物业服务企业应对空调水系统进行综合管理与利用：

A. 采用适当的技术和方法对冷却循环水进行处理，提高循环冷却水的浓缩倍数，减少排污；

B. 空调水系统的补水量（小时流量）不得超过系统水容量的 1%；

C. 对空调冷凝水进行收集、处理和利用。

（17）用水单位食堂应采用节水型洗菜、洗碗设备。人工洗涤食物和餐具应采用节水模式。

（18）用水单位一级水效卫生洁具配备率应达到 100%，鼓励使用非常规水源冲洗便器。

（19）应加强试验室、宿舍、公共浴室和开水房用水管理，宿舍、公共浴室和公共开水房宜采用水卡管理模式。

（20）医院应针对洗涤、消毒、蒸汽、水疗等设备制定和实施接水操作和管理规程，加强制剂用水和医疗用水的管理。

（21）应建立数据中心机房节水制度，使用节水器具，加强用水设备的日常维护。损坏管件应立即更换，防止破管、渗水、漏水等现象的发生。宜结合气候环境和自身负载变化、运营成本等因素不断调整用水策略。

（22）采购的净水机应达到《净水机水效限定值及水效等级》GB 34914 规定的二级及以上水效要求。

（23）物业服务企业卫生器具更换时，不应采用较低用水效率等级的卫生器具。物业应做好卫生器具更换记录，保留产品说明书、产品节水性能检测报告等工作。

（24）雨水基础设施及雨水回收系统应定期检查维护，雨水基础设施有雨水花园、下凹式绿地、屋顶绿化、植被浅沟、雨水管截留（又称断接）、渗透设施、雨水塘、雨水湿地、景观水体、多功能调蓄设施等。

（25）公共建筑宜定期进行能源审计。

（26）各项目应按《城市节水评价标准》GB/T 51083—2015 第 4.1.2 条，城市节水评价基础管理评价内容关于水平衡测试的要求；或各地节水规定，进行水平衡测试。具体操作按照《水平衡测试通则》GB/T 12452 实施。

（27）景观水系统运行时，应充分利用非传统水源补水，且应保证补水量记录完整。实际运行操作过程方法为：景观水体运行时，可采用机械设施，加强水体的水力循环，增强水面扰动，破坏藻类的生长环境，及时记录非传统水源水量。

（28）物业服务企业应建设节能节水信息化平台，节能节水信息化平台建设宜包括但不限于：

1）能源监管系统，全面监测预警能耗水耗；建筑能源管理系统宜具备数据处理、分析和挖掘的功能，建筑能源管理系统的监测计量仪表、传感器应定期检验校准。

2）群控系统，从源头到末端按需控制热力站、制冷站和空调系统等。

3）设备设施管理系统，全生命周期管理设备设施的采购、安装与验收、运行、维护、报废与处置。

4）信息管理系统，定期发布能效、水效公示等节能节水监督和考核信息，宣传推广节能节水管理和改造先进案例。

（29）市场化服务：

1）宜根据《公共机构合同能源管理项目实施要求》DB37/T 4500 实施合同能源管理。

2）宜根据《合同节水管理技术通则》GB/T 34149 开展合同节水管理。

（30）用水单位应定期评价其节水管理绩效和节水目标的实现程度。同时，有针对性地制定和实施持续改进方案。

（31）用水单位主管部门等外部机构对用水单位节水管理绩效进行评价，应根据用水单位类型、评价需要和实际情况选择适宜的指标，按照公共机构类型、规模以及所处的气候分区对公共机构进行分类、分级、分组进行评价比较。具体方法见《公共机构能源资源管理绩效评价导则》GB/T 30206。

（32）节水管理绩效指标：

1）学校的节水管理绩效指标应包括生均水耗指标。

2）医院的节水管理绩效指标应包括每门诊人次水耗、每住院人次水耗、每住院床位水耗等指标。

3）其他用水单位的节水管理绩效指标应包括人均水耗指标。

（33）综合节水管理绩效指标计算：

1）当选择一个节水管理绩效指标评价公共机构节水管理绩效时，可以直接进行计算、比较和评价。

2）当选择多个节水管理绩效指标评价公共机构节水管理绩效时，应依据《公共机构能源资源管理绩效评价导则》GB/T 30260 的方法进行归一化处理和计算。

（34）项目节水评估应按《城市节水评价标准》GB/T 51083 及《项目节水评估技术导则》GB/T 34147 的规定执行且应遵循国家、行业和地方有关水资源节约和利用的法律、法规、政策和标准等。节水评估机构和人员应保持独立、客观核共振，避免评价过程和结果受到内外部相关方的影响。节水评估机构人员应具备相关专业知识、能力和经验。

节水评估应考虑项目特点和影响因素，以定量分析为主，结合专家判断、类比项目分析、相关标准对照等定性分析手段开展评估工作。节水评估采用的资料、文件和数据应真实有效，用水相关数据应具有代表性，数据处理和分析过程可追溯、可验证。

（35）居民生活用水应实施阶梯水价制度。国家发展和改革委员会、住房和城乡建设部《关于加快建立完善城镇居民用水阶梯价格制度的指导意见》（发改价格 2013-2676 号）明确提出："2015 年底前，设市城市原则上要全面实行居民阶梯水价制度；具备实施条件的建制镇，也要积极推进居民阶梯水价制度"，并明确了各阶梯水量及阶梯价格的确定原则。

本章小结

以上所述，已经充分体现了我国在国家战略、制度规范建设上对节水节能的高度重视，节水节能也逐步取得了一些成果。但节水节能是永远没有终点的，为了双碳目标，也是为了可持续性发展，我们仍然还任重道远。

一个项目要达成较好的节水节能目标，节水节能行为就要贯穿项目的整个生命周期。项目设计阶段节水节能规划、节水节能系统方案，要全面、准确地呈现在设计成果中；项目建设阶段设备设施、工艺工法要与项目主体同时施工安装到位；项目运维阶段更是重中之重，要按节水节能运行要求，充分利用节水节能系统、节水节能设施，才能达到最佳节水节能效果；而且，后期还要根据科技发展，及时进行节水、节能技术改造，与时俱进。只有这样，节水节能目标才有希望最终达成。

本章参考文献

[1]　中华人民共和国住房和城乡建设部 . 建筑给水排水与节水通用规范：GB 55020—2021[S]. 北京：中国建筑工业出版社，2021.

[2]　中华人民共和国住房和城乡建设部 . 民用建筑节水设计标准：GB 50555—2010[S]. 北京：中国建筑工业出版社，2010.

[3]　中华人民共和国住房和城乡建设部 . 民用建筑绿色设计规范：JGJ/T 229—2010[S]. 北京：中国建筑工业出版社，2011.

[4]　国家市场监督管理总局、国家标准化管理委员会 . 用水单位计量器具配置和管理通则：GB 24789—2022[S]. 北京：中国标准出版社，2022.

[5]　中华人民共和国住房和城乡建设部 . 城镇供水水量仪表的配置和管理通则：CJ/T 454—2014[S]. 北京：中国标准出版社，2014.

[6]　国家市场监督管理总局、国家标准化管理委员会 . 公共机构节水管理规范：GB/T 37813—2019[S]. 北京：中国标准出版社，2019.

[7]　山东省市场监督管理局 . 公共机构节能节水管理规范：DB37/T 4501—2022[S]. 济南，2022.

[8]　国家市场监督管理总局、国家标准化管理委员会 . 公共机构能源管理绩效评价导则：GB/T 30206—2013[S]. 北京：中国标准出版社，2019.

[9]　中华人民共和国住房和城乡建设部 . 城镇供水管网漏损控制及评定标准：CJJ 92—2016[S]. 北京：中国建筑工业出版社，2016.

[10]　中华人民共和国住房和城乡建设部 . 绿色建筑运行维护技术规范：JGJ/T 391—2016[S]. 北京：中国建筑工业出版社，2016.

[11]　国家市场监督管理总局、国家标准化管理委员会 . 水平衡测试通则：GB/T 12452—2022[S]. 北京：中国财政经济出版社，2022.

[12]　余晓平 . 暖通空调运行管理 [M]. 杭州：浙江大学出版社，2020.

[13]　陈向阳 . 上海地区变风量空调系统的冷却塔供冷 [J]. 暖通空调，2024，54（6）.

[14]　余晓平 . 暖通空调节能运行 [M]. 北京：北京大学出版社，2013.

[15]　全国勘察设计注册工程师公用设备专业管理委 . 全国勘察设计注册公用设备工程师暖通空调专业考试复习教材 [M]. 北京：中国建筑工业出版社，2020.

[16]　张军 . 空气源热泵供热技术及应用 [M]. 北京：化学工业出版社，2021.

[17]　孙宇栋 . 冷却塔供冷空调系统节能潜力与优化运行策略研究 [D]. 东南大学，2021.DOI：10.27014/

d.cnki.gdnau.2021.004099.

[18] 黄翔 . 空调工程 [M].2 版 . 北京：机械工业出版社，2014.

[19] 赵亚伟，马最良 . 空调水系统的优化分析与案例剖析 [M]. 北京：中国建筑工业出版社，2015.

[20] 唐中华 . 空调制冷系统运行管理与节能 [M]. 北京：机械工业出版社，2008.

[21] 江克林 . 暖通空调设计指南与工程实例 [M]. 北京：中国电力出版社，2015.

[22] 冯国会，李洋，李刚，等 . 暖通空调系统运行维护 [M]. 北京：人民交通出版社，2013.

[23] 张昌 . 热泵技术与应用 [M].2 版 . 北京：机械工业出版社，2015.

[24] 赵文成 . 中央空调节能及自控系统设计 [M]. 北京：中国建筑工业出版社，2018.

[25] 郑志凯，李梦琦，刘绍通 . 关于冷凝器胶球自动清洗装置对冷水机组 COP 影响分析 [J]. 建筑节能，2023，51（7）：90–93.

[26] 唐志伟，刘静，石英，等 . 低碳供热技术节能指标与经济效益综合分析 [J]. 化工进展，2021，40（S1）.

[27] 林富平 . 大型建筑物暖通空调系统运行维护初探 [J]. 住宅与房地产，2018（13）.

[28] 武根峰，石莹，钟安琪 . 双碳目标下热泵供暖技术节能评价与分析 [J]. 建设科技，2023（23）：76–80.

[29] 王全昌 . 浅谈物业管理集中供热的优质达标和节能降耗 [J]. 科技与企业，2014（16）.

[30] 龙惟定，武涌 . 建筑节能技术 [M]. 北京：中国建筑工业出版社，2009.

[31] 中华人民共和国住房和城乡建设部 . 建筑节能与可再生能源利用通用规范：GB 55015—2021[S]. 北京：中国建筑工业出版社，2022.

[32] 中国建筑设计研究院有限公司 . 民用建筑暖通空调设计统一技术措施 2022[M]. 北京：中国建筑工业出版社，2022.

[33] 叶大法，杨国荣 . 变风量空调系统设计 [M]. 北京：中国建筑工业出版社，2007.

[34] 孙长玉，袁军 . 供热运行管理与节能技术 [M]. 北京：机械工业出版社，2008.

第 8 章

暖通空调节能管理（上）

暖通空调节能管理是一项复杂且重要的工作，其主要目标任务是在保障室内空气品质的前提下实现暖通空调系统的节能运行。暖通空调节能运行途径主要包括运行管理的行为节能制度和各种运行节能技术的应用两个方面。为贯彻执行国家的技术经济政策，遵循卫生、安全、节能、环保和经济实用的原则，规范空调通风系统的运行管理，满足合理的使用要求，同时延长系统使用寿命，快速有效地应对突发事件，国家制定了《空调通风系统运行管理标准》GB 50365—2019。该标准适用于民用建筑集中管理的空调通风系统的常规运行管理，以及在发生与空调通风系统相关的突发事件时的应急运行管理。该标准明确要求，空调通风系统的运行管理应充分利用社会服务机构的专业技术、专业设备和专业人才资源，提高运行管理水平。

在建筑运行过程中，影响室内空气环境参数的扰量是不断变化的，需要通过科学的调控才能使建筑冷热量的供给与需求保持一致，通过运行管理实现项目节能目标。我国建筑总用能约占社会商品能源消费总量的27.5%。随着人们生活水平的提高根据发达国家的经验，这一比例还将逐步增加。在公共建筑全年能耗中，暖通空调系统能耗占40%~50%。在国家节能政策鼓励下，暖通空调节能技术不断涌现，既有建筑的节能改造、合同能源管理等项目，更是推动了节能技术的发展。

本章将暖通空调按系统分为通风系统、空调冷热源系统、空调水系统、空调风系统和供暖系统五部分，分别阐述其节能运行技术，为暖通空调系统的运行提供更加高效、可持续的解决方案。通过实施行为节能机制与应用运行节能技术，能够显著减少暖通空调的运行能耗，进而提升能源利用效率，为建筑节能及减少碳排放做出积极贡献。

8.1 通风系统节能

通风指为改善生活和生产条件，采用自然或机械的方式对建筑内某一空间进行换气，以使室内空气环境满足卫生、安全、舒适等要求的技术。送入室内的空气可以是经过处理的，也可以是不经处理的。通常情况下，通风一般是利用室外空气（简称新风）置换建筑物内的空气（简称室内空气），以改善室内空气品质。

按照动力来源的不同，通风方式可以分为自然通风和机械通风。自然通风产生的动力来源于热压和风压，热压主要产生在室内外温度存在差异的建筑环境空间；风压主要是指室外风作用在建筑物外围护结构，造成室内外静压差。自然通风不消耗人工能源，是一种经济且绿色的通风方式，但易受室外气象条件的影响，特别是风力的作用很不稳定，通风效果很难保证。机械通风产生的动力来源于风机，利用风机的动力对室内外空气进行强制交换。通过风机、风管及相关附件对室内进行送风或排风，来改善该室内的空气品质。机械通风的优点在于其效果稳定、可控性强，能够根据实际需求调节风速、风量；其缺点是噪声大、需要占用一定的建筑空间、设备维护和运行成本相对较高。

通风系统节能运行特指在建筑使用阶段，保证室内空气品质的前提下，通过对通风系统的设备、管件及相关附件进行调控、维护的管理制度和技术措施，从而减少系统的能源消耗，提高能源的利用效率。

8.1.1　通风优先的运行管理

结合建筑发展历史，从人工环境调控技术路径看，通风应优先于供暖和空调。"通风优先"是指在暖通空调工程的设计、施工、调适、运行各阶段，应优先控制室内空气质量，然后对温湿度进行控制，同时需要协调温湿度控制与通风的关系。通风优先体现"以人为本"的室内环境营造理念，遵循不同地域建筑的自然属性，合理利用气候资源，根据不同季节自然气候条件采取适宜的通风策略。通风要优先与供暖空调方式协同优化，实现建筑暖通空调系统的全年整体运行节能。

通风优先强调自然通风的优先利用，通过建筑物的自然通风口和窗户，使新鲜空气进入室内，排出室内的污浊空气，最大限度地利用自然气流，实现室内空气的置换。这种优先使用自然通风的策略，不仅有助于改善室内空气质量，还能降低能源消耗，实现节能环保的目标。当自然通风不能满足需求的条件下，合理采用机械通风，全年运行过程中，经常性的注意力要首先集中在机械通风系统运行上，尽可能采用通风方式来解决室内空气品质或者热舒适的问题，根据通风运行工况和状态，决定热湿调节功能的启停和调节，减少空调系统的使用时间。

把通风运行管理与通风系统设计统一协调，形成全生命周期工程理念。既要分析通风系统设计和建造对运行管理产生的影响，同时又要通过运行管理获得实际问题与经验反馈给设计。建筑通风运行管理者应当用工程管理思维或工程消费思维来指导建筑通风运行，实现建筑通风设计的工程价值，以用户需求为导向，使通风系统的运行能满足室内空气环境的设计要求、系统综合效能、设备性能，并且具有维护的简便性、安全性和可靠性。

建筑通风运行环境和用户通风需求是动态的，通风运行策略必须适时进行调整，以适应不同时段不同用户的建筑通风需求。需要深入了解不同类型建筑用户对通风的分时分区域的不同需求，科学制定建筑通风运行策略，完善建筑通风运行技术保障方法。既要加强公共建筑通风运行管理人员的专业培训，还需要加强针对普通大众的住宅合理通风的科普宣传。建筑通风全年运行要从根本上转变观念，树立室内环境调控通风优先理念，从传统的"技术掌控"向"技术适应"方向转型，真正实现"以人为本"的建筑通风全年运行格局，让通风回归绿色本质，成为低碳建筑系统的活性标识。

为落实碳达峰、碳中和目标任务，行业主管部门需要不断完善建筑通风运行相关的规范、标准和管理制度，明确建筑通风运行管理主体责任，健全系统节能运行、系统和设备维护制度以及卫生学评价标准；同时，还需要深入开展基于建筑使用特性和用户需求的调查，落实通风优先的建筑运行管理理念。

8.1.2　机械通风系统调试

机械通风系统调试是一个综合性的过程，旨在确保通风系统的正常运行，满足设计要求并提供舒适的室内环境。运行阶段调适工作应包含对机械通风系统的性能进行持续跟踪、验证，处理前期调适遗留及运行过程中产生的问题，对调适结果进行评估，并提出优化运行策略。

1. 系统调试前应对系统安装进行检查，确保机械通风系统已正确安装

主要检查的内容包括以下几点：

（1）核对通风机、电动机的规格、型号是否符合设计要求。

（2）通风机与电动机带轮（联轴器）中心是否在允许的偏差范围内，其地脚螺栓是否已紧固。

（3）润滑油（脂）有无变质，添加量是否达到规定。

（4）通风机启闭阀门是否灵活，柔性接管是否严密。

（5）空调器、风管上的检查门、检查孔和清扫孔应全部关闭好，并关好加热器旁通阀。

（6）用手转动风机时，叶轮不应有卡、碰和不正常的响声。

（7）电动机的接地应符合安全规程要求。

（8）通风主管、支管上的多叶调节阀要全部打开，三通阀要放在中间部位，防火阀应处在开启位置。

（9）通风、空调系统的送、回风调节阀要打开；新风和一、二次回风口及加热器的调节阀应全开。

2. 通风机作为机械通风系统的核心动力装置，其稳定运行至关重要

启动通风机前，务必确保电源已正确接通，并细致检查相关开关的工作状态，确保其正常无误。通风机的启动，还需要特别注意以下几点：

（1）通风机启动前，要关闭启动闸板阀；启动后，要缓慢开动阀门的开度，直至全开，以防止启动电流过大导致烧坏电动机。

（2）通风机启动时，观察叶轮的转动方向是否正确，用电流表测量电动机的启动电流是否符合要求。运转正常后，要测定电动机的电压和电流，各相之间是否平衡。如电流超过额定值时，应关小风量调节阀。

（3）用温度计测量轴承表面温度，不应超过 70℃，用转速表测定通风机转速。

（4）在通风机运转中，用金属棒或螺钉旋具仔细触听轴承内部有无杂声，以此来检查轴承内是否脏堵或零件损坏。如发现有异物，应及时取出，以避免损坏叶轮和机壳。

（5）通风机运转正常后，要检查电动机、通风机的振幅大小，声音是否正常，整个系统是否牢固、可靠。各项检查无误后，经运转 8h 即可进行调整测定工作。

3. 机械通风系统中最主要的参数是风速和风压

对风速和风压的测量，首先应确保测量仪器的正确使用，准确的测量数据对通风系统的调试和优化提供有力支持。测量仪器主要为毕托管与电子微压计，其使用方法如下：

（1）毕托管的使用

毕托管插入风管后，用一只手托起管身，另一只手托起接头前面的两橡胶管；毕托管的管身要与管壁垂直，量柱与气流方向平行，量柱与气流轴线之间的夹角不得大于16°，全压测定孔一定要迎向气流。

（2）电子微压计的使用

将毕托管高、低压两端分别接至电子微压计的两个接口，读数可直接显示。在用毕托管和微压计测风道内风量时，测定截面位置选得正确与否，将直接影响到测量结果的准确性和可靠性，因此必须慎重选择。测定截面的位置应选择在气流比较均匀稳定的地方（直管段上），且距上游局部阻力部件（如各种风门、弯管、三通、送风口、排风口等）不应小于 5 倍管径（或矩形风管长边尺寸），距下游局部阻力构件不应小于 2 倍管径（或矩形风管长边尺寸）的管段位置。有时，难以找到符合上述条件的截面时，可根据下面两点予以变动：一是所选截面应是平直管段；二是截面距后面局部阻力的距离要比距前面局部阻力的距离长。由流体力学可知，气流速度在管截面上分布是不均匀的，因此压力分布也是不均匀的，故此必须在同一截面上多点测量，取得平均值。

4. 系统风量的测定和调整是确保机械通风系统节能运行的关键技术

以下是进行这一过程的一般步骤：

（1）按工程实际情况绘制系统单线透视图，应标明风管尺寸、送（回）风口的位置，同时标明设计风量、风速、截面面积及风口尺寸。

（2）启动风机之前，将风道和风口本身的调节阀门放在全开位置，三通调节阀门放在中间位置，空气处理室中的各种调节阀门也应放在实际运行位置。

（3）开启风机进行风量测定与调整，先初测总风量是否满足设计风量要求，做到心中有数，有利于下一步的测试工作。

（4）系统风量测定与调整，对送（回）风系统调整采用"流量等比分配法"或"基准风口调整法"等，从系统的最远最不利的环路开始，逐步调向通风机。

（5）风口风量测试可用热电风速仪，用定点法或匀速移动法测出平均风速，计算出风口风量，测试次数不少于3次。在送风口气流有偏斜时，测定时应在风口安装长度为0.5~1.0m、与风管断面尺寸相同的短管。

（6）系统风量调整平衡后，应达到以下要求：

1）风口风量、新风量、排风量、回风量的实测值与设计风量允许偏差值不大于15%。

2）新风量与回风量之和应近似等于总的送风量，或各送风量之和。

3）总的送风量应略大于回风量与排风量之和。

5. 系统风量测试调整时应注意的几个关键问题

（1）测试前的准备至关重要，应检查测量仪器是否正确且经过校正，确保测量结果的准确性。

（2）测定截面的位置应选择在气流比较均匀稳定的地方（直管段上），且距上游局部阻力部件（如各种风门、弯管、三通、送风口、排风口等）不应小于5倍管径（或矩形风管长边尺寸），距下游局部阻力构件不应小于2倍管径（或矩形风管长边尺寸）的管段位置。

（3）在矩形风管内测定平均风速时，应将矩形风管测定断面划分为若干个接近正方形的面积相等的小断面且面积不应大于$0.05m^2$，边长不应大于220mm，测点应位于各个小断面的中心（十字交点）。

（4）在圆形风管内测定平均风速时，应将圆形风管断面划分为若干个面积相等的同心圆环，测点布置在各圆环面积等分线上，并应在相互垂直的两直径上布置两个或四个测孔。

（5）没有调节阀的风道，如果要调节风量，可在风道法兰处临时加插板进行调节，风量调好后插板留在其中并且密封不漏。

（6）在风量调整过程中，应注意风量的逐级调整，通常是先调整静压风量和静压风速，再逐级调整动压风量和动压风速。同时，调整过程中应密切关注系统的整体运行状况，确保调整后的系统能够达到设计要求，并保持良好的运行状态。

8.1.3　机械通风系统节能运行

通风运行一个最基本的目的是保证建筑室内空气质量，排除室内空气污染物，满足卫生要求。供暖空调系统运行期间，卫生通风包括供暖空调房间的新风系统和特殊房间或区域的排风系统。此外，通风运行目的还包括以下两个方面：一是间歇运行的空调建筑，由于围护结构的热惰性，导致夜间室内温度变化比室外温度变化稍有延迟，因此在夜间会出现室内温度高于室外温度的现象，夜间运行通风系统可以降低室内温度，增加围护结构在夜间的蓄冷量，缓解白天冷负荷，减少白天空调系统运行能耗。二是大型建筑存在内区全年供冷需求时，可以开启通风系统，部分或全部引入室外新风，充分利用室外新风的冷量，减少制冷设备的使用时间和运行能耗。但是在北方地区，虽然冬季内区需要供冷，由于室外新风温度较低，为防止系统盘管冻坏，仍需要对新风进行预热处理。

通风系统主要用于解决室内污染物问题时，需要根据室内污染物的散发量来设计通风系统的通风量。在系统运行时，根据室内空气监控系统监测到的室内污染物浓度来启停通风系统。特殊房间或区间的卫生通风一般根据运行时段按照换气次数确定的通风量运行，控制房间压差来组织气流，实现有效排风来保证室内空气环境的品质。

1. 地下汽车库机械通风系统运行控制

随着城市化进程的不断推进和土地资源的紧缺，地下车库的设置已经成为现代城市规划中不可或缺的一部分，未来也将继续得到广泛应用和发展。因此，地下汽车库的通风设计与节能管理对减少能源消耗、提高环境质量和降低运营成本至关重要。通过相关试验分析得出，只要保证 CO 浓度排放达标，其他有害物即使有一些分布不均匀，也有足够的安全倍数保证将其通过排风带走。所以，以 CO 的浓度为标准对机械通风系统进行运行管理。根据现行国家标准《工作场所有害因素职业接触限值 第 1 部分：化学有害因素》GBZ 2.1 等相关标准的规定，CO 的短时间接触容许浓度为 $30mg/m^3$。

地下汽车库应设置一氧化碳浓度监控系统，并与机械通风系统联动。一氧化碳浓度监测装置的位置和数量应能充分反映有效空间区域一氧化碳浓度分布的最不利状况。一氧化碳浓度监测装置按防烟分区设置，每个防烟分区内每 $300\sim500m^2$ 设置一个 CO 检测点并与风机联动。设置充电设施的机动车库，一氧化碳浓度监测装置按防火单元设

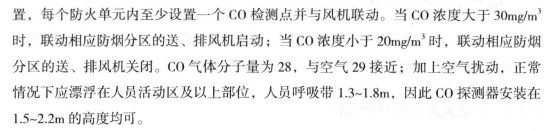

置，每个防火单元内至少设置一个 CO 检测点并与风机联动。当 CO 浓度大于 30mg/m³ 时，联动相应防烟分区的送、排风机启动；当 CO 浓度小于 20mg/m³ 时，联动相应防烟分区的送、排风机关闭。CO 气体分子量为 28，与空气 29 接近；加上空气扰动，正常情况下应漂浮在人员活动区及以上部位，人员呼吸带 1.3~1.8m，因此 CO 探测器安装在 1.5~2.2m 的高度均可。

2. 公共厨房热厨区通风系统

对于公共建筑设置的公共厨房，其炉灶的排油烟量巨大，尤其是中餐厨房。大量的排油烟需要设置对应的补风措施，总补风量宜为排油烟量的 80% 左右，形成一定程度的负压。然而，厨房空调又多采用全新风系统，如果补风全部采用空调补风，会造成巨大的能源浪费。因此，将厨房的补风分为空调岗位送风和烟罩补风两部分。

空调岗位送风是为保证厨房工作人员的热舒适性，采用新风处理机对新风进行冷热处理后送入工作区。空调岗位送风量可根据室内显热量进行计算，当室内显热无法确定时，也可按排油烟量的 10%~15% 估算。烟罩补风是为满足排油烟需求，根据系统总排油烟量以及空调岗位送风量可计算出烟罩补风量，可按排油烟量的 65%~70% 估算。夏季和过渡季节将室外的新风经过滤后直接送入烟罩边缘进行补风，冬季严寒及寒冷地区需要对室外新风进行预热处理，补风温度一般不低于 5℃。烟罩补风不需要进行冷热处理，可以避免巨大的能源消耗，为公共厨房通风系统节能运行做出贡献。

3. 动力集中式通风系统运行调节

传统的机械通风系统设计，是一台送风机或排风机提供管网动力，将空气按设计需要风量通过风管送到不同房间，或从不同房间吸入空气，通过管网集中排到室外。动力集中式通风系统动力是集中的，往往一个系统承担了许多独立空间的送风或排风，因此当某个末端送风量或排风量需求变化时，只能调节唯一的风机。这就造成了其他风量需求没有变化的区域，其风量也发生了改变。为了解决这一状况，一种处理办法是在各个末端设置变风量调节阀，根据末端需求通过风机和变风量风阀进行调节。

对于动力集中式通风系统，风机的余压是根据最不利支路确定的，其他支路的资用压力就会有富余。越靠近动力源，富余量就越大。对于这些富余压头，只能靠增大阻力方法消耗。最不利支路的流量往往只占系统总流量很小的一部分，而为了这一小部分的流量，其他流量也只好通过风机达到较高的压头，再用阀门消耗掉多余的部分，造成了很大的能量浪费。只要是动力集中式通风系统且具有多个支路，在设计工况下，调节阀能耗就占有很高的比例。在调节工况下，改变动力的集中调节虽然减少了向系统投入的能量，但阀门能耗所占的份额并没有改变。节流方式的集中调节和局部调节都将使阀门能耗增加，根本原因是系统动力的集中。根据风压图，这种系统在运行中主要存在以下两个问题：

（1）系统水力失调，风量分配不均。并联环路具有相同的资用压头，必然导致近端的风量过大，远端风量过小，甚至送风口无风的现象。

（2）风阀节流调节，能耗损失大。为了达到不同环路的压力平衡，通过风量调节阀进行节流调节，加大了管路的节流损失，增加了风机的运行能耗。

4. 动力分布式通风系统运行调节

动力分布式通风系统与动力集中式通风系统相对应，就是促使风流动的动力分布在各支管上而形成的通风系统。也就是除了主风机外，在各个支路上也分别设有支路风机，取代支管上的调节风阀，支路风机可根据所负担区域的实际需求进行调节，主风机根据各个末端需求的总和进行调节。主风机承担干管输送，末端分布风机承担对应支管的输送，而且"分布风机"并非必须设在末端，可以设在支路上任何便于安装、检修的地方。每个支路风机所负责的区域可实现自主独立调节风量，该系统节省了风阀阻力的能耗。

动力集中式通风系统和动力分布式通风系统在运行调控上的差异，比较如下：

（1）功能性

当多个空间共用一套送风或排风系统时，各个空间末端风量不同，变化不一致，故在保障技术的选择时需要一种可动态变化且能满足末端风量不均匀性需求的系统。末端带电动调节阀的动力集中式系统和动力分布式系统均可以实现全部风量及各个空间风量的调节，能满足各空间不均匀性的需求。

（2）经济性

技术的经济适应性涉及系统的总成本，其包括生产成本和使用成本，其中生产成本是通风系统的投资成本，包括通风主机、管道、末端控制系统、新风处理设备等；使用成本是指保障室内空气质量所需要的风机能耗和新风处理能耗。对于动力集中式通风系统与动力分布式通风系统，在初投资上，后者比前者增设了若干可变风量的支路风机与控制系统，但省却了用于调节风量或消除剩余压头的阀门，随着技术的进步，风机的价格逐步降低，初投资对系统的影响程度在不断减小；在运行上，后者比前者节约了风机能耗，同时可以弥补由于施工不当造成的风量失衡问题。

因此，动力集中式通风系统与动力分布式通风系统均能满足系统的功能性要求，两者之间的主要差异是系统的造价与运行能耗之间的差异。

8.1.4　风机的运行调节

当风机供给的风量不能满足设计要求时，可以采用以下几种方法进行调节：

1. 改变管网特性曲线的调节方法

改变管网特性曲线的调节方法是在通风机转速不变的情况下，通过改变系统中的阀门等节流装置的开度大小，来增减管网压力损失而使流量发生改变的。由于通风机的性能曲线并未改变，仅改变工作点的位置，往往起不到节能作用。

如图 8.1.4-1 所示，p、N 和 η 分别为系统中通风机的工作压力、功率和效率。当关小管道上的阀门时，压力由 p_1 增至 p_2，而流量由 L_1 减到 L_2。这时，p_2 中的一部分作为克服阀门阻力而损失了。因此，虽然通风机的功率由 N_1 下降至 N_2，但其效率也由 η_1 降到 η_2。这一调节方法的优点是结构简单，操作方便，工作可靠。但是，由于人为增加管网阻力，多损耗了部分能量。

2. 改变通风机特性曲线的调节方法

改变通风机特性曲线的调节方法，可以通过改变通风机的转速，改变通风机进口导流叶片角度以及改变通风机叶片宽度和角度等途径来实现。

（1）改变通风机转速的调节方法

改变转速后，通风机的效率保持不变，而功率则由于风量与压力的降低而下降。如图 8.1.4-2 所示，通风机以转速 n_1 在管网特性曲线 $p=SL^2$（L 为风量，m^3/h）的管网中工作时，其风量为 L_1，压力为 p_1，功率为 N_1，效率为 η_1，即工况点 1。当通风机转速减至 n_2 时，风量为 L_2，压力为 p_2，功率为 N_2，效率为 η_2，即工况点 2。通风机转速由 n_1

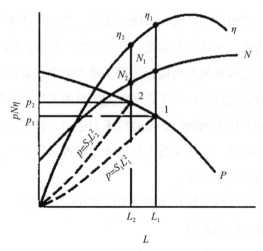

图 8.1.4-1　改变管网特性曲线图

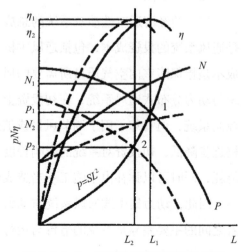

图 8.1.4-2　改变风机转速特性曲线图

变为 n_2 后，通风机效率基本不变，即 $\eta_1 \approx \eta_2$。从通风机气动力学原理来讲，改变转速的调节方法是最节能的调节方法。在通风空调工程中，目前应用较多的是变频调速和变极调速。

（2）改变通风机进口导流叶片角度的调节方法

通风机采用的导流器有轴向和径向两种，如图 8.1.4-3 所示。调节时，使气流进入叶轮前的旋速度发生改变，从而改变通风机的风量、风压、功率和效率。由于导流器的结构简单、使用可靠，其节能效果虽然比改变转速差，但是比改变管网特性曲线好，这是通风机常用的调节方法。图 8.1.4-4 是某通风机采用导流器调节方法给出的特性曲线图，导流片的角度分别为 0°、30°、60° 时，在管网特性曲线上的工作点分别为 1、2、3。

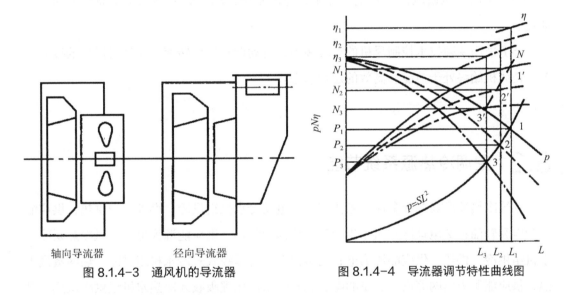

图 8.1.4-3　通风机的导流器　　　　　图 8.1.4-4　导流器调节特性曲线图

调节导流片角度而减少风量时，通风机的功率沿着 1′-2′-3′ 下降。如在管网中用节流装置来减少风量时，通风机的功率是沿着导流器叶片角度 $\alpha=0°$ 时的功率曲线由 1′ 向左而下降，所以用导流器调节比用节流装置调节所消耗的功率小，是一种比较经济的调节方法。

通风机的节能运行除选择能效等级高并配置调速装置的风机以外，对已有风机进行变频改造成为风机运行节能的措施。由于风机流量通常以最大风量需求选型，电动机的功率按最大负荷选择。而在实际运行过程中，对于大多数风机应用场合，所需风量会发生改变，因此依据实际工况需求，通过控制变频风机的运转频率，自动调整风机转速，使风机的风量适应用户侧的变化，始终处于节能、经济运行状态，将能够实现风机高效节能的目的，提高设备的运行效率。对于大型风机，采用变频措施，节电效果更加明显，还会降低风机的维修费用和工人的劳动强度。

8.1.5　小结

综上所述，实现通风系统节能运行的主要方式有以下几点：

（1）尽可能地使用自然通风，在自然通风不能满足需求的条件下，合理采用机械通风；

（2）通风优先，尽可能采用通风方式来解决室内空气品质或热舒适的问题，减少空调系统的使用时间；

（3）系统调试，通过对系统进行调试可以确保通风系统在运行过程中实现高效、低能耗的运行，从而有效减少能源消耗和运行成本；

（4）采用智能通风控制系统和分布式通风系统，降低大型通风系统通风机的运行能耗；

（5）采用变频技术控制风机的运转频率，自动调整风机转速，实现对风量的按需调节，使风机始终处于节能、高效的运行状态。

8.2　空调冷热源系统节能

建筑冷热源形式多种多样，主要有：①电动冷水机组供冷、燃油锅炉供热，供应能源为电和轻油；②电动冷水机组供冷和电热锅炉供热，供应能源为电；③风冷热泵冷热水机组供冷、供热，供应能源为电；④蒸汽型溴化锂吸收式冷水机组供冷、热网蒸汽供热，供应能源为热网蒸汽、少量的电；⑤直燃型溴化锂吸收式冷热水机组供冷供热，供应能源为轻油或燃气、少量的电；⑥水环热泵系统供冷供热，辅助热源为燃油、燃气锅炉等，供应能源为电、轻油或燃气。在这些冷热源形式中，消耗的能源有电能、燃气、轻油、煤等，把这些能源形式全部折算成同一种一次能源，并用一次能源效率 $OEER$ 来进行比较以衡量它们的节能性。表 8.2-1 为各种形式冷热源的 $OEER$ 值。

各种形式冷热源的 $OEER$ 值　　　　表 8.2-1

工况	冷热源形式	输入能源	额定工况时能耗指标			季节平均		
			EER（ε_h）	ξ	$OEER$	EER	ξ	$OEER$
夏季制冷	活塞式冷水机组	电	3.9		1.19	3.4		1.034
	螺杆式冷水机组	电	4.1		1.25	3.6		1.094
	离心式冷水机组	电	4.4		1.34	3.9		1.186

工况	冷热源形式	输入能源	额定工况时能耗指标			季节平均		
			EER（ε_h）	ξ	OEER	EER	ξ	OEER
夏季制冷	活塞式风冷热泵冷热水机组	电	3.65		1.11	3.2		1.034
	螺杆式风冷热泵冷热水电机组	电	3.80		1.16	3.4	3.4	0.969
	蒸汽双效溴化锂吸收式冷水机组	煤		1.15	0.71		1.05	0.648
	蒸汽双效溴化锂吸收式冷水机组	油 / 气		1.15	0.93		1.05	0.875
	直燃型双效溴化锂吸收式冷热水机组	电		1.09	1.09		0.95	0.95
冬季制热	活塞式风冷热泵冷热水机组	电	3.85		1.17	3.45		1.049
	螺杆式风冷热泵冷热水机组	电	3.93		1.20	3.63		1.104
	直燃型双效溴化锂吸收式冷热水机组	油 / 气		0.9	0.90		0.75	0.75
	电锅炉	电	1.0		0.304	0.9		0.274
	燃油锅炉	油		0.85	0.85		0.75	0.75
	采暖锅炉	煤		0.65	0.65		0.60	0.60

注：1. 额定工况：冷水机组——冷冻水进、出口温度分别为 12℃ /7℃，冷却水进、出口温度分别为 32℃ /37℃；热泵冷热水机组——夏天环境温度 35℃，冷水出水温度 7℃；冬季环境温度 7℃，热水出水温度 45℃。

　　2. 本表来源：《暖通空调运行管理》。

从表 8.2-1 可以看出，单纯从一次能源消耗角度出发，夏季单冷冷水机组比冷热水机组节能，其顺序从高到低依次为离心式冷水机组、螺杆式冷水机组、活塞式冷水机组、螺杆式热泵冷热水机组；耗能最大的是蒸汽双效溴化锂吸收式冷水机组，因此只有在夏季有可利用的热源，且经济上合理时，才宜选用。冬季一次能源消耗最少的是风冷热泵冷热水机组，耗能最大的是电热锅炉。综合来看，风冷热泵冷热水机组是一套系统供冬夏两季使用，节省了机房面积和冷却水系统，初始投资也具有竞争力。

公共建筑中，冷热源的能耗占整个暖通空调系统能耗的 40% 以上，尤其医院建筑中冷热源的能耗占整个暖通空调系统能耗的 60%~70%。可见，建筑运行能耗的影响巨大，降低其能耗是空调节能的重要内容。

8.2.1　空调冷源、热源设备能效

冷源、热源运行能耗在空调系统中所占比例较大，降低其能耗的主要途径，在于对冷源、热源设备的优选及其优化配置，所谓设备的优选和优化配置，是指相对于工程所在地区能源结构、系统负荷特性等具体条件下，最适宜机组的选型和配置。

1. 空调冷源的能效要求

目前，常用的冷源设备为采用电机驱动的蒸汽压缩循环冷水（热泵）机组、多联式空调（热泵）机组、房间空气调节器（分体空调）。国家强制性标准《建筑节能与可再生能源利用通用规范》GB 55015—2021 对设备的能效做出了要求。

电机驱动的蒸汽压缩循环冷水（热泵）机组是公共建筑集中空调系统的主要耗能设备，其性能很大程度上决定了空调系统的能效。机组的选型离不开两个重要参数：一个是机组的满负荷性能系数（COP）；另一个则是机组的综合部分负荷性能系数（IPLV）。而我国地域辽阔，南北气候差异大，严寒地区公共建筑中的冷水机组夏季运行时间较短，从北到南，冷水机组的全年运行时间不断延长，而夏热冬暖地区部分公共建筑中的冷水机组甚至需要全年运行。因此，针对不同的气候区，《建筑节能与可再生能源利用通用规范》GB 55015—2021 对定频和变频水冷机组及风冷或蒸发冷却机组的 COP 和 IPLV 的规定见表 8.2.1-1~ 表 8.2.1-4。

名义制冷工况和规定条件下定频冷水（热泵）机组的制冷性能系数（COP） 表 8.2.1-1

类型		名义制冷量 CC（kW）	性能系数（COP）					
			严寒A、B区	严寒C区	温和地区	寒冷地区	夏热冬冷地区	夏热冬暖地区
水冷	活塞式/涡旋式	CC ≤ 528	4.30	4.30	4.30	5.30	5.30	5.30
	螺杆式	CC ≤ 528	4.80	4.90	4.90	5.30	5.30	5.30
		528<CC ≤ 1163	5.20	5.20	5.20	5.60	5.60	5.60
		CC > 1163	5.40	5.50	5.60	5.80	5.80	5.80
	离心式	CC ≤ 1163	5.50	5.60	5.60	5.70	5.80	5.80
		1163<CC ≤ 2110	5.90	5.90	5.90	6.00	6.10	6.10
		CC > 2110	6.00	6.10	6.10	6.20	6.30	6.30
风冷或蒸发冷却	活塞式/涡旋式	CC ≤ 50	2.80	2.80	2.80	3.00	3.00	3.00
		CC > 50	3.00	3.00	3.00	3.00	3.20	3.20
	螺杆式	CC ≤ 50	2.90	2.90	2.90	3.00	3.00	3.00
		CC > 50	2.90	2.90	3.00	3.00	3.20	3.20

名义制冷工况和规定条件下变频冷水（热泵）机组的制冷性能系数（COP） 表 8.2.1-2

类型		名义制冷量 CC（kW）	性能系数（COP）					
			严寒A、B区	严寒C区	温和地区	寒冷地区	夏热冬冷地区	夏热冬暖地区
水冷	活塞式/涡旋式	CC ≤ 528	4.20	4.20	4.20	4.20	4.20	4.20
	螺杆式	CC ≤ 528	4.37	4.47	4.47	4.47	4.56	4.66
		528<CC ≤ 1163	4.75	4.75	4.75	4.85	4.94	5.04
		CC > 1163	5.20	5.20	5.20	5.23	5.32	5.32

续表

类型		名义制冷量 CC（kW）	性能系数（COP）					
			严寒 A、B 区	严寒 C 区	温和地区	寒冷地区	夏热冬冷地区	夏热冬暖地区
水冷	离心式	CC ≤ 1163	4.70	4.70	4.74	4.84	4.93	5.02
		1163<CC ≤ 2110	5.20	5.20	5.20	5.20	5.21	5.30
		CC > 2110	5.30	5.30	5.30	5.39	5.49	5.49
风冷或蒸发冷却	活塞式 / 涡旋式	CC ≤ 50	2.50	2.50	2.50	2.50	2.51	2.60
		CC > 50	2.70	2.70	2.70	2.70	2.70	2.70
	螺杆式	CC ≤ 50	2.51	2.51	2.51	2.60	2.70	2.70
		CC > 50	2.70	2.70	2.70	2.79	2.79	2.79

定频冷水（热泵）机组综合部分负荷性能系数（IPLV）　　　表 8.2.1-3

类型		名义制冷量 CC（kW）	综合部分负荷性能系数（IPLV）					
			严寒 A、B 区	严寒 C 区	温和地区	寒冷地区	夏热冬冷地区	夏热冬暖地区
水冷	活塞式 / 涡旋式	CC ≤ 528	5.00	5.00	5.00	5.00	5.05	5.25
	螺杆式	CC ≤ 528	5.35	5.45	5.45	5.45	5.55	5.65
		528<CC ≤ 1163	5.75	5.75	5.75	5.85	5.90	6.00
		CC > 1163	5.85	5.95	6.10	6.20	6.30	6.30
	离心式	CC ≤ 1163	5.50	5.50	5.55	5.60	5.90	5.90
		1163<CC ≤ 2110	5.50	5.50	5.55	5.60	5.90	5.90
		CC > 2110	5.95	5.95	5.95	6.10	6.20	6.20
风冷或蒸发冷却	活塞式 / 涡旋式	CC ≤ 50	3.10	3.10	3.10	3.20	3.20	3.20
		CC > 50	3.35	3.35	3.35	3.40	3.45	3.45
	螺杆式	CC ≤ 50	2.90	2.90	2.90	3.10	3.20	3.20
		CC > 50	3.10	3.10	3.10	3.20	3.30	3.30

变频冷水（热泵）机组综合部分负荷性能系数（IPLV）　　　表 8.2.1-4

类型		名义制冷量 CC（kW）	综合部分负荷性能系数（IPLV）					
			严寒 A、B 区	严寒 C 区	温和地区	寒冷地区	夏热冬冷地区	夏热冬暖地区
水冷	活塞式 / 涡旋式	CC ≤ 528	5.64	5.64	5.64	6.30	6.30	6.30
	螺杆式	CC ≤ 528	6.15	6.27	6.27	6.30	6.38	6.50
		528<CC ≤ 1163	6.61	6.61	6.61	6.73	7.00	7.00
		CC > 1163	6.73	6.84	7.02	7.13	7.60	7.60

类型		名义制冷量 CC（kW）	综合部分负荷性能系数（IPLV）					
			严寒A、B区	严寒C区	温和地区	寒冷地区	夏热冬冷地区	夏热冬暖地区
水冷	离心式	CC ≤ 1163	6.70	6.70	6.83	6.96	7.09	7.22
		1163<CC ≤ 2110	7.02	7.15	7.22	7.28	7.60	7.61
		CC > 2110	7.74	7.74	7.74	7.93	8.06	8.06
风冷或蒸发冷却	活塞式/涡旋式	CC ≤ 50	3.50	3.50	3.50	3.60	3.60	3.60
		CC > 50	3.60	3.60	3.60	3.70	3.70	3.70
	螺杆式	CC ≤ 50	3.50	3.50	3.50	3.60	3.60	3.60
		CC > 50	3.60	3.60	3.60	3.70	3.70	3.70

多联机在公共建筑中的应用越来越广泛，并呈逐年递增的趋势。相关数据显示，2017—2018 年我国集中空调产品中多联机的销售量已经占到了总量的近 50%，多联机成为我国中央空调产品中非常重要的用能设备类型。多联式空调（热泵）机组分为水冷和风冷两种形式，IPLV 作为水冷式多联机能效考核指标，APF 作为风冷式多联机能耗考核指标。《建筑节能与可再生能源利用通用规范》GB 55015—2021 对水冷和风冷多联式空调（热泵）机组能效的规定见表 8.2.1-5、表 8.2.1-6。

水冷多联式空调（热泵）机组制冷综合部分负荷性能系数（IPLV）表 8.2.1-5

名义制冷量 CC（kW）	综合部分负荷性能系数（IPLV）					
	严寒A、B区	严寒C区	温和地区	寒冷地区	夏热冬冷地区	夏热冬暖地区
CC ≤ 28	5.20	5.20	5.50	5.50	5.90	5.90
28<CC ≤ 84	5.10	5.10	5.40	5.40	5.80	5.80
CC > 84	5.00	5.00	5.30	5.30	5.70	5.70

风冷多联式空调（热泵）机组全年性能系数（APF）　　表 8.2.1-6

名义制冷量 CC（kW）	综合部分负荷性能系数（APF）					
	严寒A、B区	严寒C区	温和地区	寒冷地区	夏热冬冷地区	夏热冬暖地区
CC ≤ 14	3.60	4.00	4.00	4.20	4.40	4.40
14<CC ≤ 28	3.50	3.90	3.90	4.10	4.30	4.30
28<CC ≤ 50	3.40	3.90	3.90	4.00	4.20	4.20
50<CC ≤ 68	3.30	3.50	3.50	3.80	4.00	4.00
CC > 68	3.20	3.50	3.50	3.50	3.80	3.80

近年来，产业园区配套宿舍项目、中小学校项目以及保障性住房项目的建设日益增加，该类项目大多采用的空调冷源为房间空气调节器（分体空调）。出于对建筑节能要求的闭合，对工程应用中房间空气调节器能效的要求纳入工程建设标准的强制性规定中。《建筑节能与可再生能源利用通用规范》GB 55015—2021 对房间空气调节器能效的规定（除严寒地区）见表 8.2.1-7。

房间空气调节器能效限值　　　　　　　　表 8.2.1-7

额定制冷量 CC（kW）	热泵型房间空气调节器 全年性能系数（APF）	单冷式房间空气调节器制冷 季节能效比（$SEER$）
$CC \leqslant 4.5$	4.00	5.00
$4.5 < CC \leqslant 7.1$	3.50	4.40
$7.1 < CC \leqslant 14.0$	3.30	4.00

2. 空调热源的能效要求

目前，当冷源采用冷水机组时，热源主要是锅炉和市政热源两种方式，根据总体规划要求，优先使用市政热源。若无市政热源条件可建独立锅炉房。国家强制性标准《建筑节能与可再生能源利用通用规范》GB 55015—2021 对锅炉的热效率做出了要求，针对不同的燃料锅炉的热效率不应低于表 8.2.1-8~ 表 8.2.1-10 的规定。

燃液体燃料、天然气锅炉名义工况下的热效率（%）　　表 8.2.1-8

锅炉类型及燃料种类		锅炉热效率（%）
燃油燃气锅炉	重油	90
	轻油	90
	燃气	92

燃生物质锅炉名义工况下的热效率（%）　　表 8.2.1-9

燃料种类	锅炉额定蒸发量 D（t/h）/ 额定热功率 Q（MW）	
	$D \leqslant 10/Q \leqslant 7$	$D > 10/Q > 7$
	锅炉热效率（%）	
生物质	80	86

燃煤锅炉名义工况下的热效率（%）　　表 8.2.1-10

锅炉类型及燃料种类		锅炉额定蒸发量 D（t/h）/ 额定热功率 Q（MW）	
		$D \leqslant 20/Q \leqslant 14$	$D > 20/Q > 14$
		锅炉热效率（%）	
层状燃烧锅炉	Ⅲ类烟煤	82	84
流化床燃烧锅炉		88	88
室燃（煤粉）锅炉产品		88	88

8.2.2 冷水机组运行调节

冷负荷是冷水机组选择和配置的依据，机组的配置应能适应冷负荷的全年变化规律，满足季节及部分负荷的要求，同时机组能高效率运行。目前，大、中型空调系统的冷源主机以离心式、螺杆式冷水机组为主。离心机在大冷量情况下具有较高的 COP 值，而螺杆机通过滑阀移动，能实现 10%~100% 的调节，部分负荷情况下具有更好的性能。因此，对于大、中型空调系统，两者的结合是一种较好的组合方式。

随着建筑节能和低碳的要求，更多的工程开始采用变频冷水机组，在低负荷的情况下通过降低压缩机的转速来降低冷机的能耗，但是由于技术的限制，只能在一定的范围内进行变频，节能效果有限。磁悬浮变频冷水机组可以根据实际负荷和压力比调节转速，比传统的变频冷水机组在部分负荷下表现出更高的性能，冷机节能效果更大。所以选择高效的冷水机组是降低空调冷源运行能耗的前提条件，除此之外还有以下措施提高冷机的运行效率：

1. 合理提高冷水机组的供水温度

冷水出水温度对应的是冷水机组的蒸发温度。当冷水温度升高时，在温熵 $T-s$ 图（图 8.2.2-1）中，相应的蒸发温度由 T_5 变为 T_5'，制冷循环变为 1–2′–3–4–5′–1′；制冷量为 1′–5′–a′–b′–1′ 所围成的面积。制冷量增加了面积（1′–5′–a′–b′–1′）– 面积（1–5–a–b–1）。在压焓（lg$p$–h）图中（图 8.2.2-2），增加的制冷量为 $\Delta q_1 = h_1' - h_1$，同时减少了压缩机功耗 $\Delta w_0 = (h_2 - h_1) - (h_2' - h_1')$。当冷水温度降低时，制冷量将减少，压缩机功耗将增加。

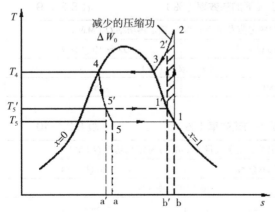

图 8.2.2-1　冷水温度升高时，理想蒸汽压缩式制冷的理论循环温熵（$T-s$）图

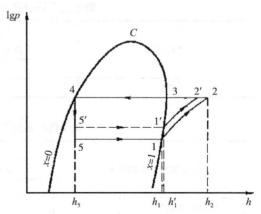

图 8.2.2-2　冷水温度升高时，蒸汽压缩式制冷的理论循环压焓（lg$p$–h）图

因此，冷水供水温度越高，则主机 COP 越高，但也不能太高，供水温度过高则会降低除湿能力。适当地调整冷水主机的设定温度可收到较好的节能效果。实测表明，冷水出水温度每提高 1℃，冷水机组 COP 增加约 3%。在调高冷水设定温度时，需同时考虑负荷侧的温度要求。调高冷水的设定温度有两种方法：一是冷水温度随室外气温设置；二是冷水温度随房间冷负荷设置。

2. 降低冷却水的进水温度

冷却水的进水温度对应的是冷水机组的冷凝温度。当冷却水温度降低时，在温熵 T–s 图（图 8.2.2-3）中，相应的冷凝温度由 T_4 变为 T_4'，制冷循环变为 1–2′–3′–4′–5′–1；制冷量为 1–5′–a′–b–1 所围成的面积。制冷量增加了面积 5–5′–a′–a。在压焓 $\lg p$–h 图（图 8.2.2-4）中，增加的制冷量为 $\Delta q_1 = h_5' - h_5$，同时减少了压缩机功耗 $\Delta w_0 = h_2 - h_2'$。同理，当冷却水温度上升时，制冷量将减少，压缩机功耗将增加。

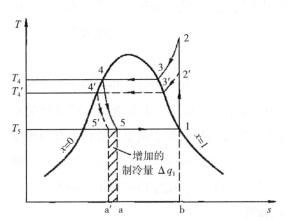

图 8.2.2-3　冷却水温度降低时，理想蒸汽压缩式制冷的理论循环温熵 T–s 图

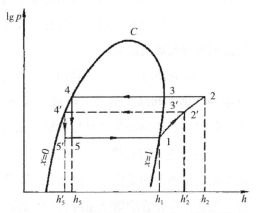

图 8.2.2-4　冷却水温度降低时，蒸汽压缩式制冷的理论循环压焓 $\lg p$–h 图

由于受环境温度的限制，冷却水温度不能任意降低，当冷却水温度低到一定程度后冷凝压力变得太小，也就是说压缩制冷循环的阻力变得很小，此时启动冷水机组，其压缩机的电机就会过载，电机的过载保护使其无法工作。《蒸气压缩循环冷水（热泵）机组 第 1 部分：工业或商业用及类似用途的冷水（热泵）机组》GB/T 18430.1 规定，冷水机组冷却水进水温度范围是 19~33℃。目前，一些螺杆机的生产商通过采用电子膨胀阀等技术已将最低温度做到了 13℃。实测表明，冷却水入口温度每降低 1℃，冷水机组 COP 增加约 4%。

大多数压缩机必须维持最小压差，以保证运行操作安全、可靠。由于冷凝压力有一低限，冷凝温度也有一个低温限制，因此，冷却水温度不能过低。冷却水温度过低会引起冷凝压力过低，导致冷凝器与蒸发器之间的压差过小，会对制冷装置工作造成不利影响。冷机冷凝温度的降低，并不总是导致冷机性能的提高。实际上，冷机的耗电指标随着冷凝压力的进一步降低有上升的趋势。在冬季北方地区，如果要运行冷水机组，冷却水供回水一般要设旁通进行混水，以此来提高冷水机组的进水温度。因此，在满足冷机正常工作的前提下，应合理设定冷却水温度，而不能无限制地进行调节，在冷却塔与冷机的能耗之间寻求新的平衡点。

3. 冷凝器清洗系统

冷凝器主要为冷却水循环，冷却水循环一般为开式循环系统，受室外气温、空气湿度、空气质量等影响，冷却水水质较差，极易造成冷凝器换热铜管结垢、堵塞，污垢系数增加，影响换热效率，从而造成冷凝温度过高，导致冷水机组 COP 下降。除了传统的化学添加剂改善水质以外，还有机械式的清洗方式。传统的机械清洗方式，是在冬季停机时，打开冷水机组的端盖对冷凝器进行手工机械式清洗。这种方法操作难度大、耗时费力、清洗效果不稳定，同时存在安全风险。目前，大部分工程采用更为先进的管刷清洗系统和胶球清洗系统。

（1）管刷清洗系统由一套四通换向阀、一套控制面板和一组管刷和网篮（一根铜管对应一个刷子和两个网篮）组成。四通换向阀静止时，水系统正常流向，管刷位于网篮。阀门接到控制面板信号切换时，水流逆向，网篮内管刷顺水流呈螺旋状啮合内螺纹凹槽旋转前进，进行清洗，直至进入另一端网篮。停顿 25~30s 过后，阀门复位。管刷随水流直接回到初始位置的网篮，等待下一次清洗信号，管刷复位过程不对铜管进行清洗。通常，推荐管刷清洗系统每 4h 清洗一次铜管。

管刷清洗系统适用于高效螺纹管和光管型热交换器，由于管刷清洗系统的设计是一对一的设计，即一根铜管对应一个刷子和两个网篮，故保证了每根铜管都能清洗到。每个刷子按照铜管的内径而配，故水流切换时不存在管刷堵在铜管内部的现象。系统初投资较高，但运行费用低。在 24h 不间断运行的情况下，刷子的使用寿命通常为 5 年。5年内无须更换任何刷子，阀门和网篮的设计使用寿命为 20 年。所以，管刷清洗系统的运行保养的成本比较低。

（2）胶球清洗系统由胶球发生器、胶球回收器、胶球注入泵、胶球回收泵、检视镜、胶球滤隔器和系统控制器组成。通过程序设定，系统每 40min 运行一次，对热交换器进行内部清洗，达到防垢的目的。球的材质为耐磨橡胶球，通常胶球的直径比热交换器管壁的内径大 1mm。小球的相对密度与水接近。通过水流的作用，以挤压的形式流过铜管，从而达到清洁的目的。一般情况下，以单台冷水机组为例，如每 40min 进行一次胶球清洗，1d 运行 12h，推荐每 1~1.5 个月要更换一次橡胶球。

胶球清洗系统只适用于光管型热交换器，一般放球数量为铜管数量的 30%，铜管清洗概率很低，一根铜管可能进多个球，有些铜管可能一个球也不进，随机性较大。由于球的直径比热交换器管壁的内径大 1mm，故容易发生胶球堵在铜管内的现象。一旦发生堵球现象，球的数量会越堵越多，到了一定程度造成机组高压报警。系统初投资较低，系统中增加了循环泵和阀门控制装置，需要额外耗电，运行费用高；通常，每个月要采集胶球样本进行外径测量确定是否需要更换球体，手续比较复杂。作为零部件，一个球的售价为 10 元左右，故胶球清洗系统运行的保养成本较高。

根据项目的实际情况，无论采用管刷清洗系统还是胶球清洗系统，都对冷水机组的冷凝器具有较好的清洗效果，可以有效降低冷凝器的污垢系数，提升换热效率，提高冷水机组的 *COP*。

8.2.3　冷却塔运行调节

在中央空调冷却水系统中，冷却塔的能耗只占到冷机、冷却水泵和冷却塔风机能耗总和的很少一部分。由于冷却塔风机功耗小，因此它的节能降耗问题长期以来未受到足够重视。其实，节约各部分能耗对于用户来说同等重要，这样才有可能保证冷源系统总体上节能。可见，研究冷却塔的节能是实现中央空调系统总体节能中不可忽视的任务。

1. 冷却塔风机节能控制策略

冷却塔性能的好坏不仅关系到其自身能耗，而且还关系到冷凝热的散热效果，从而影响整个冷源系统的能耗。对集中冷源系统，冷却塔风机和冷机之间的耦合参数是冷凝器进水温度，存在优化的必要。通常，冷却塔与冷机和冷却水泵一一对应运行。在部分负荷工况下，大部分冷却塔没有采取任何优化控制和节能措施。冷却塔作为中央空调冷源系统的一部分，在设计时通常是按照天气最热时的冷却负荷进行产品选型的。当室外气温低或空调负荷减少时，冷却塔出水温度就会低于设计值。从冷水机组的角度出发，应考虑如何利用冷却塔有效提高散热效率，降低冷却塔出水温度，有利于冷水机组的节能运行。总的来说，就是有效提高冷却塔效率，低投入高回报，将冷源系统的效率提高。前文已经说明，在满足冷机正常工作的前提下，应合理设定冷却塔出水温度，不能无限制地降低。在冷却塔与冷机的能耗之间寻求新的平衡点，得出一个最优的冷却塔出水温度。

冷却塔风机是否变速调节主要取决于冷却塔运行模式。

冷源系统采用一机一泵一塔制运行模式时，对于冷却水定流量系统而言，在部分负荷时冷却塔的出水温度会比设计值低，这对提高冷机效率有利。如果此时改变风水比，就会降低冷却塔换热效果，提高冷却塔出水温度，对冷机性能产生不利影响，冷却塔风机节省的电耗远远小于冷机增加的电耗，有些得不偿失。此时不需要为冷却塔出水温度增加更多的控制和调节环节。如果冷却水变流量运行，就需要把风水比调节到合理的范围内，过大的风水比对提高冷却塔散热量作用效果不明显，此时冷却塔风机变速调节才有实际意义。显然，冷却塔风机变速调节应与冷却水泵变速调节同步进行。

冷源系统采用一机一泵全塔运行模式时，无论冷却水泵是否变频，冷却塔风机变速调节都有意义。全部冷却塔风机变速调节运行模式比冷源系统采用一机一泵一塔制运行模式要好，主要体现在以下三点：①冷却塔风机功率和风量服从三次方定律，节能效果很明显；②全部冷却塔风机变速调节运行，可以减小冷却塔的风机噪声；③能最大限度地利用冷却塔的散热面积，有利于降低冷却塔的出水温度。

冷却塔出口水温的主要影响参数有：冷却塔入口空气湿球温度、流经冷却塔的空气流量、冷却塔进水温度和通过冷却塔的水流量。其中，入口空气湿球温度由当地气象条件确定。冷凝器冷却水进口温度则主要由冷却塔性能和室外气候决定，可根据周围空气湿球温度来调节。只要室外湿球温度足够低，冷却塔就可以把冷却水温度降到足够低，为冷机提供良好的外部环境。冷却水系统的控制要求是在控制冷凝器冷却水进口温度不低于规定的水温下限情况下，应尽可能降低冷却水温度且不浪费冷却塔风机的功率。

部分负荷工况下，冷却塔出水温度可由冷却塔风机的风量大小来控制，而冷却塔风机的风量是由其电机运行频率决定的。如果对冷却塔风机电机的转速进行有效的控制，就可以达到节能的目的。对于机械式冷却塔而言，风机转速越高，水和空气换热越充分，冷却塔出水温度就会越低，冷却塔风机的耗电就越多；但对于冷机来说，冷却塔出水温度越低，冷机的耗电就越少。反之，冷却塔风机转速越低，水和空气换热就不充分，冷却塔出水温度就会越高，冷却塔风机的耗电就越少；但对于冷机来说，由于冷却塔出水温度升高，相应压缩机耗电就会增加。单一设备节能不能充分说明整个系统节能，综合能耗应该是冷机能耗和冷却塔风机能耗的叠加，只有找到综合能耗的最低点，才能确保整个系统工作在最佳的节能状态。

目前，工程中调节冷却塔风量的主要方式有调节冷却塔风机台数和风机变速两种。

（1）冷却塔风机台数调节控制策略

这种控制方式风机定频运行，适用于冷却水系统有多台冷却塔或每台冷却塔有多台风机的情况。其优点是：控制方法简单，不需要变频器，初投资少；缺点是：①冷却塔风机只能工作在开、关两种状态。当只有部分冷却水泵运行时，如果相应的只开启部分冷却塔风机，而不对冷却塔的布水进行调整，仍使冷却水均布在各组冷却塔上，则开启冷却塔风机的部分，风水比不变，到达塔底部的冷却水温度低；而没有开启风机的冷却塔部分会因没有风，水得不到很好的冷却，到达塔底部的冷却水温度基本接近于塔的进水温度。这样冷水和热水混合后，进入冷机的冷却水温度就较高，使冷机效率降低。②当冷负荷很小时，也必须至少开一台冷却塔风机，电机的功耗远大于实际负荷的需要，从而造成不必要的能耗，势必会不利于冷却水的优化控制和冷却塔的节能。

1）冷却塔出水温度控制冷却塔风机的启停

在部分负荷工况下，当室外空气湿球温度降低时，冷却塔的冷却能力增强，出水温度降低。此时，可以采用一种对应一个固定的冷却塔出水温度的控制策略的冷机工作模式，用固定的冷却塔出水温度来控制其风机的运转情况。当冷却负荷减少或室外空气湿球温度降低时，冷却塔出水温度会比设定值低，出现偏差信号，控制器根据偏差信号逐步减少冷却塔风机运行台数，从而节省冷却塔的风机能耗。

2）室外空气湿球温度控制冷却塔风机的启停

室外空气湿球温度由室外空气温度和湿度或露点温度计算得出，直接控制冷却塔风机的启停。此时，也可以采用对应一组固定室外空气湿球温度的控制策略的冷机工作模式，用固定的室外空气湿球温度来控制冷却塔风机运转情况，但是这种控制方式没有反馈功能。因此，可以采用冷却塔进水温度与室外湿球温度之差来控制冷却塔的启停。设置一个冷却塔进水温度与室外湿球温度之差的最大设定值和最小设定值。当冷却塔进水温度与室外湿球温度之差大于最大设定值时，冷却塔风机控制器发出加机指令；当冷却塔进水温度与室外湿球温度之差小于最小设定值时，冷却塔风机控制器发出减机指令；否则，冷却塔风机工作台数不变。

（2）冷却塔风机变速调节控制策略

1）全部冷却塔"均匀布水，风机变频"

目前，很多冷源系统的冷却水系统运行策略基本上是一机一泵一塔制，在整个空调季的大部分时间里，部分冷却塔停用。这种运行模式在过渡季普遍存在冷却塔使用效率偏低等问题，显然不利于冷却水降温。在这段时间段内，室外空气湿球温度较低。本可以充分利用全部冷却塔进行换热，有效降低冷却水温度，从而提高冷机效率。但实际运行过程中却没有在这段时间内发挥全部冷却塔的冷却优势，造成冷机不必要的能量消耗。从冷机的角度出发，应考虑如何利用冷却塔的换热面积，有效提高散热效率。即使冷却塔风机电耗减小的同时，还要使冷机冷凝器侧外部环境变化得到改善，达到减小冷机电耗的目的。因此，比较经济的冷却塔调节方式是"均匀布水，风机变频"，即全部冷却塔风机同步变速调节运行。不再关闭停运冷却塔的供水管阀门，使各台冷却塔均匀布水。为了将冷却塔出水温度调至最优点，需要同步地改变冷却塔风机转速，通过均匀地减少各台冷却塔风量来调节水温，直到室外温度降低至全部冷却塔风机转速达到最低允许值，冷却塔风机改为启停控制。当全部冷却塔风机停止运行时，冷却塔变为自然通风降温。如果室外温度继续下降，则还可以通过在冷却塔的供回水总管间加装旁通阀，通过调节旁通水量，维持进入冷机冷凝器的水温不低于最低允许值。由于在部分负荷工况下冷却塔的换热面积得到了最大利用，有利于冷却水蒸发散热，因此，这种调节方式具有最好的调节效果，在同样的出水温度条件下，冷却塔风机电耗最低。

冷却塔的效率 =（冷却塔进水温度 − 冷却塔出水温度）/（冷却塔进水温度 − 室外湿球温度）。一般情况下，冷却塔效率接近 80% 后，再进一步提高风量，效率已很难提高，因此，在正常情况下，应把风水比调整到这一状态。冷却塔的效率与冷却塔的性能有关，不同的冷却塔最大效率有所不同。冷却塔风机变速调控策略可总结为：给定进入冷凝器冷却水的水温下限为 T_{low}；测量室外湿球温度和冷却塔进出水温度，并计算冷却塔效率；若冷却塔出水温度高于 T_{low}，而效率已达到最大值，则维持当前风机转速；若冷却塔出水温度开始低于 T_{low}，风机转速没到最低转速，则减小风机转速；若冷却塔出水温度开始低于 T_{low}，且风机转速已到最小，则逐台停止风机，直到冷却塔出水温度回到 T_{low}；若冷却塔出水温度开始低于 T_{low}，且全部风机都已停运，则开启冷却塔供回水总管之间的旁通调节阀，使进入冷凝器的冷却水温度为 T_{low}。只要有一台冷却塔风机在线运行，旁通阀就应关闭。

2）用冷机工作电流与额定电流之比控制冷却塔风机同步调速

上述冷却塔风机联合变频调节使所有冷却塔均处于使用状态能够获得良好的节能效果。但此目标的实现依赖于一套十分复杂的控制系统，而大量传感器的偏差和错误极易对控制系统造成不利影响。为了克服上述缺点，可以考虑采用在线运行冷机的工作电流总和与全部冷机的额定电流总和之比控制全部冷却塔风机转速的控制策略。该方法不需要安装各种温度传感器，从根本上消除了各种温度传感器测量误差对冷却塔风机转速的影响。由于电流比近似代表了空调系统的负荷率，因此其控制效果和用冷却水供回水温差控制所有冷却塔风机转速时基本相同。由于冷机工作电流变化范围大、测量误差小、可靠性很高以及这种控制策略的实施需要投入的成本很低，因此，其控制效果有可能优于温差控制。

2. 冷却塔供冷技术

冷却塔供冷技术又称为免费供冷技术，是近年来国外发展较快的节能技术之一。它是指在室外空气湿球温度较低时，关闭制冷机组，利用流经冷却塔的循环水直接或间接地向空调系统供冷，提供建筑物所需要的冷量，从而节约冷水机组的能耗。

（1）冷却塔供冷形式

冷却塔供冷大致有如下三种形式：

1）开式冷却塔直供

冬季，当环境温度足够低时，从冷却塔来的冷却水直接进入冷水系统进行循环，包括进入空调系统的末端设备。从节约能源的角度，这样的系统效果最好。但是，开式直接供冷系统需要将冷却水系统与冷水系统相连通，这样被冷却塔洗涤下来的空气中的灰尘，变成泥浆后就会污染干净的冷水系统，在空调末端换热器内表面附着一层污泥，使其换热效率大幅下降，甚至使其堵塞。这种方式在空气污染较严重的地区不推荐采用，因为冷却塔的安装高度必须高于冷水系统的最高点。

2）闭式冷却塔供冷

采用闭式冷却塔的闭式系统，与开式直接供冷系统的相似之处，在于它也是用从冷却塔供给的冷却水直接进行供冷。不同的是它的冷却水系统是封闭的，冷却水未暴露在大气或灰尘中，这样就解决了堵塞污染问题。由于在闭式冷却塔内进行了空气–水换热所以冷却塔的出水温度较高，同时由于闭式冷却塔造价较高，而且冷却塔的盘管还需要另外的防冻保护，因此，除非夏季工况时制冷工艺上对闭式冷却塔有特殊要求，一般不会采用。

3）开式冷却塔加板式热交换器间接供冷

冷却水作为一次水，通过板式换热器对冷水进行间接降温。由于冷却水系统和冷水系统是隔离的，从而避免了冷水系统被污染、腐蚀和堵塞问题。板式换热器体积小，换热能力强，能够最小限度地减小换热温差，设计时板式换热器宜分成两组，每组均能分担 70% 的冬季冷负荷，这种供冷方式目前被广泛采用。开式冷却塔加板式热交换器间接供冷的循环泵设置有两种方式：①当水泵与冷水机组一对一的连接方式时，供冷板式换热器建议单独配冷却水泵和冷水泵，这样在机房设计时管路系统清晰，水泵的大小可以独立选型不受约束，运行管理方便；②当水泵与冷水机组是共用集管的连接方式时，供冷板式换热器的冷却水泵和冷水泵可与冷水机组的共用，这样可以节省水泵的投资。

（2）冷却塔供冷切换温度

冷却塔供冷的切换温度通常是指空调系统从常规冷水机组供冷模式切换到冷却塔供冷模式时的室外空气湿球温度。目前实际工程应用中主要采用固定切换温度控制的方式，通过建筑冷负荷率和系统设备的设计参数，确定冷却塔供冷的切换温度，将实时的室外湿球温度与切换温度对比，设定系统的运行模式。固定切换温度的控制方式控制策略较为简单，但随着室外工况、水流量、冷负荷、设备运行数量等参数的改变，板式换热器的换热温差及冷却塔的冷幅都将发生改变，按照设计工况确定的切换温度已经不够准确。对于全年负荷波动较大的民用建筑，固定切换温度的控制方式有更加明显的局限性，不能充分地利用自然冷源，导致节能潜力下降。

对于全年负荷波动较大的民用建筑，根据建筑末端冷负荷需求确定冷水供水温度设定值。变冷水温度控制是一种尽量提高冷水供水温度的冷源节能优化控制方法。变冷水温度控制在确保末端空调设备能力的前提下，随着冷负荷需求的降低提高冷水供水温度。冷却塔供冷切换温度与空调系统冷水供水温度密切相关，通过变冷水温度的控制方法确定切换温度，这种采用变切换温度的控制方式确定冷却塔的运行模式，与固定切换温度的控制方式相比，变切换温度的控制方式更加精确，能够最大限度地利用自然冷源，增加供冷时长。

冷却塔供冷的切换温度运用得好坏，直接影响到冷却塔供冷系统的节能效果。冷却塔供冷不仅可在冬季运用，在过渡季的早上和晚上也可以运用。所以，冷却塔供冷的切换不是季节性切换，而是以 h 为单位的切换。

8.2.4 空气源热泵系统运行调节

空气源热泵也称为风冷热泵，是空气－空气热泵和空气－水热泵的总称。随着热泵技术的不断成熟，空气源热泵机组以其独特的优点正在发挥着日益重要的作用，特别是在中小型建筑中，利用空气源热泵机组作为空调系统的冷、热源得到了广泛的应用。这种机组的特点是：一机两用，具有夏季供冷和冬季供热的双重功能；不需要冷却水系统，省去了冷却塔、水泵及其连接管道；安装方便，机组可放在建筑物顶层或室外平台上，省去了专用的制冷机房和锅炉房。

空气源热泵机组由于空气的传热性能差，因此空气侧换热器的传热系数小，换热器的体积较为庞大，增加了整机的制造成本。由于空气的比热容小，为了交换足够多的热量，空气侧换热器所需的风量较大，风机功率也就大，造成了一定的噪声污染。同时，当空气侧换热器翅片表面温度低于0℃时，空气中的水蒸气会在翅片表面结霜，换热器的传热阻力增加使得制热量减小，所以风冷热泵机组在制热工况下工作时要定期除霜。除霜时热泵停止供热，影响空调系统的供暖效果。冬季随着室外气温的降低，机组的供热量逐渐下降。此时，必须依靠辅助热源来补足所需的热量，这就降低了空调系统的经济性。

1. 环境温度对空气源热泵性能的影响

（1）冬季环境温度变化对空气源热泵机组供热能力的影响

1）空气源热泵机组的制热量随室内温度的增高而减少。这主要是由于室内温度的增高相应提高了冷凝温度，当冷凝温度提高后的工质液体节流以后其干度增加，液体量的减少必然导致系统从环境中吸收的汽化潜热减少，制热量也就相应减少。

2）空气源热泵机组的输入功率随室内温度的增高而增加。这主要是由于冷凝压力相应提高后压缩机的压力比增加，压缩机对每千克工质的耗功增加，导致压缩机的输入功率增加。

3）空气源热泵机组的制热量随环境温度的降低而减少。这主要是由于环境温度的降低相应降低了蒸发温度，当蒸发温度降低后的压缩机吸气温度也会下降，吸气比容增加使得系统的工质流量下降，制热量也就相应减少。当环境温度降低到0℃左右时，空气侧换热器表面结霜加快，此时蒸发温度下降速率增加，机组制热量下降加剧。

4）空气源热泵机组的输入功率随环境温度的降低而下降。当环境温度降低时系统的蒸发温度降低，使压缩机的工质流量减小，压缩机的输入功率也就下降。

（2）夏季环境温度变化对空气源热泵机组制冷能力的影响

1）机组的制冷量随室内湿球温度的上升而增加。这是因为室内湿球温度的增加相应提高了蒸发温度，当蒸发温度提高后的工质液体节流以后其干度下降，每千克工质的制冷量增加；压缩机的吸气压力提高后，吸气比容减小，使得工质的循环量增加，所以机组的制冷量也就相应增加。

2）机组的输入功率随室内湿球温度的增高而增加。这主要是因为蒸发温度提高后吸气比容减小，使得工质的循环量增加，导致压缩机的输入功率增加。在压力比为3左右时，压缩机的输入功率最大。

3）机组的制冷量随环境温度的降低而增加。这是因为环境温度的降低相应降低了冷凝温度，当冷凝温度降低后的工质液体节流以后其干度减少，液体量的增加必然导致系统从室内空气中吸收的汽化潜热增加，机组制冷量也就相应增加。

4）机组的输入功率随环境温度的降低而下降。当环境温度降低时系统的冷凝温度降低，使系统的冷凝压力下降，压缩机对每千克工质的耗功减小，压缩机的输入功率也就下降。

2. 供水温度对空气源热泵性能的影响

（1）冬季供水温度对空气源热泵机组供热能力的影响

1）当外界环境温度相同时，随着供水温度的升高，制热量呈先升高后降低的趋势，即制热量存在一个最大值。这是因为随着加热过程的进行，热泵系统内流过的制冷剂流量不断增加，压缩机的吸排气温度和压缩比逐渐升高，制热量增加；继续加热，在蒸发温度不变的情况下，冷凝温度不断增加，冷凝压力增加，压缩机的排气温度和压缩比增加，超过正常范围值，压缩机容积效率降低，制热过程开始恶化，导致热泵系统的制热量减小。制热量达到最大值时对应的供水温度，我们称为最佳供水温度。不同的环境温度所对应的最佳供水温度也不同，在工程实际应用中，应根据不同环境温度确定对应的最佳供水温度，以确定最佳运行工况点。

2）当外界环境温度相同时，空气源热泵加热水的过程中，热泵系统的总功耗呈上升趋势。这是因为环境温度不变时，蒸发压力不变，而冷凝压力受供水温度变化的影响；当供水温度增加时，冷凝温度、冷凝压力、压缩比、压缩机的输入功率均增加，最终导致空气源热泵的总功耗也随之增加。热水被加热的过程中，总功耗增加十分迅速，在相同的供水温度情况下，提高环境温度，空气源热泵功耗增加。这是因为在冷凝温度不变的情况下，环境温度、蒸发温度、蒸发压力均增加，压缩比下降，吸气比体积减小，制冷剂的质量流量增加，引起压缩机的输入功率增加，而风机等设备的功率基本不变。

3）当外界环境温度相同时，空气源热泵加热水的过程中，COP 不断下降。这是因为当蒸发温度不变时，随着供水温度的升高，冷凝压力不断增加，压缩比增加，制热量的增加速率小于输入功率的增加速率，制热效率下降。

（2）夏季供水温度对空气源热泵机组制冷能力的影响

1）根据我国制定的空气源热泵冷热水机组的标准，机组的额定制冷量是指环境空气温度为 35℃、出水温度为 7℃时机组的制冷量。在实际工作时，由于环境温度不同和空调系统末端装置设计的进水温度不同，机组的制冷量是变化的。当外界环境温度相同时，空气源热泵冷热水机组的制冷量是随冷水出水温度的增加而增加。这主要是由于冷水出水温度增加时，相应于系统的蒸发压力提高，压缩机的吸气压力提高后，系统中的制冷剂流量增加了，于是制冷量增大。

2）当外界环境温度相同时，机组的功耗是随冷水的出水温度的增加而增加。这主要是由于当冷水出水温度增加时蒸发压力提高，环境温度不变，则压缩机的压力比减小，对每千克制冷剂的耗功减少，但是由于系统中制冷剂的流量增加，因而压缩机的耗功仍然增大。空气源热泵机组的制冷量和输入功率大体上与冷水出水温度呈线性关系。

3）当外界环境温度相同时，机组的制冷量和功耗都增加，但是制冷量的增加幅度大于功耗的增加幅度，因此机组的 COP 随供水温度的增加而增大。

3. 冷热水量对空气源热泵性能的影响

制冷时，当冷水回水温度一定时，冷水量增加使制冷能力亦增加，耗电功率也增加。其原因是冷水供水温度提高和蒸发温度提高之故。

供热时，当热水回水温度一定时，供热能力随着热水量的增加而增加，但耗电功率有降低的趋势。其原因是热水供水温度变低和冷凝温度降低之故。

对于空气源热泵来说，必要的参数是供水温度，当供水温度一定时，即使冷热水流量的变化使冷热水供回水温差发生了变化，但制冷（供热）能力和耗电功率几乎没有变化，原因是蒸发温度和冷凝温度主要是根据供水温度而决定的。因此，与加大冷热水流量增加水泵动力消耗方式比较，在标准流量下提高制冷时的供水温度、降低供暖时的供水温度的方式更节能。

4. 室外风量对空气源热泵性能的影响

当减少空气侧热交换器的风量时，制冷时会使冷凝温度上升，制冷能力下降，耗电量增加；供暖时会使蒸发压力降低，供热能力和耗电量减少，降低了机组的能效系数。因此，从节能方面考虑，必须确保吸风口和送风口达到设计的面积。

5. 空气源热泵冬季除霜

空气源热泵的室外换热器表面温度要比空气温度低 5~10℃，当室外换热器表面温度低于周围空气的露点温度，高于水的冰点温度（一般为 0℃）时，空气中的水蒸气就会在室外换热器表面凝结成水滴，即结露；当换热器表面温度低于水的冰点温度时，空气中的水蒸气会在换热器表面以固态凝结，即结霜。室外换热器结霜是空气源热泵冬季运行时不容忽视的问题。结霜主要从两个方面对空气源热泵室外机造成不良影响。一方面，霜层的形成增大了室外换热器表面导热热阻，降低了传热系数；另一方面，霜层的存在堵塞了翅片间通道，增大了空气侧的流动阻力，大幅度减少了空气流量，使换热器换热温差增大，压缩机吸排气温差和压差增大，制冷剂质量流量降低，导致机组耗功增加，供热能力显著降低。研究表明，结霜可导致空气源热泵机组换热量降低 30%~57%，机组性能系数 COP 下降 35%~60%，严重时造成机组停机、机械性能破坏等事故。可见，结霜问题会严重影响空气源热泵机组的运行性能。

结霜现象降低热泵效率，影响热泵机组性能，而除霜又是一个耗能的过程。因此抑制、延缓结霜技术措施的应用显得十分重要。目前，主要有以下几种抑制结霜的方法：

（1）提高入口空气温度

在相对湿度不变的情况下，室外侧换热器入口空气温度的提高可以抑制、延缓结霜。目前，提高室外侧换热器表面温度的方法可以应用太阳能集热系统与空气源热泵结合，该系统主要由太阳能集热环路与热泵循环系统两部分组成，太阳能集热环路吸收的热量为蒸发器提供热源。蒸发器侧增加空气－水换热器，将太阳能集热环路与热泵循环系统通过蒸发器串联。空气－水换热器相当于一个空气预热器，利用太阳能集热装置中高于室外环境的中温水对室外空气进行预热，因此提高蒸发器入口空气温度，有效抑制、延缓结霜。

（2）降低入口空气湿度

降低蒸发器入口空气湿度可以通过在蒸发器外侧增设吸附床装置实现。吸附床固定在热泵蒸发器外侧，由加热层和带活性炭涂层的沸石板构成，厚度约为10cm。活性炭具有吸附除湿作用，蓄热层可吸收太阳光储存热量。由此进入蒸发器的室外空气先经过活性炭固体吸附剂除湿，而后通过蓄热层被加热，经过除湿加热的空气进入蒸发器可以有效抑制、延缓结霜。但是，随着干燥剂中水蒸气分压力的增大，吸附能力会逐渐降低。这时，利用两板中间的加热装置板和储存在蓄热层中的热量来为吸附剂解吸，达到吸附剂多次利用的目的。

（3）换热器表面特性处理

亲水化处理是一种普遍应用的换热器表面特性处理方式，即在换热器表面加亲水涂层。亲水性涂料以高分子羧酸盐负离子作亲水基团效果为佳，或用氧化钾作中和剂并将中和度控制在90%左右。此外，有学者通过向紫铜表面上喷涂一定质量的亲水涂料自制强吸水低能表面，即超亲水表面；试验证明，在低于冰点的一定温度范围内，室外换热器翅片具有保持不结霜的能力，涂层越厚，吸水能力越强，抑霜功能越明显。

8.2.5 水源热泵系统运行调节

水源热泵系统在制热时以水为低位热源，而在制冷时以水为排热源，水源可采用地下水、地表水、海水、污水等。水源热泵系统的污染物排放，与空气源热泵相比减少40%以上，与电供暖相比减少70%以上。利用可再生能源，环保效益显著。水源热泵系统高效节能，运行费用低。夏季不会向大气排放热量，不会加剧城市的"热岛"效应；冬季不受外界气候影响，运行连续、平稳，不存在空气源热泵除霜和供暖不足的问题。水源热泵系统可供暖、供冷，还可供生活热水，一机多用。

1. 水源热泵机组的变工况性能

水源热泵机组制造厂商提供的机组性能规格一般都是名义工况下的性能参数。在实际使用时，水源热泵机组的运行大多会偏离名义工况。

制冷模式运行时，随着水源水温下降，制冷量上升且输入功率下降；随着水源流量减少，进出冷凝器的冷却水温差增大，制冷量会有所下降且输入功率增加。制热模式运行时，水源水温下降时输入功率下降且制热量会大幅下降；随着水源流量减少，进出蒸发器的低温热源水的温差会增大，输入功率下降且制热量也会有所下降。

当机组在极端工况下运行时，例如在北方地区使用时，水源一侧有时会出现低于零度的情况。在这种情况下，机组水源一侧必须采用盐水或乙二醇作为防冻液。由于加入防冻液的循环水和普通水在化学性质上发生了变化，机组的制冷量和制热量都要做相应的修正。

2. 影响水源热泵系统运行性能的因素

（1）水流量

水流量对热泵机组的制冷（热）量有直接影响。制冷工况下，当冷凝器中水流量增大时，由于换热系数增大，传热温差减小，冷凝压力降低，制冷量增加。但当水流量增大到某一数值时对换热系数影响不大，冷凝压力基本不变，制冷量趋于恒定。制热工况下，当蒸发器内水流量增大时，换热系数同样增大，传热温差减小，蒸发压力上升，制热量增加。

水流量的大小也会影响水源热泵机组的 COP 值。制冷工况下，当冷凝器中水流量增加时，冷凝压力下降，使压缩机的压缩比减小，输入功率降低，COP 值增大。但当水流量增大到某一数值时，COP 值增加的梯度趋缓。制热工况下，当蒸发器内水流量增加时，则 COP 值增加。这是因为蒸发压力增加时，虽然吸入压缩机的蒸气密度增加导致工质的质量流量增加，但压缩比减小又使得单位质量压缩功下降，使得压缩机输入功率增加的幅度较制热量增加的幅度小，所以 COP 值增加。

（2）水温

水温是影响水源热泵效率的主要因素。夏季，热泵用地下水作为冷却水，水温越低越好；冬季，地下水作为热泵的低温热源，温度越高越好。但蒸发温度不能过高，否则会使压缩机排气温度过高，压缩机内润滑油可能会炭化。综合考虑以上因素，地下水温度为 20℃左右时水源热泵机组的制冷和制热将处于最佳工况点。

水温是水源热泵机组 COP 值的制约因素。制冷工况下，当冷凝器的进水温度升高时冷凝压力增大，制冷量下降，压缩机的输入功率增大，COP 值下降。制热工况下，当蒸发器的进水温度升高时蒸发压力增大，制热量增加，但压缩机的输入功率增加较慢，COP 值增大；但当进水温度增高到一定数值后，进水温度对 COP 值的影响不大。

（3）水质

水质直接影响水源热泵机组的使用寿命和制冷（热）效率。对水质的基本要求是：

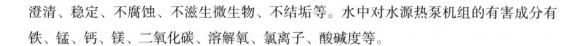

澄清、稳定、不腐蚀、不滋生微生物、不结垢等。水中对水源热泵机组的有害成分有铁、锰、钙、镁、二氧化碳、溶解氧、氯离子、酸碱度等。

8.2.6　土壤源热泵系统运行调节

土壤源热泵系统是一种利用地下浅层地热资源（土壤）的高效节能的空调系统，它利用地下常温土壤温度全年相对稳定的特性，通过将管路系统（垂直管或水平管）埋入地下的方式，冬季从土壤中取热，向建筑物供暖；夏季向土壤排热，为建筑物供冷。该系统将土壤作为冷热源，通过热泵机组向建筑物供暖或供冷，土壤源热泵通过输入少量的高品位能源（如电能），实现低品位能向高品位能的转移。热泵机组的能量流动是利用其所消耗的高品位能（如电能）将吸取的全部热能（电能＋吸收的热能）一起排入至高温热源，而其所耗能量的作用是在冬季吸收低品热源（土壤）中的热能、在夏季向高品位热源（土壤）释放热量。

土壤源热泵空调系统利用的是地热，节能环保，系统运行可靠，受季节变化的影响不大。由于土壤源热泵系统冬夏季采用的是同一套系统，而建筑的冷热负荷存在差距，在冷热负荷不平衡的情况下，需要考虑平衡土壤总的吸、排热量。当热负荷小于冷负荷时，可以增设冷却塔来平衡土壤的热堆积；当热负荷大于冷负荷时，可以增设辅助锅炉等热源设备。

系统运行分夏季工况和冬季工况，通过控制阀门的开关来改变运行工况。在夏季，土壤换热循环系统与热泵机组的冷凝器换热，空调循环水系统与热泵机组蒸发器换热；在冬季，土壤换热循环系统与热泵机组的蒸发器换热，空调循环水系统与热泵机组的冷凝器换热。

针对地埋管换热循环系统的运行调节：运行阶段需要注意地埋管系统内流体流速，因为在实际项目运行过程中，机组大部分时间是在部分负荷状态下运行的，如果只有部分地埋管循环泵运行，但运行全部的地源孔，势必会造成地埋管内流体流速小于设计流速，这会导致地源孔的散热量降低。所以，在实际运行过程中要注意控制地源侧的水流速度，在部分地源侧循环泵停运的同时，将相应的地源孔埋管阀门关闭并调节系统的水力平衡性。

目前，土壤源热泵机组自带的控制系统已较为完善，可以利用自控系统对输入主机的功率进行调节。在实际运行过程中，针对热泵机组的调节，主要有以下两种方式：

（1）以实际的负荷为依据来对机组运行台数进行调节，当部分负荷运行时，选择合理的运行机组台数，确保热泵机组在负荷区中高效运行，同时需要注意主机的开启台数与循环泵的开启台数应一致，并且应关闭未开启主机的进口阀门，避免因循环水无效旁通而导致水流量不足，换热能力下降。

（2）设定回水温度进行调节。一般情况下，根据空调系统末端的设备类型对热泵机组的回水温度进行设定，回水温度一旦设定，就会按这个设定值长期运行，在实际运行过程中，应该结合负荷变化情况对机组的回水温度进行实时的调整，提高系统末端的供回水温差。

在对主机进行运行调节时，注意避免频繁地启停主机。由于地源热泵系统地埋管的敷设面积往往较大，在设计时为了保证系统能够正常的运行，地源侧循环泵的选型扬程一般过大，在实际运行过程中，水泵运行偏离工况点也是系统运行常见的问题。针对循环水泵的运行调节主要是通过调节管路的阀门来保证水泵处于高效运行工况点。在地源侧循环水泵的运行中，应对相应地埋管阀门加以关闭，使地源侧系统不发生太大的水力特性改变，进而保障地源侧循环泵在工况点高效运行。水泵应安装变频器，能够对水泵扬程和流量进行调节。

8.2.7　小结

本节主要对空调冷、热源设备的能效及其运行调节进行了详细探讨，涵盖了多种冷热源形式，包括冷水机组、冷却塔、空气源热泵、水源热泵以及土壤源热泵。首先，应选择高效的冷、热源设备；其次，各类冷、热源系统都有其特定的运行模式和调节方法，通过合理的运行调节，可以确保系统在不同工况下都能保持高效、稳定运行。不同类型的冷源、热源设备在能效和运行调节方面可能存在差异，因此，在实际应用中，应根据具体情况选择合适的节能运行调节策略，以实现最佳的能效和运行效果。

8.3　空调水系统节能

空调系统设计中，不能只重视冷热源的性能，而忽视空调系统其他附属设备的节能。节能系统中，各部分的电耗对于业主来说同等重要，这样才能保证系统总体上节能。普通空调系统中以水为介质的冷、热量输送和分配系统，一般包括冷热系统和冷却水系统，统称空调水系统。根据对集中空调水系统的调查测试，水系统普遍存在大流量、小温差的现象，由此造成水泵电耗浪费严重。

水泵能耗高的原因可以归结为多个方面，其中水泵效率低、水力稳定性差、调节效果差以及水力失调等都是常见的因素。造成上述问题的原因主要有三个方面：

（1）设计水流量是根据最大的设计冷负荷（或热负荷），再按 5℃（供热时按 10℃）的供回水温差来确定的，而实际上出现最大设计冷负荷（或热负荷）的时间极少，绝大部分时间是在部分负荷条件下运行的。

（2）水泵扬程一般是根据最不利环路的计算阻力，再乘以一定安全系数后确定的，然后结合设计水流量，查找与其一致的水泵铭牌参数，从而确定水泵型号。水泵实际运行时，工作扬程往往小于设计值，这时水泵实际的工作点是在铭牌工作点的右下侧，其实际水流量要比设计水流量大 20%~50%。

（3）在一些大的水系统中，设计计算时常常没有对每个环路进行水力平衡，对于压差相差悬殊的环路多数也不采用设置平衡阀等技术手段，施工安装完毕之后一般又不进行任何调试，所以运行时环路之间出现了水力工况、热力工况失调现象。而大循环流量在一定程度上能缓解这种失调现象。所以，按照实际需求提供系统所需要的循环流量是降低水系统能耗的关键。这个实际需求包括两个方面：一是输送冷热量所需要的流量值；二是"合理"的阻力消耗，即不能使水泵动力用来克服改变流量的措施，如调节阀的阻力。

8.3.1　水质管理

良好的空调水质不仅能够提升机组的换热效果、节约能源、降低维修费用，还能显著延长设备的使用寿命。因此，有必要对集中空调的冷水、热水和冷却水系统进行彻底的化学清洗、消毒、预膜处理。加强日常水质管理也是空调水系统节能的重要内容之一。

水质处理的必要性主要有以下几点：

（1）改善机组换热效果。良好的水质能够确保空调机组内部的热交换器表面清洁，减少水垢和污垢的堆积，从而显著提高热交换效率。这不仅使得机组的制冷或制热能力得以充分发挥，而且为室内提供了更为舒适的环境。

（2）运行节能。良好的水质可以提高设备的换热效率，减少不必要的能量损失。不仅降低了运行成本，同时也为环境保护做出贡献，实现了绿色、节能的运行目标。当结垢和腐蚀产生锈垢堆积物时，会导致传热效率下降。为达到设定效果，必须加大能量消耗；同时，还会造成缩短设备的使用寿命。在敞开式循环水系统中，采用水处理技术还会节省大量的补充水。

（3）延长管线和设备的使用寿命。清洁、稳定的水质是保障空调设备长期稳定运行的关键。良好的水质可以有效地减少设备老化和损坏的风险，从而延长设备的使用寿命。这不仅节省了维修费用，也减少了因停机维修而带来的不便和损失，为用户带来更大的经济效益。

为达到设备安全和高效运行的目的，机组在运行过程中需要根据实际的运行情况，提供不同品质的水源。尤其针对水源的 pH 值存在较为严格的标准。如果 pH 值超过 7，对于冷水机组会产生较为严重的腐蚀现象。此时，需要及时、有效地处理，避免在蒸发器或者模具内部产生大量的水垢，影响冷水机组的具体运行效率，导致制冷效果严重下降。因此，通过有效的方式将硬水软化，能够避免出现各类较为严重的问题。

常见的水质处理方法：

①物理法水处理：离子棒、高低频电磁波、高低压静电场、纳米金属源技术等。利用水分子的物理性能，外加电场、磁场，改变水分子的排列状态，增大水分子的极性，起到防垢目的。该方法仅需一次投资，无维护费用，仅使用电的费用，但物理水处理器比碳钢易碎，并易产生局部腐蚀而有穿孔可能，故设备需定期巡检，其维护工作量少，无环境污染和消耗物，管道寿命较长。

②化学法水处理：针对水质的具体特点，有选择性地投加阻垢剂、缓蚀剂、杀菌剂，改变水质的化学性质，达到阻垢、防腐及控制微生物的目的。该方法操作复杂，药量需要精确把握，日常投加药剂，含设备、药剂、运行、维护的费用。该法作为经典方法，历经百年检验，能控制系统腐蚀、结垢及微生物的生长，对阻垢、防腐及控制微生物是非常有效的，不仅可实现系统的阻垢，而且可达到缓蚀的目的。其作用范围广，只要水流到的地方，水处理就有效，不受系统限制，但要求相对专业，必须请专业公司才能完成；否则，会出现水处理药剂性结垢。

化学水处理方式属于成熟的水处理方式，在各种水处理中比较多见，能杀菌、缓蚀、延缓结垢，但也存在运行费用高、操作麻烦等缺点。物理水处理方式是一种较简单的水处理方式，运行费用少，操作简单、方便，但也存在初投资高、技术不成熟等问题。所以，目前化学处理仍是大多数水处理项目的首选。

1. 冷水、热水系统水质管理

（1）水质管理内容

1）除藻、除泥。用人工方法清洗膨胀水箱，然后从水箱投加杀菌灭藻剂、黏泥剥离剂，开冷冻泵循环 12~24h，作全系统的杀菌灭藻剥离处理，然后从冷冻水最低点排污。

2）清洗。从膨胀水箱投加高分子有机复合清洗、除垢剂、缓蚀剂，pH 值调节为4.5~6.0。开冷冻泵循环 12~24h，然后从冷冻水最低点排污，将系统内的污物、锈渣排

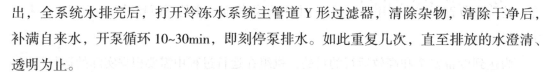

出，全系统水排完后，打开冷冻水系统主管道 Y 形过滤器，清除杂物，清除干净后，补满自来水，开泵循环 10~30min，即刻停泵排水。如此重复几次，直至排放的水澄清、透明为止。

3）预膜。从膨胀水箱投加复合缓蚀预膜剂，开泵循环 12~24h，作预膜处理。在系统管道裸露金属表面形成厚度约为 5000 埃（1 埃＝10^{-10}m）的保护膜。

4）日常保养。排放预膜液，排放后系统补满水，投加缓蚀复合配方药剂，正常开机转入日常运行处理阶段。

5）冷冻水系统的日常处理。本系统是密闭的，无蒸发损失，药物损失小，缓蚀剂防锈效果长，故只须取水样分析化验，检查系统有无泄漏，及时补充调整药剂即可。

在以上清洗、预膜的基础上，在系统中投放管道保养药；其中，冷冻水系统中投放缓式阻垢剂，冷却水系统中投放缓式阻垢剂＋杀菌灭藻剂。

加药周期。夏季每半个月左右在冷却水系统中加一次药；3 个月左右在冷冻水系统中加一次药。冬季根据实际检测结果，1~3 个月左右在热水系统中加一次药。

（2）锅炉及热水系统

集中供热的外网和建筑物内的供暖系统逐步分为两个技术范畴，其供热方式可归结为锅炉直供和换热器供热两类供热方式。前者的热媒水通过锅炉及散热器实现循环；后者是换热后的二次热水通过散热器与换热器实现循环，而不与锅炉直接相通。由于锅炉和换热器对热媒水质的要求不同，所以处于以上两种供热方式下的散热器，分别承受着不同水质的热媒。锅炉直供的供暖系统，水质按锅炉水质控制；换热器供热的供暖系统，水质按换热器控制，按密闭式循环冷却水水质采用。

（3）板式换热器

1）以离子或者分子状态溶解于水中的杂质对板式换热器的危害。在水中有许多钙盐是造成板式换热器结垢的主要成分。该盐类是一种质硬、结晶细密的水垢，结构松散，附着力小，是一种比较松软的泥渣，从水中分离出来的具有流动性。

2）溶解氧气体对板式换热器的危害。板式换热器发生腐蚀的原因很多，但腐蚀最严重、最快的还是氧气。当腐蚀集中于金属表面的某些部位时，则成为局部腐蚀。

3）以胶状状态存在的杂质对板式换热器的危害。胶体的存在主要是些铁化合物、微生物、泥垢、黏垢等。换热器流体水质要求比较严重，在运行管理中应予以重视，配备一些必要的防垢、防腐设备，延长设备使用寿命。

2. 冷却水系统水质管理

水质对于开式冷却塔和闭式冷却塔的影响不同，在开式冷却塔当中，水质的影响比闭式冷却塔要严重得多。因为开式冷却塔的循环比较简单，都是喷淋水通过水泵、管路再循环到喷淋当中，然后回到水池当中。在这个过程中，喷淋水已经是遍及每一个流程，并且在部分行业使用的时候还需要配套换热器，那么水质不好对于换热器的壁也会有影响。而闭式冷却塔内循环和外循环分开，只有外循环用到喷淋水，并且只经过冷凝器的外壁。

（1）水质对于冷却塔具体的影响

1）水垢：不管是开式冷却塔还是闭式冷却塔，都会产生水垢。开式冷却塔的水垢主要集中在填料上，闭式冷却塔的水垢主要集中在冷凝器的外壁，部分还会附着在冷却塔的壁上。

2）损坏填料：水垢一般都是附着在填料的表面，但是填料是一层比较好的塑料。水垢的质量较大，长期附着就会造成填料破损，影响正常使用，必要的时候需要更换。

3）散热：水垢附着在填料上和附着在冷凝器的表面，都会影响散热效果和通风效果。循环的风主要就是通过填料的缝隙和冷凝器的缝隙流动进行换热。水垢就会占据一部分空间，通风量就会减少；另外，水垢还会影响填料和冷凝器的散热效果。

4）喷淋头：喷淋头的主要作用就是雾化喷淋水，均匀喷淋。油杂质肯定会堵塞喷淋头，造成空间内喷淋不均匀、部分干点或填料干燥的情况，这种情况在高热下就会引起冷却塔着火。

（2）冷却水系统水质管理内容

1）冷却塔清洗。冷却塔长期暴露在室外，受风吹雨打。冷却塔风机不停运转造成空气中大量灰尘落在冷却塔中，容易繁殖、生成大量藻类。空气中大量的 SO_2、SO_3 等进入冷却塔，与水分结合，较易生成腐蚀性强的化合物腐蚀冷却塔及管道。用人工清洗冷却塔内的杂物，如纸板、塑料袋、小动物的尸体等。然后，用高压水枪逐一冲洗填料、底盘百叶窗，清除上面的灰尘、污泥、藻类、锈片等，通过冷却塔的排污口排掉。

2）杀菌灭藻。将系统的水布满，加入杀菌剥离剂、杀菌灭藻剂、黏泥剥离剂，开泵循环 12~24h，通过冷却水系统的最低排污点，将系统水放掉。

3）化学清洗。将系统水布满，加入高分子有机清洗剂、缓蚀剂，与系统内的硬质水垢与锈垢发生中和、分解和络合反应，除去硬垢和锈垢，pH 值为 4.5~6.0，开泵循环 12~24h，其间每隔 30min 测试一次 pH 值，根据 pH 值变化加入清洗剂、缓蚀剂，调整 pH 值为 4.5~6.0，从最低排污点将水放掉。拆开主机的冷凝器清除内部杂物，用高压水枪逐一清洗每根铜管。如铜管内仍有垢，则需对冷凝器单独清洗。经清洗后，铜管应露出金属本质。

4）预膜。将系统水放满，投入高分子复合预膜剂，开泵循环 12~24h 排放。在系统裸露的金属表面形成一层薄而致密的保护膜，厚度约为 5000 埃（1 埃 =10^{-10}m）。

5）拆开主管道的 Y 形过滤器，拿出过滤网，冲洗干净再装上。

6）冷却水管理的日常处理。开机期间取水样分析 pH 值、硬度、总铁、总铜、细菌数等指标。由于本系统是敞开式的，水分的蒸发、排污使药物的浓度下降，所以应根据分析测试的结果，调整配方、投药，一般为 1~6 周投药一次。

8.3.2 循环水泵运行调节

众所周知，水泵的流量和扬程是按照设计工况选型的。一年之中，空调负荷总是随室外气象参数变化的，不同的室外气象参数对应着不同的室内负荷。空调系统只有很少一部分时间是在设计工况下运行的，冷机和水泵实际上大部分时间在部分负荷工况下运行，目前大部分空调系统均采用的是变流量系统。因此，通过改变输配管网的流量来满足用户负荷变化需求，可以降低部分负荷工况下水泵的输送能耗，对提高空调系统的运行效率，进而提高能源利用效率，具有重要的现实意义。

1. 水泵变速调节控制方法及节能效果

水泵变速调节控制方法是指用某种被控参数来控制水泵的变速调节运行，通常被控参数取水系统中某点的温度、压力或末端阀位等。因此，水泵变速调节控制法也有多种，常见的控制法有：温度或温差控制、压力或压差控制以及末端阀位控制等。

（1）对于冷却水系统而言，因其为开式系统，故无法采用管路压力或压差的变化来控制水泵变速调节运行。而常用的控制参数是冷却水温度，可采用的控制法有以下三种：

1）冷凝温度控制法：是维持冷机冷凝器出水温度不变的一种水泵变速调节控制方法。

2）室外空气湿球温度 + 逼近度控制法：是维持冷却塔出水温度等于室外湿球温度加冷却塔换热达到极限时的过余温度的一种水泵变速调节控制方法。

3）温差控制法就是维持冷机冷凝器进出水温差不变的一种水泵变速调节控制方法。冷凝温度控制法和室外空气湿球温度 + 逼近度控制法也可称为变温差控制法。

无论冷却水泵变速调节采用何种控制方式，由于管路阻抗特性曲线在水泵变速调节过程中保持不变，因此，它们的控制效果之间的主要差别在于水泵工作点在管路阻抗特性曲线上移动的速度不同。对于同一空调负荷率，温差控制法流量减小幅度最小，冷却水泵工作点在管路阻抗特性曲线上移动的速度最慢，节能效果最差；冷凝温度控制法流量减小幅度最大，冷却水泵工作点在管路阻抗特性曲线上移动的速度最快，节能效果最好；室外湿球温度 + 逼近度控制法流量减小幅度居中，冷却水泵工作点在管路阻抗特性曲线上移动的速度居中，节能效果居中。

（2）对于冷冻水系统而言，因其为闭式系统，当前应用较多的空调冷热水循环泵变转速调节方法有以下四种：

1）定压差控制：使供、回水干管压差保持恒定的控制方法。供、回水干管压差不变时水泵提供的扬程保持恒定，故定压差控制又称为定扬程控制。此做法是根据冷热水循环泵前后的集水器和分水器的静压差，控制冷热水循环泵的转速，使此静压差始终稳定在设定值附近。

2）定末端压差控制：使末端（最不利）环路压差保持恒定的控制方法。此做法是根据空调水系统中处于最不利环路中空调设备前后的静压差，控制冷热水循环泵的转速，使此静压差始终稳定在设定值附近。

3）最小阻力控制：根据空调冷热水循环系统中各空调设备的调节阀开度，控制冷热水循环泵的转速，使这些调节阀中至少有一个处于全开状态的控制方法。

4）温差控制：使供、回水干管水温差保持恒定的控制方法。当负荷下降时，如流量保持不变，则回水温度下降，温差相应变小，要保持温差不变，可通过控制温差控制器变频器来降低水泵转速，减少水流量，此时水泵能耗以转速三次方的关系递减。

图 8.3.2-1 是不同控制方式下水泵运行工况示意图。曲线 A 为采用定压差控制水力特性曲线，水泵工作点扬程始终为 H。曲线 B 为采用定末端压差控制水力特性曲线，H_1 是末端环路要求保持的压差，$Q=0$ 时，$\Delta H=H_1$。曲线 C 为采用最小阻力控制水力特性曲线，$Q=0$ 时，$\Delta H=H_2$。曲线 D 是采用温差控制的水力特性曲线，此曲线即为空调水系统原有的管路特性曲线，$Q=0$ 时，管路系统阻力 $\Delta H=0$。

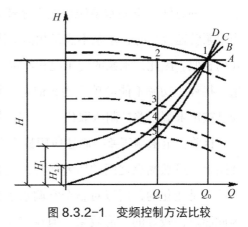

图 8.3.2-1　变频控制方法比较

采用单一调节阀控制时，比较前述 4 种控制方法的节能效果。当流量从 Q_0 减小到 Q_1 时，定压差控制的工作点从 1 定扬程移到 2。定末端压差控制的工作点从 1 沿定末端压差控制水力特性曲线变扬程移到 3。而最小阻力控制的工作点从 1 沿管路水力特性曲线变扬程移到 4。温差控制的工作点从 1 沿管路水力特性曲线变扬程移到 5。在上述 4

种控制方案里，当流量调节到 Q_1 时，温差控制的冷热水循环泵转速最小，因此节能效果最显著。

流量从 Q_0 减小到 Q_1 时，采用上述 4 种控制方法，水管管路系统的静压损失（含调节阀全开阻力损失）是相同的。用定压差控制，要保持冷热水循环泵的扬程不变，必须靠关小调节阀开度增加调节阀阻力，调节阀的阻力损失为点 2 和点 5 间的扬程差。用定末端压差控制，因为要保持最不利环路空调设备前后的静压差不变，也必须靠关小调节阀开度来增加调节阀阻力，以弥补由于流量减小而使空调设备的管路系统中静压差测量点之间的阻力损失减小，即点 3 和点 5 间扬程差。对于单一调节阀空调系统的最小阻力控制，其控制目标为尽量让这个调节阀始终处于全开状态，即用冷热水循环泵的转速控制来直接控制空调末端设备的流量。末端压差控制测量点之间的距离越大，最小阻力控制和定末端压差控制节能效益的差异也越大。因此最小阻力控制，只有在某些特定情况下，即所有末端设备负荷同比例减少，所有支管上的调节阀门一直处于全开状态，整个系统的管路阻抗 S 才可能保持不变。此时，曲线 C 才能与曲线 D 重合，但这种情况在系统实际运行中不大可能出现。通过以上分析比较，可以发现温差控制节能效益最显著，其次是最小阻力控制，节能效益最差的是定压差控制。

2. 控制方法的可行性对比

在自控系统设计和构成方面，由于定压差控制的测量目标非常明确，压差设定值几乎与水泵选型无关，因此在实际中工程压差传感器的选型与安装、检修等是非常方便的。这种方法是空调水系统冷热水循环泵变转速运行最早采用的。在压差控制系统中，当水泵转速改变时，水泵不满足相似定律中的运动相似和动力相似这两个条件，仅满足几何相似。因此，水泵的变工况和额定工况不相似。也就是说，水泵转速改变时，其流量、扬程、功率不能简单采用相似定律来计算。定压差控制系统节能效果不是很理想，现已被定末端压差控制所取代。

目前，定末端压差控制法应用最为广泛。压差控制点安装在远离冷冻机房的最不利环路上，虽然测点之间的压差保持恒定，但是最不利环路由于分支系统开启状况不同，其压差是变化的，所以对整个空调水系统来说压力是变化的，水泵的扬程也是变化的，因此能取得较好的节能效果。但在实际空调水系统中，末端装置常用电动二通阀控制，在负荷调节过程中，流量减少并非仅由水泵的转速降低所致，而是由水泵转速和电动二通阀共同作用的结果，致使管路特性曲线发生改变，水泵的相似定律不成立。对于异程式空调水系统，末端位置比较好判断，但是对于多分支的枝状异程式管路系统，特别是对于动态运行，判断何处为最不利末端比较困难。因此，实际工程中往往使用多个末端压差传感器，相应定出多个末端压差设定值，然后根据最不利末端压差偏差来控制冷热水循环泵的转速。

最小阻力控制网络系统较复杂，初投资比较高。需要控制冷热水循环泵转速的控制器与控制各个空调设备的控制器组成控制通信网络，冷热水循环泵转速控制器可以通过该网络获得空调水系统中各调节阀开度的信息，再把风机盘管单元的控制并入楼宇自控网络系统，实施最小阻力控制的条件就完全具备了。从控制原理来看，最小阻力控制不需要测量空调水系统的供回水压差。但考虑到分散控制的特性，为了使控制网络的通信发生故障或中断（检修）时对冷热水循环泵的控制依然有效，最小阻力控制保留了压差控制，最小阻力控制法实施的是变压差控制。在这里的压差控制仅仅是分散控制系统的需要，而不是其控制原理本身的需要。相当多的最小阻力控制采用了控制冷热水循环泵集水器和分水器压差的方式，从而继承了定压差控制的优点。

对于温差控制，其组成比较简单，在实际应用中也比较容易做到。有些设计人员担心采用温差控制会影响某些场所空调系统的使用效果，如餐厅、歌舞厅等，影响这些场所室内冷负荷的主要因素不是室外气象条件，而是室内人数的多少。这种情况可以采用一些控制策略，如可以采用分时段控制或者在人员较集中的场所设置温度传感器，满足特殊场所的需要。

8.3.3　一级泵系统运行调节

通常将空调水系统从位置构成上分为两部分：冷源侧、热源侧水系统和用户侧水系统。对于"定流量系统"与"变流量系统"的区分，是针对用户侧而言的：在系统运行的全过程中，如果用户侧的系统总水量处于实时的变化过程中，则将此水系统定义为变流量水系统；反之，则称为定流量水系统。除设置一台冷水机组的小型工程外，不应采用定流量一级泵系统，所以定流量系统在实际工程中极少采用。本节主要讲述变流量一级泵水系统。

变流量一级泵系统可分为冷水机组定流量和冷水机组变流量两种方式。

1. 冷水机组定流量的变流量一级泵系统

（1）组成及控制原理

图 8.3.3-1 为末端流量采用电动二通阀控制，冷水机组定流量的变流量一级泵系统原理图。冷水机组定流量的变流量一级泵系统是以往应用最为成熟的系统形式，要求通过冷机蒸发器的冷冻水流量保持不变，使蒸发器不会发生流量突然减小，以确保不会因为压缩机卸载不及时而发生蒸发器结冰现象，同时也便于实现冷机出水温度的稳定；目

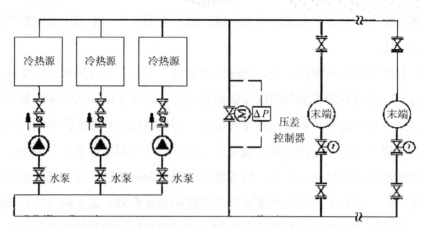

图 8.3.3-1　冷水机组定流量的变流量一级泵系统原理图

前，受冷机制造技术、性能特点和运行要求的限制，冷机定流量运行方式仍为应用最为广泛的系统形式。冷水机组定流量的变流量一级泵系统要求冷机与冷冻水泵一一对应设置，冷源侧冷冻水生产量的多少通过与冷机相对应的冷冻水泵台数来调节，负荷侧通过末端支路设置的电动二通阀自动控制各末端支路的流量需求，系统循环流量处于实时变化之中，一般情况下均能较好地满足用户使用要求：为了保证冷机在额定流量下正常运行，在供回水总管之间设有电动压差旁通控制系统，由调节阀、电动执行器和压差控制器组成。由于负荷侧所需流量通常不是冷冻水泵的额定流量，因此，冷水机组定流量的变流量一级泵系统运行时要求冷源侧冷冻水的生产量大于负荷侧冷冻水的需求量，多余部分水量从压差控制的旁通阀通过。旁通水流单向流动，从系统的供水管旁通到系统的回水管，与系统的回水混合后再次进入蒸发器。当系统末端支路电动调节阀关小或部分通断阀关闭时，通过调节供回水总管之间的水力旁通调节阀来对系统流量进行分流，从而维持供回水总管之间的压差不变，保证水泵稳定、可靠运行。供回水总管压差旁通控制的原理是利用水泵并联性能曲线，设定一个供回水压差波动范围。当室内负荷减小时，房间温度传感器要求末端电动二通调节阀关小或通断阀关闭，末端需求的水量随之减小或降为零。末端负荷减小引起管网系统流量减小时，由于二通调节阀的调节作用或通断阀的控制作用，负荷侧管网系统阻抗变大，供回水总管压差随之升高，有高于压差旁通控制器设定值的趋势。当超过压差设定值上限时，压差旁通阀会开大，以维持供回水总管之间阻抗不变，从而达到供回水总管压差设定值不变。当室内负荷增大时，末端需求的水量随之增大，房间温度传感器要求末端电动二通调节阀开大或通断阀打开，从而引起管网系统流量增加，负荷侧管网阻抗变小，供回水总管压差随之降低，有低于压差旁通控制器设定值的趋势。当低于压差设定值下限时，压差旁通阀会关小，以维持供回水总管之间阻抗不变，从而达到供回水总管压差的设定值不变。

为了减轻冷源侧不同台数冷机－水泵组运行时供回水总管之间压差控制值对水泵工作点的影响，一般水力旁通调节阀和压差控制点连接到距冷机最近的供回水母管之间。供回水母管之间的压差变化通过波纹管传给压差控制器，压差旁通控制系统可以根据压差旁通调节阀两侧压差变化调节压差旁通调节阀的开度，将负荷侧多余的流量旁通回冷机。可根据压差旁通调节阀工作状态来控制冷机－水泵组的开启台数，压差旁通调节阀全开时，应关闭一组冷机－水泵组，压差旁通调节阀关闭时，应开启一组冷机－水泵组。压差旁通调节阀稳定在某一开度时，表明在线运行冷机供冷量不小于负荷侧需冷量，多余的流量旁通回冷机。供冷初期，启动一台冷冻水泵和冷却水泵，对应冷机延时联锁开启。当单台冷机供冷能力能够满足末端的总负荷需求时，根据设备运行最小化原则，此时仅需单组冷机－水泵组运行。当末端负荷增加时，末端电动调节阀开大或通、断阀开启，供回水总管压差小于压差设定下限值，压差控制器发出指令，关小压差旁通调节阀开度，减少旁通水量，使供回水总管之间的压差升高到压差设定下限值以上。当末端负荷继续增加时，压差旁通调节阀关闭，其限位开关闭合，主电路接通，自动启动第二组冷机－水泵组。负荷继续增加时，则继续启动第三组冷机－水泵组。当末端负荷由大减小时，末端电动调节阀关小或部分通断阀关闭，供回水总管压差大于压差设定上限值，压差控制器发出指令，开大压差旁通调节阀开度，增加旁通水量，使供回水总管压差降低到压差设定上限值以下。当末端负荷继续减小时，压差旁通调节阀全开，其限位开关断开，自动关闭第三组冷机－水泵组，负荷继续减少时，则继续关闭第二组冷机－水泵组。当供回水总管压差在压差控制器设定上、下限值范围以内时，压差控制器无信号输出，压差旁通调节阀开度保持不变。

（2）加机时需要注意的问题

冷水机组定流量的变流量一级泵系统中，冷机与水泵一一对应设置，冷机与冷冻水泵的运行台数控制也一一对应，这会给系统稳定运行带来不利影响。常规冷机蒸发器水流量变化必然引起冷机的出水温度波动，导致冷机运行不稳定，甚至会使蒸发器管束内的水结冰。当末端负荷增加，需要待用冷机－水泵组启动时，冷冻水泵动态运行时会相互作用，供回水总管之间的压差在压差控制器能够作出反应之前，会暂时升高，突然减小在线运行冷机的流量。如果在线运行冷机不能够及时卸载，会造成蒸发器管束内的水结冰的危险，该危险随回水温度的降低而加大。这时，在待用冷机－水泵组未开启前，调节其冷冻水泵出口阀门很有必要，让冷冻水泵仅在该阀门稍微开启后才投入运行，然后再缓慢开大阀门，保证通过冷机的流量逐渐增大。当水泵流量达到冷机所需流量下限

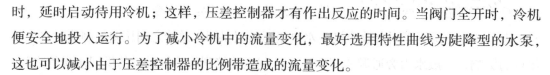

时，延时启动待用冷机；这样，压差控制器才有作出反应的时间。当阀门全开时，冷机便安全地投入运行。为了减小冷机中的流量变化，最好选用特性曲线为陡降型的水泵，这也可以减小由于压差控制器的比例带造成的流量变化。

（3）压差旁通调节阀选型时应注意的问题

由前述可知，解决冷机定流量和负荷侧变流量之间矛盾的具体办法是在冷源侧和负荷侧之间的供回水总管上设置由供回水总管压差控制的电动压差旁通调节阀。其作用是通过阀门调节维持负荷侧供回水总管之间压差恒定，保证负荷侧管网系统阻力基本不变。由于冷源部分阻力不变，冷冻水泵需克服的阻力不变，因此水泵流量不变，即流经蒸发器的水量保持恒定。由此可见，压差旁通调节阀口径计算和特性选择非常重要，如果选择不好会影响整个空调水系统的压差控制效果。压差旁通调节阀选型时应注意以下问题：

1）口径应按公式 $K_v=316 \cdot Q/(\Delta P)^{0.5}$ 计算其流通能力，K_v 为压差旁通调节阀全开时的流量系数；Q 为通过压差旁通调节阀的设计流量，应等于系统中最大一台冷机额定流量；ΔP 为压差旁通调节阀的工作压差，即阀门全开时的压力损失。

阀门的工作压差 ΔP 应在管网水力调试完成后，按阀门两端实际压差值确定。压差旁通调节阀口径选择的依据是按阀门两端实际压差由单台冷机额定流量计算出阀门的流量系数，而不能直接将单台冷机连接管管径确定为调节阀口径；否则，不仅会造成初投资增加，还会导致运行调节困难，运行费用增加。

2）压差旁通调节阀阀位行程–流量特性曲线应是线性的。

3）压差旁通调节阀最大关闭允许压力应大于冷冻水泵的实际扬程。应根据设计工况下作用于阀门两端的压差，配置该阀门执行机构的转动力矩。

4）压差旁通调节阀应采用常闭式。

5）对于冬夏合用的空调水系统，应分别为冬夏季工况选用阀门。

工程设计中，应根据流量 Q 和流量系数 K_v 来选择压差旁通阀口径。不少设计者没有经过详细计算，直接按旁通管管径来选择旁通阀口径，甚至按冷冻水泵或冷机接管管径来选择旁通阀口径，造成旁通阀 K_v 过大，成为具有快开特性，压差控制效果不好。

2. 冷水机组变流量的变流量一级泵系统

近年来，随着测试、控制和冷机制造技术的不断进步和高准确度、高可靠性的流量检测手段和装置的应用以及冷机自身调节能力的不断提高，使冷机对负荷变化的响应时间大大缩短，控制先进的冷机可以在较大的范围内变流量运行。与定流量系统通过出水温度来控制冷机出力一样，通过变蒸发器侧的水流量来控制冷机出力，同样能够保证冷机出水温度在允许的偏差范围内，且蒸发器侧冷冻水流量大范围变化时不会影响冷机运行的稳定性，使蒸发器侧的冷冻水量调节成为可能，这为冷冻水泵的节能运行提供了良好的依据，冷源侧冷冻水循环系统也从最初的冷机定流量一级泵系统发展为冷机变流量一级泵系统。

（1）系统组成及控制原理

冷水机组变流量的变流量一级泵系统的组成及控制原理图如图 8.3.3-2 所示，主要由冷机、变频冷冻水泵、末端、旁通调节阀和自控部分等组成。空调供回水总管之间设置旁通管，旁通管上设置调节阀，旁通调节阀最大旁通流量取冷冻水泵在最低允许频率运行时的流量和冷机蒸发器最低允许流量的最大者，取代了冷机定流量运行时最大旁通流量为最大冷机额定流量的压差旁通调节阀，避免了旁通流量的时时存在。

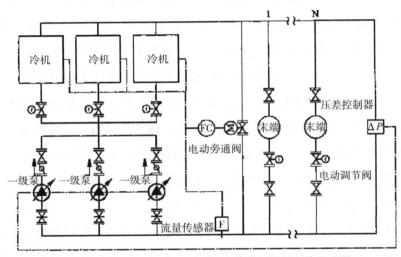

图 8.3.3-2　冷水机组变流量的变流量一级泵系统原理图

在冷机变流量的变流量一级泵系统中要求冷机、冷冻水泵分别并联后再串联，冷冻水泵出水通过共用母管后再分流到每台冷机。为了使新投运的冷机不会对在线运行冷机的流量产生过大的影响，每台冷机出口处或入口处要求设置慢开慢关型电动蝶阀。冷机变流量的变流量一级泵系统的复杂性在于它的控制环节，它与其他形式的空调水系统相比，其在自控程序上有更加严格的要求。在整个自控体系中，除了和其他空调水系统一样需要保证空调末端用水的稳定外，还需要保证冷机在稳定的工况下运行，并协调好末端负荷、冷机产冷量和冷冻水泵输送量三者之间的平衡关系。由于冷机和冷冻水泵台数不必一一对应，两者的启停可分别独立控制，因此冷机启停须更加小心，以便达到稳定运行与实现预期的节能。这就要求冷机入口电动蝶阀开启时间应与冷机容量控制响应一致的速度打开或关闭，同时实现系统最小流量控制等。这些控制要求增加了控制系统的复杂性，而控制系统的复杂性只有认真分析在线运行冷机台数变化和末端调节阀开度或通断阀启闭状态对管网阻抗特性的影响后才能体会到。

冷机变流量的变流量一级泵系统是指整个管网的流量随末端负荷的实际需求发生变化的系统，通过冷源侧的水流量将完全跟随末端实际需求的变化而改变。决定系统部分负荷工况的主要因素是末端负荷的变化率，而不是冷机或冷冻水泵的工况，除了系统设计考虑一定的安全余量外，只有当末端负荷率低于100%装机容量时，采用冷机变流量的变流量一级泵系统才有实际意义。因此，所谓的冷机变流量的变流量一级泵系统实际上应包括末端盘管变流量、冷机蒸发器变流量和冷冻水泵变流量三个方面。其中，末端盘管变流量是主动的，是决定性因素，而冷机蒸发器变流量和冷冻水泵变流量则是被动的，处于从属地位。与冷机定流量的变流量一级泵系统相比，由于冷冻水泵通过变速调节把流量和扬程降低的程度比仅用台数控制有更多的灵活性和更大的调节范围，因此，当空调系统工作在部分负荷工况时，冷冻水泵节能效果尤为明显。

冷机变流量的变流量一级泵系统的工作原理主要体现在以下两个方面：

1）当用户侧负荷发生变化时，室内温度传感器根据室内温度的变化调节模拟量电动二通阀的开度或开关量电动二通阀的启闭状态，改变流经末端盘管的冷冻水流量，以适应末端负荷的变化，从而引起末端阀门开度和压差以及供回水总管之间的压差和温差也跟着变化，自控系统根据某个参数的变化控制水泵变速调节运行，提供给系统所需要的流量和扬程。以压差控制法为例，压差传感器感受到系统压差变化后，通过变送器将压差信号送至控制器，控制器把压差信号与设定值作比较，按预先设定的控制算法计算出输出偏差，产生输出信号控制水泵变频器频率来适应系统压差的变化，使其回到设定值。实际的调节过程是通过阀门和冷冻水泵电机频率的多次反复调节，才能达到新的平衡。

2）在冷源侧采用可变流量的冷机和变速调节的冷冻水泵，使通过蒸发器的流量随用户侧流量的变化而变化，从而最大限度地降低冷冻水泵的电耗，同时确保通过冷机蒸发器的水流量在其安全变化范围内，且冷机性能不会受到太大影响。由于冷机蒸发器侧流量变化范围不是0~100%，而是有一个最低允许流量下限值，因此当用户侧的流量低于冷机最低允许流量时，就不能再降低冷冻水泵的频率，此时冷冻水回水总管上安装的流量传感器可测得系统的总流量，流量传感器发出信号后，冷机由变流量转换为在最低允许流量下定流量运行，相应水泵由变速调节转换为在最低允许频率下定频运行，终止了采用末端负荷需求来控制水泵变速调节的运行方式。当负荷继续下降时，改用供回水总管之间的压差信号控制电动旁通调节阀开度，同时恢复采用冷机出水温度进行冷机冷量调节的控制策略，一旦系统只剩最后一台冷机运行且负荷侧的流量需求继续下降到该冷机的设定最低流量时，旁通管上的调节阀打开，旁通一部分流量，确保旁通流量加上负荷侧需求流量不低于冷机设定的最低流量，以维持冷机的蒸发温度和蒸发压力相对稳定，保证冷机能效比相对变化不大。不论旁通管安装在什么位置，它必须对蒸发器水流量变化能够快速地作出反应。

（2）冷机变流量需要解决的几个关键问题

1）选用精度高的流量和压差传感器。

2）冷机的电动隔断阀应选择慢开慢关型。

3）旁通阀的流量特性应选择线性。

4）末端采用分时延时启动措施，减小末端流量集中变化对系统流量变化率的影响。

5）末端盘管的水阀应选择慢开慢关型。

（3）系统优点

冷机变流量系统与冷机定流量系统相比，具有以下优点：

1）冷机和冷冻水泵台数不必——对应，两者的启停可分别独立控制。

2）降低了系统中水泵组的全年能耗。冷机变流量一级泵系统在保证可变流量冷机能够正常运行的前提下，根据末端流量需求调节冷机的流量，从根本上避免了冷机定流量运行时必然出现的空调冷冻水通过压差旁通调节阀回流至冷机的现象。通过冷冻水泵变速调节来调节负荷侧和冷源侧的流量，从而最大限度地降低冷冻水泵的能耗。

3）能够在冷却水温度低于设计工况时，利用超过冷机的额定水量来获得超额冷量。冷机是按照设计工况选型的，当冷凝器冷却水进水温度低于设计工况时，冷机满负荷运行的制冷量通常大于其额定冷量。由于冷机变流量一级泵系统的冷机和冷冻水泵台数不必——对应，两者启停可分别独立控制，因此在过渡季通过加大冷机蒸发器的流量，可以充分利用冷机的超额冷量。在某些负荷段时不必开启更多台冷机、冷却水泵和相应的冷却塔风机，使冷源及附属设备最小化运行，从而减少冷机、冷却水泵和冷却塔风机全年运行时数及能耗。

8.3.4　二级泵系统运行调节

当空调系统较大、阻力较高，或各环路负荷特性或阻力相差悬殊时，宜采用在冷热源侧和负荷侧分别设置循环水泵的二级泵水系统（图 8.3.4-1）。在冷热源侧和负荷侧的总供、回水管之间设平衡管，平衡管上不应设阀门，管径不宜小于总管管径。平衡管将

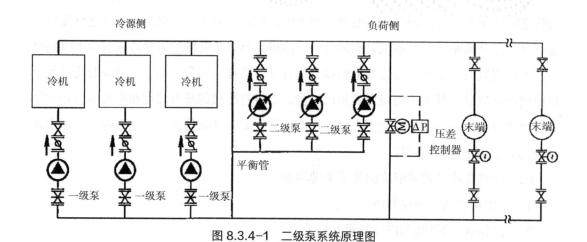

图 8.3.4-1　二级泵系统原理图

系统分为冷热源侧和负荷侧两部分，在冷热源侧设置一级泵，仅克服冷热源侧的阻力；负荷侧设置二级泵，克服负荷侧的阻力。

1. 二级泵系统的控制原理

这里所说的二级泵系统指冷热源设备定流量，负荷侧的二级泵变流量运行。冷源侧和负荷侧能够正常运行的关键因素是合理设置平衡管，保证满足冷源侧和负荷侧流量的同时还要将冷机的制冷量全部提供给负荷侧。一级和二级泵流量在设计工况完全匹配时，平衡管内无水流通过即接管点之间无压差传递。大多数情况下，负荷侧需求的流量不等于冷源侧提供的流量，平衡管内有水流通过即接管点之间有压差传递。为了降低平衡管的阻力，减轻一、二次环路之间的相互影响，要求平衡管的管径与总管的管径相同，并尽量减少平衡管长度。平衡管最大阻力不宜超过 4.5kPa，水流速度应低于 1.5m/s。由于冷冻水生产与分配都涉及平衡管，因此不建议在平衡管上设置任何形式的阀门、孔板或止回阀，以确保控制逻辑的正确性。虽然在平衡管上安装一个止回阀可解决供水与回水的混合问题，但又会出现另外一个问题，即当止回阀闭合时，平衡管就不再是一个低阻力的闭式循环环路，一级泵和二级泵之间成为串联关系，使冷源侧与负荷侧之间存在着相互干扰，系统流量变得不可控。平衡管为双向流，当冷源侧冷冻水的生产量大于负荷侧需求量时，平衡管内水的流向从冷源侧的供水管流到冷源侧的回水管；反之，当冷源侧冷冻水的生产量小于负荷侧需求量时，平衡管内水的流向从负荷侧的回水管流到负荷侧的供水管。为了保证负荷侧在负荷率很低时二级泵仍能安全正常运行，需要在二级泵进出口处设置压差旁通控制装置，主要有两个作用：

1）水泵变频频率有下限要求。二级泵变速调节必须首先考虑水泵的安全运行，保证系统服务质量。常规电机转速低于某一极限值时，电机风扇产生的气流可能无法带走电机绕组产生的全部热量，因电机散热以及水泵自身结构因素的影响，水泵转速并不是可以任意减小的，一般国产泵的变频频率下限不低于 30Hz，进口泵的变频频率下限不低于 25Hz。对于国产泵而言，水泵变速调节运行时，流量最少可调到水泵额定流量的 60%。当负荷侧所需流量比二级泵最低允许频率运行时所提供的流量还小时，可通过设置在二级泵进出口处的压差旁通控制装置来调节旁通流量以满足负荷侧最小流量要求，多余流量旁通至二级泵入口处，保证水泵在最低允许频率下定流量运行。从控制原理上讲，二级泵在最低允许频率定流量运行情况和负荷侧末端流量采用电动二通阀控制的变流量定转速一级泵系统相同，只是压差控制值大小不同。

2）变频器出现故障时，可通过旁通阀实现负荷侧变流量二级泵定流量的运行。

2. 冷源侧、负荷侧之间水量和二级泵供水量与末端需求量的不平衡对水泵节能的影响

在二级泵系统中，通常把整个水系统分为冷源侧和负荷侧两个环路，在冷源侧环路中，一级泵在线运行台数根据冷机开启台数进行调节。由于冷机和与其对应的一级泵联锁启停，通过启停冷机和与其对应的一级泵来调节冷源侧冷冻水流量，因此冷源侧流量会随冷机 - 水泵组开启台数的不同呈阶梯形变化。在负荷侧环路中，二级泵运行台数和频率根据末端负荷需求进行调节。二级泵系统的最大弊端是冷源侧供水量变化的阶梯性与负荷侧需求量动态变化的不协调性。因冷源侧和负荷侧之间直接接触并支配着同一系统中的水，故在部分负荷工况下，当负荷侧与冷源侧流量不相等时，两个环路的水之间必然存在"盈亏"现象，平衡管内通常存在旁通流量。负荷侧流量大于冷源侧流量即为"盈"，此时平衡管内的水流流向二级泵入口处，这种现象也成为逆向混水；负荷侧流量小于冷源侧流量即为"亏"，此时平衡管内的水流流向一级泵入口处，这种现象也称为正向混水。"盈亏"现象给二级泵系统运行能耗带来很大影响，"盈"时，未经处理的回水直接流向负荷侧供水环路，出现供回水温度混合损失，负荷侧供水温度升高，末端出力减小，无法满足空调区域负荷需求；"亏"时，处理过的冷冻水直接流回冷机，影响冷机的运行效率；同时，一级泵会承载"空载流量"。当末端需求流量小于二级泵最低允许频率对应流量时，二级泵同样会承载"空载流量"。可见，两个环路之间的水量平衡和二级泵供水量与末端需求量的平衡对二级泵系统而言，显得尤为重要。

（1）逆向混水对冷机 - 水泵组能耗的影响

逆向混水分为正常的逆向混水和不正常的逆向混水。正常的逆向混水现象通常发生在早晨启动阶段。为了满足使用者对室内环境舒适性要求，预冷时冷机提供的制冷量不仅要带走当前室内负荷，还要带走建筑蓄热和冷冻水管网积蓄的热量，此时负荷侧需求冷量大于冷源侧冷机最大制冷量，从而造成逆向混水现象发生。不正常的逆向混水是由控制系统设计不合理造成的，其后果远远比正向混水的后果严重，主要体现在以下两个方面：

1）逆向混水导致二次侧供水温度升高，使末端的供冷能力下降，末端调节阀相继开大，系统压差减小，二级工作率提高，造成负荷侧需求水量进一步增加，从而形成恶性循环，使负荷侧在大流量小温差工况运行。负荷侧水量的增加使得二级泵能耗大幅增加，水泵变频节能效果变差。

2）当逆向混水量增加到一定程度时，二次侧供水温度就会超出设定值，按照二次侧供水温度设定值控制策略，会加开一台冷机 – 水泵组。而此时负荷侧冷量需求并没有增加，导致冷机 – 水泵组的负荷率降低，不仅降低冷机—水泵组的工作效率，而且可能造成冷机 – 水泵组的频繁开关机。

（2）正向混水对冷机 – 水泵组能耗的影响

在二级泵系统中正向混水属于正常现象。若冷源侧采用 3 组同型号冷机 – 水泵组并联运行，在设计工况下，水流方向应为从冷源侧流向负荷侧。平衡管内流量为零。当系统处于部分负荷工况，且 Q（负荷侧需求流量）$=Q_0$（冷源侧单台一级泵的额定流量）和 $Q=2Q_0$ 时，水流方向应为从冷源侧流向负荷侧，平衡管内流量为零；当 $Q < Q_0$、$Q_0 < Q < 2Q_0$、$2Q_0 < Q < 3Q_0$ 时，冷源侧多出的供水量流回冷机入口处。正向混水的严重程度与一次侧配置的冷机—水泵组的组数有关。在相同冷量下，当冷源侧采用较少的冷机 – 水泵组组数时，冷机 – 水泵组单机容量大。对于冷机而言，当冷源系统选用单机头大容量螺杆式冷机或离心式冷机时，冷机配用压缩机效率较高，COP 会提高较多。因冷源侧冷机和水泵是一一对应配置，故一级泵流量也较大，有利于提高水泵效率。但在部分负荷工况运行时会带来以下不良后果：①造成一级泵"空载流量"很大，水泵能量得不到利用；②冷源侧回水温度偏低，降低了冷机 COP，反而使冷机的高效能得不到发挥。显然，冷源侧采用较少冷机 – 水泵组组数时，并不能够使冷机和一级泵的高效能得到正常发挥。但也不是冷源侧冷机 – 水泵组组数越多越好。当冷源侧采用较多的冷机 – 水泵组，在部分负荷工况下运行时，虽然有利于减少冷源侧、负荷侧之间的正向混水，一级泵承载"空载流量"有所减轻，但冷机和一级泵会因容量偏小效率有所下降，造成整体能耗有可能反而增加。由此可见，一级泵"空载流量"的大小与冷机和一级泵的效率相互制约、相互影响。为了使它们的整体能耗在整个空调季最小，冷机和一级泵台数选择要适中，既不能过少又不能过多，应视工程具体情况和冷机与水泵品牌经过全年工况模拟分析计算确定。

（3）二级泵设置台数对系统节能的影响

二级泵设置台数对系统节能的影响和一级泵相比有共同之处。若变频二级泵采用单台配置，虽可变频但其流量调节范围有限，二级泵流量从其允许最低流量到系统设计流量之间连续地变化。在部分负荷工况运行时存在以下两个问题：

1）在部分负荷工况下二级泵在最低允许频率运行时存在旁通流量问题。当末端负荷需求量低于二级泵的最低允许频率下限时，和二级泵并联的压差旁通控制装置就会旁通部分流量，导致二级泵承载"空载流量"，二级泵能得不到有效利用。随着负荷侧流量的进一步减小，二级泵旁通流量会更大，承担很大的"空载流量"，造成电能的极大浪费。

2）不利于冷源侧和负荷侧流量相互兼容。在部分负荷工况仅需要开启一台冷机就能满足负荷侧冷量需求的情况下，一级泵额定流量为系统总流量的33%，二级泵流量下限值为系统总流量的50%。此时，为了保证二级泵在最低频率下正常运行以及一、二次侧流量相互兼容（一次水流量必须大于或等于二次水流量），至少17%的总流量必须旁通掉。由此可见，负荷侧采用一台大泵来满足整个空调季所有工况要求显然是不合理的。和一级泵一样，二级泵台数也不是越多越好。二级泵台数太多，虽然有利于减轻二级泵在最低允许频率运行时的旁通流量，但二级泵效率会下降，也会影响水泵的节能效果。笔者认为，二级泵的台数应大于或等于一级泵的台数。由以上分析可知，当供冷系统容量较大且负荷变化范围较大时，应采用多组冷机 - 水泵组和多台变频二级泵，以扩大冷源侧和负荷侧的流量调节范围，减轻冷源侧和负荷侧之间的正向混水现象和二级泵在最低允许频率运行时的旁通水量。但是，冷机与一级泵和二级台数要适中，既不能太少，又不能太多。只有这样，才能保证系统在低负荷运行时既不会出现过大的"空载水流"，又能保持水泵有较高的效率，降低水泵的运行能耗。

3. 低温差综合症的危害、产生的原因及解决办法

（1）低温差综合症的危害

所谓低温差综合症是指冷机在运行过程中，当末端盘管换热不充分时，表冷器的换热温差达不到设计温差，进出蒸发器的供回水温差始终低于设计温差，使得冷机不能满载运行，从而导致系统被迫投入运行更多冷机和水泵的现象。低温差综合症是二级泵水系统的常见问题，对冷冻水系统输送效率和冷机 *COP* 均有不利影响，导致二级泵能耗增加，冷机效率降低等，严重影响了水系统的高效运行。负荷侧流量增加、温差减少，使得负荷侧流量大于冷源侧流量，平衡管内水流由负荷侧回水管流向负荷侧供水管，出现平衡管逆流现象发生，二次侧供水温度会因为混水而升高，导致末端需水量增大，负

荷侧流量增大，平衡管逆流量进一步增大，这一循环最终导致二次侧供水温度超过允许值，根据冷机群控策略，此时会加开一台冷机和一台一级泵，然而，当因为混水问题加机时，冷机往往还未达到满负荷率，加机后，冷机负荷率将降至更低的水平，多台冷机在低效工况下运行，不利于系统节能。随着负荷侧负荷的不断增大，即使冷机全部在线运行，只要二次侧超流量，平衡管逆流，此时就不可能获得设计的冷冻水温度，末端达不到空调区域所需要的出力，冷机的安装容量不能全部输出。由此可见，低温差综合症使得空调系统运行费用大大上升。造成空调水系统低温差综合症产生的原因是多方面的，主要表现在设计、控制、系统调试和运行管理诸多方面。

（2）低温差综合症产生的原因

低温差综合症产生的主要原因有以下几点：

1）水力不平衡。对于通断阀控制的风机盘管，水力不平衡时，有利末端盘管由于压差过大将会得到过大的流量，供回水温差减小，但通过调节阀门的开启率，各房间温度均能达到设定值，不利末端由于压差偏小，可能会处于欠流状态，供回水温差增大，即使末端通断阀不关闭，房间温度也可能达不到设计值，总的效果是系统流量和供回水温差可能基本保持不变。为了满足不利末端的个性化要求。二级泵变速调节只好采用较大压差设定值来控制，结果流量增大，总供回水时均温差减少，出现了低温差综合症。

2）末端盘管换热面积不足，在设计流量下末端盘管的实际换热能力达不到负荷需求。

3）运行过程中末端盘管脏堵，或冷机的蒸发器和冷凝器水侧结垢。当末端盘管换热不充分时，会出现回水温度低于设计温度的现象，盘管的换热温差达不到设计温差。为了满足末端的冷量需求，只能通过增加流量、减少温差来降低冷冻水平均温度达到增加末端冷量的目的，于是出现了低温差综合症。蒸发器和冷凝器水侧结垢，同样会带来上述问题。

4）阀门损坏无法关闭会使阀门失去调节作用，多余的水量同样会使温差减小。

5）形成负荷侧大流量小温差的另一个重要原因是，一、二级泵台数配置不合理，即二级泵台数少于一级泵台数，同时二级泵没有设置在最低允许频率定流量运行时的压差旁通控制装置。

6）末端不均匀。由于末端负荷不均匀、水量分配不均匀、冷机出水温度高于设定值、房间温度设定值低于设计值等原因，实际的末端系统，无论末端采用通、断控制方式还是连续调节方式，所有盘管的冷冻水量和制冷量的关系等效曲线并不和单盘管的曲线重合，制冷量不再有单盘管那么高，等效末端换热曲线都有可能下弯。越不均匀，等效曲线下弯的程度越大。末端换热性能的恶化使得冷冻水供冷量小于末端需求冷量。

（3）低温差综合症的解决办法

为了消除二次侧大流量、小温差现象，可采用以下措施：

1）对于通断控制末端流量的水系统而言，水泵变速调节运行时可用最不利末端支路压差控制代替供回水总管压差控制，有效减小部分负荷工况下作用在末端支路上的压差。当然，二级泵变速调节采用不同的压差控制法会对管网系统水力稳定性产生较大影响。在异程式管网系统中，总管压差控制的稳定性好于最不利末端支路压差控制的稳定性。为了减轻最不利末端支路压差控制对管网系统水力稳定性产生的不利影响，可以采用增大供回水干管管径，减小主管道沿程阻力，提高管网系统的水力稳定性。此外，较好的水力稳定性也有利于管网系统的水力平衡。

2）在设计工况下要对管网系统进行很好的静态水力平衡调试，避免通断阀控制末端流量时压差设定值过大。

3）末端盘管选型时，要有足够的换热面积。

4）在运行过程中要加强水系统维护管理，及时清理末端盘管外表面积灰、内表面结垢以及蒸发器、冷凝器水侧污垢层，对损坏的电动调节阀或通断阀要及时维修。

5）一、二级泵台数配置要合理，即二级泵台数应大于等于一级泵台数；同时，二级泵需要设置在最低允许频率定流量运行的压差旁通控制装置。

6）尽量选用型号相同的末端，使所有盘管的冷冻水量和制冷量的关系等效曲线和单盘管的曲线重合一致。

4. 两种典型的二级泵系统

（1）不分区域设置二级泵

当空调管网系统较大、阻力较高时，宜采用二级泵或多级泵系统，如图 8.3.4-2 所示的区域供冷系统。该系统中：一级泵仅克服冷水机房内的管路阻力；变频二级泵克服室外区域管网的阻力，根据管网的最不利末端的供回水压差 ΔP_2 变频运行，保证最不利末端压差恒定；ΔP_2 压差传感器应在多栋建筑入口设置，以便当某一建筑的空调系统关闭时自控系统根据预先编好的程序重新选择确定最不利环路。变频用户泵设置在各个建筑内，克服板式换热器二次侧的阻力，根据末端的供水压差 ΔP_1 变频运行，保证供回水压差恒定。板式换热器的一次侧电动调节阀根据二次侧的供水温度调节，保证供水温度恒定。

（2）分区域设置二级泵

当各区域管路阻力相差悬殊时，宜按区域分别设置二级泵，二级泵的流量和扬程根

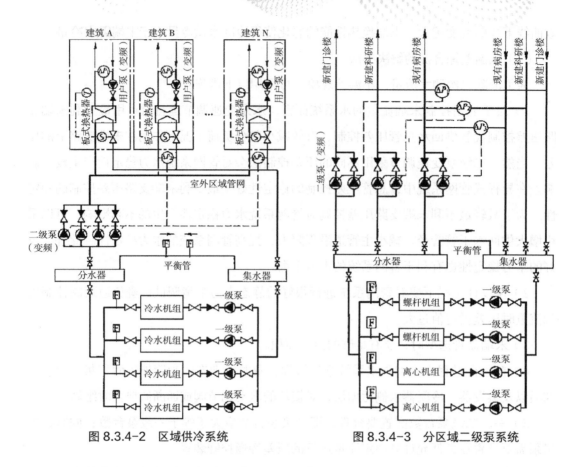

图 8.3.4-2　区域供冷系统　　　　　　图 8.3.4-3　分区域二级泵系统

据各自服务的区域确定。图 8.3.4-3 所示为某医院新建门诊楼制冷系统，为了减少输送能耗，采用大温差供冷供水 / 回水温度为 6℃ /12℃；同时，由于新建科研楼距新建的门诊楼较远，它们的阻力相差较大。因此，采用两组不同的二级循环泵。各二级泵根据各自回路的供回水压差变频运行，保证各自回路的压差恒定。

8.3.5　冷却水系统运行调节

开式冷却水系统在大中型公共建筑空调系统中得到广泛使用。冷却水系统能耗是空调系统能耗的重要组成部分，约占系统总能耗的 15%~20%。研究开式冷却水系统节能问题具有重要的现实意义。空调系统大部分时间在部分负荷工况下运行，相应的冷却水系统也应当适应这种运行模式，以优化能源效率。因此，在部分负荷工况下，冷却塔风机和冷却水泵的节能控制变得尤为关键。以上已对冷却塔风机的控制策略进行了阐述，本节重点分析冷却水泵的控制。

1. 冷却水泵变速调节控制策略

集中空调冷却水系统变流量对中央空调系统的节能运行具有积极意义。冷却水泵变速调节运行的能耗分析，应充分考虑冷却塔变工况运行的特性。冷却塔是根据水蒸发吸热而引起其冷却的原理工作的，水分蒸发量主要与水和空气的蒸汽分压力差及填料的热湿交换面积有关。当冷却塔热湿交换面积和冷却风量不变且冷却塔处理水量减少时，有利于冷却水的冷却。冷却塔变流量运行时，冷却相同的热量，处理水量较小时的出水温度要低于额定水量工况的出水温度，也就是出水温度越逼近室外空气的湿球温度。

目前，采用的冷却水泵变速调节节能控制策略主要有三种：冷却塔进出口温差控制、室外空气湿球温度＋冷却塔出水温度逼近度（指冷却塔出水温度与空气湿球温度之差）控制和冷凝器出水温度控制。与冷却水系统定流量相比，这三种控制方法都是节能的。

（1）冷却塔进出水温差控制法

冷却塔进出水温差控制法的工作原理是，在冷却水供回水总管上各安装一个温度传感器，测量冷却水供回水温差，将此温差信号传给温度控制器，控制器将此实测温差值与设定温差值（一般为 5℃）进行比较，控制冷却水泵变速调节运行。当系统处于部分负荷且冷却水流量不变时，冷却水供回水温差减小，出现偏差，控制器根据偏差信号控制水泵减速运行，减小冷却水流量，以维持温差设定值不变。为了保证水流量不低于冷机或冷却水泵允许的最小流量，通常需要设定变频器频率下限值，一般在 25Hz 以上。冷却水系统采用温差控制变流量运行时，冷却负荷 Q 和冷却水流量 G 与冷凝器进出水温度 T_1 和 T_2 之间的关系为：$Q \cdot (1+1/COP) = C_P \cdot G \cdot (T_2 - T_1)$，$C_P$ 为水的比定压热容，kJ/（kg·℃）；COP 为冷机的名义工况性能系数。冷却水变流量运行时冷机 COP 变化相对较小，因此定温差控制相当于冷却水流量随负荷成比例地变化。由于温差变化范围小以及受温度测量精度的限制，因此，较小的测量误差也会带来较大的冷却水流量的波动。为了克服温差控制法的不足，可用在线运行冷机工作电流之和与冷机额定电流之和的比值来控制冷却水泵变速调节运行。由于冷机 COP 变化不大时电流比近似代表了空调系统的负荷率，因此其控制效果和温差控制法基本相同。用电流比来控制冷却水泵变速调节效果优于温差控制。

（2）室外空气湿球温度＋冷却塔出水温度逼近度控制法

室外空气湿球温度＋冷却塔出水温度逼近度控制法的工作原理是，冷却塔出水温度 T_1＝室外空气湿球温度 T_S＋冷却塔换热达到极限时的过余温度 ΔT。过余温度 ΔT 就是冷却塔出水温度 T_1 与室外空气湿球温度 T_S 之差，即 $\Delta T = T_1 - T_S$。对于开式冷却塔而言冷却水与室外空气传热传质的极限就是冷却塔出水温度达到室外空气湿球温度。在整个空调季，一般来说，ΔT 并不一定是恒定的，通常是个变值。对水冷式冷机来说，如果冷却塔冷却性能良好且与冷机负荷大小匹配合适，则冷却塔的出水温度与冷机负荷大小关系不大，只与外界气候条件有关。冷却塔出水温度基本上比当时的室外空气湿球温度大约高 2.8~5℃。理论研究表明，冷机在满负荷状态下运行时，冷却塔出水温度应设定为室外湿球温度加 2.8℃。冷机在部分负荷工况下运行时，冷却塔换热达到极限时，T 可以比 2.8℃ 高一些。即 T 较低时，ΔT 可以取较大值。通过室外空气干球温度和相对湿度或露点温度可求得室外湿球温度 T_S。在整个空调季，可以按照冷机工作模式把 T_S 分成若干个温度区间分别设定冷却塔出水温度值作为温度控制器的给定值，控制器将实测温度值与此设定温度值进行比较，控制冷却水泵变速调节运行。当系统处于部分负荷工况且冷却水流量不变时，冷却塔出水温度偏离设定值，控制器根据偏差信号控制水泵变速调节运行，以维持设定温度值不变。

（3）冷凝器出水温度控制法

冷凝器出水温度控制法是以冷凝器出水温度 T_2 作为被控变量，间接地控制冷凝温度的控制方法。当冷却水流量在冷机冷凝器允许最小流量以上时，T_2 保持为某一确定值，具体视冷机性能而定。其控制原理是，在冷凝器出水管道上安装一个温度传感器测量冷凝器出水温度，将此温度信号传给温度控制器，控制器将此实测温度值与设定温度值（一般为 35℃ 或 37℃）进行比较，控制冷却水泵变速调节运行。当系统处于部分负荷且冷却水流量不变时，冷凝器出水温度降低，偏离设定值，控制器根据偏差信号控制水泵减速运行，减小冷却水流量，以维持冷凝器出水温度的设定值不变。

冷却水供回水温度只与冷凝器允许最高出水温度和最低进水温度有关，因此，冷凝器进出水温差的可变范围较大。换而言之，冷却水系统可以采用大温差技术，进一步实现冷却水泵变速节能调节。在此控制法中，冷却水流量不仅与负荷有关，也与室外气象参数（冷却塔出水温度）有关。这样，无论是负荷还是冷却塔出水温度，只要冷机偏离设计工况，均有可能减小冷却水流量。相应冷却水系统温差变化范围大、流量减小速度快，充分地利用了冷却塔的处理能力和部分负荷工况下室外的气候特征，水泵的节能潜力得到充分利用。对于多台冷机组成的冷源系统，这一控制方法就另有意义。当其中的一台冷机满负荷运行时，只要冷却水进水温度为非设计工况，照样可以变流量运行。冷凝器出水温度控制法对冷机外部环境要求过于苛刻，对应的不一定是最佳冷凝温度，相应冷机和冷却水泵能耗之和并不一定最小。但是，在工程中容易实现，较温差控制法更简单易行。

2. 冷却水泵变速调节节能效果分析

前面已经指出，对于同一冷机 – 水泵组而言，其允许的最低流量下限值取决于冷机和水泵允许的最低流量下限值最大者。无论冷却水泵采用何种变速调节控制方式，只是它们达到冷机和水泵允许的最低流量下限值最大者的时间不同。由于管路阻抗特性曲线在水泵变速调节过程中保持不变，因此，它们的控制效果之间的主要差别在于冷却水泵工作点在管路阻抗特性曲线上移动的速度不同。对于同一空调负荷率，温差控制法流量减小幅度最小，冷却水泵工作点在管路阻抗特性曲线上移动的速度最慢，节能效果最差；冷凝温度控制法流量减小幅度最大，冷却水泵工作点在管路阻抗特性曲线上移动的速度最快，节能效果最好；室外空气湿球温度 + 逼近度控制法流量减小幅度居中，冷却水泵工作点在管路阻抗特性曲线上移动的速度居中，节能效果居中。

（1）冷却水泵变速调节控制策略对冷机性能的影响

冷凝器出水温度的高低会直接影响冷机性能，冷机 COP 将在蒸发温度不变的情况下随着冷凝温度的上升而下降，导致冷机能耗增加。在湿式冷却塔中，冷却水与空气是通过直接接触进行换热的，冷凝器进水温度主要由室外空气湿球温度决定。在室外空气湿球温度一定时，冷却水流量的减小使得冷却水与空气的换热更加充分在较大的流量变化范围内，不同冷却水流量情况下的冷却塔出水温度基本相同。在冷凝器换热量相同的情况下，由于冷凝温度控制法所需流量 < 室外空气湿球温度 + 逼近度控制法所需流量 < 温差控制法所需流量，因此，由冷凝器能量平衡方程可知，冷凝温度控制法的冷凝器出水温度 > 室外空气湿球温度 + 逼近度控制法的冷凝器出水温度 > 温差控制法的冷凝器出水温度。显然，这三种控制法对冷机性能的影响排序为：冷凝温度控制法 > 室外空气湿球温度 + 逼近度控制法 > 温差控制法。

室外空气湿球温度降低和冷机负荷减小会造成部分负荷工况，这时冷却水泵功率、冷却塔风机功率及冷却塔换热面积相对过大，冷却水泵、冷却塔风机和冷机都可能获益（冷却水泵功率减小、冷却塔风机功率减小，冷机 COP 提高）。在冷却塔风机功率不变的情况下，控制冷机冷凝器出口水温不变是将收益完全交给冷却水泵，冷机几乎不获益；而控制冷却塔进出口温差不变则是将收益几乎完全交给冷机，水泵获益很少。可以设想，最优控制模式很可能是介于两者之间，让冷却水泵和冷机同时获益，这时冷机冷凝器进出口温差介于这两种控制模式之间。该控制模式其实就是室外空气湿球温度 + 逼近度控制法。

（2）冷却水泵功率与冷机功率的比值对冷却水系统变流量节能的影响

冷却水变流量的节能效果固然与冷却水泵变速调节采用的控制方式有关，但更与冷机的负荷率和变流量性能以及冷却水泵相对于冷机的电功率有关，即不同冷机负荷率、不同冷机变流量性能和不同冷却水泵相对于冷机的电功率，其节能效果会截然不同。考察冷却水系统变流量是否节能应着重考虑冷却水泵能耗及冷却水泵能耗在冷机总能耗中所占的比例。在满足系统流量和扬程要求的情况下，冷却水泵功率占比越大，冷凝温度控制法节能效果越明显。这是因为冷却水泵节约的能耗大于冷机变流量运行时因冷凝温度升高而增加的压缩机功耗。在部分负荷工况下，冷却水泵相对于冷机的功率比例在上升，这时可以采用提高冷凝温度的方法，加大冷却水泵节能的权重。冷却水泵功率占比越小，温差控制法节能效果较明显。这是因为，虽然水泵变流量节能效果不明显，但冷机通过较大流量来降低冷凝温度可大幅降低压缩机功耗。此时冷凝温度降低而减少的压缩机功耗大于冷却水泵变频减少的能耗。冷却水泵功率居中时，采用室外空气湿球温度＋逼近度控制法控制水泵变速调节运行比较合适，它能兼顾压缩机和冷却水泵能耗，使两者之和为最小。

（3）冷却水泵变速调节控制方式的选用原则

冷却水系统是否变流量与冷却塔在建筑上所处的位置有关。在高层公共建筑中，如果冷却塔位于层数较低的裙房屋面上，冷却水供回水干管的阻力较小，所选水泵扬程较小，而塔体扬程占到了冷却水泵扬程的主要部分，冷却水泵在部分负荷工况运行时效率很低则变速调节节能空间有限，很难起到节能效果，反而浪费了初投资，水泵变速调节就没有太大的经济意义。如果冷却塔位于高层公共建筑顶层屋面上，冷却水泵扬程有可能大于冷冻水泵扬程或与冷冻水泵扬程很接近，此时冷却水泵变速调节的节能效果好于冷冻水泵。

8.3.6 阀门在水系统的应用

阀门属于空调水系统中的一个执行部件，为了保证系统正常运行，方便运行管理，需设置一些不同种类和功能的阀门。如果阀门设置不当，将会使系统运行能耗增大，水量不平衡，从而导致房间温度过冷或过热，有些工程甚至就是因为阀门设置不当而导致夏季不冷、冬季不热。因此，阀门在空调水系统运行调控中的作用极为重要。

1. 空调水系统中阀门的设置

图 8.3.6-1 是常见空调水系图中各支路阀门的设置。

阀 A 代表电动两通阀。通常采用通断电动两通阀，由室内温控器控制阀门关闭和开启，使室温始终保持在温控设定的温度范围内。阀 B 代表球阀。用于快速关断水路。阀 C 代表蝶阀、截止阀。用于关断水路，小口径采用截止阀，大口径用蝶阀，以减少占用的空间。阀 D 代表静态平衡。调整各并联环路的阻力比值，使流量按需分配。阀 E 代表电动平衡一体调节阀。集电动调节阀与动态压差平衡阀一体的阀门，自动平衡系统压力波动的影响，使通过调节阀的流量完全取决于阀门开度的大小，并与调节阀的开度

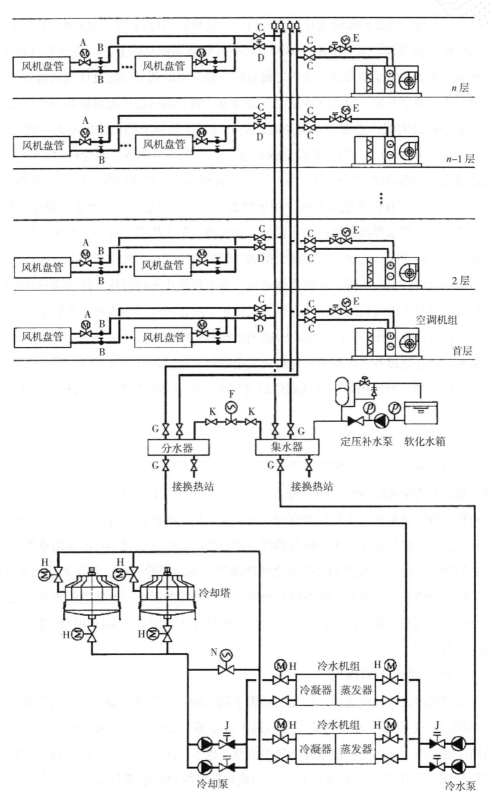

图 8.3.6-1　常见空调水系图中各支路阀门的设置

——对应，与管路系统的压降变化无关。目前，这种阀门得到了广泛应用，基本上替代了普通的电动调节阀。电动平衡一体调节阀一般安装在回水管上，以减少噪声和气蚀。阀F代表冷水旁通电动调节阀。冷机定流量时，旁通电动调节阀的设计流量取容量最大的单台冷机的额定流量；冷机变流量时，旁通电动调节阀的设计流量取各台冷机允许的最小流量中的最大值；通常，在该旁通管路上设置手动调节阀以增加阻力，使阀F的阀权度最大为0.7~0.9。否则，若设计管径过大会造成调节失效，而管径过小，通过阀的水流速很大会影响阀门的使用寿命。阀G代表闸阀或大口径球阀。用于关断各支路，要求密封严格。阀H代表电动蝶阀。用于频繁关断、开启水路，当冷水机组不开启时，关断其冷水、冷却水及冷却塔进出水路，防止短路。阀J代表三合一止回阀。用一个阀门可以完成三种功能：无水锤止回阀、闸阀、调节阀。可以大幅减少安装空间。即使泵出口压力小也可以抬起阀瓣，并使流体通过。当水泵停止运转而使流体的流动性被削弱时，阀瓣受弹簧作用而关闭，这样完全可以防止一般止回阀因逆流而产生的水击。其密封垫是由合成橡胶制作的，因而可以吸收关闭阀芯时所产生的冲击，并且完全密封。而一般闸阀是由金属接触，因而不可能形成完全密封。通过调节开度，可以调节泵的输出量。装有指示器，可以用眼睛确认阀门的开启度。由于该阀的形状和结构等呈流线形，因而压降很小。

2. 调节阀

在空调水系统中，为了保证调节系统正常工作和在负荷变化范围内的调节品质以及提高设备的利用率和经济性，调节阀流量特性的选择是一个重要的问题。众所周知，无论是简单空调控制系统，还是复杂空调控制系统，都是由被控过程、测量环节、调节器和执行器这四大部分组成。作为执行器部分的调节阀是控制系统不可缺少的重要组成部分，它的调节特性，直接影响着控制系统的调节品质。经验表明，在空调控制系统中，每个控制环节的好坏，都对空调系统控制质量有着直接的影响，但使空调水系统能耗高的一个重要原因就是调节阀。因此，在自控系统设计中，调节阀流量特性的选择是一个十分重要的环节。

（1）调节阀的流量特性

在介绍阀的流量特性之前，要先了解关于阀门的一个重要参数，即可调比R。可调比是指阀门所能控制的最大流量G_{max}与最小流量G_{min}之比，即$R=G_{max}/G_{min}$。由于阀门制造精度的原因，最小可控流量并不是零流量，也不是阀门全关闭时的泄漏量。用于空调系统的阀门，其可调比R通常为30，因此实际可控的最小流量应为全开流量的1/30（$\approx 3.3\%$）。

调节阀的流量特性指的是调节阀在调节过程中，通过阀门的相对流量 g 与阀门相对开度 l 之间的关系。阀门的流量特性一般分为理想流量特性和工作流量特性，后者和使用条件有关，前者则是在一种标准条件下所建立的。

1）调节阀的理想流量特性

理想流量特性的定义是：在阀门调节过程中，阀门两端的压差始终维持不变时的流量特性。调节阀的理想流量特性是由阀芯的形状决定的。目前，常用阀门的理想特性如图 8.3.6-2 所示。在暖通空调水系统中，主要采用的是直线流量特性和等百分比流量特性。

由于调节方式的不同，水路蝶阀与上述四种阀门特性有较大的区别；同时，由于构造不同等原因，也很难用准确的数学表达式来定义蝶阀的流量特性，因此蝶阀的流量特性通常是通过实测得到的。图 8.3.6-3 为一个常见的水路蝶阀的特性曲线。可以看出：在开度为 0~60% 的范围内，它趋向于等百分比特性；在 60% 开度以上时，则趋向于快开特性。

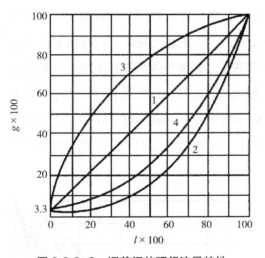

图 8.3.6-2　调节阀的理想流量特性

1—直线特性；2—等百分比特性；3—快开特性；4—抛物线特性

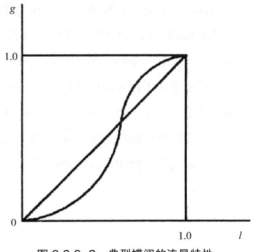

图 8.3.6-3　典型蝶阀的流量特性

2）调节阀的工作流量特性

理想特性是以阀门调节过程中保持阀门两端压差不变为条件的。在空调系统中，这种情况只有冷冻水供、回水总管之间的压差旁通阀的使用条件与之基本相符。大多数情况下，阀门两端的压差总是随着阀门开度的变化而变化。例如表冷器、热交换器等，由于有水阻力元件与阀门相连（如盘管或热交换器阻力、管件阻力等），在阀的调节过程中，即使保持供、回水总管的压差不变，各表冷器支路的压差仍然是处在一个不断变化的过程中（随调节阀开度而变化），导致调节阀两端的压差不断变化，这一实际情况不符合理想特性的基本条件。因此，把这种实际工作条件下阀门的特性称为其工作流量特性。

一般而言，一个末端支路上安装一个调节阀后，该调节阀对此末端支路流量的调节作用与下列三个因素有关：①阀门自身的调节特性；②阀门所在末端支路的阻力；③该末端支路以外其他部分管网系统的影响。在实际应用中，调节阀大多都安装在末端回水管道上，它必须与表面式换热器串联使用，才能完成对末端流量的调节作用。

如图 8.3.6-4 所示，调节阀与表冷器串联，系统的供回水总压差 ΔP，表冷器的压降 ΔP_b，调节阀全开时的压降 ΔP_v。调节阀关小后，流量减小，引起 ΔP_b 减小，使阀前后压降 ΔP_v 增加。影响调节阀实际工作流量特性的因素还有水系统各环路的水力平衡状况。由于各环路的水力不平衡，设计阻力较小的末端支路因实际压差偏大而导致流量偏大，因此这会进一步使调节阀的调节特性下降。

为了分析调节阀在前后压差随流量变化的工作条件下的流量特性，在过程控制中，引入阀权度的概念，阀权度也称"压力损失比"，其定义为：阀门全开时的压降占系统总压降的比例。以图 8.3.6-4 为例，阀权度 $S=\Delta P_v/\Delta P$，S 是反映调节阀在水系统中调节特性的一个重要指标。由 S 的定义可知，它反映了二通调节阀两端压差变化程度的大小，或者说表征了调节阀的实际流量特性曲线偏离理想流量特性曲线程度的大小，即阀门调节性能的好坏，如图 8.3.6-5 所示。由图 8.3.6-5 可见，当阀权度 $S=1$ 时，表示调节阀的工作流量特性曲线与理想流量特性曲线一致；当阀权度 $S<1$ 时，表示调节阀的工作流量特性曲线偏离理想流量特性曲线。

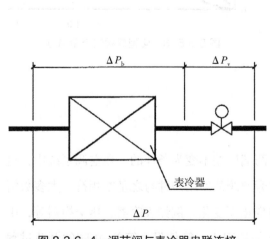

图 8.3.6-4　调节阀与表冷器串联连接

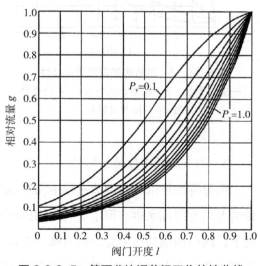

图 8.3.6-5　等百分比调节阀工作特性曲线

等百分比调节阀工作特性曲线的畸变规律是：①特性曲线总是向左上方畸变。当 $S<0.3$ 时，等百分比特性也畸变为接近线性特性。②S 值越小，畸变越严重；畸变后，最小流量 G_{min} 上升，使实际可调比 R_s 下降。实际可调比 R_s 与阀权度 S 之间的关系为 $R_s \approx R \cdot S^{0.5}$，当 $S=0.1$ 时，若原有可调比 $R=30$，则 R_s 变为 9.5。因此，综合考虑调节性能和输送能耗的影响，阀权度一般取 0.3~0.7。S 值过高，则可能导致通过阀门的水流速过高和水泵输送能耗增大，不利于设备的安全和运行节能。

（2）调节阀的选择

调节阀的选择首先要选择合适的流量特性，使其与被调对象相适应。在空调系统中，电动调节阀与换热器串联连接，要使换热器的输出的相对热量与调节阀的相对开度呈线性关系。

1）换热器的特性

换热器特性指的是换热器相对换热量 q 与被控流体相对流量 g 之间的关系特性。大量的研究成果表明：以蒸汽为被控流体的换热器，其特性为直线特性；以水为被控流体的换热器（无论是表冷器还是加热器），其特性为非线性特性，如图 8.3.6-6 所示。

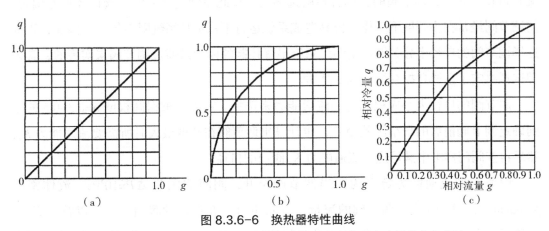

图 8.3.6-6　换热器特性曲线

（a）蒸汽换热器；（b）水换热器；（c）某新风空调机组表冷器的实际特性

2）调节阀特性的选择与计算原则

对一个优良的调节系统的要求是：整个系统的输出与输入尽可能成为一个线性系统。因此，需要采选择理的调节阀，使得"调节阀＋换热器"的组合尽可能接近线性调节。

由于蒸汽换热器本身具有线性特点，因此只要调节阀也具有线性特点，其组合也具有较好的线性特征。通过对阀门特性与阀权度的分析，当阀权度小于 0.6 时，其控制阀

宜采用等百分比型阀门；当阀权度大于或等于 0.6 时，宜采用直线型阀门。

水换热器的特性为非线性，因此所选择的阀门工作特性应具有补偿水换热器特性的能力，使得其组合接近线性。从四种主要特性的阀门来看，宜采用等百分比特性。考虑到工作特性的畸变，即使是等百分比阀门，其补偿能力也是有限的。如果阀权度过小，有可能对于调节能力和调节精度产生不利的影响。但如果阀权度过大，使得控制阀的全开阻力过大，将由此增加对水泵扬程的要求，对于节能来说是不利的。因此，在实际工作中需要根据实际情况和被控对象对阀权度进行合理的优化，其目标是：在保证达到调节控制的相关指标要求的前提下，尽可能降低阀权度、以利于水泵的节能运行。

由于压差旁通控制阀的工作特性与理想特性非常接近（阀权度 S 接近于 1）或者完全相同（阀权度 $S=1$），因此压差旁通阀宜采用直线特性的阀门。

3）调节阀口径的选择计算

近年来，通过对很多空调水系统的调试、改造发现，造成水系统输送能耗增加的一个重要原因就是调节阀口径选择不合理。多数系统按末端管道的直径选择调节阀，即末端管道直径多大，调节阀的公称直径就选多大。按此原则选择的调节阀口径普遍偏大，使调节阀经常在小开度下工作，极易造成系统运行不稳定且系统阻力较大。因此，正确选择调节阀的口径十分关键。空调水系统最优控制的体现是通过调节阀来实现的，其合理选择决定了空调自控系统的调节品质。

调节阀的口径大小应根据它的流通能力来选择。首先，根据阀权度 $S=0.3\sim0.5$ 的原则确定调节阀前后的最小压差 ΔP_v，再计算出调节阀在开度最大时所需要流通能力 K_v，然后再查阀门样本中满足这一流通能力 K_v 阀门的口径。

调节阀的流通能力定义为：当调节阀全开，阀两端压差 $\Delta P=10^5Pa$、流体密度 $\rho=1g/cm^3$ 时，每 1h 流经调节阀的流量，以 m^3/h 计。在我国的暖通行业，以符号 K_v 表示流通能力。$K_v=316 \cdot G/\Delta P^{0.5}$，（$G$ 为流体流量，m^3/h）。在正常工况下，调节阀开度应处于 15%~85% 之间。通过调节阀 85% 开度的流量应该是设计流量值。如果比设计流量大，就应当串联一个平衡阀来限制通过末端的流量。加了平衡阀，就可以得到设计工况下的正确流量。

3. 平衡阀

在空调系统中，作为输配能量的水系统的水力平衡是非常重要的。各水力环路的阻力不平衡会引起水力失调。在异程式系统中，设计者都会采取保证最不利末端支路所需压差来确定水泵扬程。如果某些分支环路（如最不利环路）的阻力偏大，而某些分支环路（如靠近水泵环路）的阻力偏小，就会使实际供给流量与设计要求流量不符，产生较大偏差，此时除最不利末端支路以外的绝大部分末端支路流量偏大。水力不平衡会造成空调系统冷、热媒流量分配失衡，某些末端支路流量过剩，而某些末端支路流量不足。因此，解决好水力平衡问题是提高空调系统舒适性和节能的关键所在。

随着空调水系统的大型化发展，全面水力平衡在空调工程中占据着越来越重要的位置。设计师们普遍对空调水系统的水力平衡问题给予了高度重视，除采用传统的同程式系统外，一般会根据系统的不同特点设置各种水力平衡阀来不同程度地解决水力失调问题。管网系统中常用的水力平衡元件包括静态平衡阀和动态平衡阀等。为了在水系统中更好地应用各种平衡阀，就必须深入了解它们的工作原理、功能及特点，这对它们在系统中能否成功应用至关重要。

（1）静态平衡阀

静态平衡阀是一种可以精确调节阀门阻力系数的多功能手动调节阀，它是通过改变阀芯与阀座的间隙（开度）来改变流经阀门的流动阻力，使流量按需分配，达到实际流量与设计流量相符；消除水系统存在的部分环路过流部分环路欠流的冷热分配不均现象，起到热平衡的作用，有效避免了为照顾不利环路而加大冷、热源及水泵出力而造成的能源浪费现象。同时，阀门具有流量预设、流量测量、开度显示和注水/排空等功能，可以通过专业仪表在现场随时测量其流量，同时可起开、关作用。在干管、支管上安装静态平衡阀，经过良好调试后，可以将不同环路额定流量时的阻力调整到与该环路设计压差相同的数值，以保证各环路的额定流量与设计流量相符，有效解决水系统额定工况水力不平衡的问题。平衡阀调试结束后，锁定功能使阀门开度不能随便改动。由于静态平衡阀实际上是一个在运行过程中变流量、定阻力系数、变阻力的元件，它的开度不会因阀门前后压差的变化而改变，通过阀门的流量随作用压差的变化而变化。因此，它只能解决静态水力失调问题，而不能解决动态水力失调问题。

静态平衡阀的流特性曲线接近直线特性，调节灵敏度较高，具有良好的调节性能，其阻力系数一般都要高于传统截止阀。当采用平衡阀替代现有阀门时，或者将装有平衡阀的新系统与原有供热（冷）管网连接时，必须关注新系统与旧系统水量分配平衡问题，以免安装了平衡阀的新系统（或改造系统）的水阻力比原有系统高，而达不到应有的水流量。同一环路供回水管不应同时安装多个静态平衡阀。

（2）自力式流量平衡阀

自力式流量平衡阀通过水压自力式改变阀芯的过流面积来自动适应阀门前后压差的变化来调节通过阀门的流量，它是一个局部阻力可以自动调节的节流元件，可以自动消

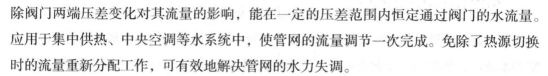

除阀门两端压差变化对其流量的影响，能在一定的压差范围内恒定通过阀门的水流量。应用于集中供热、中央空调等水系统中，使管网的流量调节一次完成。免除了热源切换时的流量重新分配工作，可有效地解决管网的水力失调。

（3）自力式压差平衡阀

自力式压差平衡阀是根据压差变化来自动调节阀门开度，利用阀芯的压降变化来弥补管网阻力的变化，从而在工况变化时能保持控制点的压差基本不变。在一定压差范围内，自力式压差平衡阀可以保证控制对象的压差恒定。当控制对象的压差增大时，阀门自动关小，保证控制对象的压差恒定；反之，当控制对象的压差减小时，阀门自动开大，控制对象的压差仍保持恒定。显然，自力式压差平衡阀的调节方法是一种基于压差恒定的动态水力平衡调节方法，它实质上是一个在运行过程中变流量、变阻力系数、变阻力的元件，主要用于控制分支环路或末端支路的压差。当被控分支环路或末端支路的资用压差随负荷有很大变化时，可在被控分支环路、末端支路两端或电动调节阀两端设置自力式压差平衡阀。

自力式压差平衡阀的作用是：①能实现稳定、精确调节。无论是管网压力出现波动，还是被控对象内部的阻力发生变化，压差控制阀均可维持施加于被控对象的压差恒定。②简化平衡、调试与维护工作。自力式压差平衡阀可使各分支环路在水力上相互独立，在自力式压差平衡阀上游不需要平衡元件，回路间互不干扰，一个不稳定的控制环路不会引起其他控制环路振荡。每个环路可以独自平衡，简化了水力平衡过程。由于水力系统时刻保持着动态水力平衡，所以不论工程安装分期完工或设备分期使用都不会影响水系统的平衡。新回路调试时不会干扰其他已经运行的回路。即使工程后期或投入运行后因改变某些地方的用途，而需要更改某些区域的水系统设计，也不会影响其他区域的水系统设计，更不会影响其他区域的水系统平衡。由于系统的流量平衡是自动进行的，所以杜绝了人为破坏性调节的可能。

8.3.7 小结

本节从多个方面讲述空调水系统的节能运行技术，包括水质管理、循环水泵运行调节、一级泵与二级泵系统运行调节、冷却水系统运行调节以及阀门在水系统的应用等。通过综合应用这些节能策略和技术措施，可以显著提高空调水系统的能效水平，为建筑节能减排做出贡献。

第 9 章

暖通空调节能管理（下）

9.1 空调风系统节能

空调风系统节能的主要研究对象是末端设备系统，空调系统的末端设备容量是在设计工况下选定的，能满足室内最大负荷的要求。但是室外空气在一年四季中并不总处于设计状态参数下，室内实际使用情况也不一定是设计工况，所以房间冷热负荷并不总是最大值，都在发生变化。如果空调系统末端设备不作相应调节，室内环境参数将发生变化，一方面达不到设计参数的要求，另一方面也浪费末端装置的供冷量或供热量。因此，末端设备需要根据部分负荷变化特性进行调节，实现供需的动态平衡，以满足用户对室内环境品质的需求。目前建筑物或空调区应用最多的空调风系统包括全空气系统和风机盘管＋新风系统，其中全空气系统又分为定风量和变风量系统，全空气变风量系统按系统所服务空调区的数量，可分为带末端装置的变风量系统和区域变风量空调系统。

9.1.1 定风量全空气系统运行调节

空调房间一般允许室内参数有一定的波动范围，如图 9.1.1-1 所示，图中的阴影面积称为"室内空气温湿度允许波动区"。只要空气参数落在阴影面积的范围内，就可认为满足要求，不需要调节；如果空气参数落在阴影面积的范围外，则需要对风系统进行运行调节。允许波动区的大小，根据空调工程的精度来确定。

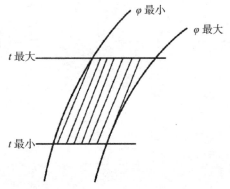

图 9.1.1-1 室内空气状态点允许波动区

1. 室内热湿负荷变化时的运行调节

（1）室内热负荷变化，湿负荷不变时的运行调节

实际应用中，空调区的余热量随室外气象参数和室内热状况的变化而变化，但室内人员及工艺设备的散湿量一般较稳定，即室内热负荷变化，湿负荷不变。运行调节有以下几种方法：

1）定露点调节再热量法

当室内余热量变化，余湿量不变时，在不改变露点的情况下调节再热量，可将送风状态 L 加热达到所需的送风状态点 O，原理如图 9.1.1-2 所示。

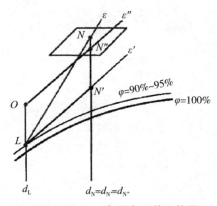

图 9.1.1-2 定露点调节再热量

2）调节一、二次回风比法

对于带有二次回风的空调系统，由于二次回风阀门的调节范围较宽，因此在整个夏季和过渡季节大部分时间，可以采取调节一、二次回风比的方法，不同程度地利用回风的热量来调节室温，省去再热量，较为经济。

当室内余热量减少、余湿量不变时，则室内热湿比 ε_x 变为 ε'_x。这时，可调节一、二次回风联动阀门，开大二次风门，关小一次风门，增大二次风量，减少一次风量。在保持总风量不变的情况下，改变一、二次回风比，将送风状态点从 O_x 点提高到 O'_x 点，然后送入室内，达到室内状态点 N'_x，如图 9.1.1-3 所示。

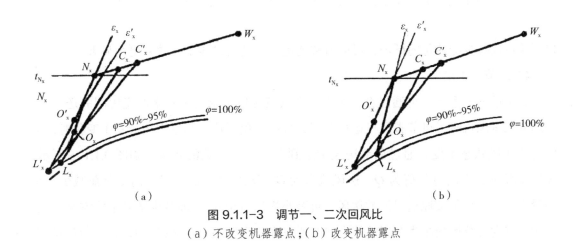

图 9.1.1-3　调节一、二次回风比

（a）不改变机器露点；（b）改变机器露点

3）调节旁通风与处理风混合比

实际工程中，还有一种设有旁通风道的空气处理机组，如图 9.1.1-4（a）所示。新风与回风混合之后，一部分经过喷淋室或表面冷却器处理，另一部分流经旁通风门；然后，这两部分空气混合后送入室内。根据室内负荷的变化，可调节旁通风道与处理风道的联动风门，以改变旁通风与处理风的混合比来改变送风状态，达到室内要求的空气参数。

设计工况下，旁通风门完全关闭，新回风混合后经完全处理后送入室内。当室内冷负荷减少，而余湿量不变时，室内热湿比由 ε_x 变为 ε'_x，室内温度下降。这时，旁通风道与处理风道的联动电动调节阀门动作，开启旁通风道风门，并调节旁通风与处理风的混合比，使送风温度升高，送风含湿量不变，以适应室内冷负荷的变化，达到室内空气参数的要求。空气处理过程如图 9.1.1-4（b）所示。由于部分室外空气未经降温减湿处理就经旁通风门进入室内，因此，室外空气参数对室内状态的影响较大。但该调节方法

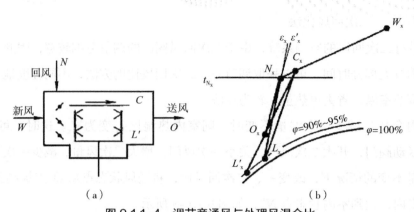

图 9.1.1-4　调节旁通风与处理风混合比

（a）带旁通风道的空气处理机组；（b）调节旁通风与处理风混合比原理

也可避免或减少冷热量的抵消，可以节省能量。尤其是过渡季，效果更加显著。

4）调节送风量

变风量空调系统，可通过在送风支管上安装变风量末端装置来改变房间的送风量。使用变风量风机时，可节省风机运行费用，且可避免再热。当室内负荷发生变化时，可保持原送风状态不变，通过调节送风量达到室内空气参数的要求。如图 9.1.1-5 所示，设计工况下，室内冷负荷为 Q，送风状态为 O，送风量为 q_m。当室内冷负荷减少，余湿量不变时，可仍按原送风温差送风，可减小送风量至 q'_m。即减少送风量使室温不变，但送入室内的总风量吸收余湿的能力也有所下降，室内相对湿度将有所增加，室内状态点由 N 变为 N'，如图 9.1.1-5（a）所示。如果室内温湿度精度要求严格，则可以调节喷水温度或空气冷却器进水温度，降低机器露点，减少送风含湿量，以满足室内参数的要求，如图 9.1.1-5（b）所示。但在调节风量时，应避免风量过小而导致室内空气品质恶化和正压降低，影响空调效果。

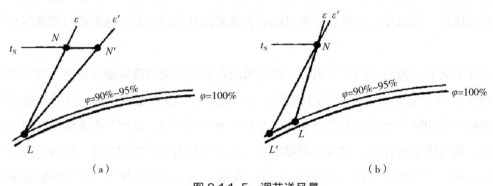

图 9.1.1-5　调节送风量

（a）不调节冷水温度；（b）调节冷水温度

（2）室内热负荷、湿负荷均变化时的运行调节

很多情况下，空调建筑的热负荷、湿负荷会同时发生变化。这时，室内热湿比 ε 也随之变化。如果热负荷、湿负荷均减少那么根据两者的变化程度不同，热湿比可能减小，也可能增大。运行调节有以下几种方法：

1）定露点和变露点调节再热量法

当室内余热、余湿量均变化时，对于室内余湿量变化不大或室内相对湿度允许波动范围较大的场合，也可采用简单的定露点调节再热量的方法。当室内余湿量变化较大，且室内空气温湿度精度要求很高时，须采用变露点调节再热量的方法进行控制。

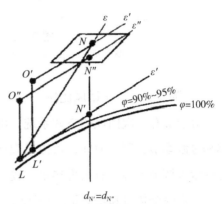

图 9.1.1-6　调节再热量

例如，当热湿比由 ε 变成 ε' 后，若仍按原送风状态 L 送风，则室内状态将变为 N'，如图 9.1.1-6 所示。要想使室内状态仍保持在 N，就必须使送风状态点由 L 变为 L'。显然，$h_0' > h_L$，$d_0' > d_L$。可见，要达到这一送风状态，不仅需要改变再热量，而且须改变机器露点至 L'。

对一次回风空调系统而言，可采用以下几种方法改变机器露点：

①调节喷水室或空气冷却器的进水温度

在空气处理过程中，可调节喷水温度或空气冷却器进水温度，将空气处理到所要求的新的露点温度 L'，如图 9.1.1-7（a）所示。

②调节新、回风混合比

在冬季或过渡季，当室外温度比较高时，可调节新、回风混合比，使混合点的位置由原来的 C 点改变到过新机器露点 L' 的等焓线上，然后绝热加湿到新的机器露点 L'，如图 9.1.1-7（b）所示。

③调节预热器加热量

冬季，当室外温度较低采用最小新、回风比时，可调节预热器加热量，将新、回风混合点 C 的空气由原来加热到 M 点改变为加热到 M' 点，即加热到过新机器露点 L' 的等焓线上，然后绝热加湿到 L'，如图 9.1.1-7（c）所示。

尽管再热式调节的调节性能好，可以实现对温湿度较严格的控制，也可对各个房间进行分别控制，但由于冷、热量抵消，因此能耗较高。

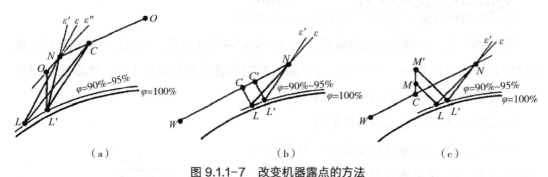

图 9.1.1-7　改变机器露点的方法

（a）调节进水温度；（b）调节新、回风混合比；（c）调节预热器加热量

2）调节一、二次回风比法

对于带有二次回风的空调系统，由于二次回风阀门的调节范围较宽，因此在整个夏季和过渡季节大部分时间，可以采取调节一、二次回风比的方法，不同程度地利用回风的热量来调节室温，省去再热量，较为经济。

当室内余热量和余湿量均变化时，同样可以调节二次回风量和机器露点，以保证所需的室内空气参数。由于调节一、二次回风比的方法可省去再热量。因此，该方法得到广泛的应用。

3）调节旁通风与处理风混合比

对于设有旁通风门的空气处理机组，设计工况下，旁通风门完全关闭，新回风混合后完全经处理后送入室内。当室内余热量减少，余湿量也减少时，室内热湿比由 ε_x 变成 ε'_x 或 ε''_x，室内温度下降。这时，旁通风道与处理风道的联动电动调节阀门动作，开启旁通风道风门，并调节旁通风与处理风的混合比，使送风温度升高，送风的含湿量适当减少，以消除室内余热余湿，达到室内状态参数的要求。空气处理过程如图 9.1.1-8 所示。

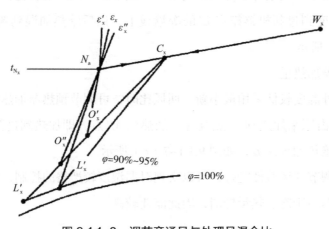

图 9.1.1-8　调节旁通风与处理风混合比

4）调节冷水流量

图 9.1.1-9（a）给出了空气处理机组中采取三通调节阀调节冷水流量的方案。在空气冷却器冷水的出水管上装一个电动三通调节阀，用于使部分冷水旁通空气冷却器；手动调节阀用于平衡空气冷却器水路阻力。设计工况下，通过空气冷却器的水量为额定水流量，空气冷却器对空气的处理过程如图 9.1.1-9（c）中的线段 C_xO_x 所示。

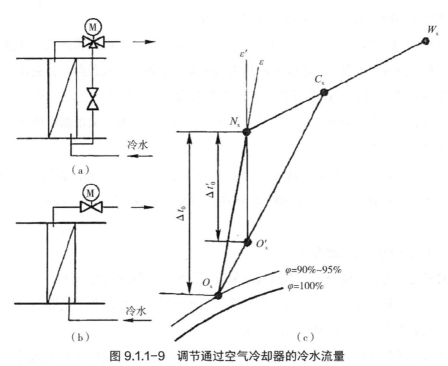

图 9.1.1-9　调节通过空气冷却器的冷水流量
（a）三通调节阀调节冷水流量；（b）三通调节阀调节冷水流量；（c）空气冷却器的处理过程

当室内余热、余湿量均发生变化时，也可采用调节水量来实现室内温湿度的调节。例如，当室内显热冷负荷减少，室内温度下降时，自动控制系统根据室内温度的变化，控制电动三通调节阀动作，使旁通水量增加，通过空气冷却器的水量减少，经空气冷却器冷却去湿处理的空气温度升高，送风温差减少，达到满足室内空气参数要求的送风温度。由于进入空气冷却器的冷水初温不变，当通过空气冷却器的冷水流量改变时，经空气冷却器冷却的空气状态点基本上在 C_xO_x 线段上移动，严格地说 $C_xO'_x$ 的方向也是变化的。可见，送风状态点不仅温度变化了，而且含湿量也变化了，因此可以适应室内余热、余湿变化，满足室内温湿度的要求。图 9.1.1-9（b）所示为电动两通调节阀调节冷水流量的调节方案，其工作原理与上述类似。

2. 采用表面式换热器与蒸汽加湿器的空调系统全年运行调节

针对末端采用表面式换热器的全空气空调系统，当室外空气参数变化时，对表面式换热器和干蒸汽加湿器进行调节的方法。

（1）全年运行分区划分

对于采用表面式换热器和蒸汽加湿器处理空气的全空气定风量空调系统，当室内状态点 N 一定，室内负荷一定，送风温差或送风量一定时，送风状态点 O 不变。当室外空气状态位于不同区域时，应采取不同的处理方法。

如图 9.1.1-10 所示，W 点为室外空气状态点，N 点为室内设计状态点，O 点为送风状态点，E 点为按最小新风比混合正好达到送风点的室外空气状态点。将室外空气的温度与含湿量同送风状态点 O 和混合点 E 的温度和含湿量大小进行比较，通过 E 点和 O 点的等温线和等湿线将室外空气状态分为 6 个区。其中，第 6 区又根据室内空气等焓线分为两个区。分区如下：

根据等温线划分三个区，冷冻区：$t_w > t_o$；恒温区：$t_E < t_w < t_o$；加热区：$t_w < t_E$；

根据等湿线划分三个区，加湿区：$d_w < d_E$；恒湿区：$d_E < d_w < d_o$；冷冻除湿再热区：$d_w > d_o$。

（2）不同区域空气处理方法

同时考虑温度和湿度分区，不同区域采取不同的空气处理运行方案。

第 1 区：加热加湿区。空气处理过程采用最小新风量，室内外空气混合后加热、加湿到达送风状态点 O，如图 9.1.1-11 所示。

第 2 区：等温加湿区。空气处理过程通过调节新风比，使混合点温度达到送风状态点 O 等温线，再等温加湿到送风状态点 O，如图 9.1.1-12 所示。

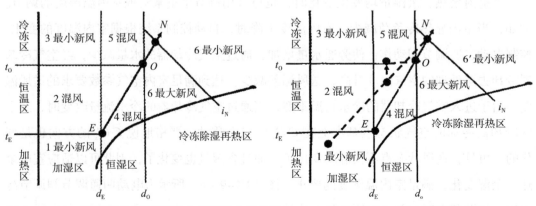

图 9.1.1-10　采用表面式换热器的空调系统全年分区　　　图 9.1.1-11　第 1 区处理过程

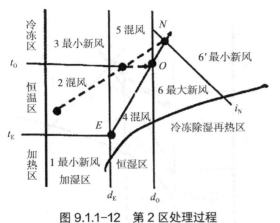

图 9.1.1-12　第 2 区处理过程

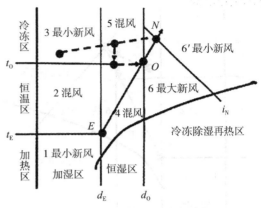

图 9.1.1-13　第 3 区处理过程

第 3 区：降温加湿区。空气处理过程采用最小新风比，混合后降温冷却至送风状态点 O 等温线，再等温加湿到送风状态点 O，如图 9.1.1-13 所示。

第 4 区：混风加热区。空气处理过程通过调节新风百分比，使混合点在送风状态点 O 的等湿线上，再等湿加热至送风状态点 O，如图 9.1.1-14 所示。

第 5 区：上部区域为混风冷却区。通过调节新风百分比，使混合点在送风状态

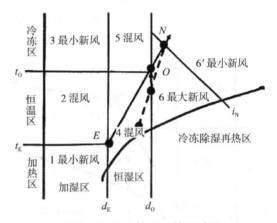

图 9.1.1-14　第 4 区处理过程

点 O 的等湿线上，再降温冷却至送风状态点 O，如图 9.1.1-15（a）所示。下部区域为混风加湿区或混合后等湿冷却至送风状态点 O，如图 9.1.1-15（b）所示。

第 6′ 区：夏季区。采用最小新风比混合后冷却除湿到机器露点，再加热至送风状态点 O，如图 9.1.1-16 所示。

第 6 区：夏季全新风区。室外新风焓值低于室内空气焓值的区域，采用最大新风降温除湿后再热至送风状态点 O，如图 9.1.1-17 所示。

以上 6 个区中，采用全新风或新风比可调节的区域通常认为是过渡季节，可以实现节能的运行策略。但值得注意的是，当室内外温差很小时，最优的运行方案并非是维持最大送风量，因为对于变风量系统，维持较小的送风量，同时部分开启制冷机可能运行更节能。实际工程中，运行方案需要综合权衡风机运行能耗和冷冻机能耗后确定。

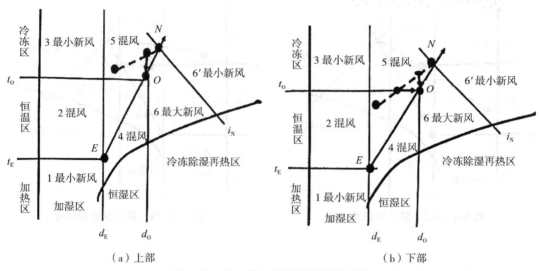

（a）上部　　　　　　　　　　　（b）下部

图 9.1.1-15　第 5 区的区域处理过程

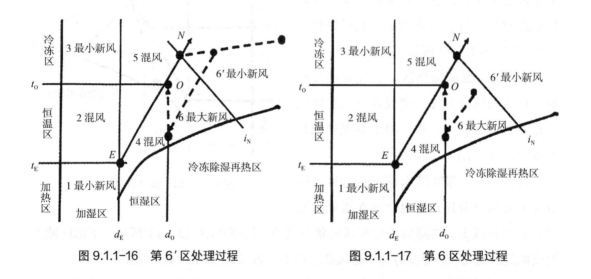

图 9.1.1-16　第 6′ 区处理过程　　　　　图 9.1.1-17　第 6 区处理过程

3. 运行策略

空调系统的冷、热负荷与室外新风量的关系密切，在过渡季节或气候资源有利条件下，充分利用室外新风中的冷量可以减少冷机运行时间，节约空调系统运行能耗。在空调供冷情况下，有以下三种运行策略：

（1）当室外空气焓值低于室内空气设计焓值，且室外空气含湿量大于送风状态点含湿量时，此时室外空气状态处于第 6 区，空气处理过程为冷却减湿过程。这时，空调机组应全新风运行。

（2）当室外空气焓值低于室内空气设计焓值，且室外空气含湿量小于送风状态点含湿量时，此时室外空气状态处于第 5 区。应调节空调机组的新回风比，使得新回风混合后的空气含湿量与送风状态点含湿量相同，再经过冷却除湿后送入室内。

（3）当室外空气温度状态与设计送风状态相同时，此时应该关闭空调机组，采用通风方式来满足室内热舒适需求。

在空调供热工况下，当室外空气温度低于设计送风温度且室外空气含湿量大于 d_E 小于 d_0 时，此时室外空气状态处于第 4 区。应调节空调机组的新回风比，使得新回风混合后的空气含湿量与送风状态点含湿量相同，再经过等湿加热后送入室内。

9.1.2　变风量空调系统运行调节

变风量空调系统与定风量空调系统一样，也是全空气系统的一种空调方式，它是通过改变送风量，而不是送风温度来控制和调节空调区域的温度，从而与空调区负荷的变化相适应。变风量系统按系统所服务空调区的数量，可分为带末端装置的变风量系统和区域变风量空调系统。区域变风量空调系统是指系统服务于单个空调区的变风量空调系统，与定风量空调系统的区别是风机可以实现变转速运行，当空调区负荷变化时，区域变风量空调系统通过改变风机转速来调节送入空调区的风量，以达到维持室内设计参数和节省风机能耗的目的。带末端装置的变风量空调系统是指系统服务于多个空调区的变风量空调系统，其工作原理是当空调区负荷发生变化时，系统末端装置自动调节送入房间的送风量，确保室内温度保持在设计范围内，从而使得空气处理机组在低负荷时的送风量下降，空气处理机组的送风机转速也随之降低，达到节能的目的。带末端装置的变风量空调系统服务于多个空调区，体现了变风量系统独特的特点，本节主要针对带末端装置的变风量空调系统进行分析。

1. 变风量末端装置调节过程

变风量末端装置是变风量空调系统的关键设备之一。空调系统通过末端装置调节一次风送风量，跟踪负荷变化，维持室温。变风量末端装置应能满足以下基本要求：①接受系统控制器指令，根据室温高低，自动调节一次风送风量；②当室内负荷增大时，能自动维持房间送风量不超过设计最大送风量，当房间空调负荷减少时，能保持最小送风量，以满足最小新风量和气流组织要求；③当所服务的房间不使用时，可以完全关闭末端装置一次风的风阀。

变风量末端根据有无末端风机，可分为单风道型和风机动力型。单风道型又可分为单冷型、冷暖型和再热型。风机动力型又可根据风机与一次风阀的相对位置，分为并联式风机动力型变风量末端和串联式风机动力型变风量末端。

（1）单风道单冷型变风量末端的调节过程

单风道单冷型变风量空调系统只有供冷一种工况。在供冷工况下，系统存在供冷季和供冷过渡季两个阶段，随着房间或温度控制区显热冷负荷由最大值逐步减小，在变风量末端内的风阀的调节下，风量从最大风量逐步减少，直至最小风量。在达到并保持最小风量后，便进入供冷的过渡季，见图9.1.2-1和图9.1.2-2。

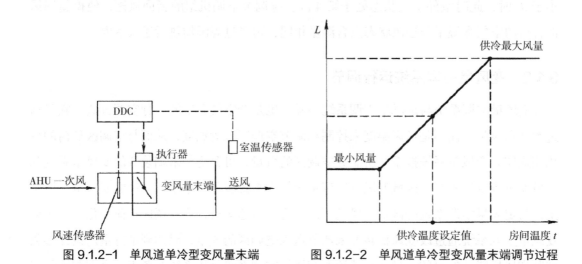

图 9.1.2-1　单风道单冷型变风量末端 　 图 9.1.2-2　单风道单冷型变风量末端调节过程

（2）单风道单冷再热型变风量末端的调节过程

单风道单冷再热型变风量末端加热器有电加热和热水盘管加热两种方式，由于节能设计标准的要求，国内的工程一般都采用热水加热，热水加热盘管有2排或4排。一般用于空调系统有供热需求的外区。空调系统空调机组送冷风。控制器根据室内温度传感器启动加热器。供热时，风量恒定不变，通过调节加热器的电动水阀来调节房间的温度。电动水阀可以是两通阀，也可以是调节阀，见图9.1.2-3和图9.1.2-4。在供冷工况的调节过程与单冷型变风量末端一致。

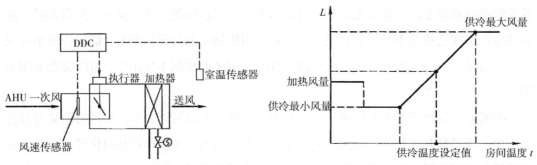

图 9.1.2-3　单风道单冷再热型变风量末端 　 图 9.1.2-4　单风道单冷再热型变风量末端调节过程

（3）单风道冷暖型变风量末端的调节过程

单风道冷暖型变风量空调系统有供冷、供热两种工况，空调机组根据负荷的变化送出冷风或热风。控制器根据其自带的辅助温度传感器来判断供冷工况还是供热工况，并进行工况转换。

在供冷工况下，系统存在供冷季和供冷过渡季两个阶段，随着房间或温度控制区显热冷负荷由最大值逐步减小，在变风量末端内风阀的调节下，风量从最大风量逐步减少，直至最小风量。在达到并保持最小风量后，便进入供冷的过渡季。

在供热工况下，系统存在供热季和供热过渡季两个阶段，随着房间或温度控制区显热热负荷由最大值逐步减小，在变风量末端内风阀的调节下，风量从最大风量逐步减少，直至最小风量。在达到并保持最小风量后，便进入供热的过渡季，见图 9.1.2-5 和图 9.1.2-6。

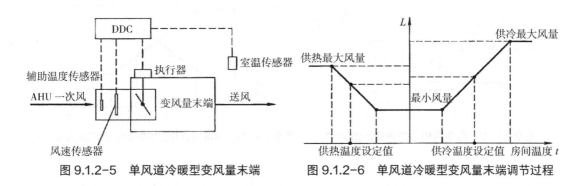

图 9.1.2-5　单风道冷暖型变风量末端　　　图 9.1.2-6　单风道冷暖型变风量末端调节过程

（4）并联风机动力型变风量末端的调节过程

并联风机动力型变风量末端有供冷、供热两种工况。在供冷工况下，风机不工作；当温度低于设定值后进入供热工况，风机启动吸取办公室顶棚内热风；若房间温度进一步降低则启动加热附件，见图 9.1.2-7 和图 9.1.2-8。并联风机动力型变风量末端的风机风量可按一次风设计风量的 50%~80% 选择。

（5）串联风机动力型变风量末端的调节过程

串联风机动力型变风量末端有供冷、供热两种工况，见图 9.1.2-9 和图 9.1.2-10。串联风机动力型变风量末端的风机风量可按照一次风设计风量的 1.2 倍确定。

1）供冷工况：风阀根据温控要求调整开度；风机将一次风和吊顶二次回风混合后送入房间；风机风量恒定但送风温度在变化；当冷负荷下降时，一次风逐渐减少至最低风量，进入过渡季后，当室温进一步降低，系统转为供热工况。串联风机动力型变风量末端附带的加热盘管开始供热。

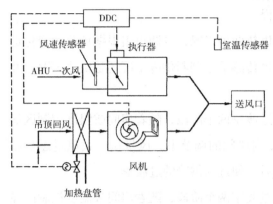

图 9.1.2-7 并联风机动力型变风量末端

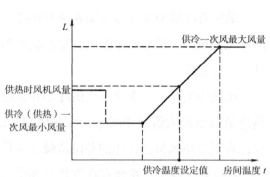

图 9.1.2-8 并联风机动力型变风量末端调节过程

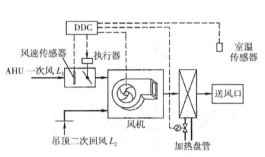

图 9.1.2-9 串联风机动力型变风量末端

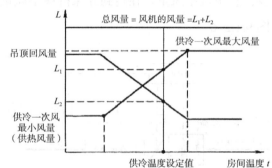

图 9.1.2-10 串联风机动力型变风量末端调节过程

2）供热工况：一次风以供冷时的最小风量运行，通过调节附带加热盘管的电动阀和改变送风温度，来调节房间或温控区的温度。

2. 变风量空调机组风量的控制

空调机组风量控制是变风量空调系统最主要的控制内容之一。当空调区域负荷减小、变风量末端装置一次风量减少时，控制器依照某种系统风量控制方法减小系统风量；反之，当空调区域负荷增加、变风量末端装置一次风量增加时，控制器将增大系统风量。变风量空调系统的风量控制方法主要有定静压法、变定静压法和总风量法。

（1）定静压法

定静压法控制相对简单、操控容易、投资较低，是变风量空调系统广泛采用的一种方法。其原理就是在送风系统管网的适当位置设置静压传感器，测量该点的静压。送风机的风量控制以该静压为目标值，通过调节风机的运转频率，维持送风管内测量点静压恒定。在定静压控制法中，静压传感器的安装位置即压力测点的位置决定系统的能耗和稳定性。过高的静压设定值造成不必要的能源浪费，过低的静压设定值造成一些阻力较

大环路的 VAV BOX 无法达到所需的一次
送风量。定静压控制法的难点在于如何找
到稳定、合适的最低静压点，在实际工程
应用中，通常选择定压点的位置为离空调
机组出口的距离约为送风主管的长度的 2/3
且气流稳定的直管段。

如图 9.1.2-11 所示，在风量调节过程
中，由于空调机组出风口到第一个 VAV
BOX 之间主管路的综合阻力系数不变，这
段管路的特性曲线 c 也将不会改变，该曲

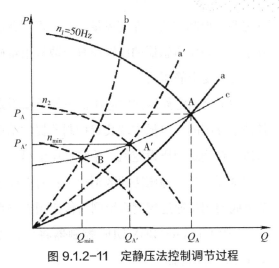

图 9.1.2-11　定静压法控制调节过程

线上的点为风机运行工况点的集合，所以特性曲线 c 被称为控制曲线或运行曲线。设计
工况风机的特性曲线为 n_1；管路曲线为 a；设计工况点为 A。当系统风量由 Q_A 减少到
Q_A' 时，VAV 末端装置局部阻力增加，管道综合阻力系数 S 变大，综合阻力曲线上升，
管路曲线由 a 变为 a'。工况点由 A 变化到 A' 点，风机转速变为 n_2。风机压头由 P_A 降为
$P_{A'}$，能耗减少。当系统风量为最小风量 Q_{min}（一般为最大风量的 30%）时，管路曲线
为 b，工况点为 B，风机转速为最小转速 n_{min}。在变风量空调系统整个运行过程中，工
况点就是沿着运行曲线 c 在工况点 A 和工况点 B 之间变化。

由于风管内的风速变化，使得风管内有静压复得，实际运行的风管内的静压较复杂
按照图纸计算或凭借工程经验确定的静压值往往达不到节能和稳定的要求。为此，需要
采用现场调试的方法确定静压值。现场调试法确定的静压设定值考虑了现场的实际情
况，能够更有效地保证变风量空调系统在实际工况下的稳定运行。现场调试法的步骤
如下：

1）设置静压传感器下游的所有 VAV BOX 工作在最大风量设定值状态；

2）设置静压传感器上游的所有 VAV BOX 的一次风阀全部关闭（零流量）；

3）手动缓慢降低空调机组送风机的频率，同时观察静压传感器下游的 VAV BOX 的
一次风量，当一个或多个 VAV BOX 的一次风量低于最大风量设定值 90% 时，停止降低
空调机组频率；

4）一旦实现上一步条件，记录风管上的静压传感器的静压读数，该读数即为静压
设定值。

采用定静压法，空调机组的风机调节与末端装置的控制无直接联系，故该方法控制
比较简单，运行可靠，适合于较大的变风量空调系统的场合。定静压控制目前仍作为一

种主要的控制方法，在变风量系统中得到普遍采用。定静压法的不足之处是，在管网较复杂时，静压传感器的设置位置及数量很难确定，而且节能效果相对较差。

（2）变定静压法

为了克服定静压法中静压值不能重新设定的缺点，开发出了变定静压控制法。根据各独立分区的变风量末端装置控制器提供给中央监控系统的数据，按各分区最大静压需求值重新确定静压设定值。系统静压值尽可能设置得低些，直至某分区的末端装置调节风阀全开。与定静压法的区别在于：每个变风量末端装置的控制器将各自的末端装置调节风阀的阀位通过控制系统网络传递到空调系统的 DDC 控制器，调节过程如下：

1）每个 VAV BOX DDC 控制器将各自的调节风阀的阀位传递到空调空调机组的 AHU DDC 控制器。

2）确定具有最大阀位开度（POS_{max}）VAV BOX 的台数。

3）如果 $POS_{max}>95\%$，说明在当前系统静压下，具有最大阀位开度 POS_{max} 的末端装置的送风量刚够满足空调区域的负荷需求；如此时风机转速不是最大，应增大静压设定值 10Pa。

4）如果 $POS_{max}<75\%$，说明在当前系统静压下，具有最大阀位 VAV BOX 的台数太少，其他末端装置调节风阀的阀位则更小，可以判断系统静压值偏大，可减小静压设定值 10Pa。

5）如果 $75\%<POS_{max}<95\%$，则说明当前系统静压正合适，无须改变系统静压设定值。

静压设定算法在进行下一次设定时，必须规定一个合适的延迟时间，以保证风机转速调整结果对末端流量调节产生作用，而不至于静压的频繁设定引起系统压力调节的振荡。变定静压法的控制逻辑图见图 9.1.2-12。

变定静压法控制的核心是尽量使 VAV BOX 的一次风阀处于全开状态，把系统的静压降至最低，因而能最大限度地降低风机转速，达到节能的目的。由于静压设定值可随时根据需求重新设定，静压设定点和设定值的大小就变得不那么重要，它

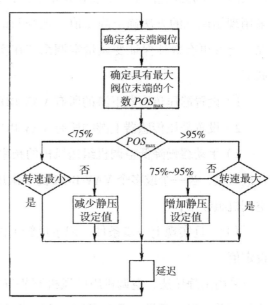

图 9.1.2-12　变定静压法控制逻辑图

仅起到初始设定作用。采用变定静压控制法的变风量系统，其 VAV BOX 必须具有阀位反馈信号。由于 AHU DDC 控制器要与各 VAV BOX DDC 控制器进行通信，因此当系统较大，变风量末端装置较多时，对 AHU DDC 控制器的处理能力有较高的要求。

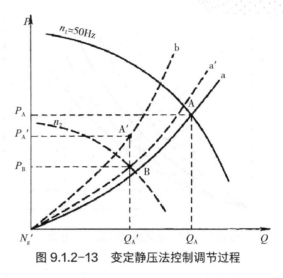

图 9.1.2-13　变定静压法控制调节过程

如图 9.1.2-13 所示，设计工况风机的特性曲线为 n_1，管路曲线为 a，设计工况点为 A。当风量由 Q_A 减少到 Q_A' 时，由于阀门开度始终于 75%~100% 之间，VAV 末端装置局部阻力系统变化很小（可能增加，也可能减小），管道综合阻力系数 S 变化也很小，综合阻力曲线上升或下降幅度很小，管路曲线由 a 变为接近于它的 a'，而不像定静压控制时变为 b。工况点由 A 变化到 B 点，风机转速变为 n_2。此时，变定静压法风机的压头 P_B 小于定静压法的压头 P_A'，因此变定静压法的控制相比定静压法，具有更好的节能效果。

（3）总风量法

为了回避静压测定经常会遇到的压力波动和风管内湍流等问题，开发了总风量控制法。总风量控制法的基本原理是建立系统设定风量与风机设定转速的函数关系，无需静压测定，用各变风量末端装置需求风量求和值作为系统设定总风量，直接求得风机设定转速。

如图 9.1.2-14 所示，在系统高负荷、大风量时，各变风量末端装置调节风阀的开度通常比较大，风管阻力曲线会比较靠近 Od。在系统低负荷、小风量时，各变风量末端装置调节风阀的开度通常比较小，风管阻力曲线较靠近 Oe。以直线 fd 来建立需求风量与设定转速的关系：$(N_d-N_x)\cdot(G_d-G_f)=(N_d-N_f)\cdot(G_d-G_x)$（式中：$N_d$、$N_f$ 分别为系统风机最大、最小转速，r/min；G_d、G_f 分别为系统的最大、最小风量，kg/s；N_x 为系统风机设定转速，r/min；G_x 为系统需求总风量，一般取各变风量末端装置需求风量之和，kg/s）。既能保证风量较大时的设定转速，又能使风量较小时的风机转速不至于过大。图 9.1.2-15 为总风量法控制逻辑图，它通过对各变风量末端装置需求风量之和得到系统需求总风量 G_x，再按上式求得风机设定转速 N_x。总风量法的缺点是控制相对粗糙，尤其当各温度控制区的负荷及末端装置调节风阀的开度差别较大时。如个别末端装置调节

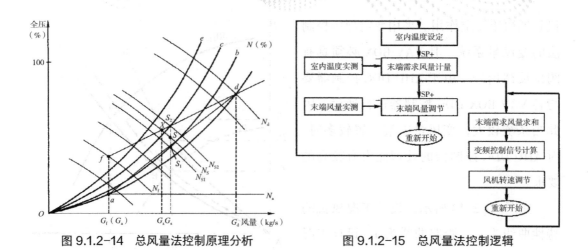

图 9.1.2-14　总风量法控制原理分析　　　图 9.1.2-15　总风量法控制逻辑

风阀的开度已达到 100%，而系统总需求风量还需减小。此时，就会使调节风阀全开的末端装置的风量无法满足要求。

3. 变风量空调系统节能运行方法

（1）内、外区温度设定

冬季，当外区供热、内区供冷时，为有效防止内、外区混合损失，外区设定温度应比内区低 1~2℃。变风量末端装置如采用墙置式温度传感器，为防止其设定值被误操作，应通过中央监控站巡视检查，确保该值在合适的范围内。对于设置在外区的风机盘管等系统，如仅设就地温控器，应张贴操作说明、经常巡视、纠正和限制室内人员再设定等方法，避免不恰当的使用。

（2）系统送风温度再设定

对于采用定送风温度的变风量空调系统，在部分负荷情况下应提高系统送风温度、减小送风温差，保持足够的送风量和热舒适性。实际运行时，应处理好节能与舒适的关系。

（3）系统新风量再设定

对于人员密度及变化较大的场所，应采用新风需求控制。通常是根据 CO_2 浓度的偏差值调节新风量。如系统未设置 CO_2 浓度自动控制或该项控制发生故障时，应根据系统人流密度，手动调节新风阀开度。

（4）预冷、预热运行

在启动冷、热水盘管对变风量系统进行预热或预冷运行时，应由自控系统关闭新、排风阀门。当未设预热、预冷自动控制或该项控制发生故障时，应手动关闭新、排风阀。

（5）冷、热盘管运行

在设置四管制冷、热盘管的变风量系统中，如逢季节性需要交替开启冷、热盘管的情况，应关闭不用的那组盘管的手动调节阀，避免因自动调节阀泄漏而造成冷、热抵消的损失。对于每天需要短时交替开启的冷、热盘管（如冬季早晨内区先预热后供冷），应经常检查自动调节阀的严密性；如有泄漏，应及时人工关闭手动阀。

（6）系统启停时间

对于间歇运行的变风量空调系统，应根据气候状况、空调负荷情况和建筑热性，合理确定开机、停机时间。

（7）全（变）新风供冷

有条件采用全（变）新风供冷的内区变风量空调系统，应由自动控制系统作工况判别与转换。如未设自控系统或该项控制发生故障时，应根据室外空气温度作人工判别和手动工况转换。春、夏、秋季时大型办公建筑可利用空调送、排风系统与夜间通风进行自然冷却。

9.1.3　风机盘管 + 新风系统运行调节

风机盘管 + 新风系统是水 – 空气系统中的一种主要形式，也是目前我国多层或高层民用建筑中采用最为普遍的一种空调方式。它以投资少、占用空间小和使用灵活等优点广泛应用于各类建筑中。通常，风机盘管负担室内空调负荷，其调节过程较简单。而对于要求较高的场所，新风机组和风机盘管对空调负荷有明确分工，其调节过程相对复杂。

1. 风机盘管机组的运行调节

室内冷、热负荷一般分为瞬变负荷和渐变负荷两部分。瞬变负荷是指由瞬时变化的室内照明、设备和人员散热以及太阳辐射热（随房间朝向，是否受邻阴影遮挡、天空有无云的遮挡等影响）和使用情况等发生变化，使各个房间产生大小不一的瞬变负荷。渐变负荷是指通过房间外围护结构的室内外温差传热所引起的负荷。一般情况下，瞬变负荷可以靠风机盘管系统中的盘管负担。通常，风机盘管机组可采取两种调节方法适应房间瞬变负荷的变化，即水量调节和风量调节。

（1）水量调节

如图 9.1.3-1 所示，在设计负荷时，空气经过盘管冷却，从 N 变到 L，然后送入室内。当冷负荷减少时，调节两通或三通调节阀减少进入盘管的水量，盘管中冷水平均温度随之上升，L 点位置上移到 L_1，空气经过盘管冷却过程为 $N_1 \rightarrow L_1$。由于送风含湿量增大，房间相对湿度将增加。这种调节方法负荷调节范围小，为 75%~100%。

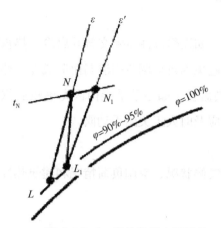

图 9.1.3-1　风机盘管水量调节

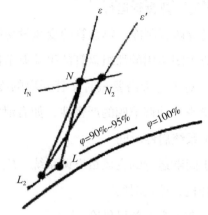

图 9.1.3-2　风机盘管风量调节

（2）风量调节

风量调节应用较为广泛。目前生产的风机盘管机组都设有高、中、低三档风量调节，配上三速开关，用户可根据要求手动选择风量档次，改变风机转速以调节通过盘管的风量，或采用风量无级调节。如图 9.1.3-2 所示，随着风速的降低，盘管内冷水平均温度下降，L 点下移到 L_2，通过 ε' 送风达到 N_2，室内相对湿度不易偏高，但要注意防止水温过低时盘管表面结露。另外，风量的减小会不利于室内气流分布。这种调节方法的负荷调节范围小，为 70%~100%。

2. 新风机组的运行调节

风机盘管＋新风开空调系统中新风的取用方式，有室外直接引入新风（新风不做冷热处理）和独立新风机组处理两种形式。室外直接引入的新风系统，其冷、热负荷全部由风机盘管来承担；独立新风机组处理的系统，根据负担室内负荷的方式一般分为三种做法：①新风处理到室内空气比焓值，不承担室内负荷；②处理后新风的比焓值低于室内比焓值，承担部分室内负荷；③新风系统只承担围护结构的传热负荷，盘管承担其他瞬时变化的负荷。

（1）送风温度控制

送风温度控制即是指定出风温度控制，其适用条件通常是该新风机组是以满足室内卫生要求而不是负担室内负荷来使用的。因此，在整个控制时间内，其送风温度以保持恒定值为原则。由于冬、夏季对室内要求不同，新风机组采用定送风温度控制时，全年有两个控制值，因此必须考虑控制器冬、夏工况的转换问题。送风温度控制时，通常是夏季控制冷盘管水量，冬季控制热盘管水量或蒸汽盘管的蒸汽流量。为了管理方便，温度传感器一般设于该机组所在机房内的送风管上。

（2）室内温度控制

在一些工程中，当新风机组在设计时承担了部分室内负荷，这种做法对于设计状态时，新风机组按送风温度控制是不存在问题的。但当室外气候变化而使得室内达到热平衡时（如过渡季的某些时间），如果继续控制送风温度必然造成房间过冷（供冷水工况时）或过热（供热水工况时），这时应采用室内温度控制才是可行的。因此，这种情况下，从全年运行而言，应采用送风温度与室内温度的联合控制方式。

（3）相对湿度控制

新风机组相对湿度的控制主要是选择湿度传感器的设置位置或者控制参量，这与其加湿源和控制方式有关。

1）蒸汽加湿。对于要求比较高的场所，采用比例控制是较好的，即根据被控湿度的要求，自动调整蒸汽加湿量。这一方式要求蒸汽加湿器用阀应采用调节式阀门（直线特性），调节器采用 PI 型控制器，这种方式的稳定性较好，湿度传感器可设于机房内送风管道上。对于一般要求的场所而言，也可以采用位式控制方式，如采用位式加湿器（配快开型阀门）和位式调节器，对于降低投资是有利的。

2）高压喷雾、超声波加湿和电加湿。此三种都属于位式加湿方式，因此，其控制手段和传感器的设置情况应与采用位式方式控制蒸汽加湿的情况相类似，即控制器采用位式，控制加湿器启停，湿度传感器应设于典型房间。

3）循环水喷水加湿。循环水喷水加湿与高压喷雾加湿在处理过程上是有所区别的。理论上前者属于等焓加湿，而后者属于无露点加湿。如果采用位式控制器控制喷水泵启停时，则设置原则与高压喷雾的情况相似。但在一些工程中，喷水泵本身并不做控制而只是与空调机组联锁启停，为了控制加湿量，此时应在加湿器前设置预热盘管具体机组处理空气的过程如图 9.1.3-3 所示。通过控制预热盘管的加热量，保证加湿器后的"机器露点" t_L（L 点为 d_n 线与相对湿度为 80%~85% 的交点），达到控制相对湿度的目的。

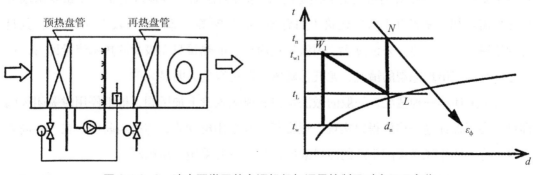

图 9.1.3-3　喷水泵常开的空调机组加湿量控制及对应工况变化

4）湿膜加湿。湿膜加湿器是空调机组内置加湿器件，主要由湿膜、水泵、电控等组成。湿膜加湿器系统可以接受中央控制系统的 ON/OFF 湿度控制信号，实现湿度自动控制；具有防止循环水泵无水工作的保护装置，循环水箱有溢水和排水通道。此外，循环式加湿器系统设有旁通装置，配有过滤器和流量调节阀等。

（4）CO_2 浓度控制

通常，新风机组的最大风量是按满足卫生要求而设计的（考虑承担室内负荷的直流式机组除外），这时房间人数按满员考虑。在实际使用过程中，房间人数并非总是满员的，当人员数量不多时，可以减少新风量以节省能源，这种方法特别适合于某些采用新风加风机盘管系统的办公建筑中间隙使用的小型会议室等场所。

为了保证基本的室内空气品质，通常采用测量室内 CO_2 浓度的方法来实现上述要求，各房间均设 CO_2 浓度控制器，控制其新风支管上的电动风阀的开度，同时，为了防止系统内静压过高，在总送风管上设置静压控制器控制风机转速。因此，这样做不但新风冷负荷减少，而且风机能耗也将下降。

（5）防冻及联锁

对于寒冷地区，空调机组热水盘管在冬季运行时，存在着由于管内水温过低而结冰冻裂的危险。冬季运行盘管出现冻裂的几种主要原因是：

1）空调机组新风管上的控制措施不恰当，当机组不使用（如夜间）时，新风管未切断。新风在风压及渗透作用下进入机组，当盘管热水阀关闭、盘管内热水不流动时由于新风温度极低，非常容易造成盘管冻裂。

2）在空调机送风温度或回风温度自动控制热水阀开度的系统中，当热水阀开度很小时，由于热水流量小，盘管出口处易冻裂。

3）在采用双管制的许多空调水系统中，盘管为冷、热两用（夏季供冷水、冬季供热水），设计中通常按冷盘管选择（因为冷工况时传热温差小，要求面积大，保证冷量满足要求后，一般对热量是能够满足的），这种做法对寒冷地区的某些冷量要求较大而热量需求相对来说并不大的建筑（如商场、办公室等内部冷负荷较大的房间），其盘管的选择面积对于热量来说过大，因满足室内要求的热量只需极少的热水流量即可，这时也就有可能出现冻裂的情况，尤其是新风空调机组更为明显。

对于上述第一种情况，一般的做法是在新风吸入管上加风阀，机组停用时关闭风阀即可。为了保证这一措施得以实现，通常新风阀采用电动式，与机组联锁。在一些高寒地区，为了防止风阀关闭不严的冷风漏风，甚至需要采用保温风阀。

第二种情况出现得并不多，因为自动控制要求关小热水阀时，意味着室内热负荷较小。一般来说，在高层民用建筑空调中，这大多由于室外气温升高所导致。

第三种冻裂情况是目前出现较多的，实际上这与设计或选择盘管的合理性有较大的关系。在双管制系统中，如果盘管在夏季设计状态下的冷量值较大而要求它在冬季设计状态时的热量值较小，就极有可能出现此问题。因此，按冷工况选择盘管时，必须对其在冬季运行时为防止冻裂所需的最小热水流量进行校核，校核时应采用最不利情况——冬季设计状态时的热量 Q_r 来进行。

9.1.4　空调送风系统节能运行

1. 空调系统新风免费供冷技术

过渡季，当室外空气值低于室内焓值时，为节约能源，应充分利用室外的新风。空调系统采用全新风或增大新风比的运行方式，既可以节省空气处理所消耗的能量，又可以有效地改善空调区域内的空气品质。但是，要实现全新风运行，必须在设备的选择、新风口和新风管的设置、新风和排风之间的相互匹配等方面进行全面考虑，以保证系统全新风和可调新风比的运行能够真正实现。

公共建筑，特别是大型公共建筑，由于其外围护结构负荷所占比例较小，因此其内外区和不同使用功能的区域之间冷热负荷需求相差较大。对于人员、设备和灯光较为密集的内区存在过渡季节或供暖季节需要供冷的情况，为了节约能源，推迟或减少人工冷源的使用时间。对于过渡季节或供暖季节局部房间需要供冷时，宜优先采用直接利用室外空气进行降温的方式。在人员密度变化较大的建筑或房间，如大型商场、医院、餐厅、展厅等，宜根据室内 CO_2 浓度检测值增加或减少新风量，使 CO_2 浓度始终维持在卫生标准规定的限值内。

2. 利用排风的新风预热预冷技术

空调区域排风中所含的能量十分可观，排风热回收装置通过回收排风中的冷热量来对新风进行预处理，具有很好的节能效益和环境效益。目前，常用的排风热回收装置主要有轮转式全热换热器、板式显热换热器、板翅式全热换热器、中间热媒式换热器、热管式换热器等几种。

由于使用排风热回收装置时，装置自身要消耗能量，因此应本着回收能量高于其自身消耗能量的原则进行选择计算。只有排风热回收装置回收能量高于装置自身消耗的能量时，热回收效率集中空调系统使用该装置才能实现节能。目前，新风直接送入吊顶或新风与回风混合后再进入风机盘管是风机盘管加新风系统普遍采用的设置方式。前者会导致新风的再次污染、新风利用率降低，以及不同房间和区域互相串味等问题；后者风机盘管的运行与否对新风量的变化有较大影响，也易造成浪费或新风不足；并且，采用这种方式增加了风机盘管中风机的风量，不利于节能。因此，应将处理后的新风直接送入空调区域。

与普通空调区域相比，餐厅、食堂和会议室等功能性用房，具有冷热负荷指标高、新风量大、使用时间不连续等特点；而且，在过渡季，当其他区域需要供热时，这些区域由于设备、人员和灯光的负荷较大，可能存在需要供冷的情况。因此，在进行空调通风系统节能运行时，应充分考虑上述区域的使用特点，采用调节性强、运行灵活、具有排风热回收功能的系统形式。在条件允许的情况下，考虑在过渡季系统按全新风运行的可能性。

9.1.5 小结

本节分别针对定风量全空气系统、变风量空调系统、风机盘管＋新风系统以及空调送风系统的节能运行进行了分析。空调风系统的节能运行需要综合考虑不同系统的特点和运行条件，采取合理的节能措施和技术手段。通过优化系统运行策略、采用高效节能设备、加强维护管理等方式，可以显著降低空调系统的能耗，提高能源利用效率，为低碳运行做出贡献。

9.2 供暖系统节能

集中供暖系统包括热源、热网和热用户三个主要部分，系统的节能主要从这三部分进行。其中，热网是热量（流量）分配控制的中枢环节，对整个系统的节能高效运行起到了关键性的作用。但是，由于流量控制手段和设备不到位，热网普遍存在由于水力失调导致的冷热不均现象。一方面，前端用户室温过高导致开窗散热，造成大量浪费；另一方面，末端用户得不到所需要的流量，室温过低，导致用户投诉增加甚至拒交供暖费。供热单位为了提高末端用户的室温，只能加大流量（供热量），不仅大幅增加了水泵电耗。同时，由于调控不力，无法根据气候变化和用户需求适时改变流量（供热量），再次增加了能源的浪费。

9.2.1 热源节能运行

随着全球对节能减排和可持续发展理念的深入贯彻，以及对碳达峰、碳中和目标的明确追求，传统的燃煤锅炉正逐步退出历史舞台；取而代之的是更为环保、高效的燃气锅炉和清洁能源技术的应用。前文在空调冷热源节能章节已经对锅炉的效率以及热泵的节能运行进行了阐述。在本节中，我们将深入剖析集中供热系统中最为普遍应用的两类热源——锅炉房与换热站，并针对它们的节能运行策略进行探讨。

1. 锅炉房的节能技术

随着环保意识的日益增强和清洁能源的推广，燃煤锅炉作为集中供热系统的传统热源正逐步被淘汰。因此，在本节中，我们将不再深入探讨燃煤锅炉的节能策略，主要分析燃气锅炉的节能运行策略。

（1）减小排烟损失

1）通过增加锅炉的受热面，如增加水冷壁、对流管束等，可以增大烟气与受热面的接触面积，从而提高热交换效率，降低排烟温度，进而减少排烟损失。

2）在锅炉尾部加装省煤器，利用烟气中的热量预热锅炉给水，降低排烟温度，提高锅炉热效率。

3）利用烟气预热进入锅炉的助燃空气，提高空气温度，增强燃烧效果，同时降低排烟温度，减少排烟损失。

4）在不影响系统正常运行和用户需求的前提下，适当降低蒸汽压力和热水温度，可以减少锅炉的燃料消耗，从而降低排烟损失。

5）通过优化燃烧过程，减少过量空气系数，即减少进入炉膛的过量空气，可以降低排烟量，进而减少排烟损失。

（2）减小散热损失

1）对锅炉本体、管道、阀门等设备进行充分的保温处理，减少热量向环境的散失，降低散热损失。

2）当锅炉停止燃烧时，应及时关闭或减小引风机和送风机的风量，减少不必要的排烟量，从而降低散热损失。

（3）减少给水系统的热损失

1）通过热回收装置，回收利用锅炉排污水的热量，降低热损失，提高能源利用效率。

2）对蒸汽系统中的凝结水进行回收并重新利用，可以减少热量损失和水资源浪费。

3）在给水系统中加装热水加热器，利用废热或其他热源预热给水，降低锅炉的热负荷，从而减少热损失。

（4）锅炉主机控制

1）通过自动调节系统，合理控制热水回水温度，保持系统稳定运行，同时降低不必要的热损失。

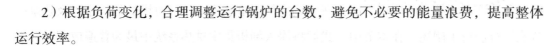

2）根据负荷变化，合理调整运行锅炉的台数，避免不必要的能量浪费，提高整体运行效率。

（5）维修、运行、管理

1）通过合理设计系统，回收利用锅炉产生的余（蓄）热，提高能源利用效率，降低能耗。

2）定期检查并清理传热管壁上的积灰，保持传热效率，降低排烟温度，减少排烟损失。

3）定期检查锅炉的空气比，确保燃烧空气与燃料的比例合理，保证燃料充分燃烧，降低排烟损失。

通过实施以上措施，可以显著降低锅炉房的能耗，提高能源利用效率，实现节能减排的目标。充分利用锅炉自身产生的各种余热是提高锅炉运行能效的重要措施，余热的利用主要包括三个方面：①燃料及炉膛的余热利用；②排污水的余热利用；③烟气的余热利用。

利用燃气锅炉烟气余热使低温水加热，提高锅炉效率，降低排烟温度。燃气锅炉排烟温度较高，一般达 150~210℃，烟气中有 6%~9% 的烟气显热损失和 11% 的潜热未被利用就被直接排放，这不仅造成大量的能源浪费，也加剧了环境的污染。利用烟气余热回收装置，使低温水吸收烟气的物理显热和汽化潜热，降低排烟温度，提高锅炉效率；同时由于冷凝的作用，排入大气的有害物质 CO_2 和 NO_x 等大量减少，排烟将更加符合环保标准。采用了烟气冷凝回收技术，提高了锅炉热效率，提高了燃气热水锅炉或系统的回水温度，以及用烟气这部分热量将自来水直接加热为适宜温度的生活用热水，是非常有效的节能措施。

2. 换热站的节能技术

在城市集中供暖系统中，当小区具备市政热源条件时，小区不再自建锅炉房，而是在小区设置换热站，通过换热站将市政热源传输过来的热能（通常以高温热水或蒸汽形式）转换为适合用户使用低温热水，并将其输送到用户的供热系统中，对于末端用户而言换热站被视为"热源"。换热站的节能运行目的是使供水水温或流量等参数在保持室内温度的前提下，随室外空气温度的变化进行调整，始终保持换热机房的供热量与建筑的需热量基本一致，实现按需供热，达到最佳的运行效率和最稳定的供热质量。

（1）技术升级与设备改造

1）采用新一代高效热交换器替换老旧设备，如板式换热器、壳管式换热器等，以提高换热效率，减少能源消耗。高效热交换器具有传热系数高、热损失小等优点，能够显著提高换热站的能源利用效率。

2）引入物联网技术，实时监测供暖系统的运行状态，精确调节供暖温度，优化供暖系统运行，减少能源浪费。智能控制系统能够根据实时数据和算法，自动调节换热站的运行参数，实现节能目标。

3）采用高效泵站和泵组，减少水泵能耗，优化供水温度，减小热损失，提高系统能效。高效泵站和泵组具有流量大、扬程高、效率高等特点，能够显著降低水泵能耗，提高换热站的运行效率。

（2）管网改造与节能措施

对换热站的供、回水管线进行良好的绝热处理，减少能量的散失。采用高效保温材料包裹管线，并确保接口完好，避免热能的外泄。将管网内的水进行脱盐处理，减少水垢的生成，提高换热效率和热传递效果。定期清洁管网内部，保持管网畅通，并减少压力损失。通过合理设计管网的走向和截面，减少管道的阻力和压力损失。合理布置管道间隔，减少管网的长度和阻力，降低能源消耗。

（3）数字孪生技术的应用

数字孪生技术通过实时采集和分析数据，使运营人员能够对换热站的运行状态进行实时监测。通过历史数据和算法，数字孪生还能够预测潜在的故障和问题，提前采取措施，确保换热站的稳定运行。此外，数字孪生技术还可以帮助运营人员对换热站的运行参数进行优化和调整，提高能源利用率，降低能源成本。

3. 热源处节能调控技术

（1）质调节

集中质调节只需在热源处改变系统供水温度，运行管理简便，管网循环水量保持不变，管网水力工况稳定。对于热电厂热水供热系统，由于管网供水温度随室外温度升高而降低，可以充分利用汽轮机的低压抽气，从而有利于提高热电厂的经济效益，所以它是采用最为广泛的调节方式。但由于整个供暖期中的管网循环水量长期保持不变，所以水泵消耗电能较多；同时，在室外温度较高时，如仍按质调节进行供热，往往难以满足所有用户的用热需求。质调节一般采用气候补偿器来实现。

气候补偿器，指安装在锅炉房或热力站位置用来自动控制出水温度的装置，该装置是根据室外温度的变化及用户设定的不同时间对室内温度要求，按照设定曲线求出恰当的供水温度进行自动控制，实现供热系统供水温度—室外温度的自动气候补偿，避免产生室温过高而造成能源浪费的一种节能产品；根据系统不同，节能率达 10%~25%。图 9.2.1–1 是气候补偿器原理及安装示意图。

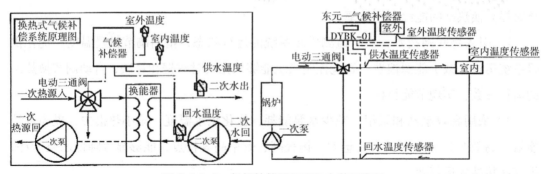

图 9.2.1-1　气候补偿器原理及安装示意图

（2）量调节

在供热管网进行集中量调节时，在热源处，随室外温度的变化改变管网循环水量以满足用户对室温的要求，而供水温度保持不变。这种调节由于系统水力工况变化，在实际运行中并不能对所供热的各个建筑物进行等比例流量变化，又由于流量减少降低回水温度容易出现水力失调。量调节一般采用二级泵变频调速来实现。

二级泵系统的二级循环水泵宜设置变频调速装置，一、二级泵供回水管之间应设置连通管。单级泵系统的供回水管之间，应设置压差旁通阀。热水锅炉房宜采用根据室外温度主动调节锅炉出水温度，同时根据压力/压差变化被动调节一次网水量的供热调节方式。热力站二次网调节方式应与其所服务的户内系统形式相适应：当户内系统形式均为或多为双管系统时，宜采用变流量调节方式；反之，宜采用定流量调节方式。热力站的基本调节方式宜为：由气候补偿器根据室外温度，通过调节一次水量控制二次侧供水温度，以压力/压差变化调节二次网流量。变频调速水泵的性能曲线宜为陡降型，以利于水泵调速节能。

（3）分阶段改变流量的质调节

分阶段改变流量的质调节需要在供暖期，按室外温度高低分成几个阶段。在室外温度较低的阶段中，保持较大的流量；而在室外温度较高的阶段中，保持较小的流量；在每一阶段内，管网的循环水量总保持不变，按改变管网供水温度的质调节进行供热调节。这种调节方法是质调节和量调节的结合，分别吸收了两种调节方法的优点，又克服了两者的不足，因此，该调节方式目前应用较为普遍。

分阶段改变流量的质调节可以这样进行分析，例如整个供暖期分为三阶段改变循环流量 $G=100\%$、$G=80\%$ 和 $G=60\%$，则此时相应的循环水泵扬程分别为 $H=100\%$、64% 和 36%；而相应的循环水泵电耗为 $N=100\%$、51.2% 和 21.6%。分阶段改变流量系统实际常用的方法是靠多台水泵并联组合来实现。

　　通过上面的分析可以看出，分阶段改变流量的质调节对于系统节能有着很大的优势，但到底应该在何时改变流量，还应对系统运行进行经济性分析得出科学的结论，不应一概而论。即对分阶段改变流量的质调节进行优化分析，进一步确定分阶段改变流量时的相应热负荷 Q（即应何时开始进行分阶段）以及采用多大的相对流量比值来制定供热调节曲线，从而使整个供暖期间的循环水泵的电能消耗为最小值。同时，还应满足使用要求，避免流量改变引起的供热系统的热力失调。

　　（4）分时分温分区供暖技术

　　根据热用户的性质不同，提供不同的负荷控制策略，使系统的供热量与热负荷相一致，实现分时、分区、分温、按需供热。

　　在一个供暖系统中，热用户的性质是不同的，例如，一个学校有办公楼、教学楼、宿舍楼、家属楼、图书馆、体育馆、游泳池、车库等，由于建筑物的功能不同，所需的热量不同，供暖时间也各不相同，分时、分温、分区供热技术就是对这些不同的热用户提供不同的负荷控制策略。通过分时、分温、分区调节，使系统的供热量与热负荷相一致，实现按需供热、按时间段供热，达到最大限度的节能。例如：教学楼和宿舍楼的供暖需求不同，白天教学楼需要高温供暖且供暖时间要长，而宿舍楼就可以低温供暖且供暖的时间相对要短；夜间宿舍楼需要高温供暖，而教学楼就可以低温供暖；图书馆可以按照规定的开馆时间保证适宜的室内温度，其余闭馆时间仅需要低温供暖即可；对车库只要提供较低的供暖温度保证汽车的适应温度就可以了。这种分时分温分区的按需供热，既满足了不同用户的需求，又可达到十分明显的节能效果。

9.2.2　热网节能

　　室外供热管网分为区域热网和小区热网。区域热网是指由区域锅炉房联合供热的管网，小区热网是指由小区采暖锅炉房或小区换热站至各采暖建筑间的管网。热网节能是供热系统节能的一个重要组成部分，努力减少热网能耗，把热网节能工作落实到实处。热网节能主要从以下几个方面入手：①减少管网的散热损失；②减少热媒在输送过程中的电耗；③减少热力管网各处的泄漏损失；④热网的水力平衡调节。

1. 减少管网的散热损失

　　热水管道采用无补偿直埋敷设方式，比其他敷设方式可减少散热损失。同时管道要求有良好的保温，一般选用工厂生产的预制保温管成品，包括各种预制保温管件。施工中，管道接口处也应用各种材料在现场进行发泡保温。预制保温管的内保温层为耐温的硬质聚氨酯，外保护层为高密度聚乙烯套管。保温材料聚氨酯的密度为 $60\sim80\mathrm{kg/m^3}$，抗

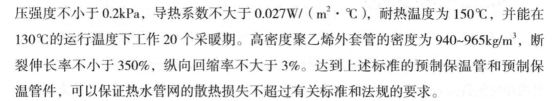

压强度不小于 0.2kPa，导热系数不大于 0.027W/（$m^2 \cdot ℃$），耐热温度为 150℃，并能在 130℃的运行温度下工作 20 个采暖期。高密度聚乙烯外套管的密度为 940~965kg/m^3，断裂伸长率不小于 350%，纵向回缩率不大于 3%。达到上述标准的预制保温管和预制保温管件，可以保证热水管网的散热损失不超过有关标准和法规的要求。

2. 减少热媒在输送过程中的电耗

减少运行过程的电能消耗是供热管网节能的主要内容之一，其中用于输送热水的循环水泵电耗为最大一项。因此，应针对具体工程项目，优化供热方案，例如，采用集中循环水泵供热方式，还是采用分布式循环水泵供热方式，应根据每个工程的具体情况进行方案比较后确定，不能简单地认为分布式循环水泵供热方式就一定能节省能耗。

在运行过程中，由于管道内有腐蚀和结垢现象发生，管道因糙度增加而阻力增大，结垢会使管道流通截面积变小，流速增加使阻力增大。所以，在运行中对管网的补水应选择有效的处理措施，目前所采用的方法是除氧和软化处理，使其达到补水标准要求，同时控制循环水的 pH 值在规定范围内。

按有关规范要求，保持循环水有足够的温差，在供出相同的热量时，循环水温差越大，流量就越小，相应的循环水泵的电耗也就越小。因此，为了节省热网运行中的电耗，采取措施适当增加循环水供回水的温差，应是一个行之有效的方法。

热力站的循环水泵应采用变频调节，同时要设置节能所必需的控制仪表

3. 减少热力管网各处的泄漏损失

间接连接的供热管道在运行时的水损失主要是阀门和附件等连接处的漏损，直接连接的供热管道除了漏损之外，还有用户人为放水。在热力站要检测二级管网的漏水情况，加强巡视管理，杜绝人为放水，使管道泄漏率保持在合理的范围内。因此，要减少热网的水损失，就要加强对管道的维修，并对用户宣传节约用水。

4. 热网的水力平衡调节

通过管网水力平衡调节，克服水力失调、冷热不均的现象，使用户的实际流量与设计要求流量相一致，达到节能目的。

热力管网在供热系统中完成热的传递，热水经过热力管网将热量传送给热用户，但是由于热用户的性质不同、需要的热量不同、距离锅炉的远近不同等因素，会造成系统中各用户的实际流量与设计要求流量之间的不一致的现象，这就是水力失调。系统水力失调实质是由于系统各环路未实现阻力平衡而导致的，水力失调必然要造成热用户的冷热不均、循环泵系统的电能浪费和锅炉的燃气浪费。

为使室外供热管网中通过各建筑的并联环路达到水力平衡，其主要手段是在各环路

的建筑入口处设置平衡调节阀，以消除环路余压。平衡阀除具有调压的功能外，还可用来测定通过的流量。在初调节时通过平衡调试使各支路的流量达到设计流量的要求，即使网路的工况发生了变化，也能够将新的水量按照设计工况的比例平衡地分配，各个支路的流量同时按比例增减，仍能满足当前气候条件下的部分负荷的流量要求，也就是达到了实际需要的热平衡。同时，为了更好地满足各支路对流量的需求，可通过计算机监测和指导与人工手动调节平衡阀相配合的方法实现小区供热系统的调节和管理。通过小区管网水压图的绘制，可更精确地调节各平衡阀的开度大小。为便于人工手动调节，希望各支路的平衡阀有较准确的开度指示。

9.2.3　用户端节能

用户端是指热力入口到户内末端设备，用户端的节能应从选择合理的供暖方式、系统形式有利于热计量和控制室温、采用高效节能的散热设备等几个方面采取措施，以使得进入到建筑物的热量合理有效利用，做到既节省热量又提高室内供热质量。

1. 热力入口节能

热水供暖系统应在进入楼栋处设置热力入口，如图 9.2.3-1 所示。热力入口应安装关断阀、温度计、压力表、计量仪表、调节装置、过滤、放气泄水等装置，其目的主要是为调节温度、压力提供方便条件。为适应供热量计费的要求，无论室内供暖系统采用哪种计量方法，在建筑物热力入口均应设置热计量装置，实现热计量运行管理。

设置计量装置的热力入口，其流量计宜设在回水管上，进入流量计前的回水管上应设过滤器，滤网规格不宜小于 60 目。供水管应设两级过滤器，顺水流方向第一级为粗

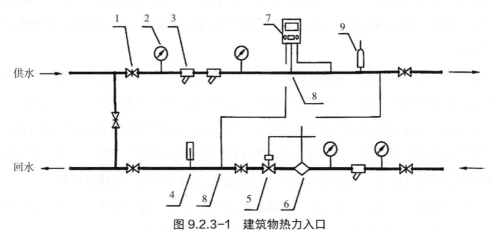

图 9.2.3-1　建筑物热力入口

1—阀门；2—压力表；3—过滤器；4—温度计；5—自力式差压控制阀或流量控制器；
6—流量传感器；7—积分仪；8—温度测点；9—自动排气阀

滤，滤网孔径不宜大于 $\phi3$；第二级为精过滤，滤网规格宜为 60 目。

室内供暖为垂直单管跨越式系统，热力入口应设自力式流量控制阀；室内供暖为双管系统，热力入口应设自力式压差控制阀。自力式压差控制阀或流量控制阀两端压差不宜大于 100kPa，不应小于 8kPa，具体规格应由计算确定。

2. 散热器供暖节能

散热器是供暖系统末端散热设备，散热器的散热过程是能量平衡过程，如图 9.2.3-2 所示。没有散出的热量又回到供热管网，散热器运行节能的重点就是要使散热器有利散热，保持散热器周围合理的气流通道，并且维护表面清洁。

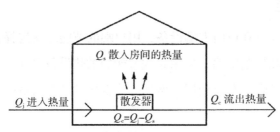

图 9.2.3-2 散热器散热的能量平衡

水力失调是指热水供暖系统各用户或各散热设备中的实际流量与设计流量之间的不一致性，是影响系统供热效果的重要原因。水力失调的程度用水力失调度表示，即热用户实际流量与规定流量的比值。当水力失调度等于 1 时，表示供热系统处于稳定工况；当水力失调度与 1 相差越大时，表示水力失调越严重。对整个热水供热系统，当网路中各热用户的水力失调度都大于 1 或都小于 1 时，称为一致失调；否则，称为不一致失调。在一致失调中，所有热用户的水力失调度都相等的水力失调称为等比失调，否则称为不等比失调。

水力失调必然会造成近端温度过高，远端温度达不到要求，所以为了满足远端用户的需要，许多热力公司采用加大流量的方法来缓解远近热用户之间冷热不均的现象。这是因为当循环水量增加时远端用户流量接近设计流量，散热器散热量增加，而近端用户流量虽然大大超过设计值，但是散热器的散热能力已接近极限。图 9.2.3-3 是散热器流量和散热量的关系曲线。该曲线与进出口温差有关，温差越大，越接近线性。

可见，实施"大流量，小温差"的运行状态可以平衡二级网的水力失调问题，但会造成热能、电能的大量浪费。为此，在用户热力入口处安装压差控制器，以抵抗用户调节对系统水力工况的干扰；在用户热力入口处装设流量控制器，对各单元供热介质流量

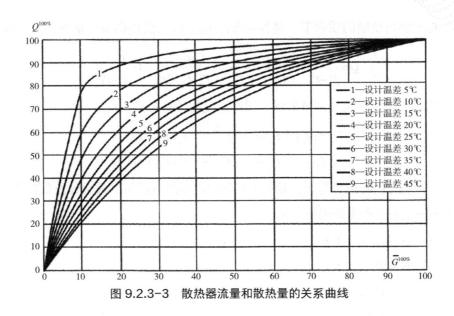

图 9.2.3-3 散热器流量和散热量的关系曲线

分配进行调节；在管道上装设平衡阀，平衡各立管之间的流量；在每组散热器前装设温度控制阀，来控制室内温度。这些措施既可以解决水力失调问题，又能一定程度减少热能、电能的浪费。

散热器温控阀又称恒温阀，指安装在每组散热器进水管上具有调节并设定室温的阀门，是实现分室控温的重要装置。恒温传感器是一个带少量液体的充气波纹管膜盒。当室温升高时，部分液体蒸发为蒸汽，压缩波纹管关小阀门开度，减少流入散热器的水量；当室温降低时，部分蒸汽凝结为液体，波纹管被弹簧推回开大阀门开度，散热器水量增加，恢复室温。

3. 地板辐射供暖节能

近年来低温地面辐射供暖系统在我国民用建筑中得到广泛的采用。但是，此种供暖方式普遍存在房间温度过热，甚至有的室温达到 30℃ 以上，用户只好开窗，从而造成了能源的浪费。出现过热现象的其中一个重要原因就是低温地面供暖系统运行调节中供水温度过高。对于传统的散热器供暖系统，其供热调节已经具备完整的公式体系和调节方法，但由于地面辐射供暖与散热器供暖的散热形式不同，两者的供热调节存在差别。

（1）调节公式

散热器供暖和地面辐射供暖散热量计算公式不同，不能简单地利用常用的调节公式计算地面辐射供暖的调节曲线，而应将地面辐射供暖散热量计算公式代入热平衡式后，再整理出供热调节公式进行计算。

对于地面辐射供暖的质调节，将补充条件 $G=1$ 代入供热调节的基本公式，即：

$$Q=\frac{t_n-t_w}{t'_n-t'_w}=\frac{(t_{pj}-t_n)^{1.032}}{(t'_{pj}-t'_n)^{1.032}}=\frac{t_g+t_h-2t_{pj}}{t'_g+t'_h-2t'_{pj}}=G\frac{t_g-t_h}{t'_g-t'_h}$$

可求出地面采暖系统质调节的供、回水温度的计算公式：

$$t_g=t_n+(t'_{pj}-t_n)Q^{0.969}+(t'_g-t'_{pj})Q$$

$$t_h=t_n+(t'_{pj}-t_n)Q^{0.969}+(t'_h-t'_{pj})Q$$

式中　Q——相对供暖热负荷比，相应 t_w℃下的供暖热负荷与供暖设计热负荷之比；

　　t_{pj}——地板表面平均温度，℃；

　　t_n——室内温度，℃；

　　t_w——室外温度，℃；

　　t'_n——室内计算温度，℃；

　　t'_w——室外计算温度，℃；

　　t'_{pj}——地板表面计算平均温度，℃；

　　t'_g——供暖热用户的设计供水温度，℃；

　　t'_h——供暖热用户的设计回水温度，℃。

（2）质调节参数特点

与散热器采暖相比，低温地面辐射供暖系统的质调节曲线形式相同，但其供水水温和供回水温差上有差别，如图 9.2.3-4 所示。低温地面辐射供暖系统调节水温在供暖初期可以供很低的温度就可以达到供暖要求，一般可以低 10~20℃。在任一室外温度下，实际供水温度每升高或降低 2℃，室温就会升高或降低 1℃；实际供水温度和理想供水温度每偏离 2℃，室温就会偏离设计室温 1℃。

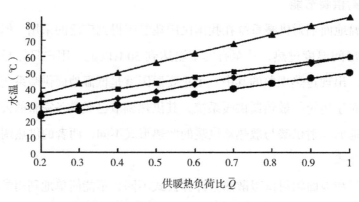

图 9.2.3-4　地面辐射供暖系统的质调节水温曲线图

散热器供暖集中质调节公式为：

$$t_g=t_n+0.5\left(t'_g-t'_h-2t_n\right)Q^{\frac{1}{1+b}}+0.5\left(t'_g-t'_h\right)Q$$

$$t_h=t_n+0.5\left(t'_g-t'_h-2t_n\right)Q^{\frac{1}{1+b}}-0.5\left(t'_g-t'_h\right)Q$$

以哈尔滨某普通住宅楼为例，分别采用散热器采暖和地面辐射采暖。散热器供暖设计供回水温度为 85℃/60℃，室内计算温度为 18℃；地面辐射采暖设计供回水温度为 60℃/50℃，室内计算温度按设计规范规定可比散热器供暖低 2℃选取，确定为 16℃，地面表面材料取为瓷砖，管间距为 300mm。室外计算温度为 –26℃。计算后绘制质调节水温曲线如图 9.2.3-4 所示。从图 9.2.3-4 中可以看出，在室外温度 5℃时，即供暖初期和末期地面辐射供暖的供水温度在 27.9℃，回水温度在 25.3℃。在整个供暖期只需要很低的水温就可以满足室温要求而散热器采暖却要近 40℃，相差 10℃以上。散热器供暖系统调节曲线斜率要大于地面辐射供暖系统，随着室外温度的降低，水温和温差提高得很快；而地面辐射供暖系统调节曲线趋于平缓，水温和温差增加得都比较缓慢。可见，地面辐射供暖系统更加便于调节和控制。

4. 混水调节

目前，在区域供热系统运行中，存在一个供热系统同时服务于节能建筑和不满足节能标准的一般建筑的情况。由于管网的供水温度相同，楼内若采用单管串联方式，就会导致节能建筑过热，而一般建筑室温又偏低。为了满足基本的供暖要求，只能提高水温，造成"节能建筑不节能"。这种现象不能通过调节各座楼之间的流量分配来避免。清华大学提出了解决这一问题的方法，即实现供热系统供水温度的"分栋可调"，以实现对采暖散热设备热量的调节和室温的控制，如图 9.2.3-5 所示。在每幢楼热力入口的供回水管安装旁通管和变速混水泵，将热网较高温度的供水直接输送到楼宇入口，再与室内采暖系统的回水混合降温后送到室内用户里去，实现外网干管"小流量、大温差、高水温"，室内末端用户"大流量、小温差、低水温"运行，同时通过改变混水比调节

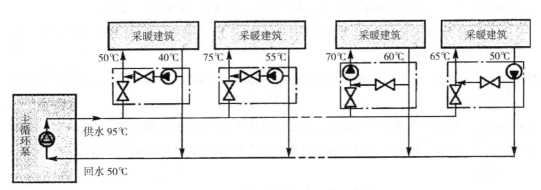

图 9.2.3-5　热网末端混水调节示意图

供水温度，改变混水泵转速或阀门开度调节楼内循环流量，实现单幢楼宇的独立质、量并调。通过上述方式可以有效控制采暖散热设备的散热量和室温，从而使得建筑供热不均匀热损失由原来的 20%~30% 降低至 10% 以下。

9.2.4 小结

供暖系统节能需要从热源、热网和用户端三个方面入手，本节主要从这三个方面全面优化系统设计和运行策略。通过技术创新和管理创新，不断提高供暖系统的能源利用效率，为实现绿色、低碳、可持续的供暖方式奠定坚实基础。

第 8、9 章参考文献

[1] 余晓平 . 暖通空调运行管理 [M]. 杭州：浙江大学出版社，2020.

[2] 陈向阳 . 上海地区变风量空调系统的冷却塔供冷 [J]. 暖通空调，2024，54（6）：39–47.

[3] 余晓平 . 暖通空调节能运行 [M]. 北京：北京大学出版社，2013.

[4] 全国勘察设计注册工程师公用设备专业管理委员会秘书处 . 全国勘察设计注册公用设备工程师暖通空调专业考试复习教材 [M]. 北京：中国建筑工业出版社，2020.

[5] 张军 . 空气源热泵供热技术及应用 [M]. 北京：化学工业出版社，2021.

[6] 孙宇栋 . 冷却塔供冷空调系统节能潜力与优化运行策略研究 [D]. 南京：东南大学，2021.

[7] 黄翔 . 空调工程 [M]. 2 版 . 北京：机械工业出版社，2014.

[8] 赵亚伟，马最良 . 空调水系统的优化分析与案例剖析 [M]. 北京：中国建筑工业出版社，2015.

[9] 唐中华 . 空调制冷系统运行管理与节能 [M]. 北京：机械工业出版社，2008.

[10] 江克林 . 暖通空调设计指南与工程实例 [M]. 北京：中国电力出版社，2015.

[11] 冯国会，李洋，李刚，等 . 暖通空调系统运行维护 [M]. 北京：人民交通出版社，2013.

[12] 张昌 . 热泵技术与应用 [M].2 版 . 北京：机械工业出版社，2015.

[13] 赵文成 . 中央空调节能及自控系统设计 [M]. 北京：中国建筑工业出版社，2018.

[14] 郑志凯，李梦琦，刘绍通 . 关于冷凝器胶球自动清洗装置对冷水机组 COP 影响分析 [J]. 建筑节能，2023，51（7）：90–93.

[15] 唐志伟，刘静，石英，等 . 低碳供热技术节能指标与经济效益综合分析 [J]. 化工进展，2021，40（S01）：7.

[16] 林富平 . 大型建筑物暖通空调系统运行维护初探 [J]. 住宅与房地产，2018，No.498（13）：197+243.

[17] 武根峰，石莹，钟安琪 . 双碳目标下热泵供暖技术节能评价与分析 [J]. 建设科技，2023（23）：76–80.

[18] 王全昌 . 浅谈物业管理集中供热的优质达标和节能降耗 [J]. 科技与企业，2014（16）：1.

[19] 龙惟定，武涌 . 建筑节能技术 [M]. 北京：中国建筑工业出版社，2009.

[20] 中华人民共和国住房和城乡建设部 . 建筑节能与可再生能源利用通用规范：GB 55015—2021[S]. 北京：中国建筑工业出版社，2022.

[21] 中国建筑设计研究院有限公司 . 民用建筑暖通空调设计统一技术措施 2022[M]. 北京：中国建筑工业出版社，2022.

[22] 叶大法，杨国荣 . 变风量空调系统设计 [M]. 北京：中国建筑工业出版社，2007.

[23] 孙长玉，袁军 . 供热运行管理与节能技术 [M]. 北京：机械工业出版社，2008.